公共客户服务理论与实务

熊　英　江庆红　编著

中国国际广播出版社

序　一

张海涛

“客户服务”（简称客服）是提高客户满意度、提升品牌竞争力、树立良好组织形象的重要手段。2001 年，为贯彻落实中央 17 号文件精神，推动“十五”规划的落地实施，国家新闻出版广电总局将数字电视试验列入科技创新工程，组织 13 省（市）开展数字电视试验。同年，北京歌华有线 96196 客户服务中心正式挂牌，成立了广电行业第一家客服中心。2002 年，国家新闻出版广电总局在苏州召开全国有线数字电视工作会议，建立了由节目平台、传输平台、服务平台和监管平台构成的有线数字电视技术体系。这一技术体系的确立把有线数字电视客户服务工作提升到新的高度。如今，全国各省市自治区广播电视传播机构普遍建立了客服中心，他们秉承服务用户、用户至上的经营理念，主动受理百姓诉求，满足百姓需求，成为推动我国数字电视产业发展的重要力量。

北京歌华有线 96196 客服中心已经成为北京市公共服务体系的重要成员，在实践应用与理论研究方面取得了突出的成绩。这本书就是他们坚守岗位、服务群众、追求卓越、长期积累的重要成果。翻阅此书，能够感受到客服工作者的感情、温度和态度，能够体会到客服工作者高度的敬业精神和责任意识。本书以百姓满意为出发点，构建理论框架，将客服队伍、服务规程和处置方案三方面内容细分为满意服务标准、服务品质管理、突发事件处理、互联网 + 客服等 17 章，通过阐述实际工作中常见的几十个主题和常用的几百个术语，使读者快速了解、掌握客服中心的主要内容和相关标准。为使本书图文并茂、通俗易懂，作者采用与客服一线人员交流的方式，将国内外调研中取得的大量鲜活材料和多年客服工作经验相结合，去粗取精，化繁为简，大量绘图制表，用简明易懂的方式说明客服操作的具体环节和关键步骤。书中的理论内容，源于实践、指导实践，符合国情、易于推广，对提高我国广电客服服务的能力和水平具有参考价值。

这几年，互联网、云计算、大数据等技术的发展与应用，把客户服务带入一个全新的阶段。新技术、新方法和新理念必将快速代替原有的技术体系和运行模式。作者紧跟时代发展要求，对互联网和大数据在公共服务中的作用进行了探索。书中有关客户满意标尺、客服服务指标、客服人才管理和客服数据发掘等实践经验，可以帮助一线工作者形成解决具体问题的思路和方法，为互联网时代提高服务质量提供了有益借鉴。

客户服务工作任重道远，希望广大客服工作者认真学习理论知识，勇于探索，善于实践，不断总结积累经验，以客户为中心、以需求为导向，围绕解决老百姓的实际关切，创新手段和方式，提高能力和水平，为推动广播影视各项事业繁荣发展，为全面建成小康社会、实现中华民族伟大复兴的中国梦作出新的更大的贡献。

（作者系中国广播电影电视社会组织联合会会长）

序　二

高峰倩

2001 年，北京歌华有线电视网络股份有限公司建立了全国广电系统第一个客服中心——96196。当时我对客服中心的建立并没有深刻的认识，是被我们有远见的干部推着走的。

客服中心从建立以来，很快成为公司发展最快、涉及问题最广泛、组织管理最复杂、对工作人员要求最高的部门之一，成为广大北京市民不可缺少的服务窗口。

十几年间，科技的进步使客服中心的服务发生了巨大变化，客服中心和客户联络中心取代了原来的呼叫中心，一个大信息多媒体服务平台取代了单一的电话服务系统，客户服务已经进入一个新的时代。

纯粹的科技尚无法取代人的服务，客服人员不仅需要很好的服务意识，也需要熟练的业务知识和必要的理论知识。这本书的面世，恰恰可以满足从事本行业人员全方位的需求。

作者在这本著作中所倾注的热情，是抱着对工作的无比热爱、对服务宗旨的无上追求，以严谨科学的态度写作完成的。我想，这就是我们提倡的客服工作人员所应有的职业精神和敬业精神，也是时代所倡导的工匠精神。

（作者系北京歌华有线电视网络股份有限公司首任董事长）

目　录

第1章　客服通理

提高客户满意度和降低服务成本，是所有客服中心的共同追求。

今天，无论是在哪一个国家、就哪一个行业而言，大众百姓对一个组织的认识有一个几乎共同的观点，即一个负责任的组织，一定有一个电话畅通的客服中心。

今天，无论客服中心所在的是哪一个行业、服务的是哪一位客户，所有的客服中心有一个几乎相同的工作目标，即提高客户满意度，降低服务成本。

今天，无论人们生活工作在什么地方、遇到什么样的困难或问题，人们都会首先想到联系客服中心，每一个客服中心都是组织的重要代言人，都是关乎人们生活品质的重要部门，人们对于客户服务中心有一个几乎相同的期望，即它是一个找得着、联得通、办得快和信得过的客服中心。

今天，无论哪一个组织，办公经费有多么紧张，它都不会关停客服中心的联络工作。

1876年3月10日，来自苏格兰的美籍科学家贝尔在美国成功地发出了标志电话诞生的第一声语音："沃森先生，请过来！我有事找你！"法国画家皮耶·皮维斯曾在他的一幅壁画上写道：借着电流的神奇力量，文字在空中犹如闪电穿过，为人们传送着信息。历史学家约翰·布鲁克斯在描述电话最初十年对人们的生活的影响时写道：无论在城市还是在乡村，电话创造出了一种新的思维习惯，一种精神上的兴奋与警觉，人们在商务领域、在情感方面或其他的社交场合，所有人对自己关心的事都要求并期望得到即刻回复。人们延续了几百年的书信的交流速度因电话的出现而大大提高；而通信网络的不断扩大和通信成本的不断降低，使电话得以走进千家万户，电话的诞生是人类追求高效交流和向往美好生活的科技成果，这个成果孕育了客服中心，也使人们那与生俱来的对获取一切结果的加速要求在技术的不断进步中表现得越来越突出。

今天，在经济全球化的社会环境下，在网络通信技术全球化的背景下，不同的客服中心所采用的服务策略和技术非常相似，所面对的客户群体的特点基本相同，客户对优秀客服中心的评价指标趋于一致。这使得看似不同的客服中心在管理和运作方面有着很多相通的内在联系和发展规律。比如，客服中心的岗位设置基本一样、客服中心对人才的需求标准基本一样、客服中心对岗位的技能要求基本一样、客服中心面对的机遇与挑战基本一样、服务客户和管理客服的经验基本可以被复制和共享。从这个意义上讲，我们的、你们的和他们的客服中心彼此之间没有太大的区别，都是一样的客服中心。

1.1 客服简介

客服中心是专门服务客户的部门，简称客服。早期的客服中心主要是受理客户呼入的电话或是向客户呼出电话，也被称为呼叫中心（Call Center）。现在的客服中心因具备了服务和公关的功能，也被称为客服中心、客户联络中心（Customer Contact Center）、客户互动中心、客户交流中心、客户关怀中心（Customer Care Center）和服务热线。

美国国际客户管理学院作为提供客服管理人员全面培训课程和提供客服教育资源的专业机构，将客服中心定义为：一个由人、系统、流程、技术、策略和资源构成的组织服务系统，通过适宜的沟通渠道，向客户提供有关组织资源的应用，实现为组织和客户创造价值的互动。①

2005 年，国家劳动和社会保障部将呼叫中心服务员职业正式列入国家职业分类大典。在《中华人民共和国职业分类大典》（2015 年版）中，“呼叫中心

① CLEVELAND B. Call Center Management on Fast Forward［M］. ICMI，2012：Part One.

服务员”的职业分类编号为“4-04-05-03”，被列入“软件和信息技术服务人员”类，此类下设三个分类：“计算机程序设计员”“计算机软件测试员”“呼叫中心服务员”。

2006 年，中国劳动社会保障出版社出版《呼叫服务人员国家职业标准》，汇总了我国客服人员在服务实践活动中积累的经验和研究成果，从专业的角度制定职业技能标准，分 4 个层级指导客服人员实行职业资格认证。

2015 年，中华人民共和国工业和信息化部发布了《呼叫中心服务质量和运营管理规范》（YD/T 2823—2015）。

目前，国内外不少机构设有客户服务专业研究及职业培训项目。美国普渡大学成立客户服务质量研究中心，并开设客服中心管理与服务课程，能够为众多客服中心提供最佳客户服务管理解决方案。我国客户服务的历史悠久，可以追溯至清朝时期，当时已出现客服工作的雏形。我国客服工作在长期的实践活动中积累了丰富的经验。

2001 年，香港特别行政区政府开通服务热线，号码是 1823，整合 20 多个政府部门，向市民提供 24 小时一站式服务。

2006 年，台湾台北市政府开通“1999 市民当家热线”，服务理念是“1999 最幸福的服务”，时任台北市长的郝龙斌称，“1999 现在已经成为每一位台北市民生活中不可或缺的好帮手，是市民的随身小秘书”。

2007 年 5 月，北京市政府整合了信访服务资源，在原市政府便民电话中心基础之上，成立了北京市非紧急救助服务中心，统一电话号码为 12345，并联通北京市 16 区、各委办局和多家公共服务企业，实现了“统一平台、分类处置、协同办理、联动服务”的运行模式，突显其在城市管理和公共服务中的积极作用，在历年重点保障时期以及 2008 年奥运会、国庆阅兵庆典等重大活动中发挥了重要作用。12345 已成为首都北京的一张靓丽名片，正将其打造成全方位满足公众需求、适应首都经济社会发展需要的综合服务平台。

1.1.1　客服热线

现代化的客服中心起源于 20 世纪 30 年代，1956 年达美航空公司开通了全球第一条 24 小时电话服务热线。几十年来，客服中心的功能被广泛应用于各行业，技术的进步使客服中心的功能不断增强，客户对服务的期望使客服中心不断发展壮大。据统计，2009 年美国客服中心从业人员占总就业人口的 6%，平均每 100 人拥有 1 个客服席位；在中国，超过百万人员从事着客服热线的工作，平均每 5000 人拥有 1 个客服席位。

早期的客服中心，只受理客户的简单诉求，现在的客服中心，能够受理客户的多种诉求，还能够分担组织公共关系等业务，是能够肩负客户服务和组织发展的客户关系服务与管理部门。

我国有大量公共服务类的客服中心，很多政府机构和公共事业部门都开设了服务热线，各服务热线之间因能够协同联动办公，为国外客服工作者所羡慕。北京市非紧急救助服务中心的热线 12345，与 110、119、122、12333、12320、95598、96177、96196、96166 等数以百计的热线一起协同联动，成为保证首都北京平安祥和的强大力量，并将为“建设美丽中国，实现中华民族永续发展”发挥不可或缺的作用。

据统计，每天在全世界通过电话或客服平台产生的客户诉求量约有 1.25 亿次，即每月大约产生 37 亿次的客户交互量。而每一次交互服务的平均成本约为 10 美元，那么，每天全世界花费在客户服务上的费用约为 12.5 亿美元。据研究数据显示，客服行业在世界范围内投入的成本，其总量超过加拿大、法国、意大利和英国等国家的国民生产总值，这些钱可以买下很多大企业或岛国。试想一下，世界上有哪座城市为节省办公经费而关闭负责平安祥和的联系电话？又有哪个组织愿意切断与客户之间的联系？毋庸置疑，110、119、999 一刻也不能关断，12345、95598、96177、96196 需要时刻响应。这笔昂贵又不能节省的服务费用，足以让我们感知服务热线的重要，感知客服工作的作用和意义，这不只是简单的接听电话，更要求从业人员具备专业的知识和技能。

在互联网的支持下，客服中心的功能和客服代表的技能能够服务其他组织，客服中心能够成为可以独立生存的机构，客户服务在向各行各业逐渐延伸的过程中，正从客服岗位演化为客服产业。

1.1.2 特点相同

客服中心面临相同的两个目标任务：一是立足现有条件保持客服中心的

高效运转，二是在现有的、合理的条件下最大限度地满足客户的需求。

为了完成这两项任务，不同的客服中心所需的业务技能可能存在差异，但在建设、运营、管理方面却有着许多相同、相似之处。调查研究结果证明，不同行业客服中心的客服基准几乎相同。客服基准是客服中心实现计划目标必须要达到的最基本的要求，也就是说，如果客服中心没有达到这些最基本的要求，客服中心一定没有实现目标。客服中心将这些基本标准以管理制度、绩效方案或文件会议等特定形式公开发布，作为客服全员共同知晓和遵守的准则，最终以指标任务来予以体现。

公共客户服务中心在开展服务工作时有着许多共同的特点，举例说明：

在客服员工方面，客服员工时时面对的是大众百姓，而不是固定的张三李四；客服员工需要具备与各种人物交流的能力和相关培训经历；客服员工有权查询客户信息数据库和调用知识库信息；客服员工所受理的客户是由系统按照设定要求自动分配的；客服员工因忙碌来不及接听处理的客户电话会被置于预设的排队等待队列。

在客服管理方面，客服管理人员面临的主要工作是选择正确的人，在正确的时间和地点，做正确的事情。具体工作包括：预测客户来访量、估算需要的在线人员数量、科学排班、实施有效的现场管理和业务培训、正确应对紧急突发事件等。

在客服系统方面，客服系统在客户排队等待时播放广告或通知信息；客服系统推荐客户使用自助服务功能；客服系统具备来电识别和多媒体交互应答等功能。

2010年5月30日人民网的“人民观察”栏目刊出文章《北京有个“12345”》，读者可以从中了解到公共客户服务中心的作用。

☞ 例：北京有个“12345”

12345，有事找政府，群众“有所呼”政府就“有所应”！

饭店老板一连拖欠2个月工资，远在内蒙古的家人急等用钱。在北京打工的郝进军拨通了北京市政府便民电话中心（北京市非紧急救助服务中心）——12345政府服务热线。当晚，郝进军就拿到了1600元辛苦钱！

12345，看似5个简单的数字，背后却连着51个政府部门和相关单位。200个受理席位全年365天、全天24小时不间断值班。如今在北京，群众对“12345，有事找政府”这句话耳熟能详。

全天候运转的“民情雷达”

5月20日下午，记者走进位于东城区禄米仓胡同71号的12345热线办公区，这里设有200个受理座席，接线员头戴耳麦，一边用热情的话语接听热线，一边“噼噼啪啪”地敲打键盘，认真记录着市民反映的各类问题。

我们日夜在聆听

16时35分，耳机里传出“嘟嘟”的提示音，有电话进来了！接线员刘海滨按下“接听”键，“您好！北京市非紧急救助服务中心，请问需要什么帮助吗？”家住朝阳区的晏先生来电询问，自己的妻子是澳门户口，准生证怎么办？刘海滨认真询问情况后，告知对方向计生部门确认后会及时回复。挂断电话，刘海滨迅速联系区计生办，随后又拨通晏先生的手机，刘海滨做了详细解释，耳麦里传来连连感谢声。这个过程，不到6分钟时间。

北京市政府副秘书长、市信访办主任薄钢说，“12345”热线过去只有10条人工线路和50条自动声讯服务受理系统，日均受理电话仅1400余件，市民常抱怨“接通率低、电话难打进”。为构建统一运转的机制，2007年5月15日，12345非紧急救助服务热线正式开通，设200个受理座席，24小时不间断运转。市民只要拨打“12345”，几秒钟内必有人应答。

"12345"白天忙，晚上没闲着。接线员张进讲了一件事：热线刚开通不久的一次夜班，凌晨 2 时左右，从西藏打来一个求助电话。那是一位到西藏旅行的北京市民，车子在路上抛锚，随身携带的氧气只剩不到半袋！情况紧急，想到的第一个求助对象就是"12345"。接热线的同志几经辗转，最终联系上了西藏当地的救助部门，帮助了那位市民。"12345"热线每天晚上的接听量都有五六十个。

开通 3 年来，"12345"热线已受理公众咨询和诉求电话 447 万多件，接通率达 96%。平均每天约 4082 件，平均每小时 170 件。群众遇到的大小事都有人管，人们形象地称之为"全天候的'民情雷达'"。

群众有所呼，政府有所应

建设"12345"热线，是北京市委、市政府建设服务型政府的重要举措，市领导要求热线贴近社会、贴近市民，将群众的呼声以"短、平、快"的方式进行反馈，主动解决问题，主动维护权益，努力做到"件件有着落、事事有回音"，竭力为群众排忧解难，成为党和政府联系群众的桥梁和纽带。

"12345"要赢得认可，让市民"信得过"，必须做到"打得进、答得准、办得快、有回音"。为此，"12345"建立了存有 2.3 万余条信息的"知识库"。大到国家的方针政策，小到车辆限行的时间安排，基本涵盖市民日常工作生活中可能遇到的各种问题。如果属于咨询类的，接线员能马上将相关信息调出系统，以"一问一答"的形式提供帮助。对于跑水、断电等诉求类问题，则会按照政府职能划分，通过电话转接系统和政务网络系统转办、交职能部门处理并及时反馈，明确在 7 天内必须回复。

3 年来，"12345"热线紧密联系政府部门和相关单位，突出对诉求类电话的办理，共直接交办电话诉求 46 万余件，其中合理诉求大部分得到解决，办结率在 90% 以上。客服热线中心还对承办单位办理的事项按 10% 的比例向市民进行回访，3 年来共回访市民 3.6 万余次，满意和基本满意达 70%。

"12345"热线的生命在于"落实"。"12345"成立了专门的办理小组，派专人负责跟踪市民反映问题的解决情况。“12345”开通3年来，累计编辑《市长电话要情》458期。不论大小事，几乎件件有市领导批示，有力地促进了问题的解决，保证了社情民意的通畅直达，成为政府出台一系列改善民生、推进公共服务举措的决策依据。

“民生答卷”全方位延伸

北京“12345”着力向综合服务热线转变，服务内容也从侧重政府职责范围向全方位服务延伸。“百姓凡是遇到不知道找哪个部门、不愿意找对口部门或找过去不解决的问题，都可以拨打‘12345’求助。”市非紧急救助服务中心负责人王传颂说。

2009年5月，北京“12345”成功实现了与96166（北京交通服务热线）、12315（消费者投诉举报中心）等服务电话的“对接”，并逐步整合各部门的服务电话。老百姓只要记住“12345”这一个电话号码，就能满足日常工作生活中所有的求助需求。

“12345”致力于“求新求变”，及时反映公众呼声并传递到政府部门和相关单位，成为改进政府工作、提高服务水平的“推进器”。进入5月份南方突降暴雨，一些城市内涝严重，市民纷纷向“12345”来电建议，希望政府采取积极措施，保障排水系统畅通，防范内涝之患。市政府领导在反映这一情况的《市长电话要情》上作出批示，“要认真落实各项工作，保证北京汛期安全，保证群众生产生活”。市水务局认真研究部署，做到防汛任务、项目、资金、措施、责任人“五落实”，确保群众生命安全和城市运行安全。

为了更好地贴近市民、服务市民，“12345”积极组织干部职工下基层、进社区、访民情、听民声，积极开展志愿服务。如根据建国门街道办事处外国人多的特点，“12345”英文志愿者小组走进该街道苏州社区，面向居民开展为期两个月的暑期代课工作，普及日常英语会话。

中国行政体制改革研究会秘书长、国家行政学院教授汪玉凯表示，“12345”的开通和完善，反映的是政府职能的转变，由过去的管制型、管理型政府转向服务型政府。与此对应，政府部门借“12345”

引入公众参与，接受社会监督，不断提高公共服务质量，服务型政府随之逐渐完善。他同时表示，建成“12345”硬件平台相对容易，但要实现服务内容的全方位延伸，还须加快综合配套改革，理顺部门间的责权关系和协调分工，通过机制建设和制度再造提高效能，从而真正做到“利民惠民”。

1.1.3 挑战相同

热线服务工作正朝着更快、更好、更高的服务目标前进，联通世界，造福你我他。在客户服务热线里，听和说的都是平凡简单的小事，而日复一日、年复一年地做好“听”和“说”，并不是件容易的事。作为一名客服人员，让一位客户满意不难，难的是在有限的条件和规定下，每天都能够让每一位客户满意。并且，无论你让多少位客户满意，只要有一位客户不满意，都会直接影响客服中心的服务水平。在客服中心，墨菲定律被广泛应用，即“100–1=0”。

在组织的发展变化中，客服管理人员面临的相同挑战有以下几点。

客服要知道，客户要求服务水平不能低于同行。客户可能体验过其他客服中心的服务，客户对同等情况下的服务规定有所了解，在服务过程中客户会本能地联想、比较其他客服中心的服务情况。

客服要能够统一管理来自各服务渠道的诉求信息。由于客服不能提前预测客户会采用哪个服务联系渠道，也不能限制客户选用某种特定的服务渠道，客户还可能选用多种服务渠道反映同一个诉求，因此客户的诉求信息可能会以文字、语音和图形等多种格式进入客服系统，这就要求客服具有整合过滤客户诉求信息的能力。

客服要能够正确引导客户选用与业务相适应的服务渠道。例如，选用手机 APP 的客户在增多，客服管理人员分析非电话渠道访问量高于电话渠道访问量的时段情况，并在充分了解业务知识的基础上，为不同的业务建立关联的服务渠道及工作量。

客服要能够培养人才、留住人才。客服工作靠团队成员共同完成，每一位员工的工作质量都会起到“提高或降低客服整体服务水平”的作用，每一位员工的服务力量汇总而成客服的服务力量。因此，每一位员工都很重要，把他们培养成才并留住每一位员工是客服服务质量的保证。

1.1.4 价值同等

客服中心价值作用涵盖广泛，包括帮助组织了解外界环境，提高部门间合作的质量和效率，承担业务工作，分担组织公共关系等。客服公认的价值主要体现在核心价值、战略价值、客户关系价值、高效服务价值、质量和创新价值、产品和服务价值以及服务附加价值。

客服中心的核心价值观、愿景和使命，维系着客户服务中心生存的方方面面，因此客服中心的核心价值观也被称为终极信念，是客服中心判断社会事务时所选择的是非标准以及对社会事务所表现出的应遵循的行为准则，是组织的软实力。Inter 公司明确他们的使命是成为全球互联网经济最重要的关键元件供应商，愿景是“超越未来”，核心价值观是“客户至上、理想的工作环境、严明的纪律、以结果为导向、质量保证、勇于承担风险”。

客服中心的战略价值体现在其数据仓库和数据挖掘能力能否保证组织作出正确的决策。

客服中心的效益通常体现在客服代表和信息传递方式能否实现组织计划目标，而客户关系价值正是把维系顾客满意度、建立客户互动关系列入客服中心和组织战略发展的必要工作中，客服中心是组织联络客户、关怀客户的关键部门。2015 年 12 月 16 日，北京公共卫生热线 12320 向手机用户发送温馨提示：“近期北京低温寒冷，北京 12320 提示您注意饮食营养均衡，规律作息，适当运动，不吸烟少饮酒。提高免疫力，疾病远离您。”

客服中心的高效服务价值体现在提高组织运行效率，帮助客户获取有意义的服务。2012 年 4 月，北京环保局分中心接到群众反映：新开业的 KTV 夜间扰民，希望能帮助解决，否则将向媒体反映。环保局随即采取措施，妥善解决了“噪声符合标准，但居民实际感受很差”的问题。2012 年 7 月 21 日，北京遭遇 60 年不遇的暴雨，道路大面积积水，交通受阻，行人受困于水中，从 21 日 18:40 开始至次日晚 20 点左右，房山区民防局紧急处置了多起紧急求救诉求，救出受困群众近 200 名。

客服中心的质量和创新价值主要体现在及时为组织提供保证服务质量和服务创新的信息。能够提供有关同行或竞争对手在服务方面的信息和标准，提供可以替代的服务信息和服务模式等。客服中心根据组织的需求充分挖掘和利用数据仓库，持续提供有益于组织发展的创新信息、改进信息和业务变化趋势数据等情报。

客服中心的产品和服务价值体现在向客户提供了解产品和服务的渠道，并同时采集客户关心的信息，细分客户群，提供个性化服务。

客服中心的服务附加价值体现在完成规定的服务工作外，通过大数据进行客户需求分析，帮助组织改进服务方案。客服中心提供的服务附加价值越多越重，在组织和社会中发挥的作用就越大。2012 年 10 月，北京歌华有线客服中心分析来电信息，快速应对不法分子冒称热线服务对客户进行诈骗的事件，维护了首都百姓的利益。

值得说明的是，客服代表的价值体现在服务的全过程中。客服代表的一些工作成果可以直接用价值体现出来，客服代表每在线指导成功一次，相当于减少了一次上门服务的成本费用，或是降低了客户为此出行的成本费用。客服代表将客户需求变成信息、数据，再送入预计的服务流程，代表组织实时向客户发出信息，其在服务中所表现出的真诚、善意、专业、友好将有利于提升组织公众形象。

党的十八大报告强调“要按照建立中国特色行政体制目标，建设职能科学、结构优化、廉洁高效、人民满意的服务型政府”“必须增强宗旨意识，相信群众，依靠群众，始终把人民放在心中最高位置”。而热线服务展示了政府立党为公、执政为民的公众形象，热线服务工作是践行党的群众路线的服务窗口、满足百姓心声的信息渠道、解决民生问题的真诚表现、维护稳定环境的必要手段、观测城市管理的监控平台。

热线连着民心，满载着党和政府的重托。热线服务工作是伴随社会发展而出现的新事物，承载着时代使命和光荣任务，为党分忧，为民解难，以“群众利益无小事”为理念，以“一呼百应顺民心”为指南，让每位百姓在服务过程中体验“打得通、办得快、信得过”的服务，正是服务热线的使命、责任和自豪所在，也是服务工作者的动力、激情和恒心所在。

热线体现民意，彰显着亿万人民的力量。2008 年 5 月 19 日汶川大地震全国哀悼日进行默哀的那一刻，繁忙的热线突然安静，来电骤停，静寂中彰显中华民族众志成城、百折不挠的精神。分析北京歌华有线客服中心在 2008 年 8 月 8 日奥运开幕式、2009 年 10 月 1 日新中国成立 60 周年阅兵和 2015 年 9 月 3 日抗战胜利 70 周年阅兵这些重要时刻的客户来电数据，我们可知：在电视直播开始前的三四个小时内，客户来电数据曲线一再攀升；而当电视直播开始时，客服来电数据曲线出现拐点，客户来电量陡然下降。那一刻，百姓的心聚焦在仪式现场，与祖国心心相连。

热线传递温暖，讲述着真情动人的故事。大年三十晚上，市民打来电话说“过年好”；老人得到帮助，专程致电夸赞“活雷锋”；病人得到抢救，家属送来锦旗；问题得到解决，群众发来贺卡。热线背后，有无数的建设者、志愿者、守卫者、组织者，披星戴月，风雨无阻，四处奔波，辛勤劳动，恪尽职守，无私奉献，和谐凝聚力量，平安成就伟业。

在世界上的很多国家，客服中心同样担负为政府分担公共服务的职责。1997 年，美国联邦电讯委员会决定在全国范围内将“311”预留为非紧急求助号码，在纽约、芝加哥、华盛顿、洛杉矶等几十个城市建立了 311 市民服务系统，现在 311 市民服务热线是集 40 多个市政府部门职能的大规模专线服务系统，成为政府和市民之间有效沟通的桥梁。

2015 年 11 月 7 日，在“习马”穿越 66 年的时空伸手相握之时，在数以秒计的短暂会谈中，在马英九先生提出的维系两岸和平繁荣现状五点主张的建议中，特别提到“设置两岸热线，处理急要问题”。马英九先生视热线的价值为有助于“为天地立心，为生民立命，为往圣继绝学，为万世开太平”。

1.2 服务功能

客服中心把倾听客户及为客户答疑解惑、排忧解难作为客服岗位服务功能的设置要求。无论是政府的便民热线，还是企业的客服中心，其首要目标都是向公众提供高质量的服务，让市民和客户满意。每个客服岗位服务功能由组织与客户之间的联系需求而定。

1.2.1 功能分类

客服中心服务功能常见的分类有三种。一是信息服务型，主要为客户提供信息咨询或接收客户反映的问题，这类服务多表现为客户发起服务申请，特点是呼入量高、办结速度快，如消费者热线、城市交通热线、“奥运”热线、“世博会”热线等。二是协助组织业务型，主要承担协助客户实现某种功能需求的服务渠道，如医院挂号、订票或退票等，表现为呼入和呼出两种形式。三是维系客户关系型，主要为已经开展的业务提供接续服务或后续调查，如回访客户，了解工作执行情况，或是联系客户，进行信息提示和业务宣传，或是对由于工作过失给客户造成的损失进行弥补、挽回等。

服务功能分类

实时解答	受理业务	客户关系
核实信息 咨询问题	直接办理 派单处理	主动关怀 回访调研

此外，也有将客服中心服务功能以呼入、呼出作为基础划分标准的。呼入常作为服务支持型，呼出常作为业务宣传或营销型。

无论客服中心如何分类，其服务处置流程大致包括：采集来自不同渠道的客户需求；引导客户选择服务方式，如自助服务或人工服务；分级处置诉求。通常情况下普通级客服代表有能力处置 80% 左右的服务工作量，专业级客服代表基本有能力处置普通级客服代表不能处置的服务工作，专家级客服代表负责解决疑难问题，并分析相关数据。

以电话服务活动为例，客服中心的电话诉求受理离不开“倾听”“解答”“记录”“派单”“回访”等过程；每位客服代表的在岗活动及时间分布离不开“签入时间”“签出时间”“通话时间”“事后处理时间”“休息时间”等指标；每位客服管理人员的活动离不开“现场”“指标”“辅导”“调度”“团队”等内容；每年的预算内容离不开“来电业务数量”“服务人员数量”“服务水平”“平均通话时长”等项目。客服中心有不少共同的“离不开”表现，在讨论客服中心运营与管理的交流会上，不同客服中心的交流也常常聚焦在“人才流失”“排班管理”“网络服务”等老问题、新思路上。

1.2.2　功能定位

客服中心的基本功能定位源于建立客服中心的原因和目的，参见《建立客服中心的原因和目的》。

建立客服中心的原因和目的

原因	目的
服务组织生存和发展	客户获得良好服务
提高客户服务满意度	树立良好公众形象
整合服务资源	降低服务成本
提高服务响应速度	快速处理紧急、重要事件
采集有用信息	帮助科学管理正确决策
共享知识和运用技能	提高客服代表服务效率
利用网络共享信息和知识	提高整体工作效率

1.2.3 岗位结构

客服中心的组织框架基本一致。在客服领域，不同的客服中心有不同的岗位设置，具体岗位的名称可能略有不同，但大多数客服中心的岗位结构类似《客服岗位结构示意图》所示。

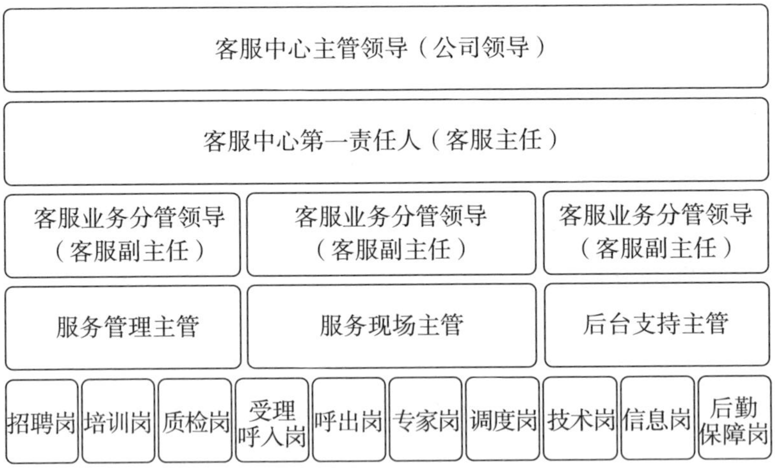

客服岗位结构示意图

客服组织结构所设层级和岗位的人员数量与客服自身的规模有关。小型客服中心往往采用扁平化层级管理，部分岗位也许只有 1 至 2 人，而大型客服中心则需要多级管理，主要服务岗位的人员很可能成百上千，如受理岗位，在这些岗位上工作的人员其活动内容大致相同，不论是通过电话还是通过网络，都是受理客户需求。

客服岗位的规章制度及管理办法基本相同，客服中心都将“考勤表现”“服务表现”“协作表现”等项目列入客服中心最基本的岗位职责；有关这些岗位的绩效考核方法及指标基本相同，“话务量”“服务态度”“应知应会”“平均通话时长”“事后处理时长”“一次解决率”等都是列入客服绩效管理范畴的内容。

每个客服，不论大小，其输出的思想和经验，都可能成为其他客服的参考，或与其他客服达成共识，每个客服也都可能从其他客服的成果和教训中获得有益的借鉴。

从北京的《12345 热线架构图》与台北的《1999 热线架构图》中可以看出，两条热线提供的服务内容基本可以相互覆盖，具备相同的专业服务特点，都是提供 24 小时服务，提供救助及排忧解难，受理咨询、诉求、意见和建议，汇集报告民情舆情，监控城市运行状况，具备座席外包和二线支持一线的能力，等等。

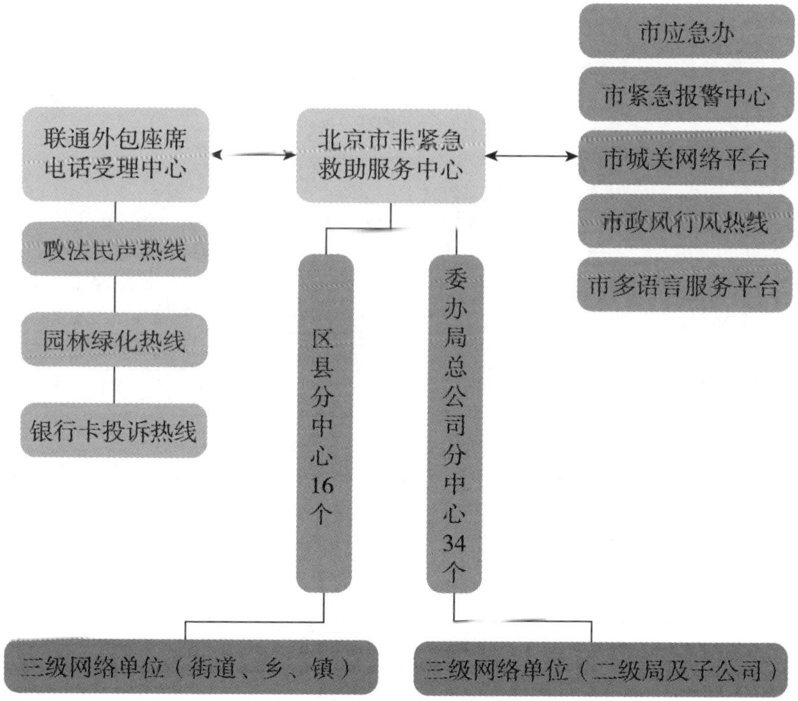

12345 热线架构图

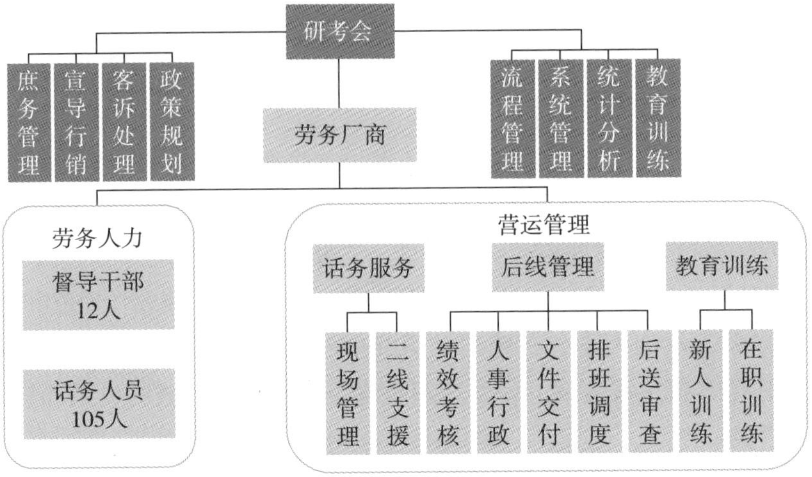

1999 热线架构图

1.2.4 支撑框架

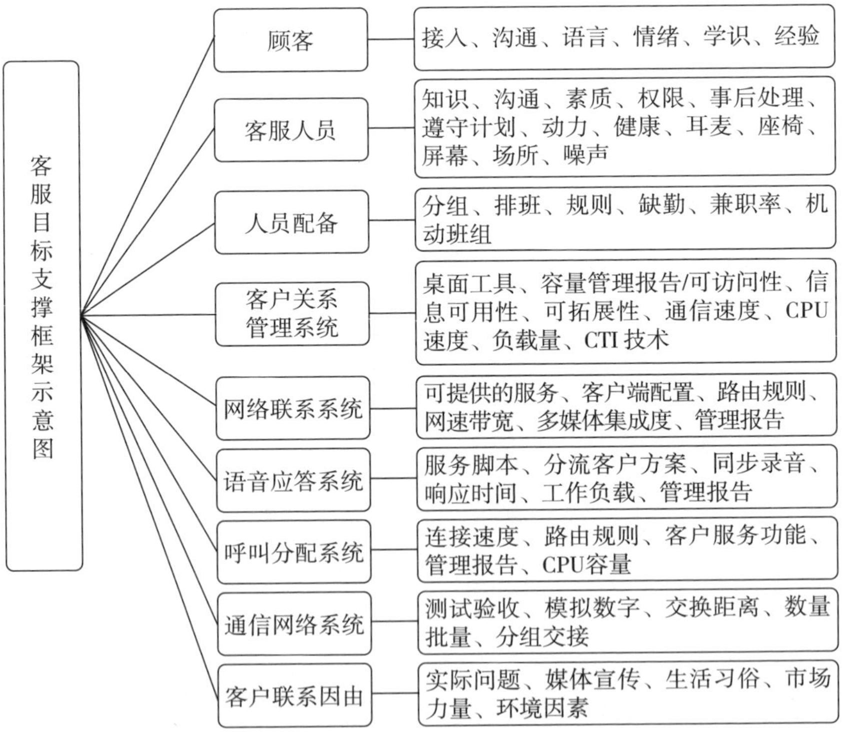

客服目标支撑框架示意图

一个完善的客户服务支撑体系，是支持客服开展服务工作、实现组织目标的重要保证，也是组织机构和企业运营不可或缺的一部分。常见的客服系统支撑内容参见《客服目标支撑框架示意图》。

1.3　系统功能

客服系统的功能设计要满足提供信息咨询、实现客户需求和收集意见建议三方面的需求。客服系统按信息对客户和组织的重要程度先排序分级，再根据不同的级别进行功能设计。公共客服偏重服务和维稳，特点是信息量大、涉及政策法规问题较多；企业客服偏重业务支持，涉及产品营销服务问题较多，具体参见《客服中心系统功能需求举例》。

客服中心系统功能需求举例

分类	功能
公共服务	全部人工服务，客户诉求分类由客服代表操作完成。如，12345、12320、12301、110、119 等
事业服务	交通：主要包括事故报警、拥堵报警、路况信息、业务咨询、投诉和意见等 工商：主要包括消费信息、登记注册信息、投诉举报、发送传真等 医药：主要包括专家席、药物查询、门诊预约、医疗及卫生保健信息查询、建议投诉等
企业服务	银行：主要包括开通、清户、挂失、查询、转账、结算、申请贷款、营业网点介绍、投诉建议等 保险：主要包括条款咨询、办理保单、查询、赔付处理、保费计算、电话营销、分支机构介绍、督办付款、投诉建议等 通信：主要包括查询、充值、业务办理、密码停复机、宽带业务、集团业务、故障申报、话费催缴、服务咨询、投诉建议等 技术：主要包括故障处理、预约安装、预约维修、问题解除指导、咨询、客户选购指南、售前售后服务、客户查询及留言、业务员查询、投诉建议等

客服系统的功能大致相仿，甚至不同系统中的一些功能名称完全相同。客服系统功能来自客服服务需求，是支持客户服务工作的基础保障，参见《客服中心系统基本功能简表（电话服务渠道）》。

客服中心系统基本功能简表（电话服务渠道）

序号	功能项目	功能概述
01	语音导航	设有语音引导流程、总机业务功能、个性号码设置
02	智能分配	自动分配、过滤和自动跳转、指定服务专区
03	全程录音	全程录音，易于移植的存储格式
04	语音留言	客户留言，分权限调用
05	传真服务	将传真功能设为客服系统的一部分，包括审批签发环节
06	来电弹屏	来电号码自动关联历史记录和客户资料等信息
07	知识库	包括语音和文本知识库，提供服务所用信息
08	主动呼出	实现外拨电话，能够设置呼出权限和号码
09	内线转接	实现客服内部人员转接或多方通话
10	外线转接	实现客服与外部人员的联通或多方通话
11	互联互通	实现客服代表之间的联通
12	联通组织	实现组织、客服和客户之间的联通、沟通
13	资料管理	实现客户信息批量管理、个别应用
14	诉求处置	对投诉进行记录、整理、派单、督查
15	监听指导	可以实时监听到其他客服代表正在通话的内容
16	示忙暂停	客服代表暂停受理
17	自报工号	系统自动播报工号
18	假日设置	将假期或非工作日无人接听电话时，作留言预置处理
19	多方通话	多位人员服务一名客户
20	保留 / 恢复	客服代表进行后台处理时，临时向客户播放语音的开关过程
21	班长座席	具备监听、拦截、强制插和强制示闲等功能

续表

序号	功能项目	功能概述
22	呼叫转移	在客服全忙的情况下，转向预设的号码
23	优先接入	预设号码，优先接入
24	邮件收发	客服代表收发文本文件
25	短消息收发	系统向指定的手机号码发送信息或接收客户发来的信息
26	语音通知	按预设的电话号码和条件自动批量发送语音信息
27	判别彩铃	判别是否是彩铃，提高接通的正确性和计费准确性
28	计费管理	统计系统产生的费用
29	呼叫日志	系统对每次呼叫记录生成明细和统计数据
30	统计报表	中继呼叫分布、客服代表工作情况和服务分类
31	开发接口	二次开发接口，对接其他相关系统
32	设置流程	用预设的功能模块组合设置语音流程
33	安全机制	用 PSTN、自设密码、权限分级等保证音质清晰、信息安全
34	升级环境	支持扩容，支持 ISDN、SS7、SS1 等高端通信协议
35	数据存储	采用专业数据库及大数据存储技术
36	监控管理	提供客服代表工作情况和服务器运转状态等数据
37	调查工作	在通话结束后提出简单问题
38	格式转换	提供文本与语音转换功能
39	查询信息	查询并能导出查询信息
40	隐私保护	将外呼号码导入系统，客服代表呼出时并不知晓客户号码

1.3.1　系统结构

客服系统结构是保证客服系统功能的关键。现阶段的客服中心基本是充分利用通信与计算机集成（CTI）技术，采用交互式语音应答系统（IVR）、自动呼叫分配系统（ACD）和录音服务器等主要模块，对外提供语音、数据、传真、视频、互联网、移动客户端等多种接入手段，对内通过计算机和电话网络获取数据库和业务部门的信息资源，以此实现服务工作。

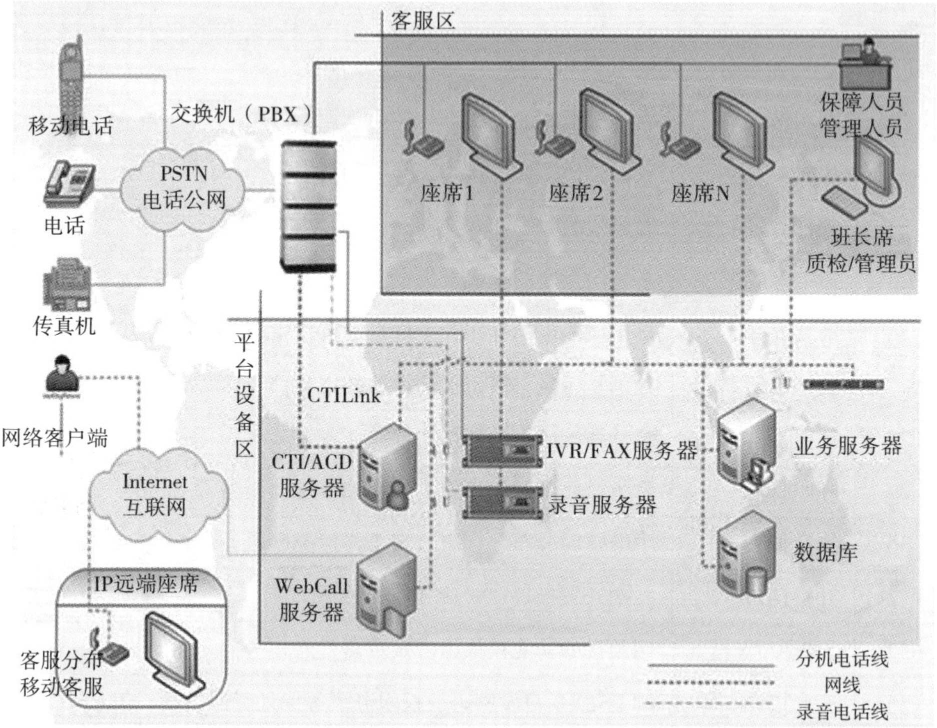

客服系统结构简图

从《客服系统结构简图》中我们可了解到，CTI 服务器是客服系统的核心，它为客服业务的实现提供软件控制和硬件支持。硬件方面，CTI 服务器提供交换机和计算机的交互接口，将电话的语音通信和计算机网络数据集成起来，完成计算机平台与通信平台之间的信息交换；软件方面，CTI 服务器可使电话与计算机系统实现信息共享，在系统进行信息传输的同时实现数据信息的存取。

CTI 提供多种客户访问方式，并通过客户来访信息关联客户背景资料；自动呼叫分配，提供基于客服代表技能、负载均衡等多种路由选择方式；提供录音、放音、监听、语音压缩、自动向外拨号等线路处理功能；提供排队、呼叫转移、忙闲设定、多方通话、拦截接听等交换功能；提供人工应答和语音应答，人工与语音的相互转换；提供语音播报、电子邮件收发功能；提供多级权限管理；提供对客服代表的监督管理。CTI 可协助客服在多个领域开展工作，具体参见《CTI 功能及作用分类简表》。

CTI 功能及作用分类简表

分类	功能	作用
语音和数据	主动弹屏	当线路接通时，将调出来访者的相关信息、数据、文件，并自动传到客服代表的计算机屏幕上
	智能接入	自动将来访者的信息和关联数据转给另一位客服代表，或另一个专业队列
	自助语音服务	IVR 帮助客户使用验证、语音应答、自助交易或接通人工服务
智能路由	预设路由走向	按照一定条件预置话务路由走向
	基于技能路由	根据来访者信息和目前在岗人员的技能情况，推荐适合客户的客服代表
	多点路由	按预设的规则，通往各客服系统
	数据路由	用数据库信息和外部路由系统决定来访者的路由。可应用于客户细分和确定优先次序等方面
综合报告	全程跟踪	用以记录来访者从进入客服排列到与最后一位客服代表通话结束的过程
	交换数据	实时记录和报告客户信息以及在线交互的信息
桌面软电话	电话功能	登录、登出、变化工作态、在线保持、转移、多方通话或通过数据了解客服代表的表现
	统计分析	对工作状态数据进行统计分析，通过数据了解监管客服队列和客服员工的表现
呼出功能	主动呼出	按照服务规程，联络或回访客户
	计划呼出	按照某种条件，预设呼出客户号码，主动呼出
	接续呼叫	实现不同层级的接续呼叫
	调整呼叫	分配客服代表的人力资源，自动调整客服代表的呼入和呼出状态

1.3.2 系统验收

客服系统正式投入使用前需要经过测试与验收。为保证系统设计结果符合客服工作的实际要求，验收工作应以客服系统需求作为依据，根据系统功能描述判断其是否通过验收，具体参见《客服系统测试与验收常见项目》。

客服系统测试与验收常见项目

序号	功能名称	具体描述
1	IVR 语音导航	个性化 IVR 交互式语音引导流程，树状逻辑、分层次、多分支、动态节点、自由跳转，客户端可根据业务随时自行修改流程，无须供应商支持 具备电话交换机基本功能，可以作为集团电话交换机使用 可对不同的通道或被叫号码设置不同的语音流程
2	智能选择客服代表 ACD	可按最空闲客服代表、平均话务量和预设的分配策略分配话务。通常默认空闲话务员分配 按客户输入推荐选择客服代表、或技能组、或进入其他语音引导流程 来电过滤，黑名单设置 来电无人接听或遇忙时转移至下一个空闲的客服代表或转移至手机等外部号码，通话实时录音 可根据客户涉及的业务进行分配
3	全程录音功能	可 24 小时不间断地对客服代表的通话进行录音，按预设路径进行保存，支持多种语音压缩格式，可另存成多种格式的语音文件，并能够随时在操作界面上通过多种条件查询、调取指定的录音文件，显示来电时间、通话时长等通话过程信息
4	语音留言功能	忙时、无人接听时或异常状况时，引导客户进入留言模块。针对具体客服代表的留言，需要设置相关的权限。客服代表签入后，启动留言自动提醒功能
5	自动传真服务	系统可以指导客户向客服系统发送传真，客服代表可以接收到客户发来的传真信号和传真文件。系统可以将 word、excel、txt、wps、pdf 等多种格式的文档转换成传真文档发送传真。可以对传真文档进行浏览、编辑、盖章等

续表

序号	功能名称	具体描述
6	来电弹屏功能	客服代表转来电话时，系统自动根据来电号码，弹出对应的客户资料和以往的历史来电记录、通话录音。客户来电或以分机编号呼出时，即弹出指定的 URL 地址并以 GET 方式传递对应的编号，并能显示客户的所在区域、省份、城市
7	知识库功能	个性语音知识库和文本知识库。客服代表可以把经常需要介绍给客户的一些业务知识，录制成语音文件，放到语音库中，在和客户通话过程中，客服代表可以向客户播放录制好的语音。文本知识库按目录管理的方式布局，方便客服代表快速索取
8	主动呼出功能	可以通过软件或者话机外拨客户的电话 自动外拨，批量查询客户信息，鼠标单击即可往数据库添加呼叫任务，并即时呼叫对方。呼叫完毕弹出服务端设定的固定 URL 页面，并通过 GET 方式传递数据库呼叫记录唯一的 ID 键对应的页面，用以输入通话摘要等信息 支持 3、4、5、6 位长度内线分机。内线分机相互转接 可通过设置任何客服代表都可以呼叫的外线或白名单，可根据实际需要，不同的客服代表外呼，或者不同的号码外呼走不同的外线通道
9	客服代表转接功能	客服代表在和客户通话过程中，可以把电话和来电的客户资料一并转给其他客服代表，并提供多方通话
10	外线转接功能	可将客户的来电转到客服代表的手机上，实现三方通话和同步录音
11	客服代表相互呼叫功能	客服代表之间可相互通话
12	配合内部交换机转接功能	可将客户来电转到业务部门，或将业务部门的电话转到客服中心
13	客户资料管理	客户信息录入、分类条件模糊查询，可将现有的大量客户信息以文件的方式批量导入，自动关联和该客户相关的所有呼叫信息及通话记录
14	投诉处理	记录、派单、督办和回访
15	监听功能	管理人员通过选择客服代表工号实时监听通话内容。监听者有强断和插话权限

续表

序号	功能名称	具体描述
16	话务员示忙功能	在没有进电话时，客服代表可选择暂停服务
17	自动播报话务员工号	在客户接通人工服务时，系统自动播报客服代表工号
18	节假日设置功能	系统可以设置工作时间和休息日。在非工作时间内，客户在转接人工服务过程中，系统会提示客户客服的工作时间，并提示是否留言。可分为：工作时间设置、周末时间设置、特殊节假日设置和特殊非节假日设置。客服应有权限实现这些语音设置
19	多方通话	当 A 客户来电，B 客服代表接通 A 客户电话；B 客服代表邀请 C 客服代表进行三方通话。如果 C 在线并就绪时，三方通话成功；并且 B、C 的其中一方可以退出，另一方继续跟客户 A 通话。如果 C 不在线或遇忙，B 则应继续与 A 客户通话
20	保留 / 恢复	客服员工在通话过程中，需要后台处理时，需要暂停对话的处理方式，单击“保留”按钮让客户听音乐
21	班长的权限	监听通话、拦截通话、强插通话、强制签出、强制示忙、强制示闲
22	呼叫转移功能	当客服人员全都在忙时，转至预设的号码
23	电话抢接功能	客服人员可主动受理来电，无须 ACD 的分配
24	邮件服务功能	可为每位客服代表设置自动关联的电子邮件信箱，用于转发接收文件
25	短消息服务功能	可群发、单发信息
26	语音自动通知功能	可自制语音，并通过系统批量拨出、发送
27	解决彩铃功能	系统外呼时可以识别对方是否是彩铃，从而提高接通的正确性和计费准确性
28	计费管理	系统可以根据通话的时长和费率统计整个系统的费用
29	呼叫日志	系统对每次呼叫的记录都有明细和统计功能
30	业务统计报表	实时提供客户可能不满意的信息报告 实时提供中继负载通话报表、客服人员通话报表、服务类别报表。可以按时段、日期统计电话呼入总量、排队情况和转接总量；可统计客服代表的状态日志、话务总量、服务质量、业务熟练程度、工作效率等指标
31	二次开发接口	系统提供客服系统和相关系统二次开发接口

续表

序号	功能名称	具体描述
32	业务流程化	系统提供可编辑的语音流程开发，用户可以自定义自己的语音流程
33	安全性	系统采用 PSTN 作为电话线路，安全稳定，音质清晰 使用者安全登录，密码自我设定 数据权限：部门—班组—成员，三个级别可根据用户自身的组织架构模式灵活配置，定义多种数据访问策略（比如：不同级别的操作员将查看到不同范围的通话信息或客户信息）
34	兼容性和升级	系统扩展容量大，能支持 1000 路话路，兼容模拟线路和数字中继线路。系统可以支持 ISDN、SS7、SS1 等高端通信协议
35	数据容量	采用 SQL SERVER 数据库作为后台数据服务，可以容纳几十年的电话数据量，且有自动备份功能，从而实现数据的安全性和稳定性
36	实时监控	可通过任何一台客户机实时监控每个客服代表的状态（未登录、通话中、空闲中等），能同步更新数据库表。服务器录音磁盘满，系统会产生蜂鸣来预警提醒，并清除历史最前的一条录音腾出空间来做新的录音
37	满意度调查	接通后，自动对呼入者提示客服代表工号。呼叫完毕后提示（满意、基本满意、不满意）状态调查，并将结果记录数据库。可由管理员开放满意度调查功能
38	TTS 文本转语音功能	利用 TTS 软件操作界面，用户可以把任意文字转换成语音文件，方便用户更改语音流程声音，或者外呼通知语音
39	呼叫信息	多种查询条件（如时长、时段等）任意组合查询所有呼叫记录，包括已通话、未通话、录音、留言、来电、去电记录等类型 任意查询结果可以导出为指定的文件格式
40	外呼营销	系统可以导入大量外呼数据，平均分配给各个座席，客服代表在操作界面自动获取一条外呼的数据，单击“外呼”就能自动外呼出去，可以实现隐藏客户号码的功能，使客服代表并不知晓客户的真实号码，增加了系统数据的安全性。客服代表外呼后可以填写外呼内容和客户的建议等信息，以便日后查阅，并全程录音

1.4 管理运作

客服中心作为公共服务的部门，担负着基本的社会责任，即保障人类基本生存的需要；满足基本尊严和基本能力的需要；满足基本健康的需要。客服中心作为生产服务产品的部门，须遵循服务产品的特征，即无形性、同步性、差异性和易逝性。

客服中心的服务策略对客服的关键元素进行了有机组合，使客服服务目标与元素支持客服中心完成使命。从《客户联络中心服务目标形成示意图》中我们可以了解到，有关客服中心承担社会责任和遵循服务规律的管理工作内容。

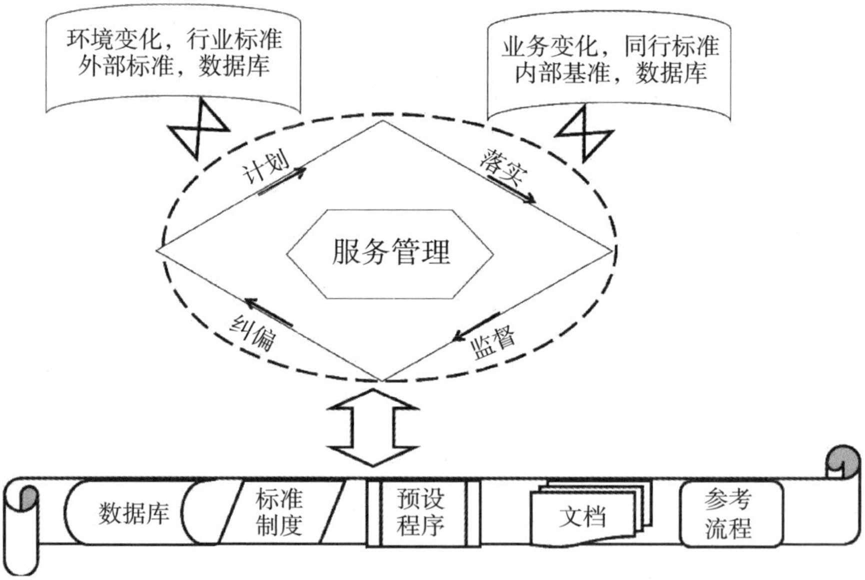

客户联络中心服务目标形成示意图

1.4.1 服务策略

客服中心的服务策略主要包括服务整体、客户服务、客户访问、成本领先、客户细分、公关响应、维系品牌和竞争反应等策略。服务策略是客服实现服务目标的方案集合，也称客服中心战略，它主要通过成本领先策略、客户细分策略、公关响应策略、维系品牌策略和竞争反应策略等方面体现其作用和价值。服务策略是不同客服中心管理运作所面临的相同课题。

服务整体策略是客服中心为实现自身使命的总体方法，它是客服中心与上级组织一起在实现组织总体战略和客户服务战略两方面展开的工作，最终是为了实现组织目标与愿景。客户访问策略也称客户接入策略，指客服中心在当前环境下所采用的客户联通客服中心的办法。它由一套标准组成，包括客户指南、过程定义、可用信息和服务。客服中心的客户访问策略大体相似，具体表现在服务时间、服务渠道、服务响应等方面。成本领先策略是通过有效服务，为组织降低服务成本和生产成本。客户细分策略是通过细分客户，开展个性化服务。公关响应策略指快速响应热点、焦点类诉求，化解公关危机。维系品牌策略指通过管理控制、政策制度、流程程序、规划落实来保证现有的品牌效应，其中包括品牌感情、品牌文化、品牌个性和品牌创新。大多数知名品牌都会让客户获得某种肯定的感受，比如 12345 热线电话代表政府承诺日夜聆听，为百姓提供安全感。品牌文化是指现代社会是一个多元化的文化世界，每个人都生活或感受着一个真实而多元的品牌世界，如 96××× 号码，往往代表公共服务事业，为百姓提供民生保障的踏实感。品牌的生存和壮大需要文化的哺育，目前中国还欠缺属于中国文化的品牌，客服受众的范围和服务成效最有可能率先成为具有中国文化内涵的国际品牌。

需要指出的是，品牌的树立需要一定的时间。卡弗在《战略品牌管理》一书中所说："任何产品在品牌初创阶段都很一般，但过一段时间，品牌就会有自己独立的内容。开始犹如把一个毫无意义的名称附加在一个产品上，可是年复一年，却能形成一种含义。这种含义由记忆中的交流和产品组成，解释可及与不可及之处。品牌个性犹如品牌的指纹。"世界知名品牌都具有强烈的个性形象。北京的 12345 经过多年来的真诚服务，在北京百姓的心中收获了"有事就打 12345"的品牌信任。

· 竞争反应策略也称"生存发展策略"，通过跟踪、研究服务工作，适应发展，创新思路，引领客服中心的工作。专家学者们为组织的生存发展提出了多种策略，美国著名管理顾问詹姆斯·莫尔斯认为，持续竞争的优势源于超过竞争对手的创新能力。客服专家们一致认为，客服中心组织策略不能缺少的内容是卓越运营、产品领先和善待客户。

1.4.2 日常管理

为了保证客户的满意度，客服中心将根据客户需求和业务特点来针对性地建立管理指标，其中一些基础管理指标是每个客服中心都不能缺少的，包括指标要求也是基本一样的。比如，客服中心的首问负责成功率、受理客户的响应速度、客服员工的到岗率、预测来电数量与人员排班数量适应度、客户通过自助服务的成功率、客户的感受和满意度。

客服中心产生服务产品的同时，也生产大量的数据。客服中心有得天独厚的条件实现数字化管理。从《客服代表在岗活动及时间分配图》中我们可以看到，客服中心的绩效管理指标之间存在着相互关联，且每一个服务时间指标都直接关及服务成本。

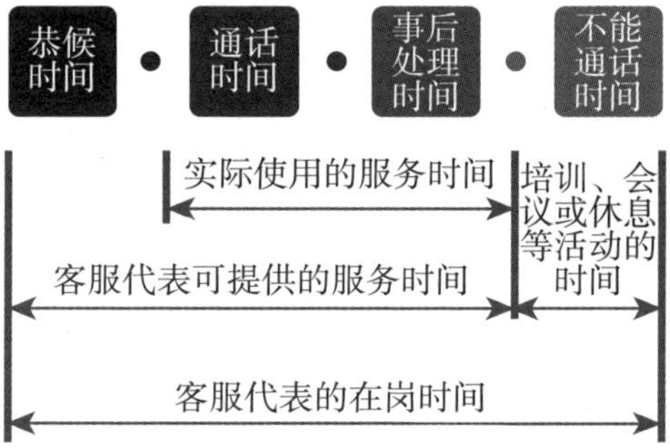

客服代表在岗活动及时间分配图

在日常工作中，客服中心数据化管理主要体现在人员管理和业务管理两大方面。

在人员管理方面，全面了解、评价客服员工的工作情况；准确地确定培训方案和个性化辅导办法。

在业务管理方面，准确掌握客户的满意度情况，完善服务制度；不断提炼成功的自助服务经验，拓展自助服务的业务；及时发现、纠正服务中存在的问题；为科学决策和完善制度提供客观依据；提高服务成本预算的准确度。

客服中心的管理旨在用优质的服务获得良好的客户关系。客服中心实现战略目标与完成任务目标的链接关系可以简单分为以下几个层面。

在战略层面，清楚组织的战略目标和实现战略；在目标层面，确定每个岗位的目标；在考评层面，设定每个目标的评价指标；在要求层面，确定每个评价指标的达标值；在计划层面，制定战略行动方案；在操作层面，为每个行动方案确定明确任务。

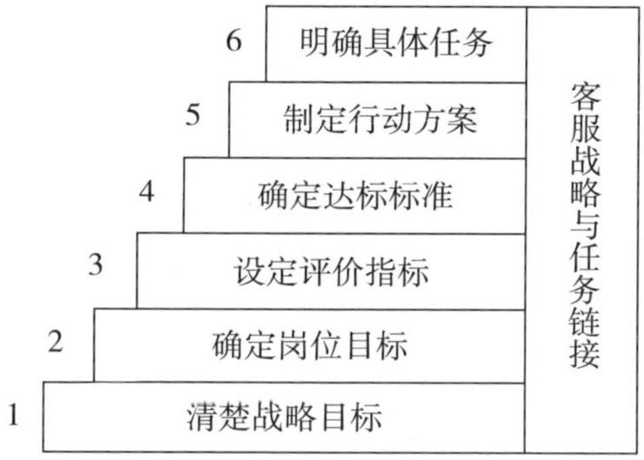

客服战略与任务链接

客服常用平衡记分卡办法把服务考评指标与客服战略目标相结合。

客服中心平衡记分卡

关键层面	主题	战略目标	检测指标
财务	开源	提高新客户的收益	新增客户效益或赢利
		以良好的品牌形象提高客户利润贡献率	单位客户效益或赢利
	节流	降低服务成本	每人次客户服务的成本
客户	为客户提供全方位的解决方案	解决方案的品质	一次性解决率
			难以办结客户需求的困难服务比率
			平均问题解决有效率
			语言覆盖率
		服务响应的时效	应答时间
			进入队列电话的百分比
			平均队列时长
			平均解决问题时长
			平均通话时长
			电子邮件的解决率
			语音信箱回电数量的比例
			可用劳动力

续表

关键层面	主题	战略目标	检测指标
客户	树立良好的服务品牌	增加每位客户关注宣传业务和信息的种类（或增加每位客户购买产品和服务的种类）	综合服务的数量及由此产生的维稳效果（或综合服务的数量及由此产生的收入）
		获取新的焦点课题（或获得新的目标客户）	新热点难点课题数量及由此影响的维稳情况（或新增客户的数量及由此产生的收入）
		客户关注（或客户维持）	客户联系客服的数据变化情况（或目标客户维持率的变化情况）
		客户生命价值及提高热线品牌的知名度	客户满意度
			客户关注同行信息的数据量
流程	高效的运作流程	积累客户知识	宣传信息的响应情况
			客户信息录入准确率
			超出服务水平的呼损量
			每类电话的平均处理时间
		开展综合服务	综合服务比例
	维系良好的客户关系	强化客户关系	升级诉求比例
			呼损率
			服务错误率
			客户不满意度
	不断创新的服务	创新服务和产品	排班效率
			人员利用率
			超时待办的比例
进步	建设进取的客服团队	选聘合适的客服人才	新聘人员上岗考核通过率
		拓宽知识层面	参加培训人员占在职人员数量的比率
			在职人员培训通过率
		保持人才满意度	在职人员满意度调查结果及客服人员流失率
	培养专业的客服团队	有益于客户良好体验的广泛技能	在职人员培训时间安排数量
		培养优秀人才	通过综合技能考核的人员占在职人员数量的比率
		把平衡记分卡化作战略实施工具	个人目标与平衡记分的比值情况

1.4.3　服务外包

服务外包是客服中心的业务之一。服务外包指将服务任务或技术委托承包给客户服务专业公司，服务人员的劳动关系隶属于所服务业务的组织部门。外包形式有两类，服务人员外包或部分客服工作外包。

常见的情况是，组织将客服中心所有服务人员外包时，客服中心的运营管理工作由承包单位负责，组织内部安排专职人员负责监督检查外包服务工作，组织可由此获得灵活多变的人员技能和数量需求，相关设备、软件可以由组织提供或通过购买向承包单位提供。组织将部分客服工作外包时，客服中心的运营管理工作往往设在所服务业务的组织内部。常见服务外包类型参见《客服中心常见外包服务类型》。

客服中心常见外包服务类型

外包内容	内部处理	目的
常规简单咨询业务	营销和客户增值业务	客户关系
援助短期来访量溢出	维持客服中心正常工作秩序	解决计划外工作造成的临时人员需求，如季节或时段需求
多媒体服务渠道	保留有成熟经验的工作	如保留电话、信件和传真
技术支持	专心服务	集中力量做主业

通常情况下，选择外包商时，除了要考虑自身的业务特点和需求外，至少还要对以下指标进行重点评测。

常用评价选择外包商的衡量指标

名称	标准	说明
场地	实地考察办公区域，包括使用期限、培训场地、用电能力、用餐环境等	不能只有图片
管理	人才、思想、方法	人文理念、先进程度
人员	现存数量、上岗标准、培训时间、响应新业务所需时间	人员稳定程度
技术	现有设备功能、支持新业务开发能力、引进先进技术能力	成本预算清晰
案例	提供经典案例	应对突发事件能力

在服务外包工作中，经常会遇到虚拟呼叫中心的概念。虚拟呼叫中心是通过网络将任何地点的客服人员、系统和技术集为一体的、可为多个企事业单位提供客户服务的呼叫中心。虚拟呼叫中心使组织无须建设呼叫中心，通过购买服务即可获得呼叫中心的所有功能。虚拟呼叫中心的规模大小、人员多少可随需要灵活调整，能有效地解决难以确定的呼入溢出、业务临时增加、灾难备份等问题。

假设阳光呼叫中心的客服号码是 99999，北京星空出版社的客服号码是 98668，四川棋院的客服号码是 98667，北京星空出版社和四川棋院可从阳光呼叫中心购买虚拟呼叫服务，客户不是拨打阳光客服中心的 99999 客服号，而是分别拨打 98668、98667。阳光客服中心能够同时向多个虚拟呼叫中心提供座席租用、人工服务或外包服务的业务，并且能够实现客户来电辨识分流工作，确保为每个外包客户提供个性化、定制化的服务。

虚拟呼叫中心借助于互联网和 CTI 的功能，把分布在不同地域的服务资源整合为一体，为员工在家、在任何地方办公提供了条件。在国外，很多呼叫中心为节省成本，都会聘用一定数量的季节性临时人员，并通过移动式客服席位的方式提供临时人员在家办公的条件，客服中心无须为临时性的人员增加办公场地。

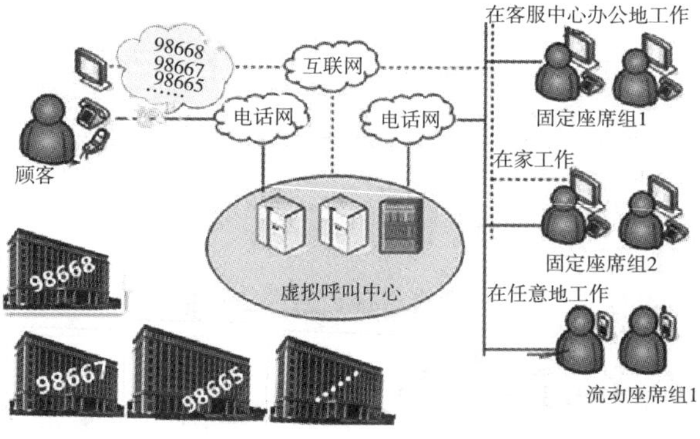

说明：
98668、98667、98665……
分别是不同地点、不同单位的客服号码。

虚拟呼叫中心示意图（话务渠道）

虚拟呼叫中心除了具备真实呼叫中心的所有功能外，还具备以下几方面的功能。

在服务方面，能够为客户提供方便的服务，使服务不受地域限制，客户方便随时联系客服中心，客服代表能够随时响应。支持统一的接入号码，支持网络电话，支持移动服务。还能够提供智能路由，可用信息控制路由，为客户分配与之相适应的客服人员。客户信息、系统信息、客户请求、客服代表层级、数字模拟、特殊客户信息等都能控制路由。

在信息方面，能够提供远程管理，购买虚拟呼叫中心的组织负责人可以通过互联网了解虚拟呼叫中心的工作状态，包括能够了解其呼入量、服务水平、工时利用率、上岗员工姓名和工作状态。能够确保信息安全，企业信息不进入虚拟呼叫中心系统，仅在本地调动。可建立多层安全访问的机制。

在成本方面，能够降低服务成本，按业务、季节等具体需求随时增减人员、调整 IVR。把组织建设维护客服中心的成本降到忽略不计。虚拟呼叫中心平台向组织提供交换机、CTI 软件、IVR 软件、各种语音板卡、录音系统，等等。而组织最多需要准备计算机或移动终端，系统维护主要由电信运营商承担。

1.4.4　职业前景

互联网和科技进步改变着我们的工作和生活，也使客户服务工作发生巨大的变化，这让我们看到了客服发展中五个层级的不同阶段[①]。从《新技术下客户服务典型发展阶段图》中，我们能够了解到，客服中心的作用随着时代的发展而不断地增加。

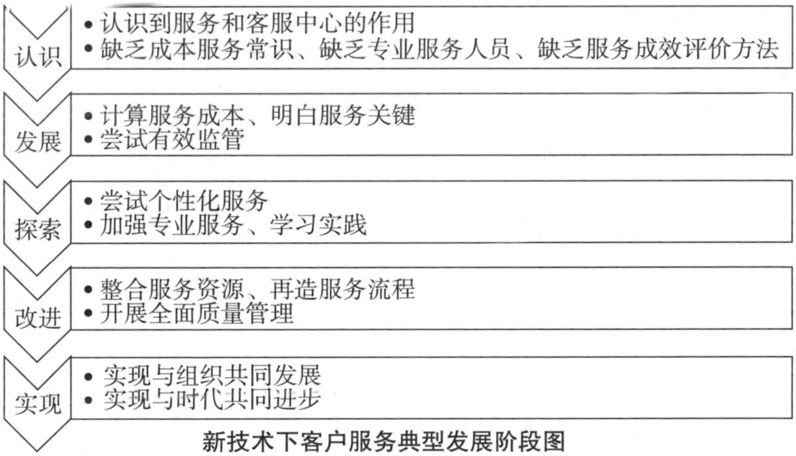

新技术下客户服务典型发展阶段图

① HURST C G. A Career for the 21st Century［M］. ICMI press，2012：71.

第一层级是认识阶段。这一阶段认识是把客服当作一个或多个号码的热线直拨电话，客户通过电话提出咨询或请求服务，人工服务内容简单。

在这个阶段，组织开始了解客服中心的作用，客服中心的管理处于专业人员缺乏的状态。在排班分配上基本采用全员轮流值班接听电话的方法。在服务质量评价上缺乏评价服务成效的方法，采用“微笑服务、服务热情”作为服务质量的评价标准。在成本管理上缺乏基本的常识，简单地认为服务是“赔本的”，或是不切实际地投入巨资建设“最先进、最大的客服中心”。

第二层级进入发展阶段。引入了计算机板卡技术，增加了特服号、自动语音应答、记录和统计功能，服务内容增加，开始承担组织业务。在这一阶段，对客服的成本投入有了解。在服务客户需求方面，通过不间断的市场调查和反馈来满足客户的需求；在服务品质方面，开始进行客户细分，认识到重要客户和普通客户的区别，这个阶段还不能向客户提供差异化的服务。在客服管理方面，管理人员能够判断客服中心的关键成功因素，并且能够通过少量的质量监控系统，采取监控措施。在组织管理方面，组织高层领导更加重视客户的需求和服务客户中存在的问题。

第三层级进入实践阶段。采用计算机通信集成技术高效处理来电，并通过自动呼叫分配和交互应答技术实现语音和数据同步，大大提升了服务效力。在成本方面，客服已经开始基于项目开展成本分析工作。在服务方面，可以做好事前调查、客户群细分，并针对不同的客户群提供差异化服务。在客服管理方面，全体客服员工都理解客服中心的关键成功因素，并为某些核心流程制定了关键绩效指标。客服中心的管理人员都需要接受客户管理方面的专业化培训。

第四层级进入优化阶段。开始应用多媒体交换和开放式软件技术，支持多媒体接入，发展到基于 IP 技术，网络通信融合和分布式结构成为趋势，系统架构更加灵活开放，实现服务过程监管一体化，并能够支撑服务所有业务的信息流。客服中心被认为是组织的战略资源；客服对于核心的业务及流程都有明确的成本核算。在服务方面，把客户调查结果作为制订工作计划和管理策略的重要依据，能够对所有重点核心业务的服务流程制定出关键绩效指标。客服中心中建有与质量管理体系相关联的服务质量综合评价规程，组织内所有员工清晰了解目前开展的业务目标及价值。客服人员招聘开始有了专业的考评和录用程序，例如，通过电话测试后，再进入笔试、面试和实操测试。

第五层级进入领先阶段。从引入客户关系管理与智能分析，到基于互联网和云计算，客户与客户之间在客服中心的服务平台上可以相互帮助、相互服务，客服中心为客户提供服务所需信息的同时，也为组织服务采集发展所需信息。客服中心的战略和组织战略相互依赖。在成本管理方面，全部主业都以完成工作所需成本进行核算。在服务方面，客服通过主动方式调查了解客户的满意度，能够准确了解不同客户群的特点和价值取向。在服务品质方面，用组织的绩效目标和客服中心的关键绩效指标监控客服中心的工作，设有专业的工作组处理复杂的客户投诉问题。在人员和培训管理方面通过自我评价、服务考核、团队评价等方式评估相关培训的有效性，客服人员招聘工作中增加综合评价内容，管理和利用公众服务资源将成为客服中心工作的新亮点，客服能够为组织分担业务和公关工作。

我们正处在工业时代向信息时代迈进的关键时期，信息时代的财富符号是拥有信息且会应用信息的人们。客服人员属于信息工作者，客服人员将以信息服务的方式满足客户需求，为组织创造财富和价值。

客服中心在与客户联系中所产生的社会价值和经济价值，使得客服中心自然成为组织生存发展的重要核心。有数据表明，客户服务是世界上发展最快、拥有美好未来前景的职业。据不完全统计，美国有近 300 万名专职客服代表。互联网络的普及应用，使客服代表这一职业得到更加快速的发展，任何地方都可以成为客服代表的服务场所，任何地方的客户都可以联通任何客服中心，客户服务职业正在以“跨国界、跨行业、全天候、掌上办”的优势在全球范围迅速发展。

客户服务事业的变化速度使客服从业人员拥有更多的成长机会。发展中的客服事业，要求客服人员不仅要懂服务知识，也要懂如何理解客户，如何用最简单的语言传递重要的信息。因此，客服人员的思考应变能力、大众交流能力、计算机操作能力、互联网应用能力、用最简的方法表达思想的能力等，都将在服务工作中得到锻炼和提升，这些能力都是各行各业的基本功，是客服工作送给每一位客服人员享用终生的礼物。在吸引全世界客户服务专家、学者和从业人员参与的年会上，保留节目是为客服人员颁奖，“最佳联络中心奖”“最佳知音管理奖”“科技服务成就奖”“最佳服务奖”等奖项成为客户服务领域激动人心的典范。每一位感知客户服务职业前景并愿意为之实践、与之前行的人，都不难从那频频的耳麦声和键盘的击打声中感受到客户服务事业的美好未来。

第 2 章　满意标尺

> 客户和客服各有一把衡量满意的标尺，两把标尺上有同样的两个刻度："满意""不满意"。

客服中心的服务是否合格，需要通过客服中心的自检和客户体验的双重检验。也就是说，检验客服的服务质量有两把标尺：一把是客户衡量服务体验的标尺，用于客户评价服务过程及结果是否满意；另一把是客服的自检标尺，用于客服审查服务成效是否令人满意。客户评价的满意度与客服中心自检的满意度之间存在着差距，要缩小这两个满意度的差距，需要研究知晓影响满意度的多种因素。

客户满意度是客户期望值与客户实际体验之间的匹配程度，也叫客户满意指数，常用 RATER 指数来衡量。RATER 指数是五个英文单词的缩写，分别代表 reliability（信任度）、assurance（专业度）、tangibles（可见度）、empathy（同理度）、responsiveness（反应度）。RATER 指数把抽象的客户满意度指标变成了可以评价的服务指标，它的高低基本代表客户的满意程度以及客服中心的服务水平。

2.1　客户标尺

客户对服务的评价标准和结果很难完全一致。复杂多变的服务环境，使得在完全相同的服务前提和境遇下，获得的客户服务评价完全不同，这种情况时有出现。即使由一位客服代表毫无差别地处理两个客户的相同诉求，这两个客户也可能给出完全不同的评价。当客服中心完全按客户的要求完成服务过程后，客户不一定会作出满意评价。要想提高客户满意度，就需要了解影响客户满意评价的关键因素。

2.1.1 满意因素

由于客服中心受理的客户数量和遇到的复杂问题要比柜台服务多，所以，在客服中心发生的客户不满意的比例高于在服务大厅和公共服务场所发生的比例。经济学者李安德是全球公认的呼叫中心及客户服务方面的权威人士，他曾主持过一项面向世界客户的满意度调查，从收回的2000多份调查问卷中，让我们了解到有关客户不满意体验的真实数据①。多年来，客服工作者和研究服务的专家们通过对公共客户服务的研究，在分析大量的客户不满意数据的基础上，总结出能够直接影响客户满意度的五类常见因素。

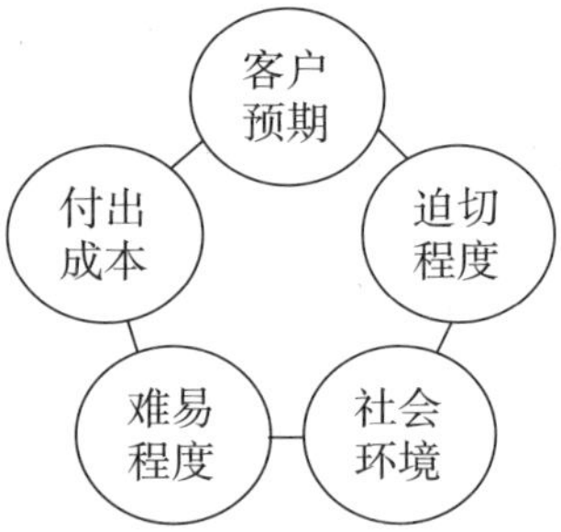

影响满意评价的因素

2.1.1.1 迫切程度

客户对服务需求的迫切程度影响满意度评价。对于迫切需要立即获得服务结果的客户，诉求处置的时间直接影响客户的满意度。同样是有线电视报障诉求，正在看足球直播比赛的球迷客户，其对客服的期望远远要比闲暇休息的客户迫切；若是服务响应的速度直接影响到球迷客户的观看，客户的不满意油然而生，客服中心为其付出的所有努力都会被打折扣。如果客户为自己的银行卡挂失，或请求医疗救助服务，或在驾车过程中紧急报障，那么，服务的响应速度就不仅仅是客户的满意或不满意，更涉及人身、财物的安危问题。由此可见，公共热线服务的满意度与民生、治安息息相关，重视客户诉求的迫切程度，保证客户满意度，将有益于社会稳定、人民安康。

在电话服务渠道中，客户最不满意的是服务响应时间过长。客户普遍体验

---

① 李安德，CARLSTROM P. 客户受挫：呼叫中心运作之业内指南［M］. 深圳：海天出版社，2002：15-16.

过因等待时间超过系统设置的最长时间而被挂断的经历，造成客户不得不重拨客服电话，重新排队。在被调查的客户中有 33% 的客户表示最难接受的是打不通客服电话；33% 的客户表示他们只有 2 分钟的等待耐心，32% 的客户表示他们的等待耐心不会超 5 分钟，8% 的客户认为不应该让客户有任何的等待时间。还有 83% 的客户表示，他们之所以打电话给客服中心是因为客服中心没有及时回复他们的邮件。

另外，在被调查的客户中有 40% 的客户选择邮件、传真等电话以外的其他方式联系客服，但由于客服中心的信息识别能力有限，客户联系失败，使得 38% 的客户不得不再次通过电话表达诉求。

客户对不同的服务渠道有相同的期望值，即“马上”“越快越好”。客户所表现出的对服务的急迫程度与客户自身的性格有关。在被调查的客户中，关于等待电子邮件的回复响应时间是“61% 的客户希望在 24 小时内得到回复，16% 的客户希望在 4 小时内回复，6% 的客户希望在 1 小时内回复。”

2.1.1.2　难易程度

客户能获得服务的难易程度影响满意度评价。客户对容易获得的服务有着较高的服务期望，而对不容易获得的服务，客户对服务满意度的评价要求一般会降低。比如，客户平时订机票会较多地考虑服务水平或机票价格等因素来进行评价，但在“一票难求”的春运期间，客户则往往更关心能不能订到票，而对客服人员的服务态度等软要求会相对降低。

2.1.1.3　成本大小

客户为得到服务所付出成本的大小影响满意度评价。如果客户为获得服务所付出的成本高，会降低客户的满意度。客户反复联系客服中心、长久等待、跑冤枉路、花费时间和重复表述等不愉快的体验，都属于客户为获得服务所支付的成本，而非只有电话通信费这一项。实验数据表明，优质的客户服务与客户支付的服务成本成反比关系，优质服务的重要指标之一就是使客户与客服中心都通过最经济的办法解决问题。

2.1.1.4　竞争环境

社会环境和行业之间的竞争影响满意度评价。服务处在开放的社会环境下，也是在公众的监督下进行的，无一例外；网络更是为这种监督给予了强大的民众力量和实时效应。因此，如果一个客服中心的服务水平处于行业平均服务水平之下，就会快速被客户感知和体验到，并可能通过快捷的方式曝光于众。那些服务于政府和垄断企业的客服中心往往因为社会的关注，难免经常备受公众诟病。

客户喜欢选择那些信息安全并有信任感的组织。当前，客户普遍感到客服信息系统有待完善。在被调查的客户中，72% 的客户不希望在使用服务系统时，系统旁若无人地、大音量地复述播报客户输入的信息或编号；68% 的客户体验过因信息记录不完整或不清楚而不得不重复讲述诉求的不悦经历；85% 的客户在客服中心体验过不愉快后，表示很难再相信这个组织；84% 的客户在客服中心体验过不愉快后对曾经的不愉快记忆犹新。

客户不信任客服中心与服务条款和曾经的不愉快的服务体验相关。在被调查的客户中有 56% 的客户认为，若要使客户理解组织，需要组织以良好的客户服务作为基础条件。

2.1.1.5 心理预期

客户对服务水平的心理预期影响满意度评价。客户期望是客户对客服中心能够提供的服务能力的预期，它是客户在参与服务体验之前就已经形成的一种意识形态，具有很强的可引导性。虽然客户期望是一种意识形态，但其实质却离不开产品或服务本身这一核心。因此，如果能够围绕产品或服务这一核心，对客户的行为、意见及特殊需求进行全面的调研，客户的期望是能够通过指标来表示的。

客户的“满意”或“不满意”，通常是以其对服务结果的预期来评价的，因此，对于所有的服务，在服务还没开始时，客户是否满意的隐性条件和前提已经存在，而只有当服务结果高于客户的期望结果时，才有可能得到客户满意的评价。

客户预期的服务水平受地域和环境的影响，也受客户个体文化素质和生活习性的影响。2008 年 8 月 8 日北京奥运会开幕前，许多有线电视客户的耐心明显降低，客户来电的持线等待时间比平时缩短了几秒，对服务响应时间的预期也明显比平时高出不少。有的客户甚至产生了以往从不曾有过的诉求：“奥运期间，我家的机顶盒会一直开着，我担心盒子中途出故障，你们能不能先给我备一台？”

了解和把握以上这些影响客户满意度的因素，可以帮助客服人员更加理解客户的需求和心情，以便选择更合适的服务方案。

客户对服务满意的最简单描述是：实现了客户的愿望、客户主动支持组织并向朋友推荐这个组织。由此可知，客户满意的支持因素包括组织的整体服务质量，而非仅指客服中心的服务质量；客户的预期期望；组织主要服务产品的品质，如服务项目是否完善，业务流程是否严谨，产品质量是否优良等；客户的生活经验，如客户与客服中心联系的经验，客户的个人生活经历等。客服中心的服务只是实现客户满意的一部分，业务流程和产品品质表面上不直接影响客户的预期效果，但实际上业务流程和产品品质的内在问题常常是客户产生不满意的根本起因。下面以自助服务系统给客户造成的不满意为例。

客户不满意自助服务系统的功能缺陷。在被调查的客户中有 79% 的客户表示愿意使用自助语音系统，这说明，大多数客户愿意通过自助服务来解决问题，只有在自助服务渠道没有顺利实现需求，或是遇到服务信息交互问题时，客户才选择需要等待时间较长的人工服务。因此，客户希望使用自助服务的前提条件是系统能够保证客户在自助服务过程中顺利进行所有步骤，尤其是能顺利完成人机互动环节，并能够成功解决客户的问题。

自助服务的设计思路不实用。客户希望客服中心更精细地处理排队等待的问题。在被调查的客户中有 75% 的客户希望在线路繁忙时，提供不必让客户排队等待的办法。

在线路繁忙时，客户不满意听到自动应答系统播报“现在线路繁忙，请稍后再拨”，而是更希望听到“现在线路繁忙，稍后我们会主动联系您，请您留下方便联系的电话和时间”。实践证明，这种具有缓冲接续服务的留言，能让客户感到踏实，能降低线路繁忙时客户的重复来电量，而在线路繁忙后客服中心主动联系客户，能获得让客户感动和信任的效果。

在被调查的客户中有 30% 的客户认为自助语音提供的信息量大、选择项多，但从头听到尾，也听不到客户想要的、能选的内容，感觉没用的、多余的服务功能过多，这种不愉快的感受有时甚至胜过让他们排队等待人工服务、面对重复提问、遇上服务水平不高的服务人员、被客服代表推诿等情况。

向客户提供满意的服务是服务领域永恒不变的挑战之一，也正是服务工作者的生命价值和事业意义的具体体现。

2.1.2 体验即标尺

在客户服务工作中，每一次与客户的接触和联络，都会给客户留下舒服或不舒服的真切体验，这种体验将通过客户的传播影响到更多的客户，形成公众对组织的印象。客服员工和组织的所有部门员工都必须重视和珍惜每一次与客户接触、联络的机会，其中的关键就是要知晓客户的真切体验。

客户的真切体验即是客户评价服务是否满意的标尺，主要来自五个方面，即：组织在公众中的被信任程度、客户需求的迫切程度、客户对服务的期望、客服中心能够向客户提供的服务能力、客服中心执行的行业同类服务标准等。这些影响客户真实体验的元素不分先后，个个同等重要。它们出现在服务过程的时间先后，可能会影响客户的真实感受。如果客户在没有预先了解服务标准的情况下，可能会对服务产生更高的期望，最终可能导致客户的不满意。因此，向客户宣传服务政策是保证满意服务的重要环节。

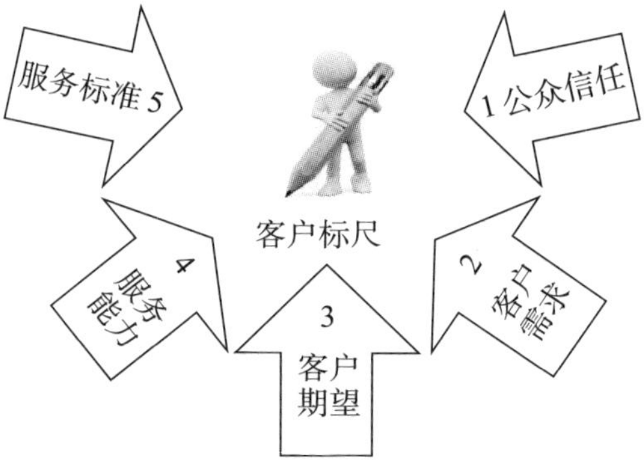

关及客户真切体验的元素

客户的期望值与客户自身的生活经历、收入水平密切相关，个性化服务不仅是服务产品的个性化，服务过程也需要个性化，提早对重点客户和重要客户开展个性化预设的服务，是保证客户满意度的常见措施之一。我们经常遇到的VIP 服务，就属于个性化服务。

客户的真切体验会因时间的推移而淡化，为采集客户的真实感受，客服的回访或追踪工作应与服务过程同步，延误太久的回访工作，不利于获取客户的真实感受。

客户的真实体验信息，可借助置信度来定性评测，而不是简单地统计回访数据，这是因为，客服系统中的真实数据不一定能够正确反映客户的真实感受。客服中心很容易从系统中找到支持满意度评价的数据，如可以从服务人员那里，或是从工作流程和技能水平方面提取相关评价信息。但是需要注意，这些信息是对服务工作的评价信息，不能完全用它们来评价客户的真切体验。尤其当客服的回访只用“有人联系过您吗？”“您对处理结果满意吗？”这样的简单提问来询问客户时，所得到的结果往往不能准确了解到客户的真切体验。

例：客服报告里的满意结果实为客户的不满意

2015 年 11 月 15 日（星期日）清早，北方游客李女士带着一家老小到江苏镇江博物馆参观。博物馆大门紧闭，门上贴着通知：“因拍电影需要，上午镇江博物馆英国领事馆旧址，暂停对外开放”。节假日期间公众场所关闭，远道而来的一家老小被拒在门外。李女士为此致电 12345 热线反映情况。有关这个诉求电话的通话内容摘录如下：

15 日上午，李女士致电镇江 12345 热线：

李女士建议：拍电影可以选择博物馆休息日，应避免在公众休息日临时闭馆。

16 日早上，回到家中的李女士接到镇江博物馆工作人员来电：

博物馆：我们闭馆的原因是拍一个很重要的宣传镇江的片子，新馆照常开放。

李女士：宣传镇江与游客参观不矛盾，选择公休日戒严闭馆欠周全。作为游客，我们并不知道有新馆老馆之分，博物馆的换票窗口关闭，博物馆附近的道路被警戒线封闭。您可以看看你们馆内的安全摄像头，看看游客是否能够绕过戒严区而进入新馆？

19 日下午，李女士接到镇江 12345 的回访：

12345：有人联系过您吗？

李女士：有。

12345：您对博物馆的答复满意吗？

李女士：我们为参观博物馆，专门提前上网查了你们的休息日，提前一天住到离火车站和博物馆都近的镇江大酒店，遇到闭馆，这个满意从何而来？我们的诉求是希望遵守开馆制度，不希望其他参观者再有同样的经历，而不是希望得到博物馆的解释。

12345：您到底是满意还是不满意呢？

李女士：我的诉求，你们至今不清楚。

12345：那您是无法回答了？

李女士：请不要强制客户回答无关的问题。

12345：那您对博物馆的同志满意吗？

李女士：我可以按您的要求回答，对博物馆的同志满意。但我的满意从何而来呢？是他们主动给我的回访电话吗？是他们的态度好吗？但这些都与我的诉求无关。我的建议是希望镇江博物馆能够严格遵守开馆制度，若是不能也应及时在网上通知，他们能做到吗？这些与您说的满意不满意无关。谢谢您的来电回访。也建议你们不要再做这类毫无意义、劳民伤财的回访。

12345：不提不满意的，就是满意。谢谢。

李女士：再见。

从上面的案例可以看出，若是忽视客户的真切体验，只站在自身的角度来解释问题或完成规定的流程，即使做了大量的工作，也是难以让客户满意的。

例：便民服务电话等待时间过长考验用户耐心

95588、10000、12315……无论是企业服务电话，还是政府所设

的便民热线，几乎都存在以下问题：1. 人工服务接通约1分钟，超出忍耐极限；2. 语音服务系统转接层次过多，令人晕头转向；3. 行业服务电话中强插广告。而拨打这些电话，几乎无一例外需要收费。

“这哪里是救命电话，根本就是要命电话！”东北某市的郑小姐，向南方周末记者讲述了她的遭遇。

2007年5月的一天，郑小姐的母亲心脏病发作——“喂！是120吗？我妈心脏病犯了！快派救护车！”

但电话那端并不着急，电脑自动接听的声音彬彬有礼：“您好！120为您服务，要救护车请按1，咨询请按2。”

郑小姐心急如焚，不假思索地按1。接下来的声音是：“普通型救护车每公里收费3.5元；雪佛兰、奔驰等抢救型急救车每公里5元……”

“我听着，感觉1秒钟就像1年。”郑小姐说。时间流过20秒，按照医学常识，这足以让一个心脏病突发者错过最宝贵的抢救时间。

终于接通了，但自动声讯甩出一句话：“业务繁忙，请挂机。”郑小姐呆若木鸡。幸好，她的母亲最终逃脱此劫。

但并非所有病人都能如这位母亲般幸运。据南方周末记者调查，繁杂的拨打步骤、冗长的语言提示，以及难以接通的人工服务，并非“120”独有的问题。一系列紧急电话、政府便民服务电话、企业常用客服电话，究竟是否便民？

超长等待，挑战求助者心理极限

南方周末记者最先拨通中国电信10000客服电话，希望通过人工查询这些服务电话的收费情况。

首先听到的是语音甜美的自动声讯：“欢迎致电中国电信10000。普通话请按1，粤语请按2。”记者按1后，自动声讯再次响起：“您想固话无月租费吗？您想得到宽带‘无线猫’吗？您想亲情号码免费打吗？更多开心见面礼，尽在我的e家。最新信息选择请按1……”一直到9。记者按3，首先又是一段冗长的“我的e家”广告。接下来是：“固定电话故障请按1……”一直到8。记者再次按1，于是在忙音中开始了漫长的等待。约五分钟后，才等到人工服务。

在接下来的两周中，本报记者多次拨打了数十个特殊电话，包括银行服务电话、电信服务电话以及“123××”等便民热线。发现几乎所有的电话都存在上述问题——人工服务很难接通，如银行热线平均需要60秒。而银行、商业、通信等行业服务电话中，均存在10—20秒不等的广告宣传时间，强迫客户收听。另外，约九成的热线语音服务系统转接层次过多令人晕头转向；而在好不容易接通人工服务后，相当多的解答也不够耐心。

通过对一万多名市民的问卷，上海质量协会用户评价中心调查报告显示：人在打电话时可以承受的等待时间极限是30秒。一般人拨打热线时，铃响5次无人接听就会挂断，重拨3次后会放弃拨打。而对语音服务分层转接，按键4次以内是可以接受的范围。

但本报记者统计大量服务电话后计算得出，实际的响铃次数、等候时间、按键次数等，已超过人可以忍耐的程度的几倍。“有时候，我觉得这些电话是在锻炼大家的心理素质。”一位消费者感慨道。

回应不及时，猪肉变臭肉

上海质量协会的调查还涉及另一问题：对交通、银行、零售业、通信、物业、旅游、医院、公用事业八大行业51条热线进行调查后，发现14%的服务热线不提供全天候服务。上海的王先生曾购买数斤劣质猪肉。他为此拨打质量投诉热线，但得到“暂时无人接听，将转入语音信箱，请留言”的回复。等3天后王先生得到答复再去寻找肉贩理论时，对方已经不认账：“3天前买的肉，放着都坏掉了，凭什么说是我卖的肉有问题？”

有消费者无奈地说：“遇到质量问题，可以通过质量监督热线反映。但质量监督热线有问题，我们向谁反映？”

“回应不及时，是公共服务电话所属单位的责任。”北京邮电大学经管学院教授阚凯力说。

这样的问题并非孤例。有记者拨打北京、广州等大城市的便民服务电话，对上述问题表示感同身受。例如，五一期间拨打“12338”

妇女维权热线，数次拨打无人接听；“12355”青少年维权热线，忙音；民政救助热线“66001919”算是最好的，还有个语音提示：“有困难请在‘嘟’声后留言……”

收费等同市话，“公益电话”不公益

如果你认为这些服务电话如同“800”一样免费，那就错了。信息产业部了解到：除 110、119、120 等特殊公益号码外，其他服务电话均需收取一定费用——包括供水、供热、供电、质量投诉等电话。而中国电信、中国工商银行设置的 5 位数服务热线，同样收费。

一般而言，如果本地拨打，前 3 分钟收费 0.22 元，3 分钟后每分钟加收 0.11 元；如果异地拨打，要加收长途费用。

“商业热线收费情有可原，为何政府设置的便民热线还要收费？”一位广州市民说，“作为纳税人，投诉也是为政府提供决策依据的一种方式。”

“特殊号码拨打出现的一系列问题，主要原因在于号码所属的机构对成本的考虑。”电信专家阚凯力说。这些号码每年收费不低，按分配的线路数量，其收费多少也不尽相同。对申请单位来说，多申请一条线路就要多花一分成本。此外，线路增多要靠增加工作人员来接听，也需大量成本。

全国政协委员赵金城认为，造成公益电话拨打难的重要原因，还包括政府、单位对公益电话的公益性质重视不足。目前，中国的公益服务热线缺乏必要的经费保证。

南方周末记者从信息产业部了解到，近年来中国公益服务热线电话发展迅速。从 110、119、120 开始，到今天的 10010、12310、96200 等，常用号码已达五十多个。服务范围也由生命救助、财产保护，扩展到司法、环保、城建以及“三农”信息服务等。而大型“民生”企业——如银行、电信等，也纷纷开通了 5 位数的服务热线。

但与高歌猛进的服务热线相比，相关立法明显滞后。“中国目前还没有出台公益热线的管理办法和法律法规。”赵金城说。（摘自《南方周末》，姚佳威、徐国允）

2.2 客服标尺

客服中心需要有一把自检标尺来衡量自身让客户满意的程度和能力，也需要从心理层次来认识客户满意，实际上，满意被认定是一种心理状态，它是客户从提出需求到获得结果的感受，是客户需求的达成效果给客户带来的感受；人们的需求和愿望被满足后会产生愉悦感受，当用数字表达这种感受时，这个数字被称为满意度，即满意度是愉悦感的数字表达。客户满意度与客户理解度之间存在密切的关联。

2.2.1 评测算式

客服中心常用的评测客户满意度的算式：

$$客户满意度(满意指数)=\frac{满意客户数量(或抽样范围内所有满意客户的数量)}{已经服务的同类客户数量(抽样范围内所有客户的数量)}\times 100\%$$

客服的 CTI 报表可提供有关统计分析的原始数据。行业建议的客户满意度参照标准是≥ 97%。满意指数的计算结果与服务渠道接通率、客户调查率和参与率相关。在不考虑客服代表技能和具体业务规则的因素影响下，当调查率≥ 85% 时，可获得的参与率≥ 70%。

$$客户调查率=\frac{调查成功的客户总数量}{客服人工受理的客户总数量}\times 100\%$$

$$客户参与率=\frac{成功参与的客户总数量}{客服人工受理的客户总数量}\times 100\%$$

实际的客户不满意范围会大于计算的结果。因为不满意的客户会将他们的不满意传递给身边的亲朋好友，会扩大客户不满意的范围。而那些所谓“刁蛮客户”和“问题客户”的存在，通常表明服务管理工作或认识存在空白盲区，才会把问题全部归纳到客户头上，以至于把客户排斥在正常范围之外，而为忽略自身的不足和缺陷找到了借口和理由。

此外，了解客户满意度也常用到置信度和回归分析的理论，参见其他章节。

2.2.2 满意度与理解度

根据影响客户满意的因素，我们可知，客户的满意与客户的期望、客户的宽容、最终满意度和客户满意成本等因素相关。

客户的期望是客户希望从客服中心提供的服务中得到的满意结果，包括能让客户满意的因素：简单顺利地访问客服中心；信守承诺；首问负责或一次办结；想客户所想、急客户所急；了解并响应客户需要和想要的；员工训练有素，服务用语文明礼貌，不随意发问；组织遵循社会责任和公序良德。

客户的宽容意为客户对客服中心提供的服务表现出的接受和理解程度。客户的宽容受具体事件或具体环境因素的影响，当客户排队等待，或总是遇到电话忙音，或客户诉求紧急特殊，或客户经历了多次排队都被系统挂断等，所有这些因素都会对客户的宽容有影响。

客服很难用一个恒定的指标标准来测定客户的满意情况，但可以通过亲自体验服务、调查回访客户、计算热点或异常诉求出现的频度、评估客户投诉对客户利益的损害程度等，来评测与感受客户是否满意。评价客户对组织整体服务效果的满意程度，用最终满意度来表示，此时用所有同类客户的总和作分母，不论客户是否联系过客服中心都列入计算数据，并将没有联系客服的客户默认为满意，它是衡量最终有多少客户感到满意的数据。

客户满意成本（Cost/FTF），指客服中心的实际花费除以相当全时工作的总人数，用以评测客服中心为实现客户满意所付出的成本，或评价客服中心在财务上的表现。也可用客服中心全体人员的报酬总量推算出客服中心所需的专职（全时）人员数量，用以评测客服人员利用率。有很多因素都可能与客户满意成本有关，如客户排队时间、响应时间、持线时间、平均处理时间、满足诉求成本、放弃率、转接率、系统支持能力和员工离职率等。因此，在确立“业绩与报酬”矩阵百分比值时，需用实际工作中的真实数据对计算结果进行多种验证。

此外，组织形象效果对客户满意度有一定的影响。客户对组织态度表现为认同、理解和排斥，其中认同是让组织获得公众信任、让客户满意的重要的先天元素。从 1983 年开始，《财富杂志》每年都刊登“美国最佳企业”调查结果①。调查从管理、服务、创新、投资、实力、人才、环境和计划八个方面进行展开，调查结果表明，客户普遍明显偏爱公众形象良好的组织和企业，良好的公众形象有益于组织和企业开展工作。

互联网时代，集聚众人的智慧和力量解决问题是一种常见的方法，而采用这种方法尤其需要组织的信誉、服务的品牌，也就是说，客户满意度高是树立组织公众形象从而实现预期目标的关键因素。

在实际工作中，要让客户满意，客服中心还需要了解客户满意度与客户理解度之间的密切关联。

1989 年，美国服务学者拉莎（Lash）与院校和服务机构一起，共同开展了有关客户满意度与客户理解度关系的研究，获得了客户满意度与客户理解度的关系曲线。

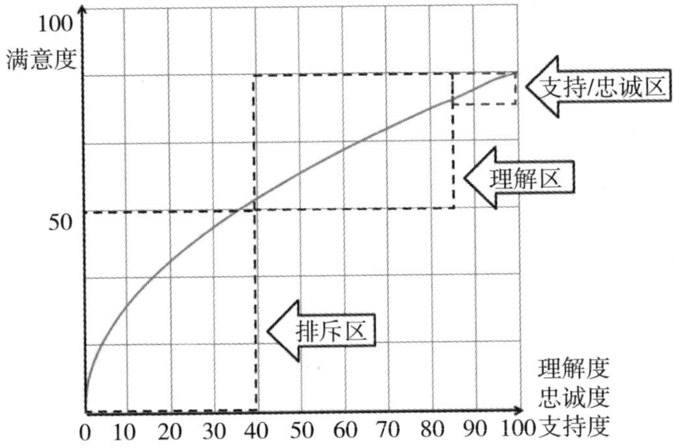

客户满意度与理解度关系曲线

1990 年，理查尔德（Reicheld）研究得出结论：一个满意的客户对组织所产生的支持和理解是普通客户的 6 倍。

1995 年，琼斯（Jones）研究定义了客户满意度与客户理解度在变化过程中所处的三个状态：排斥状态、理解状态、支持和忠诚状态。

1995 年，普渡大学的博士安东（Jon Anton）通过长年对客服中心的研究得出结论：客户的理解度与满意度存在着非线性关系。在同等条件下，客户满

① ［美］乔恩·安东．呼叫中心数字化管理［M］．李农，嵇继浩，译．北京：经济管理出版社，2001：160.

意度数值比理解度数值高，也就是说，要想得到客户更多的理解、忠诚和支持必须以较高的客户满意度作基础，通常满意度应在 85% 以上。当客户的满意度指标大于 85% 时，可以认为客户对服务是满意的。当客户的满意度达到相当高的程度时，就会出现理解度与满意度的比值大于 1 的情况，即曲线图中最上方的矩形框。此时，表示客户愿意为客服中心和组织的业务主动付出，对组织表现出较高的支持和忠诚度。

通常情况下获得客户的理解并不难，但获得客户的支持 / 忠诚区间非常小，客服人员需要在服务过程中不断做实细节，使客户获得超出预期的良好体验，才有可能达到此境界。反之，当客户满意度不高时，客户非但不能理解服务过程，可能对客服中心提供的服务方案存在排斥心理，使服务面临被动式困难和挑战。

提高客户满意度，需要投入相应的成本，客服中心可根据自身的条件在客户满意度与理解度曲线上确定属于自己能力范围内的，或是必须达到的客户满意度指标，由此，建立成本投入与客户满意的数据关系，确定客户进入满意状态时是否有明确的拐点，或是计算保证客户满意度指标的最低成本投入。

综上所述，从客户满意度和理解度的规律性关系中我们得到以下启发：

时刻牢记墨菲定律的作用。为客户提供服务，每一次的付出，都会伴随一个与之对应的客户理解度，或得到客户理解、或得到客户排斥、或得到客户的忠诚和支持；而理解与排斥之间只差一点点距离。

全体成员必须“一个都不少”地达成客户满意度共识。在日常工作中，人们常常谈及“服务意识”，实际上就是要让客户满意的共识。客户的满意度是在服务每位客户需求的过程中获得的，良好的客户满意度需要所有客服员工的努力进取，从个人到团队，都要不断实践科学管理思想，探寻有效的服务方法。

收获满意度和理解度，求真务实是关键。虚饰或浮华的服务不会打动客户，也不会被客户认同；一分耕耘一分收获，只有真情实意的行动和持之以恒的努力，才会被用户感知和感应，并积累形成优秀的客户满意度，转化成客户对组织的理解和支持。

例：理解案例——搬迁“钉子户”

梅斯菲尔德 1921 年出生在俄勒冈州，1966 年为了照顾年老的母亲，搬进了美国西雅图巴拉德西北46街一栋两层楼的小房子。这栋房子建于1900年，只有90多平方米。

2006年，梅斯菲尔德84岁时，这座房子开始成为“钉子”——有开发商想在这块区域建一个五层的商用大厦，而梅斯菲尔德拒绝搬走。

当时，随着城市改造，梅斯菲尔德的房子不远处有辆垃圾车，总是发出轰隆隆的噪声，同时该地段又是一个交通事故多发地，周围的邻居都已陆续搬走，老太太在那里“不仅没有一个真正的邻居，也没有一个家人”。然而，梅斯菲尔德说：“我经历过第二次世界大战，噪声对我来说没啥。我今年84岁了，我在这里很开心，我哪儿也不去。”

根据政府评估机构的测算，梅斯菲尔德破旧不堪的房子只值8000美元，其所在的地皮也差不多只值10万美元。然而，开发商几次提高报价，最后提到100万美元，老太太还是不肯搬。

按照她的说法，“我不关心钱，再说，那么多的钱对我有什么用？”

最后，由于开发商无权强拆她的房子，西雅图地方政府也没有帮忙的意思，开发商只好修改了图纸，三面围着她的小房子，建起凹字形的五层商业大楼。

不过，对于梅斯菲尔德的固执，开发商好像很理解，工程项目主管巴里·马丁甚至关心起老太太的生活。

“起初这只是10分钟的时间，”52岁的马丁说，“但很快，她实际上只能指望你，你不能一走了之。”他带她去看医生。然后他给她洗衣服、做午饭；然后某个晚上，他给她做比目鱼、土豆以及青豆；再然后是一天三餐，他还给她换了新的假牙。

后来老太太在家里去世了。她在遗嘱里把房子送给了马丁（开发商），以感谢他在自己生命最后一段时间的陪伴和照顾。

动画片《飞屋环游记》让梅斯菲尔德的房子更加出名——影片的内容和梅斯菲尔德老太太的经历颇有些相似。影片制作方迪士尼公司，还在老太太的屋顶上系上了五颜六色的气球，如同影片的海报一样充满童趣，向老太太致敬。

如今，马丁已经以 31 万美元的价格，把房子卖给了一家地产指导公司的老板格雷格·皮诺。马丁说："很高兴房子还能继续存在，我任何时候开车经过那里都能看到它，这让我很开心。"

皮诺准备对房子进行改造，让房子和旁边的商业大楼一样高，下面是一个两层的开放空间，向市民开放。他把这栋房子做成了个项目，起名叫"信念广场"，他认为这个房子让每一个美国人思考自己的人生。当然，你花钱就可以"买下"房子的一块砖，在上面刻下你的信念和名字。

2.2.3 自检标尺

为了实现良好的客户满意度，客服中心制订绩效考核方案、设计服务流程都应以客户的良好体验为目标，还要以降低服务成本和满足组织要求为行动指南。分析研究北京市 12345 非紧急救助服务中心及分中心十几年来的总结报告、经验交流资料、典型案例、客户批评与表扬等实践数据，结合发达国家评价优秀客服中心的基本指标，我们基本可以从中确定能够让客户感知满意服务的必要条件，这个必要条件的内容就是客服中心对满意服务水平进行自检的重要参考标尺。

2.2.3.1 渠道畅通

让客户体验的是容易得到的服务。客服中心的服务渠道畅通，客户非常容易与客服中心取得联系。从客户有服务需求开始，到客户联系上具体受理人员，客户不会体验到不知道如何联系客服中心或联系不到服务人员的困难，也不会遇到客服中心电话难打通的情况。

2.2.3.2 技术精湛

让客服体验的是技术精湛的服务。客服代表用专业的技能使客户在整个服务过程中体验轻松、愉悦、感动。客服代表快速理解客户诉求，并提供准确的服务信息或解决方案。客户不会因信息失误而承受不必要的损失。在服务过程中，客户不会遇到一问三不知的体验。客服人员能够用客户的母语进行交流，所用服务语言通俗易懂，基本不用或少用专业术语。客服代表清楚服务流程和进度，不存在让客户有盲目等待的体验。客户服务过程顺畅，客户不会遇到持线久等、转接、再次拨打的情况。

2.2.3.3 高效准确

让客户体验的是高效准确的服务。服务结果能够满足客户的预期，服务过程不存在拖延、推诿、遗漏、失误等情况。能够提供客户愿意接受的可操作的服务方案。能够发挥科技的作用。通过技术手段提高服务成效、提高客户满意度。能够在树立良好形象、应对突发事件、提供决策依据，监测环境变化和谋划发展等方面完成绩效指标。

2.2.3.4 首问负责

让客户经历的是首问负责的服务。服务流程不存在让客户转来转去都找不到责任人的情况。二次来电的客户，不再被要求重复之前已经回答过的问题，或是不再被要求重述相关信息。

能够发挥文化管理的作用，用优秀文化、精品文化弥补发展中制度相对滞后和管理不能穷尽的服务问题。

2.2.3.5 热情周到

让客户感受的是热情周到的服务。服务过程中不存在让客户感到冷淡、敷衍、不负责等情况。充分满足客户的知晓权。客服代表服务言行文明有礼。客户获得超出意外或期望的服务支持。

2.2.3.6 诚实守信

让客户相信这是诚实可靠的服务。能够提供让客户信任的承诺和关怀。服务规范，不存在让客户体验到随意、不规范、言而无信等情况。客户不会经历电话被匆忙挂断、不文明的言行等情况。

如果能让客户体验到以上服务，客服中心基本可以确定客户是满意的。但是，若客服中心没有做好其中任何一个方面，都可能被客户评价为“服务真差”，使客服的相关努力都付之东流。因此，在客服系统中增加客户体验信息的报告，将有益于监管客户满意度。

客服的服务水平与服务成本相关，客服中心的自检内容包括客服中心为达到服务水平所要支付的成本。不要忽略服务流程中的每个环节所需成本以及返工的成本，客服这台经年累月运转的“永动机”，能使极小的成本支出积累出巨大的成本账目，例如，客服的服务工作台要满足经济实用的要求，否则，很可能为此花费意想不到的修缮、清洁甚至重新购置的费用。管理成本数据也应该列入考评指标，在这方面的工作重点是控制员工加班费、服务返工费和服务索赔费的支出。客服中心的自检指标应该是成本支出与服务指标关联进行的，客服几乎不存在独立评价满意度水平的指标，如，考察受理量指标的完整描述是：“用多少人力成本和人员，在哪个时间段，完成多少受理量，并保证什么样的服务水平。”

客服中心的自检内容不仅要体现在质检评审和绩效考核中，更要落实在客服中心全方位的工作中。有的内容是在制定管理制度和排班计划时明确的，有的内容是在确定服务标准或业务流程中明确的，有的内容可应用在业务支撑系统或客户关系管理，有的则需贯穿在团队建设和职业规划的发展进程里。

可以说，“让客户满意”是客服中心衡量各项工作最根本的自检标度，紧密围绕“客户满意度”这个核心目标来考评和推进运营管理工作，确保客服自我评价的标尺在任何时间和任何层面都能发挥自我监督的有效作用。

例：服务能力较低的常见表现

服务能力较低的常见表现

常见项目	常见表现
工时利用率低	客服代表难以控制与客户的互动过程
服务不规范	缺乏标准或执行标准不到位
平均应答时间长	客户不服，频繁转移或升级电话
服务流程复杂多变	缺乏组织整体规划和其他部门的协作支持
没有专家席或应急小组	岗位设计和服务保障策略有待完善
频繁出现低级错误	员工的热情、质量、技能出现降低趋势

例：客户满意研究报告

为了研究客户满意的课题，普渡大学开展了以“让客户信任和让客户满意的最低要求”为主题的调研，并给出了有关调查报告，主要内容如下：

客户满意的最低要求。研究报告提供，在全世界范围内，客服中心若要实现让客户满意，至少做到快速响应客户诉求、首次办结不转接和提供个性化服务。

客户服务能力关及客户对组织的信任。研究报告提供在被调查的客户中有89%的客户认为，只要客服中心有能力解决问题，他们并不是很担心服务或产品存在的问题；有78%的客户会主动选择服务口碑好或质量有保证的组织；有32%的客户能够理解客服工作中存在的不足，他们不会立即因服务体验欠佳而全盘否定客服工作。

调查报告指出，客户最不愿意听到的是让客户等待的提示信息，客服不应把“请稍等”列入服务用语。电话本身从诞生那一刻起，从没有把让对方长久等候作为一项功能。1876年，电话发明者亚历山大·格雷厄·贝尔给他的助手拨通了世界上的第一个电话，亚历山大对他的助手说“沃特森先生，快过来，我需要你”，沃特森先生回答的是“马上到”，而非“请稍等”。这个世界上没人愿意等候，一个需要得到客服帮助的人更是不愿意等候。客户总是希望客服代表一直在恭候着自己，希望客服能够立即响应客户呼叫。“快速响应、一次解决和个性化服务”是让客户满意的重要指标，而快速响应是重中之重的指标。

调查中，客户对等待的过程记忆犹新，客户抱怨的主要内容有：

客户听排队等待的音乐太长。客户希望客服能累计一下所有客户听音乐的时间总和，客户不希望一生中有太多时间放在听自己不喜欢的音乐上，且认为再喜欢的音乐也不希望在排队等候中听到。

客户感到所有的客服中心都在播报客户不喜欢听的录音：“线路忙，请稍候……”

客户在等待中被系统强行挂断。客户尤其不满意在听了很长时间的音乐后被系统强行挂断，客户不得不再拨打，重新排队，再次被挂断，体验循环往复的不愉快。

客户没有等来期望的结果。客户不满意在长久等待后电话刚被接通，又被客服代表转走，或是转接中出现通信中断；客户还不满意的是拨了一天都不通，终于通了，听到的录音是：“请在工作时间拨打，我们的工作时间是……”

服务热线的前置语太长。服务前置语长，使客户难以记住，或是客户难以确定自己应该选择哪个子队列。

客户经过多次努力终于打通电话了，客户已经不再是反映最初的诉求，而是直接投诉客服或申请退出业务。

调研报告还推荐了NORDEA、ANZ、BCBST、NEC121、T-Mobile Deutschl和1-800-FLOWERS等组织在“快速响应客户诉求”方面取得的经验和成果，值得客服同行学习。

NORDEA客服中心采用智能路由系统快速响应客户诉求，在客服人员不增加的情况下，很好地完成了更多的服务任务，他们每天高质量地收到并回复的电话超过12万人次，转错率明显下降。调查反映“建设智能客服可以随时了解组织运行状况”与“建设智能客服可以在7个月内收回本金”的两个论题，前者对组织产生的诱惑力更大。

ANZ客服中心将服务重点转移到客户体验上，使客户满意度明显提高。通过分析客户不满意原因，对存在的问题逐一进行系统排除，包括排除无意呼叫，此举也提高了客服代表的满意度。

BCBST客服中心每天的服务量超过2.7万人次，90%的电话可以在30秒内完成。追求服务速度使他们始终保持良好的业绩和较高的客户满意度。

NEC121客户联络中心向客户提供一对一的服务，客户可以在任何时候联系到客服代表，几乎可以忽略不计的低投诉率成为客服业界的骄傲。

T-Mobile Deutschl客服中心利用网络技术将客服中心服务资源和员工资源进行整合，建立虚拟客服中心，有效服务千万名客户。客服中心还采用电子邮件、网站等渠道与客户保持互动，通过技术手段提高解决客户重复问题的办法，客服代表也不必再反复询问客户的信息。

1-800-FLOWERS客服中心快速响应客户诉求，将鲜花礼品送往世界各地，也因此拥有了世界各地的客户和朋友。客户服务成为公司的核心业务和重要服务产品。

华盛顿的ESD客户联络中心，通过倾听客户采集有效信息，建设良好的信息系统，处理时间减少了37%，降低了客户的等待时间。

Sumitomo Mitsui Card公司的客服中心名称是“为您服务中心”

（The For You Center）。他们通过培训提高客服中心员工的技能，激发客服人员的潜能，提高客服员工的个性化服务能力和员工的满意度，客服员工离职率下降，客服员工的平均工作年限由9.1个月上升到24个月。

调研报告指出，大量的实例说明组织的生存和发展与客户满意度息息相关。建设“追逐太阳的服务”、将关键服务数据联通到一把手的屏幕上、邀请决策者定期体验服务等，这些办法有益于积累让客户满意的经验，同时还超越了客服中心的管理权限，从而获得更多方面的帮助。

例：服务意识欠缺导致的结果

59岁老人乘火车死在洗手间　8小时后才被发现

2015年2月17日在1203次列车15车002号中铺的王家明旅客去深圳西与儿子团圆过除夕，但儿子王先生没有在深圳西等到父亲。列车时刻表显示，列车预计2月18日上午9时许到达深圳西站，可是当天上午，王先生在深圳西站外等了很长时间，发现该趟列车的乘客都已经走光了，可还是没有看到父亲的身影，后来王先生进到站台上等，看到乘务人员拿着父亲的行李，却并不见人。

王先生表示，他委托列车乘务人员帮忙寻找自己的父亲，但是对方回复称，没看见人，可能已经提前下车了吧。王先生再次询问，对方表示，在列车的卫生间和餐车都检查过了，但是没有发现人。王先生询问父亲的卧铺票是否有换票，乘务人员拿出了父亲的车票，显示并没有换回车票。

此时列车已经驶离了停靠的站台，在王先生的强烈要求之下，乘务人员再次进行查找，最后在列车的洗手间里发现了王先生的父亲，不过当赶来的医务人员进行检查之后发现，59岁的王老先生已经去世。据王先生介绍，现场的法医鉴定，死亡时间应该在发现尸体8个小时之前。

王先生的父亲名叫王家明，今年59岁。王先生介绍，由于自己的母亲已经在深圳，父亲在老家上班，平时身体很好，并没有什么疾病，所以才敢放心让父亲一个人乘坐火车来深圳，可是完全没有想到在列车上会发生这样的意外。

死者王家明的儿子质疑，按照列车行车的常规，列车每停靠一个站点，乘务员都会检查洗手间并且要锁上洗手间的大门，此外，卧铺车厢乘客上车后要换票，并在快要到站之前重新换票，但是以上两点都没有做到，直接导致父亲倒在卫生间里 8 个小时，乘务员却没有发现。

南都记者昨日致电武汉铁路局新闻发言人郭部长，对方表示由于假期休假，建议向客运段了解。而 1203 次列车列车长回复表示，目前家属已表态要走司法程序，“我们尊重家属的决定，但旅客家属向贵报反映的情况与实际情况有出入，我们将积极配合司法部门的调查，为了保证司法调查的公正和公平，在判决结果出来之前我们不便于接受采访。”（摘自 2015 年 2 月 21 日《北京晨报》）

☞ 例：墙上的拌面

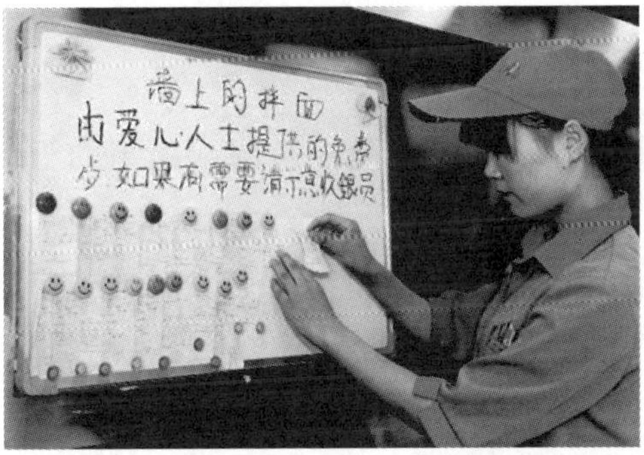

收银员将爱心订单贴在白板上　新华社记者王菲摄

在乌鲁木齐扬子江路，有这样一家快餐厅，在餐厅收银台内的墙上，挂着一块白板，上边写着“墙上的拌面——由爱心人士提供的免费餐，如果有需要，请示意收银员”。白板上还贴着许多已经付过款但并未使用的餐票单。这些免费餐是为残障人士、家庭困难学生、特殊困难人士等需要帮助的人群提供的。这家快餐厅的店长马龙说：“我特别喜欢‘墙上的咖啡’那个故事，说的是在一个欧洲的小镇里有家咖啡馆，顾客可以额外为需要咖啡却难以支付的人点咖啡，服务员将这些订单贴在墙上，一旦有人需要就可以从墙上取下这些订单，免费享受咖啡。”这个故事启发了马龙，在餐厅开张第一天，他就在收银台后面摆上了一块白板，并且写上“墙上的拌面”，然后把第一张自己支付的爱心订单贴到了白板上。后来，很多客人都会对白板上的语言感到好奇，“大家三问两问的，就都开始捐赠爱心订单了。”马龙说。目前，小店几乎每天都会收到爱心人士捐出的拌面，每周也会送出四五份。（摘自《今晚报》）

2.3 不满成因

客户不满意的成因相对复杂，但分析大多数情况，导致不满的成因主要体现在客服自身业务管理、服务流程设计和员工满意度等方面。

2.3.1 管理欠佳

客户对服务不满意，很多时候是由客服或组织的管理工作不到位而造成的。如：

客服中心人员需求预测及安排不能支持实际客户来电量的波动。

客服中心不能及时了解业务的发展变化，或是客服代表的岗位知识和技能不足，造成服务被动，服务时间增加。

对客户提出的问题，客服不能提供明确的答案或解决方案，或者，给客户的解答前后不一。

组织在设计业务时没有考虑对客户端的影响，或是没有考虑客户端的应用习惯。组织内部的公关人员、市场人员、政策法规人员和技术工程人员对客户需求缺乏了解，设计产品和流程时忽视了客户的存在和感受，造成每一次业务变动，都会因波及客户而产生大量的客户来访。

客户系统不能支持服务工作。客服系统故障，系统之间数据联动复杂，运行中频繁出现“白屏”“死机”等现象，造成不能高效服务客户。

客服中心的岗位分工过细。如客服中心内部规定“不能串岗”，要求岗位不同的员工不能替代工作等。例如，某个客服中心规定，回访工作由 A 班组的成员负责，无论 A 班组的人员有多么忙，其他班组的成员即使闲着也是帮不了的，导致出现“繁忙中的清闲”。

2.3.2　客户厌烦久等

在客服中心等待队列中的每一个客户都不会无休止的等待。因为与生命的珍贵相比，再美妙动听的音乐或前置语都难以让客户在浪费生命中获得愉悦，这些音乐甚至可能让客户产生厌烦。如果用前面提到的世界上每天有超过 1.25 亿的客户来电进行计算，每位客户持线等待 20 秒，那么，全世界每天用于支持客户等待的时间成本大于 79 年。因此，让客户久等从来都是客服中心的不满意指标内容。

让客户等待的服务会使组织失去客户的信任。随着客户等待时间的延长，客户会将等待的体验转换化成对服务的不满意和不信任，客户常用放弃来主动解决排队久等的问题，这个放弃，可能意味着是对客服中心所服务的组织及业务的放弃，而非只是主动挂断客服中心的电话。

排队等待的客户通常不知道自己前面有多少人、不知道要等多久、不知道有多少客服人员在线工作，长时间等待后会产生客服中心此时没人工作的想法，或是认为电话线路不正常。因此，客户会通过反复挂断电话再重拨的方式来确认自己所拨打的电话是否是正确号码，客服中心是否有人在工作，从而产生更大的呼叫量。

让客户等待的服务束缚了客户和组织的客观需求。在生活中，我们不难发现，只要有排队的地方，就有放弃排队的客户。比如，马上要去机场的客户，会因付费的队伍长而放弃已经在超市选好的食品；孩子们会因为付费的队伍长而放弃已经到手的冷饮。客户的每一次放弃都隐含着不满意和组织的损失。

2.3.3　设计欠缺文化

客服中心在设计服务流程时，因欠缺服务理念和客户体验，造成设计中只重视客户对业务的需求功能，而忽视了客户在服务过程的感受。流程设计常见的主要问题有以下几方面。

2.3.3.1 无限转移

服务流程中能够无限量地转移服务。呼叫转移在服务流程设计中是不可回避的环节，在客户体验中却是引发客户不安和不满的主要原因之一。

客服系统不应无休止地转接客户的电话，需要为每通电话限定最高转移次数。客服中心设计电话转接的出发点是要认真对待客户的问题，电话转移是为了请更专业的人员来解决有一定难度的服务问题。但客户的体验却是“被踢来踢去”“推诿”“搁置”“冷落”“无助”“不被重视”。更糟的是，客服的电话在转接中由于系统接续故障等原因，时常会造成客户的电话被转丢了，或是客户需要支付高额的国际长途电话费。转接的次数越多，客户支付的服务成本就越高，客户的不满意感就越强，客户甚至误认为客服中心具备合格服务水平的人员太少了；而客服人员对客户的体验却全然不知，会误认为只要努力实现客户的诉求，不论转接多少次，客户一定会满意。在实际工作中，转接电话的服务在客户端往往会折损客户满意度的效果。

客服中心不应该用转接服务来弥补服务流程上的缺陷。客服代表业务不熟练和服务流程支持能力有限，应针对性地加以完善，而不应该让客户承担被转接的结果。在服务被转接的过程中，由于受信息共享程度的局限，客户不得不一遍遍地重复自己的信息和事由，也不得不一遍遍地重复听那些没有实际作用的标准答案，还难免让客户在每一次转接后得到不同的答案，使客户感到更加茫然，会认为客服中心把自身的问题推给客户。如果客户来电关及紧急、重要的事件，转来转去的时间极可能会失去处理事件的最佳时间，而使客户蒙受损失，以至于令简单的业务诉求升级为法律维权案件。

调查中，有客户表示，“若是电话在一个单位内部转来转去还好，如果是在两个或多个不同的单位之间转过几次，我就会感觉客服没有能力实现我的需求，除了放弃和投诉，我别无选择。”

一位丢了护照和银行卡的游客回忆说，我最担心的是在电话被不断转接过程中，我的银行卡正在被盗刷，或是我的护照已经被盗用。

一位客户因自己汽车的刹车系统不太灵敏而致电客服中心，他想了解汽车厂家如何处理这辆仍在保修期内的车辆的问题。第一位客服代表的答复不能使他满意，电话被转到了第二位客服代表，仍然不是该客户能够明白和接受的答案。客户的电话被转了几次，他听到的都是统一的标准答案："您的车刹车系统有问题是不能继续开的，你需要将车送修理厂。"无奈之下，客户与客服中心打了维权官司。

2.3.3.2　无限重复

在服务过程中，能够无限量地重复提问。向客户重复提问是客服最简单、最容易和最需要的事，但可能是客户最反感的事情之一，我们在实际工作中经常会听到客户说："同样的信息，你们要问多少遍才能开始进入实质性的工作，真正帮我解决问题？"

转接电话的工作流程和电话脚本不应全盘套用初始联络的服务流程。这是因为，当客户的电话被转接后，对新接手的客服代表而言，服务是从"0"开始的一个新服务，但对客户而言，服务是接续之前的服务，不是从"0"开始的。因此，转接服务流程不能完全套用第一位客服代表响应客户的流程要求，原则上不能再次让客户重复，包括不要重复有关问候语，如"请问需要什么帮助？""请问您来电的原因是什么？"等。

客服系统设计要模拟人机对话速度和客户适应系统的时间。如果用生活的交流节奏设计互动环节，客户可能会因来不及适应系统而漏掉关键信息，人机相适应的交流节奏和语速可以减少因客户听错或误解产生的重复工作。例如，请客户再次输入信息的设计要求应该是，等客户完成上一个操作后，稍作停顿，再用慢语速播放："请再输一遍"，否则客户可能因为没有听到这句简短的话语，造成之前的输入无效，不得不从头再来。

客服中心提高服务信息的关联程度和加强知识库基础建设，有益于降低对客户身份多次进行认证以及向客户反复提问的概率。索取客户的基础信息是服务流程中的常规内容，客户也能够予以理解，但有的情况则不宜再向客户索取信息，否则会引起客户的反感，例如，客户的电话在被转接前已经向客户提过的问题，或是客户重复来电了解诉求的进展情况，或是客户来电提出合理化建议，或是客户来电表扬客服员工，或是客户来电仅仅是善意地向客服提供时效信息等。

客服中心向客户反复索取信息占用了大量的服务资源，这个资源投入量在提高服务成效中的效果不大。我们每次向客户提问都产生一次记录，如果每次记录的时间按 15—30 秒计算，那么我们的服务流程中向客户重复提问的概率有多大？其中是否存在没有必要的重复记录？客服中心平均每年将为此支付多少成本？

想要降低客服中心人员的重复工作、降低客户对重复环节引发的不满意，需要客服中心的技术人员、培训人员和管理人员协同研究制定服务流程，为关键环节把关，而不仅仅是开放客户信息的使用权限。设计客服系统时，在客户信息管理和服务流程中增加对客户诉求状态的同步跟踪与判断，可以有效减少客户重复提问的次数。客户对客服中心产生的不满意或误会，虽然千差万别，成本有高有低，但实践证明，客服中心只要“用心服务”，是能够找到经济而有效的解决办法的。

例：受客户尊敬的客服人员

美国一位客服人员 Prague 因病去世，人们在整理他的遗物时，发现了他的大量客户服务笔记，笔记中详细记录了服务中的问题、解决问题的办法和对服务工作的思考，还有他定期地、从不间断地向客户发送生日卡和纪念卡的记录。Prague 先生用数年如一日的行动，证明了他对服务的认识：对客户的关心需要精心持久的投入，这样的投入比天天向客户发送宣传信息更有意义、更简单、更经济。Prague 先生用他的实际行动收获了客户的极大尊重，也为他所在的客服中心赢得了良好的公众形象，他自己很难想到在他去世后，数以千计的与他不曾见过面的客户从四面八方赶来参加他的葬礼。曾接受过他服务的客户对他的评价几乎相同：他让我感觉我是他最好的朋友，他从来都是快速地满足我的需求。

例：无效服务造成客户信誉受损

一位来自澳大利亚的客户安迪讲述了她在客服中心经历的一次不愉快体验。因为安迪家中的安全报警设备非常敏感，每次刮大风时，设备就会自动报警，并对左邻右舍造成打扰。为此，安迪联系这家安全报警设备的客服中心，在她多次报修未果后，她决定不使用这个品牌的安全报警设备。但是，由于在客服中心的数据库中查不到安迪的客户记录，她无法马上办理拆除安全报警设备的手续。接下来的日子里，安迪多次致电客服中心，她希望知道，什么时候可以找到她的安装记录？什么时候能够将这台安全报警设备拆除？她每一次联系客服中心时，都要回答客服人员提出的同样问题："请问您有什么需要帮助？""请问您的客户号码是多少？"安迪感觉这家提供安全产品的公司毫无信息管理和安全可言。更让她费解的是，在这家公司拆除了她家的安全报警设备后，在相当长的时间里，这家公司仍然持续不断地给她寄送对账单。

于是，为了请这家公司停止向她寄送对账单，她再次联系客服中心，她再次重复听了："欢迎致电 ××× 安全设备公司……""请问您有什么需要帮助？""请问您的客户号码是多少？"当她输入了自己的客户编号后，系统总是自动播放录音："您输入的有误，或是您的合同已被终止"，无奈中她再次请求客服人员的帮助，同样要再次重复听"欢迎致电 ××× 安全设备公司……""请问您有什么需要帮助？""请问您的客户号码是多少？"

在多次联系客服中心后，这家提供安全报警设备的公司终于不再给她寄送对账单了，她认为，一切手续都已办妥，她与这家公司彻底解除了合同关系。但是，又过了一段时间，她在使用信用卡时遭拒，几经查询得知，提供安全报警设备的公司虽没有给她继续发对账单，但从没有中断继续对她的银行账号进行自动划款，而她却已经在设备拆除后，终止了对那个银行号的续费。为此，她在金融诚信系统中成了没有信誉的"欠账老赖"。

2.3.3.3　导语费解

让客户费解的前置导语常引发客户的不满。由于引导语存在信息分类不清，或专业性太强，或按键数量的限制，或可选择层级太多，或播报的宣传信息过多等情况，会造成客户听不懂、记不住的结果，使客户有"被迷失"和"被忽悠"的感觉。一位客户说：我只是想知道一款车有几种颜色？这样简单的问题是完全不需要人工服务的，但是我进入系统后，在各种选择中来回听了几遍，感觉都快把这款车的使用手册听完了，也没听到我想要的答案。客户普遍反映自助服务途径上提供的无用信息量偏大，也不明白系统提示"对不起，您输入了错误信息，请核对后再输”的原因。

客服中心能够很方便地统计出那些作用很小或是占用了客户大量时间却不能发挥作用的功能模块，应该坚决从系统中剔除这些低效能的功能模块。客服系统是否“有”或“没有”某功能，属技术性能指标，而客服的服务成效是否能够让客户满意，属服务品质指标，客服的技术指标要为品质指标服务，失去了服务品质的先进技术是不可取的。

客服中心研究前置语，总是会联想到如何设置队列编号，才能更节省服务成本。几乎世界上所有的客服中心都将人工服务队列的编号设置为“0”或“9”，而且人们认为把人工服务队列的编号往后放，就可以减少人工成本。然而，实际情况却并非如此。业界曾经有个典型的实验，即变换人工服务队列的编号，观察人工服务的总受理数量随队列编号变化的情况。实验结果获得的结论是：无论把人工服务队列编号放在哪个位置上，客户要求人工服务的受理数量基本相同。从这个实验中，我们可以获得以下认识：

无论用哪个数字作为人工服务队列的编号，也不管系统是先播报还是最后再播报人工服务队列编号，对客户选择人工服务的需求基本不造成影响，人工服务的总受理数量不会因按键的数字不同而产生明显变化。

在前置语播报的自助服务队列编号中，客户可能会选择先报出的编号小的队列，编号小的队列在第一时间吸引走的客户数量多于编号大的队列。

即使将人工服务队列的编号放在最后播报，那些曾被服务导语“带走”的客户，在绕了一圈且没能得到所需要的服务之后，最终还是要回到人工服务队列中来。

大部分客户认为使用自助服务不如人工服务可靠。将人工服务队列编号作为第一收听按键，可以为客户节省听完自动播报信息的时间成本和通信成本。客服中心可以计算一下，完成所有自动播报内容需要支付多大的成本，包括为减缓客户排队等待的感受而采用的音乐播放，对于800、400这样的客服热线来说，这个成本是不可忽视的。

准确了解客户对前置语的印象，有益于客服中心改进自助服务系统，能够为客户在第一时间正确选择队列提供条件。

例：客户服务调查报告

印象1：我还没反应过来，就听到：输入超时。客服中心与我们玩的是“选择秒杀游戏”，我们不得不再次重听或再次拨打客服电话。

印象2：进入自助服务系统，感觉进了一个死循环。转来转去，按的最多的是“返回主菜单”和“返回上一级菜单”，每返回一次，是进入下一次死循环的开始。最后，采用挂断电话，以回到最初进入循环的起点作为本次终点，终于确认我想了解的信息不在自助范围内，最后以转人工服务作为真正的服务起点。

印象3：我每次在这个客服的按键顺序就是1-1-1，每次都试图跳过“查询请按1，预约请按2……”这段长长的一串语音说明，但结果是，我必须听完，否则我会听到“您的输入有误，请再输一遍”，或是“没有这个功能”两种完全不同的回答。客服科技应用还处于高科技低智能的状态，一方面它可以代替被标准化的大量重复工作，另一方面它还不能完全覆盖人性逻辑的言行。

印象4：我现在也搞不懂客服语音辨识系统对口音或语调有什么要求，它在验证我报出的名字时，有时能通过，有时不能通过，但我没有变化语调。

印象5：我们认为航班信息和火车信息并不复杂，查询航班或火车的班次、出发与到达时间完全可以通过自助语音的方式获得，遗憾的是，我们花了很多时间来强迫系统告诉我们这些简单的信息，但系统始终对我们守口如瓶。

印象6：当我通过自助服务的认证环节后，我不需要再听到他们播报的宣传信息，我希望能够有途径尽快进入实质性的服务环节。但是，客服系统的设计是不管不顾客户的境遇，即使客户身处紧急环境，客户也只能听完播报信息，才能继续后续的服务。

印象7：客服中心的导语使客户感到“进入无法继续的状态，自助服务菜单没有可以让我选择的内容”。一位游客讲述她的行李丢失的经历。她去爱达荷州度假，假期结束返回旧金山机场时，她发现自己托运的行李不见了。为此，她致电航空公司的客服中心，客服人员在经过一番身份信息确认后，客服代表向她解释一般客服代表没有查询客户行李的权限，但客户可以通过客服中心提供的她的行李编码，在自助服务系统中查询行李的状态。之后，客户与自助服务系统进入“对话”，系统轻松地听懂了她用方言报出的姓名和飞行时间，但系统对她提供的起飞地点“BOISE IDAHO”，总是给出提问：“是BOISE IDAHO吗？”她重复和肯定了无数遍起飞地点后，毫无结果，她只好选择人工服务。在等待了30分钟左右，她听到了客服人员的声音，客服中心的工作人员告诉她，如果您对系统慢慢地大声读出每一个字母“B-O-I-S-E I-D-A-H-O”，系统是能听懂的。

2.3.4 员工不满意

“让客户满意”的工作目标包含着一个客户都不能少的“数量”和“质量”内容。客服中心能够保证生产满意产品需要在两个方面下功夫：一方面，是要求客服管理人员不断提高工作的主动性，不断创新、改进服务工作的方式方法，以此降低服务成本；另一方面，是要使客服员工乐于为客户满意而尽心尽力，以此提高服务成效。

根据心理学研究结果，人在同一时刻只能有一种情绪主导其言行。即，快乐的人能够传递愉悦和满意，不快乐的人很难传递高兴和满意。客服员工的心情是生产服务产品的要素之一，客服员工的不满会直接或间接导致客户的不满意。让客服员工满意，是保证客服中心能够生产出满意的服务产品的主导因素。因此，在分析“客户为何不满意”时，需要分析“员工不满”这个因素，及时了解客服员工的困惑和期望。客服员工常见的不满具体表现在以下三个方面。

2.3.4.1 缺乏理解

客服员工希望客服管理人员能够给予真正的支持，了解客服工作，了解客户的需求和抱怨，也了解客服员工的工作状态和障碍。希望管理人员有服务客户的实际经验，知道客户在说什么、要求什么、抱怨什么，客服员工能够承担什么、不能够承担什么、怎么做、做成什么样。希望管理人员可以帮助自己了解组织的发展规划并制定自己的发展规划，把向客服员工介绍福利待遇当作介绍客服中心战略意义一样。

客服员工不希望管理人员远离具体业务，不希望管理人员发出的指令无法操作，不希望与管理人员沟通的场合局限在会议、总结、典礼上，不希望“为了创新而创新”“为了活动而活动”。

2.3.4.2　困于价值

客服员工常困惑于自己对社会的贡献没有得到价值体现。可以说，客服代表在智力和体力方面对社会的贡献都不亚于心理医生，心理医生一天的聊天人数远远不及客服代表沟通的数量，但是客服代表在社会地位和工资收入方面远远无法与心理医生相比。

客服员工认为他们的服务成效很少被价值化，尤其缺乏客服中心在承担组织急难重险的任务时所发挥的作用价值数据。正因如此，客服中心常被误认为是消耗部门，客服员工的工资也相对较低。在北美和欧洲的大多数国家，一位客服人员的平均工资为 8—12 美元 / 小时，而在其他国家远不及这个收入，客服员工的薪酬待遇低，容易使客服员工感觉自己的劳动“不值钱”。

2.3.4.3　难抑疲惫

客服员工因服务工作经常出现的一些毫无意义的交流而深感疲惫。

客服员工在不能实现客户的需求时会有疲惫感。客服代表希望自己的工作是能够满足客户需求的真服务，大多数客服代表都把只有出勤、没有成效的工作视作一种非常辛苦的煎熬。由于客服中心没有能力调整组织的业务政策、工作流程、服务承诺或客户关键信息，也没有能力保证组织其他部门接续办结诉求的时效和质量，因此，客服代表常常需要承担不能满足客户需求的巨大压力。

客服员工面对不了解服务流程的管理人员会产生疲惫感。客户服务的专业性和复杂性只有身临其境的人员才能知道这是一份多么需要体力和智力挑战的工作。客服员工认为，只有了解实际工作的管理人员才能够给出有益的方案或进行有益的改革，否则，管理人员的指导、要求或批评都会给客服员工造成干扰和焦虑。

客服员工在座位上持续久坐时会产生疲惫感。客服中心严格遵守国家劳动法，但由于严格的绩效考核和数据管理以及组织的成本预算，使得客服员工大部分时间都不得不持续地坐在工位上，无论是白天还是黑夜。有的客服员工戏称自己是“被按在工位上的脸谱”“空闲时感到更累”。客服员工希望可以在服务、培训、活动和行政事务之间进行穿插，以减缓单调重复性劳动带来的乏味和疲倦。

客服员工对每日所承受的紧张和压力会产生疲惫感。客服代表在服务时难免会遇到客户需求超出服务范围或服务能力的情况，这类越界的服务境遇给客服员工带来的感受是压抑、枯燥、无意义的，会耗费大量的时间和精力，也会对情绪和心态产生负面影响。例如，某客服中心经常在半夜接到一位想通过对话来矫正口吃的客户来电，反复咨询相似的问题："你们的服务时间是几点到几点？节假日是否休息？你们每月的费用是多少？如何缴纳？……"在类似这样的情况下，客服岗位要求所有的客服代表要保持克制，始终处于良好的状态，这实际上会使员工面临体力消耗大和心理压力大的状态。

☞ 例：一组国外客服员工的离职调研数据

荷兰客服中心专家 Ad Nederlof 对离职的客服代表进行了调查分析，归纳得知客服代表离职的主要原因及排名分别为：职业发展机会少、工作标准要求精准、工作热情要求持续和收入待遇低。典型事例和具体数据如下。

在被调查的离职人员中有 64% 的客服代表因缺少职业发展机会而放弃客服工作。他们认为客服职位有限，岗位分工简单，没有可以区别优秀老员工的岗位，没有获得期望的成长空间，没有努力的方向和目标，看不到自己想要的未来。

在被调查的离职人员中有 60% 的客服代表因不适应客服考核指标和工作压力而放弃。他们不愿意接受成绩和效益总是体现在业务部门，而把获取成绩和效益的困难总是被转移到客服中心的结果，尤其不能接受转移困难的方式不是组织通过正式的通知或培训指导的途径，而是通过"客户说的"或"媒体说的"。客服员工经常面对情绪激动的客户，完全不知道发生了什么，对客户谈及的业务问题毫无准备，客服员工和客服中心常常为他们毫无准备的表现丢了自己的业绩和效益，包括收入。

在被调查的离职人员中有 44% 的客服代表因客服岗位工作枯燥、约束高、压力大而放弃。无论重复了多少遍的问题，都要始终保持同样的热情；不论客户如何表达，都要跟上客户的思路而不失业务准则；要时时准备接受情绪激动的客户，包括那些刚刚在使用自助服务不顺利而倍感受挫的客户。其中，有69%的客服代表反映有故障或逻辑关联差的自助系统，让客户情绪异常，技术人员改变自助功能时常出现“变了这，没变那”的关联失效问题，客服代表不得不在被客户抱怨后进行自我培训，主动使用关联失效的自助服务，以体验客户的受挫原因；有72%的客服代表认为接到转接的或升级的电话会让他们感觉压力；还要时时小心记者设计的录音；一些客服代表表示，压力大过了他们对薪酬的愿望，如果此时得不到理解、受了委屈，自然就不想干了，不论是否有新工作，只想尽快逃离。

在被调查的离职人员中有24%的客服代表因薪酬而放弃，有8%的客服代表因与管理者关系欠佳而放弃。

调查中，客服代表安妮和大卫的例子比较典型。喜爱客服工作的安妮决定辞职，尽管她羞涩于面对领导的真诚挽留，她辞职的理由是：她认为客服经理无法解决她的困难，她离职不是因为待遇不好，而是她不想天天对着客户重复那些自己也不能完全接受或不明白的话语，不想说那些对组织和对客户都是似是而非、没有任何实际作用的话语，尤其不愿意为说这类话语处于经常的加班加点状态。她不明白，为什么组织发布的宣传资料和实际情况就是完全不同的两件事，她常常感觉自己很累，尤其是她实在无法服务好客户，更无法让组织满意。离开客服中心不久的安妮，又应聘去了另一家客服中心，在这里安妮感到快乐的主要原因是：客服中心持续开展职业培训，每通过一次培训，她的薪水就会自动增加；每天接电话前，客服经理和组员就服务重点及办法进行分析讲解；客服代表的工位也不是常见的被噪声包围的区域；这个客服中心的工作作息相对稳定，她可以安心计划自己的生活；她对自己能获得“客服最佳员工”并收到客户的感谢卡而高兴，快乐的工作有效减缓了体力消耗和精神压力，她不觉得累。

大卫是客服中心少有的男员工，据说在客服中心男员工所占比例很少超过40%，他从公司高层管理者“从不来客服工作现场”这一现象得出“客服工作没有前途”的判断，这是他下决心要离开客服中心的原因，尽管他非常舍不得客服团队的友谊，包括与客服经理的良好关系。他认为自己就是一个不满意的特殊客户，他不具备让客户满意的条件。

2.4 满意度调查

客服中心评价服务成效、获取客户满意度的方法主要包括满意度调查、数理应用和统计分析等。

2.4.1 调查方法

客户满意度调查是客服中心了解外部评价情况的重要手段。这里介绍客服中心常用的满意度调查方法。

2.4.1.1 人工调查

人工调查是最传统的客户满意度调查方法。在服务流程中或结束时适时插入问题，了解客户对组织及服务产品的满意情况。这类调查通常只设两个问题，第一个问题是："这次服务是否解决了您的问题？"第二个问题是："请您用 10 分制给本次服务打分。10 分最好，9 分次之，依次递减，1 分为最差。"第一个问题相对固定；第二个问题可根据业务范围或员工的具体情况由系统设定，常见的有："客服是否快速理解了您的需求？""您是否明白客服的讲解？""客服是否对您表现出关心？""您的电话是否被转接了？"

除此之外，客服也可以开展客户满意度人工调查专项工作。第一，通过技术手段搜寻与满意度相关的客户体验数据，如忙音率、呼叫时放弃率、等待时放弃率、事后处理时间、客服代表工作时间和工时利用率等都可以从 ACD 记录中获得。第二，通过访谈调查和分析服务结果数据获得客服满意度情况。直接听取客户对服务结果、客服代表态度、是否获得预期或超值结果等方面的评价。在客户满意度调查的过程中，尽量在时间和内容的设计上降低对客户的干扰，用简单句设计客户满意度调查的问题，问卷包括"客服代表的服务情况"和"服务结果"两大部分，还可以通过模拟客户体验了解客户的感受。

客服中心可以根据具体任务或急需改进的环节设定调查评价内容。以下是一份用于评价电话服务渠道客户体验指标的设计模板。

客户体验满意度调查指标设计

<table>
<tr><td>主题</td><td colspan="3">12 月 8 日新上线的“贺岁产品”服务情况</td></tr>
<tr><td>调查样本单位</td><td>每通电话</td><td>客服指标标识：★</td><td>客服代表指标标识：☆</td></tr>
<tr><td colspan="2">起始时间：2015.12.08
09:00</td><td>终止时间：2015.12.09
09:00</td><td>班组：晨曦组</td></tr>
<tr><td>调查导语</td><td colspan="3">您好，欢迎参加我们的客户满意度调查。请您对刚刚发生的服务进行评价。接受请按“5”，不接受请按“1”，不适用请按“0”</td></tr>
<tr><td colspan="3">客户体验调查项目</td><td>调查指标</td></tr>
<tr><td colspan="3">KF-1. 是否接受等候时间，即听到服务前置语前，听到多少声铃响</td><td>振铃次数★</td></tr>
<tr><td colspan="3">KF-2. 是否接受排队时间，即被客服代表接通前的等待时间</td><td>排队时间★</td></tr>
<tr><td colspan="3">KF-3. 是否接受通话过程中的等候时间，即等待系统查找或信息交互的时间</td><td>持线等候时间★</td></tr>
<tr><td colspan="3">KF-4. 是否接受通话过程中的转接次数（新业务准备不足）</td><td>转接次数★</td></tr>
<tr><td colspan="3">YG-a. 是否解决服务需求</td><td>服务成效☆</td></tr>
<tr><td colspan="3">YG-b. 客服代表是否了解业务</td><td>转接次数☆</td></tr>
<tr><td colspan="3">YG-c. 客服代表是否有耐心服务</td><td>谈话时间（不包括等待时间）☆</td></tr>
<tr><td>调查结束语</td><td colspan="3">感谢您参与本次调查活动，您的意见将帮助我们提高服务水平，谢谢</td></tr>
<tr><td>责任人</td><td colspan="3">艾信</td></tr>
<tr><td>审批人</td><td>童新</td><td>审批时间</td><td>2015.12.01</td></tr>
</table>

2.4.1.2 系统调查

系统调查客户满意度是计算机通信时代常用的方法。在客户挂断电话的 3 天之内，客服系统自动向客户开展满意度调查，调查的语音或文字、调查的内容和调查的流程都是固化在客服系统里，它们指导客户如何完成评价。所提问题和答案代码，与人工调查客户满意度基本相同，不同的是系统全程替代了人工。系统调查的优势是：（1）可根据实际需求快速调整调查内容，灵活确定调查时间和周期，而无须培训客服员工；（2）客观实用，避免出现客服员工干预客户的客观选择，调查结果能够立即成为业务部门可用的信息；（3）降低调查成本。如，答案多为数字，节省数据分析和管理成本；标准化程度高，降低错误成本；降低人工成本。

客户满意度调查方式和相关参数对比

调查指标	网络即时	客服系统	客服人工	邮政书信
获取调查资料与客户服务的最小时间间隔	同步	10 分钟	3 天	7 天
常遇客户响应率	75%	55%	40%	20%
平均最低正确率	85%	85%	75%	70%
最小设计周期	即时	约 7 天。软件开发期 + 调查期	约 30 天。软件开发期 + 培训期 + 调查期	约 60 天。软件开发期 + 收发信件期 + 采集录入期
封闭 / 开放调查每分钟最低成本	网费标准	0.09/0.2 元。网费或电话费标准 + 系统成本	约 6/8 元。客服人工成本 + 系统成本	3/4.5 元。往返邮资 + 印刷 + 收发 + 采集录入
适用客户群	年轻新客户	普通客户	重要客户	重要客户 特殊客户

2.4.1.3 书信调查

书信调查客户满意度是最早使用的方法。将调查表和返回邮资一并邮寄给客户。在信息时代中，这种调查方式相对减少，在少数大客户或 VIP 服务中还有所保留，尤其是在专业领域（例如集邮爱好者、钱币收藏者等）的客户群中可以发挥其独特作用。

2.4.1.4 网络调查

通过互联网技术，利用 APP 应用以及微信、社交网络等平台开展客户满意度调查，呈现出人机友好对话、大数据分析应用、个性化服务定制等特点和趋势。现阶段，由于相关操作技术并没有在中老年人中得到普及应用，所以采用网络在线的调查方式，会无形中滤掉了调查样本中的中老年人群以及没有网络操作技能的客户。

客服中心应根据业务需要，细分自己的客户群体，然后设计科学合理的满意度调查方案。

例：客户满意度调查技术的成果

客户满意度调查技术的成果

时间	阶段	调查内容及主要采用的方法	理论实践贡献者
1965 年	落实程度	调查落实服务标准，规范员工行为。采用问卷、拦截客户访问和暗访的方法	美国学者 Cardozo 将“顾客满意”引入商业服务领域
1982 年	感知质量	衡量服务效果，评价前后端服务绩效。用于解决生产客观质量和顾客感观质量。通过服务流程、服务环节和服务结果等指标，评价服务效果	瑞典专家克·格鲁诺斯提出“顾客感知服务质量模型”，其核心是“质量是由顾客来评价的”
1988 年	满意度指数模型	宏观角度衡量服务，实现跨行业/跨企业可比。解决了服务质量不等于满意度的问题，满意度指数模型将“服务质量（感知质量）”“品牌形象”“客户预期”“价值感知”都列入影响客户满意度的因素，并且在 4 个满意度影响因素之间的存在路径和因果关系上形成一个结构方程。而不仅仅是评价“服务质量”	美国学者 Fornell 将结构方程和满意度形成心理路径相结合，提出了新的满意度模型，成为世界各国制定国家满意度指数模型的基础，如中国的电信行业顾客满意度指数 TCSI

例：关于客户不满意的随机调查

某项客户不满意的问卷调查围绕三个问题开展。被访者从公众中随机抽取，年龄从 18 岁至 88 岁，他们的经历不同，但关于不满意问题的回答却基本相同。

第一个问题：“您有过来自客户服务方面的不愉快体验吗？”被访者无一例外地回答：“有。”

第二个问题："您还记得那次不愉快的经历吗？"被访者无一例外地回答：记得。且他们至今可以详细讲述不愉快的经历。即使他们在讲述很久以前的事，其面部表情依然流露出不满意。

在调查采访时，尽管被访者的经历不同，但他们有着相似的疑惑，他们认为他们所遇到的问题属于简单常理类问题，完全可以避免遭受那种不愉快的经历。

第三个问题："当不愉快发生时，您做了什么？"在被访者中，"打电话占72%""发邮件占0.1%""写信占0.05%""忍了占25%""其他占2.85%"。他们都希望能够通过电话得到明确的解决办法。不同被访者的经历不同，但他们处理不愉快的方法基本一致。

调查显示：当客户不满意时，通常选择通过电话解决问题，这同样有益于组织降低服务成本，有效缓解或迅速降低客户的不满意度。如果在此期间服务工作成效好，可以较好地解决客户、客服或组织面临的问题，还可以化解误解，赢得客户的理解并提高忠诚度；即使是在客户的投诉期，客户也仍然抱有解决问题的希望、信任和理解之心，否则，客户不会选择联系客服，所以这个客户显示出不满意的服务阶段也依然被称为"客户信任服务期"。

若把客户服务分为不同的时期，那么诉求升级属"客户僵滞服务期"，这是客户不信任组织的开始时期。因此，客服中心在客户信任服务期要尽量向客户提供畅通的服务渠道和服务队列，让客户在最希望联系到客服时顺利联通，此时畅通的服务渠道可以让客户感受到组织解决问题的诚意，反之，在等待中的客户会加剧和延续其不满意，并认为组织没有解决问题的诚意，甚至误认为组织在阻挠或欺骗。

调查结果认为，客户不满意是难以避免的，重要的是，解决不满意的服务渠道应该是畅通而且有保证的。

2.4.2 失真原因

客服中心在使用电话开展调查时，无论是采用人工访问的方式，还是采用在服务流程中增设客户评价环节的方式，由于受环境和条件因素的限制，需要提前了解哪些因素有可能影响调查结果的客观性和准确性，了解调查结果可能出现失真的原因。

2.4.2.1　样本不全

在选取回访对象时，通常采用随机抽样的方法，它最大的优点是：在根据回访客户的样本资料判断服务总体情况时，可以采用人工的概率统计方式进行评测，以保证评测结果建立在科学的基础上。但是，它最大的缺点是：无法保证提取客户的样本完整，对于分类复杂而丰富的客户群体而言，这种随机选取的样本，难以保证其能代表整体服务情况，尤其是在客户群体分类不明、了解情况有限的条件下，简单抽样更是难以代表客户群体的总体感受。当客户细分缺乏明确的分类标准，或者虽有分类标准却没有可供系统辨识的标志时，采用随机抽样的方法确定回访对象，回访结果的代表性或客观性较差。当突发事件导致诉求分类比例和总体内容发生了较大的变化时，在客服抽样人员对总体情况把握不是很准确的情况下，随机选取的回访抽样数据极可能产生无意义的结果。

2.4.2.2　佳时难定

由于回访对客户而言是随机事件，无论选择哪个时间回访客户，都有可能对客户正在进行的生活和工作产生干扰，客服中心很难确定回访客户的最佳时间。客户因不具备回访条件而敷衍回访或是拒绝回访。客户不愿意接受回访时，会降低服务满意程度，这就是为什么在回访中难免听到客户反问：你们这样随意打扰客户，说明你们并不懂什么是好的服务！

客服中心所安排的回访调查时间与实际服务时间不能同步。在服务尚未结束甚至还没发生时，就开始回访了；或是服务已经结束很多天，客户都忘记了，才进行回访，使调查信息失去客观性。

2.4.2.3　难断真伪

客服中心通过回访获得的调查结果，需要进行研究分析后才能被使用。当客户期望高于现实、诉求超出服务范围或超越法律法规时，客户得不到满意的结果，通常表现为不满意；而这种不满意并不是由服务本身不好所造成，也很难通过提高服务水平为客户解决。因此，难以判断客户所提供信息的真实度或准确性。

客服中心在选择回访调查的客户时，原则上要剔除那些明知回访调查结果的诉求，并通过后台研究分析来研商处理这类诉求的有效办法。如，客户的诉求是：抗议在他家门前建设高楼。他不希望这座在建的高楼将要遮挡他们在这里享受了几十年的阳光。

2.4.2.4 前期印象

在客户心中，诉求的开始时间不一定是联系客服中心的初始时间。这是因为，服务存在潜意识的选择以及前期思考准备，客户在联系客服中心前，已经完成了要找哪个组织、要联系哪个客服中心的思考和选择。我们把客户从有服务需求开始到决定联系某个客服中心的时间，称为服务前期准备时间。例如，一位在网上预订机票的客户，在与客服中心联络前，基本上已经完成了对航空公司、航班起落时间和地点的选择；一位准备度假的客户，在联系客服中心前，基本上已经完成了对酒店位置、价格、早餐及服务的选择；一位反映夜间施工扰民的市民，在联系 12345 之前，可能已给施工现场公布的监管电话、城管热线和区政府热线打过电话了；一位走入政务大厅的市民，基本上是默许了接受这里的服务流程和办理时限；等等。客户之前所经历的，或是了解到的信息，都会成为影响客户满意度的因素，能影响客户满意的因素不是只有客服中心的服务结果。因此，客服中心在每一次开始服务前，客户可能已经在其他地方经历了不愉快的体验，客户的不满意不应该直接归咎于客服中心的服务水平，分析调查结果时，需要将本次诉求的最初时间和之后的客户体验结合起来考查。

2.4.2.5 忽视本质

“懂客户”才能 “会服务” 。在公共服务中，经常听到客户抱怨，其中很多都是老问题。如“客户被彬彬有礼地推诿”或者“客服人员有礼貌地拒绝服务” 。如果在回访调查中把礼貌服务作为满意回访的重要指标，只调查“服务态度”，不关心客户诉求的解决情况，难免出现因忽视服务本质而丢失客户的不满意信息的情况。凡是对客户的关键诉求不闻不问、止步于“态度是否满意”的回访，即使从回访中获得了“客户满意”的结果，也不能真实反映客观情况，失去回访调查的意义，最终只会导致组织的形象和信誉受损。

2.4.3 满意度矩阵

经济管理学者迈克·特罗特先生利用鲁普技术营销公司的业绩与酬劳数据

建立了业绩与薪酬之间常见关系矩阵模型，这个矩阵被称为“业绩与报酬模型”，它同样适合作为客服薪酬分配的参考模式，也可以参照它建立“提高客服业绩途径管理矩阵”“提高客服愿景管理矩阵”“客服中心服务品质改进管理矩阵”等模型，通过简单矩阵图解，了解客服工作的成效、客户满意度和服务价值之间的关系。

从《客服中心业绩及效果关系矩阵图》中可知，纵向由下至上，表示客户满意指数由低至高；横向从左至右，表示客服中心用工成本由高至低。通过不同级别的薪酬和奖励级别，矩阵将客服中心的用工成本与服务成效之间的关系用最简单直观的方法体现出来，具体可参见《客服业绩与薪酬、激励关系矩阵表》。

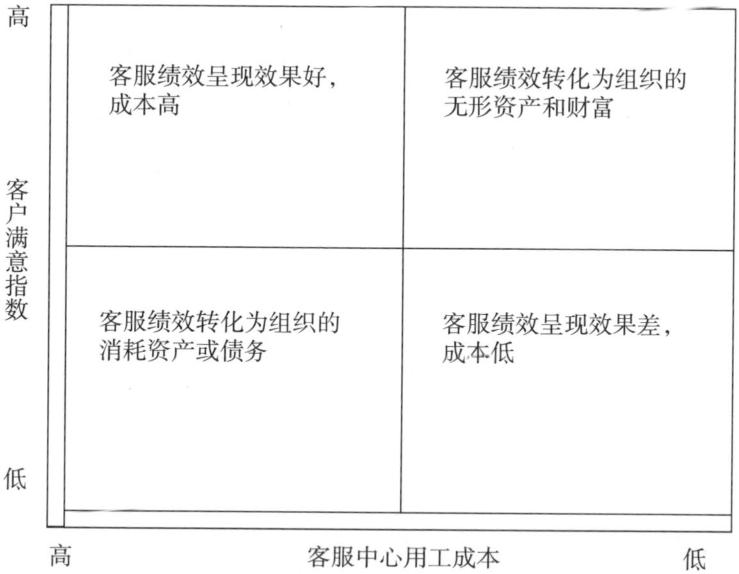

客服中心业绩及效果关系矩阵图

客服业绩与薪酬、激励关系矩阵表

（高） 客户满意指数		3 级奖励	2 级奖励	1 级奖励（最高）	
		4 级奖励	3 级奖励	2 级奖励	
		5 级奖励（最低）	4 级奖励	3 级奖励	
	高	客服中心专职（全时）用工成本（万元/年）			低
客服业绩与薪酬、激励关系矩阵					

续表

100	20%	22%	24%	26%	28%	30%	32%	34%	36%	38%	40%
95	18%	20%	22%	24%	26%	28%	30%	32%	34%	36%	38%
90	16%	18%	20%	22%	24%	26%	28%	30%	32%	34%	36%
85	14%	16%	18%	20%	22%	24%	26%	28%	30%	32%	34%
80	12%	14%	16%	18%	20%	22%	24%	26%	28%	30%	32%
75	10%	12%	14%	16%	18%	20%	22%	24%	26%	28%	30%
70	8%	10%	12%	14%	16%	18%	20%	22%	24%	26%	28%
65	6%	8%	10%	12%	14%	16%	18%	20%	22%	24%	26%
60	4%	6%	8%	10%	12%	14%	16%	18%	20%	22%	24%
55	2%	4%	6%	8%	10%	12%	14%	16%	18%	20%	22%
50	0	2%	4%	6%	8%	10%	12%	14%	16%	18%	20%
	18	17	16	15	14	13	12	11	10	9	8

表中的数据表示了客服的用工成本及支出情况。优秀的业绩或客户满意度与丰厚报酬成正比关系，最大限度地鼓励员工，保护并激发员工的积极性；细化获取报酬的标准，并将相应标准列入业绩与薪酬、激励矩阵模型，表中每个数据都是“只奖不罚，只给不扣”，有效地避免了“扣分”方式给员工带来的有损积极性的挫败感。

例：想方设法让客户满意

“雷”倒你的投诉工单

客户来电反映，在2014年×月×日下午3点至5点，因购买的贵公司3G无线网卡无法正常上网使用，导致自己在游戏中种的菜被别人偷走，由此造成物质和精神损失，要求无线运营公司赔偿10000元。

运营商回复短信1：尊敬的用户您好，由于无线网络不稳定给您造成的损失我们深表歉意，经查询2014年×月×日是由于市区停电，我们设备的备用蓄电池电源耗尽导致设备停止运转。我们已经在下午

5 时左右恢复，请您谅解，关于您要求赔偿的问题，由于公司没有这方面的先例，无法满足您的要求。

用户不满意，再次投诉。

运营商回复短信 2：尊敬的用户您好，由于无线网络不稳定给您造成的损失我们深表歉意，经公司领导批准，我们已经责成我们的员工开通 QQ 号为 3×××××× 的 QQ 农场，可以按您的需求种菜给您偷，直到挽回您的损失。

用户满意，办结工单。

第 3 章　客服角色

公众、服务人员、保障人员和管理人员是公共客户服务工作中的四类基本角色。

客服中心的服务实践活动离不开四类基本角色，即客户角色、服务联络角色、服务保障角色和运营管理角色，可以说，客服中心内部设置的其他岗位角色都是后三类角色的细化和延展。

在此，我们将客服中心作为组织业务部门之一，重点介绍客服中心的联络、保障和管理角色。

3.1　岗位角色

服务热线把客户与客服连接在一起。服务联络角色、服务保障角色和运营管理角色是客服中心参加服务实践活动的三类基本角色，要完成服务工作，不仅需要前台负责接听客户电话和响应客户诉求的代表，也需要后台予以支持和保障的人员，还需要各个层面的督导和管理。即不同角色、不同岗位需要协同工作，这是客服中心有序工作、高效服务的基础。

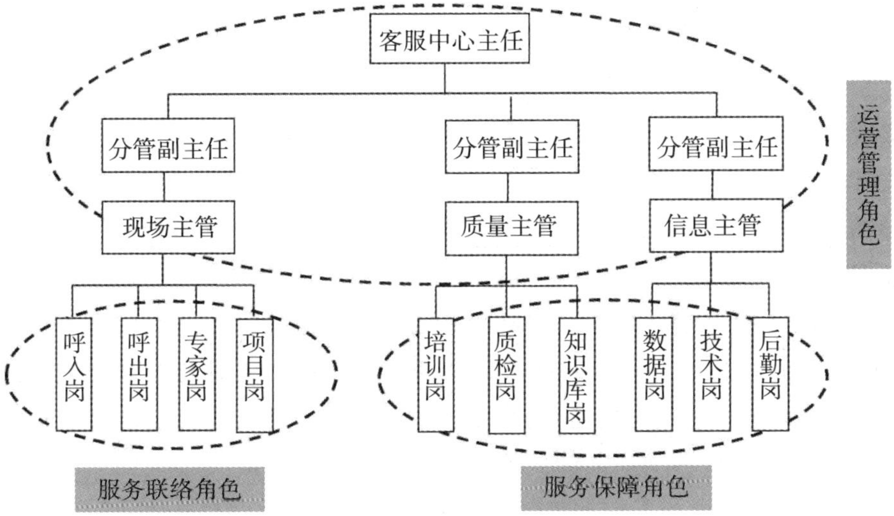

客服中心服务活动的三类基本角色

客服中心通常设有客服经理、主管、班组长、客服代表等，并且可以结合组织的服务类型、产品系列以及客户分类来确定不同的客服代表技能组。规模较大的客服或是服务复杂的业务时，客服还设有专业技能组，如专家组、VIP 客户组、技术支持组等。

下面以阳光客服中心为例，介绍三类岗位角色以及常设岗位。

3.1.1　联络角色

客服服务联络角色是客户服务中受理呼入或呼出，或处理客户来访，或主动联系客户的岗位人员，统称客服代表，简称 CSR。与客服代表对应的岗位有普通座席和专家座席等。客服代表是客服工作一线的主力军，通常占客服人员总数的 80% 以上。

客服代表归属在服务小组，每个服务小组由组员和正、副组长组成。有些客服中心设置副组长岗位主要是为临时替补组长和客服人才储备，其大部分的工作职责与组员基本相同，大部分的工作时间也属“服务联络”。客服组长虽也承担一定的面向客户的联络工作，例如，处理转接诉求或特殊诉求，但由于组长的主要职责是管理本组所有成员、实现小组绩效目标，肩负着一线管理的重任，故将其列入客服管理角色。

服务联络角色的数量常需要根据客户来访量而做变动或调整。当客服中心遇到临时性的较大工作量而急需服务人员时，可以采用招聘临时人员或兼职人员的办法来解决，也可以尝试利用员工的业余时间来解决。也就是说，客服可以招聘外部的临时人员或内部的兼职人员，通过设计简单的服务流程和标准的电话脚本，开展简捷而持续的培训，使得临时人员或兼职人员快速上岗。客服临时性用人的使用时间通常以 30 分钟为最小单位，这也是客服员工申报加班的最短时间。若能够为客服中心的所有岗位的人员提供受理客户诉求的工作平台、提供在家办公或移动办公的条件，同时建立长期征集自愿加班人员的制度和奖励措施，那么，客服中心就可以通过调配内部员工的业余时间和业务整合，来快速获得更优质、更充足的内部人力资源，较好地应对各类突发事件或来电高峰。

3.1.2 保障角色

客服保障角色是所有为客户服务提供保障的岗位人员，包括质检、培训、信息、数据、内勤等岗位的人员，还包括能够提供专业技术支持的工程师（TME）等。

客服保障角色须在理解客户需求和让客户满意方面经验丰富，应该了解和参与服务客户的全过程，服务能力应高于客服代表的平均水平，能够随时加入客户服务工作，同时要具备自身岗位的专业技能，并能够在工作中独当一面，具备临时接受顶替管理岗位的能力，是客服中心确保服务水平的强大后备人才资源。

客服保障角色归属在不同的专业班组，接受专业组长的直接管理。

3.1.3 管理角色

客服管理角色是保证实现客服中心的目标而进行计划、组织、实施和监管的岗位人员，客服管理团队的成员由客服中心的 C 级人员、客服中心的班组长以上的管理人员组成。客服中心的 C 级人员由客服的 CEO 首席执行官、CIO 信息主管、CFO 账务主管、CCO 文化主管等高层管理人员组成，他们的决策、思想以及管理风格对客服的行动产生直接的作用。

“服务班组长”和“现场主管”是保证服务水平的一线关键管理人才，他们在监督服务进程和维护现场秩序方面发挥着重要的作用，在应对突发事件中作用尤为突出。班组长是新入组员工的辅导师，是改进客服系统的重要参与者，是客服中心工作计划的谏言者，是紧急突发情况下的现场报告者和处置者。

客服中心的不同岗位之间存在密切的业务关系，如质检数据是制订培训计划的重要参考依据，而培训效果将在服务现场被检验，这种密切的业务关联要求客服管理角色具备良好的沟通技能，还要求客服的岗位设置能够充分体现客服各岗位之间的关联关系，不同的关联有不同的效果。比如，将培训管理人员与质检管理人员划归为同一位领导主管时，利于协调，而划归为不同领导主管时，利于监督。

客服管理人员的工作数量成绩与下属成员的工作能力紧密相关，工作质量水平与其自身的创新能力紧密相关。

3.2　岗位职责

客服中心需要通过岗位职责来实现人力资源的科学配置，以此提高专业化分工程度，保证服务工作的协同开展，有效避免岗位交差造成的效率低下，消除因分工不清而导致的执行障碍，确保客服中心目标以及组织战略目标的实现。

3.2.1　职责作用

岗位是组织为完成某项长期工作任务而设定的，它由工种、职务、职称和等级内容组成。职责是职务与责任的统一，包括授权范围和责任。岗位职责是指一个岗位要求承担的工作任务和要求承担的责任范围，岗位职责是责任、权利和义务的集合体，是保证岗位人员清楚知道“自己应该做什么、应该如何做、应该做到什么程度”。也是保证岗位人员既要清楚“我（你、他）是干什么工作的”，更要明白“我（你、他）所做工作产生的是什么结果”。

客服中心的岗位职责是简单明确的可执行的要求。客服岗位职责能够让客服员工清楚“该做什么、怎么做和做成什么结果”。如，客服代表的岗位职责是：识别和处理客户查询、运用客户服务政策、执行业务记录服务活动内容、解决客户的问题、辅导客户应用产品和服务、推荐满足客服需求的产品和方案、准确完整地输入编码和跟踪信息包括受理客户诉求，保障“事事有着落”，保证服务结果有益于树立良好的组织形象和社会责任。

岗位职责代表劳动者的某种社会关系，是客服中心与客服员工之间的利益存续状态。客服中心依靠员工付出的智力和体力实现工作目标，客服员工依靠客服平台获取薪酬福利和职业发展。它能让每一位客服人员清楚“我拿什么生活在这片土地上？我的努力方向在哪里？”客服中心所支付的薪酬福利与员工为客服中心目标所尽的义务在一个天秤的两端，平衡双方利益有益于服务工作。客服中心的岗位职责要兼顾当前任务和长远发展，保证员工进步与保证服务水平都是客服的重要工作任务，客服岗位职责关及客服团队的凝聚力和执行力。

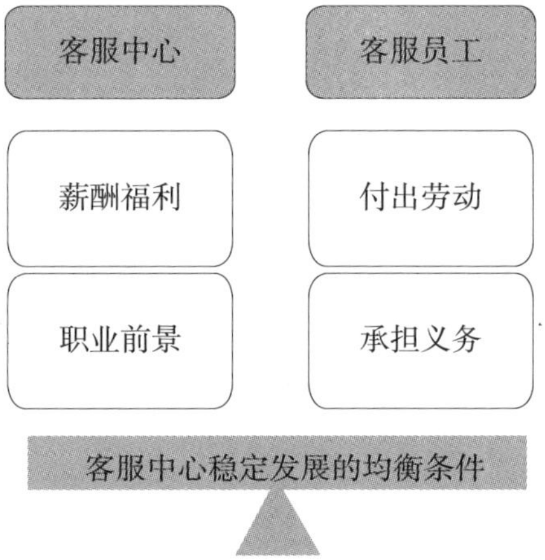

客服中心稳定发展的均衡条件

3.2.2 岗位要素

客服中心建立岗位职责，需要综合工作任务、专业技能、工作标准等方面的要求。具体内容包括：

根据客服中心工作任务的需要，确立客服各岗位名称及其人员数量，准备各岗位专业人员。

根据客服岗位人员专业技能达标条件，确定其岗位活动范围，发挥岗位专业能力。

根据客服岗位人员专业技能应用能力，确定其岗位所要使用的设备工具和绩效标准，提供发挥岗位专业能力的条件和明确岗位人员的工作标准。

明确客服岗位对人员的要求，确定岗位任免资格或条件，避免不切实际的任职，或不正确的免职。

明确客服岗位之间的相互关系；杜绝岗位工作内容重复或相互交叉而降低客服工作成效。

明确岗位工作目标和标准，保证岗位工作质量不因人员的变化而降低。

客服中心将各岗位职责相同的项目或要求元素作为客服人员上岗必备的基本条件，例如，“遵守各项规章制度和岗位纪律”“具备良好的沟通能力和系统操作能力”“完成上级临时交办的工作”是客服上岗必备的基本条件。客服需要对各岗位职责进行详细描述，确保准确区别不同岗位。“不同”和“差别”是定义客服岗位职责的关键，明确各岗位人员负责承担的内容。如，“在处置应急事件中，一线服务人员承担现场报告和准确记录的责任，班组长承担电话报告和紧急处置的责任，客服经理承担书面报告和监管处置全程的责任”，等等。没有区别的岗位职责，无法建立岗位差异的考核标准，也难以为岗位准确配备与之相适应的专业人员。

3.2.3　编制职责

编写岗位职责的一般顺序：首先，分解战略目标，其次，分类相关决策，再次，利用组织架构及岗位配置，细分职能和流程，最后，确定岗位在完成目标中的责任。

常见的职责构建方法有下行法和上行法。它们是解决因人设岗、人浮于事等不良风气及问题的有效办法。

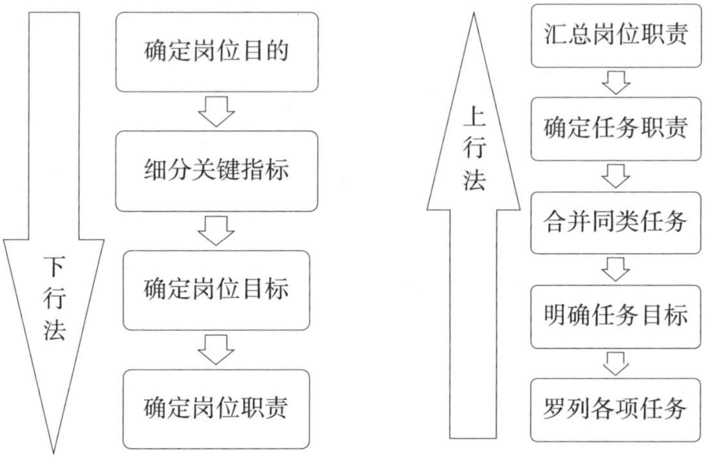

编制客服岗位职责的常见方法

下行法是基于组织战略，以流程为依托进行工作职责分解的系统方法，即通过对战略目标的分解确定职责的具体内容，再通过实现目标的流程分析确定职责的角色、活动内容和权限。在确定责任时，职位责任点应根据信息的流入流出确定。信息传至该职位，表示流程责任转移至该职位，经此职位加工处理后，信息再次传出时，表示责任传到了流程中的下一个职位。该办法体现了“依托流程”“明确责任”的特点。

利用下行法构建工作职责的具体步骤为：

第一步，确定岗位目的，明确本岗位不可替代的作用。

第二步，细分岗位关键指标及实现条件。

第三步，制定岗位目标，明确本岗位必须取得的最低成果，以结果和成果作为导向。

第四步，确定岗位职责，以目标为导向，用“做什么”+“怎么做”+“做成什么”的书面形式规范要求岗位人员的言行。常用的表达语句：“负责 ××× 工作，遵循 ××× 流程，确保实现 ××× 目标”。

上行法与下行法在分析思路上正好相反，它是一种自下而上的“归纳法”。它从工作要素出发，通过对基础性的工作活动进行逻辑上的归类，形成工作任务，并进一步根据工作任务的归类，获得职责内容。

利用上行法撰写岗位职责的步骤包括以下几个方面：

第一步，罗列和合并基础性的工作活动或工作要素，并据此明确列举出必须执行的任务。

第二步，指出每项工作任务的目的或目标。

第三步，分析工作任务及属性，合并同类属性的工作任务。

第四步，准确描述完成各部分任务的主要职责。

第五步，把各项任务职责对照职位的工作目的进行汇总，修订完善职责描述。

上行法比下行法的系统分解性要弱一些，但因其可操作性更强，显得更为实用。

3.2.4 职责描述

全世界的客服中心，对岗位职责的描述大同小异。我国客服中心岗位的职责描述与国外客服岗位的职责描述最明显的不同之处在于国外有关客服中心岗位的职责描述中很少将“临时交办的其他工作”作为职责，而国内客服岗位的职责描述中几乎都将“临时交办的其他工作”作为职责。客服编写岗位职责时应包括确定岗位的考核评价指标和标准。具体可参见《阳光客服中心岗位职责》及评价标准。

客服中心岗位职责的表述要通俗易懂，尽可能不用主观化、抽象化的术语，避免产生模糊、误解或歧义的词语。编写岗位职责需要注意以下几个方面。

清楚表述岗位的活动内容。不用“服务客户热情周到，为客户排忧解难”等难以评价的描述内容，要用“按服务规程服务客户”的可执行要求。

用简单句，做修饰不用形容词、比喻句。如，“全心全意确保现场工作秩序井然”，可表述为“确保客服现场按要求开展各项工作” 。

避免用工作指标或要求来代替职责。“每日受理诉求 ×× 通以上”是通话指标，职责表述应该是“负责受理客户诉求”；“坚持首问负责制”是工作要求，职责表述应该是“按照服务规程受理诉求” 。

3.3 人员配备

客服中心岗位人员的配备应以多快好省地完成岗位工作为原则，通过技能分级、技能组合和临时调用等办法，高效组合班组成员，这是客服人员配备的共同特点。在此，以客服代表岗位为例介绍说明。

3.3.1 技能层级

将客服人员按照技能的高低分别进行分级。分级的标准可按客户价值大小或服务问题的难易来区分。

初级技能人员是初级客服人员，他们主要处理简单的、常规的客户请求。

中级技能人员是客服技能标兵或骨干，他们通常专注于某个领域解决较难的客户请求。

高级技能人员是客服专家，他们是跨领域、跨行业的客服专家，可以为客户提供全面的解决方案。

客服人员分级体系有助于提高专业水平，缩短培训时间，因为并不是每个客服人员都需要接受所有培训。

当客服外包时，购买服务的组织如果实力强大，可以采用多方合作的方式帮助客服中心提高工作效率和服务水平。组织通过共享数据库信息，使客户能够在客服中心的自助服务系统上实现信息交互，或帮助客服人员全面了解信息，进行服务方案的决策。

3.3.2 班组构成

客服中心的服务由若干个技能不同的服务小组协同承担。数据和经验证明，将不同技能的客服人员编入同一小组，有利于受理客户的诉求。那些被称作“××技能组”或“××项目组”的小组，即由客服不同技能人员进行的不同组合。

受理班组是客服班组的基础结构和根基。建好客服的基础，强固客服的根基，要求班组成员具备以下几个基本条件。

每位客服代表都具备良好的服务能力，且有一技之长。

每位客服代表都能在不同的服务渠道上胜任服务工作。

每位客服代表都能按要求响应处理客户来访。

每位客服代表都能尽心尽力地维护组织良好的公众形象。

每位客服代表都懂得其言行正在塑造和展示组织的形象。

客服班组成员技能组合的比例没有固定的模式，经验表明，技能组合种类多的班组，其服务成效比组合种类少的班组强。因此，在条件允许的情况下，使客服代表接受多种业务技能的培训有益于提高服务成效。

3.3.3 多种组成

客服中心应根据业务量的周期性规律，在配备客服长期合同人员的同时，也可以兼顾选择聘用短期合同工的方式为客服配备临时人员，简称合同工人。短期合同的用工方式可以降低客服中心在薪酬和福利方面的支出成本。合同工人是组织通过签订合同招收的短期性劳动者。合同一般采取书面形式，内容包括时限、任务及应遵守的各项义务等。客服中心雇用短期合同人员的时间可以用小时、天、周和月等多种结算办法。客服中心雇用的临时人员主要来自从事专业客服外包的公司。客服中心雇用临时合同人员是低成本解决短期受理高峰的常用办法之一，它将临时增加的业务量“转”给承接服务的外包客服公司，由外包客服公司负责增量工作的人力支持，相当于客服将一部分使用长期人工的成本转给了专门从事外包的公司。

3.3.4 管理幅度

客服中心在确定业务需求和工作规程后，将确定各岗位的人员数量和管理人员的数量，即管理幅度。管理幅度指管理人员管理员工的数量，这个数量不能无穷大。管理幅度与管理者、被管理者、环境变化等具体因素有关。在《一层、二层和三层管理幅度及人员结构示意图》中，分别表示当 90 名员工由 1 人管理时，有 1 个管埋层，管理幅度是 90 人。当 90 名员工由 3 人管理时，有 2 个管理层，对第一层而言管理幅度是 2 人，对第二层而言管理幅度是 45 人。当 90 名员工由 9 人管理时，有 3 个管理层，对第一层而言管理幅度是 2 人，对第二层而言管理幅度是 3 人，对第三层而言管理幅度是 15 人。当管理人员的数量超过一定量时，管理效果会随管理人员数量的不断增加而同步下降。

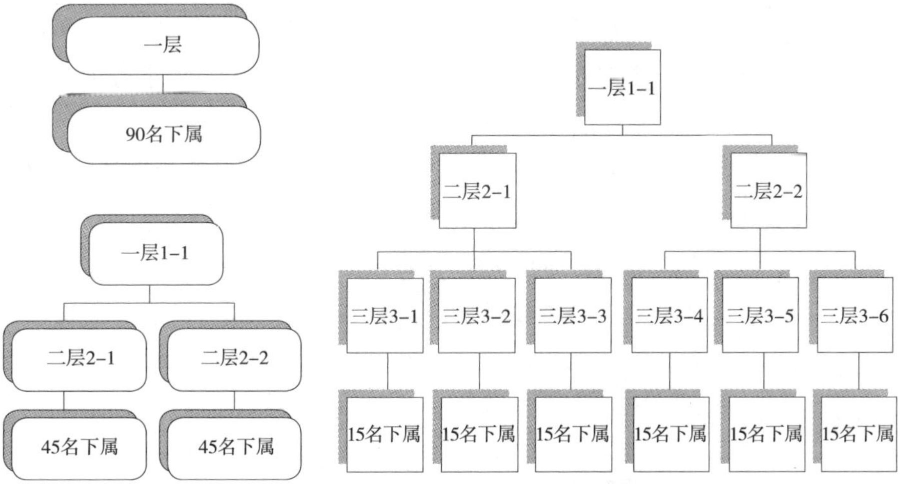

一层、二层和三层管理幅度及人员结构示意图

每个客服中心的最佳管理幅度的层级及人员数量是由实际业务规模、面临的工作任务、现有人员数量、工作能力和管理经验来获得的，具体可参见《管理幅度与层级关系示意图》。

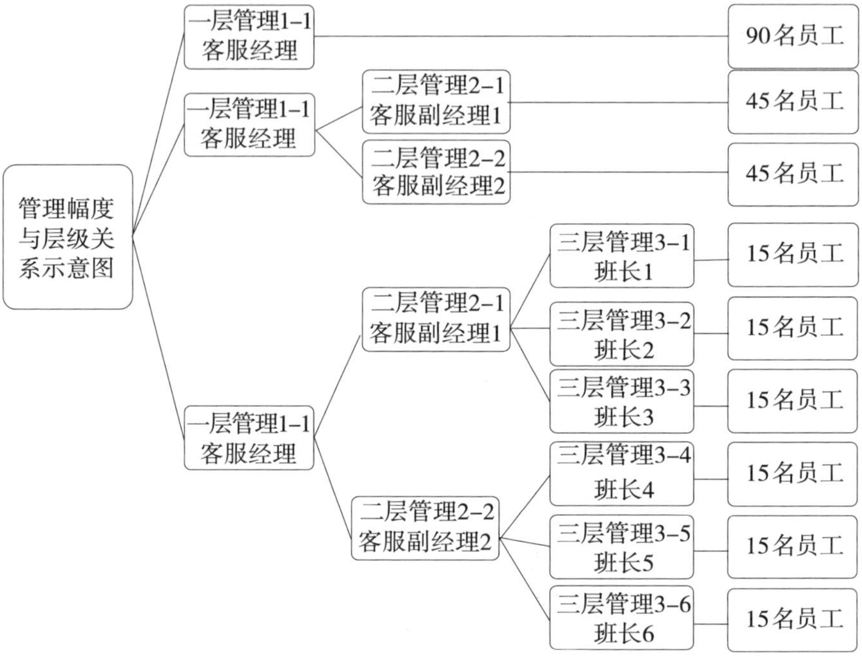

管理幅度与层级关系示意图

客服中心不同班组的人员数量与服务特点、业务难度、客户来访量、服务策略以及环境因素有关。通常情况有大班、普通班、小班，也常有便于拆分、合并的多业务班组。一个多业务班由两个小班组成，其中一个小班可以早或晚一点上岗，用于解决有规律的小高峰来电。

客服中心班组长的管理幅度与班组承担的工作量、组员的职业素养和服务渠道等因素有关，同样的业务在不同的渠道上所需的人数也不同。受理百姓咨询业务，电话服务渠道大约需要 100 人，而同样的业务量在邮件服务渠道也许只需 30 人。

按照管理幅度的理论，管理层级所处的位置越高，相应的管理人数越少，要求的协调技能比专业技能多，而在业务层级，相应的管理人数较多，要求的专业技能比要求的协调技能多。

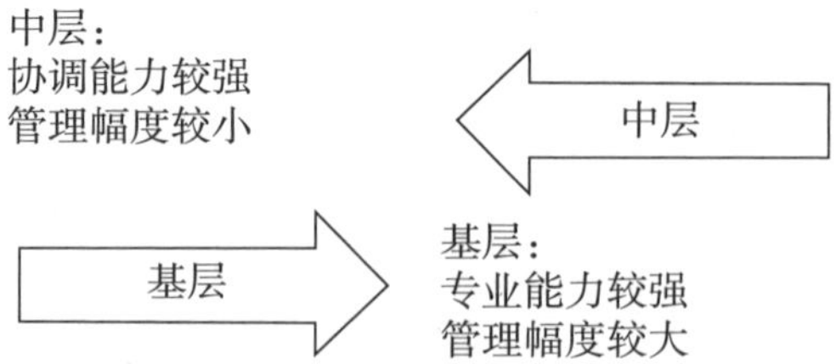

中层与基层管理岗位的特点

虽然通过培训可以提高管理幅度，但因为管理精力和能力是有限的，若为节约管理成本而无限量地加大管理幅度，终会导致服务质量的下降。在实际工作中，客服班组长常会感到管理幅度过大，究其原因主要有：

日常辅导工作量增大。客户来访情况的专业化、复杂化、个性化程度日益提高，使得班组长需要在日常辅导上花费更多的精力。

新入组员工增多。例如，新成立的一个班组，组员大都是新入职的员工，班组长现场辅导的任务自然比一个班组成员都是有经验的老员工重。

客服工作的快速发展。组织的快速发展，带动客服中心的发展，快速发展的客服中心要求管理人员带着组员紧跟发展，在服务新业务时，组员可以在某段时间里表现出是“新员工”的初级水平，而班组长却不能，而是必须在任何时候都能准确而及时地对组员的问题进行辅导。也就是说，发展使班组长多了看不见的管理范围。

绩效考评要求更高。客服数据化管理使客服的绩效考评指标越来越多，且越来越精细。员工的绩效成绩与班组长的绩效成绩相关联，这使得班组长承担的责任更大，需要更多的时间开展落实与督促，才能带领团队共同达标。

管理岗位编制限制。由于成本预算和资金条件等原因，当客户来访量有增不减或客服代表数量有减不增时，管理职位不能随之增加，因此，班组长管理的人和事相应增多。有的客服班组长身兼多职，同时兼管培训、质检、主题会议等工作，有点分身乏术。

客服班组长的管理幅度直接影响服务工作质量。从北京市12345所属的100多个分中心的人员组成结构来看，常见的班组长管理幅度范围大致一样：每名班组长管理幅度为10—20人，实际工作中应用最多的范围在12—15人之间。客服中心主管与班组长之间的常见管理幅度是5∶1。

客服各层级管理幅度还与满足客户需求的水平、实现客服预算的水平和参照行业标杆的水平等因素有关。为适应客服员工的正常流动、为客服人力资源适时补充提供依据，客服需要建立适合于自己的管理幅度。参见《阳光客服中心基本角色、业务岗位和职级参照表》。

阳光客服中心基本角色、业务岗位和职级参照表

角色分类	岗位名称	岗位编号	职级范围	人员数量
1. 服务联络	01. 呼入客服代表	GW-AA01-01	D12-D5	350
	02. 呼入组副组长	GW-AA01-02	D12-D5	25
	03. 呼出客服代表	GW-AA01-03	D10-D5	60
	04. 呼出组副组长	GW-AA01-04	D10-D5	5
2. 服务保障	05. 专家席	GW-AB02-01	D7-D3	10
	06. 培训员	GW-AB02-02	D8-D4	5
	07. 评审员	GW-AB02-03	D8-D4	12
	08. 信息员	GW-AB02-04	D9-D5	8
	09. 内勤员	GW-AB02-05	D12-D5	5
3. 运营管理	10. 受理组长	GW-AC03-01	D4-D8	25
	11. 外呼组长	GW-AC03-02	D4-D8	5
	12. 专家组长	GW-AC03-03	D4-D8	1
	13. 培训组长	GW-AC03-04	D4-D8	1
	14. 评审组长	GW-AC03-05	D4-D8	1
	15. 信息组长	GW-AC03-06	D4-D8	1
	16. 内勤组长	GW-AC03-07	D4-D8	1
	17. 客服经理	GW-AC03-08	D5-D1	4
	18. 客服经理组长	GW-AC03-09	D5-D1	1
人员合计：520				

从表中可看到阳光客服中心各岗位人员配备比例。即，受理班组长的数量与客服代表的数量的平均比例不低于 1∶10，不高于 1∶15。客服经理的数量与各业务组长的数量的平均比例约为 1∶7。质检员的数量与客服代表的数量的平均比例约为 1∶30。培训员的数量与客服代表的数量的平均比例约为 1∶70。

3.4 岗位设置

客服中心需要设置哪些岗位？我们通过对北京市非紧急救助服务中心的 100 多个分中心的岗位设置进行分析，可以获得这个问题的答案。客服中心常见的岗位设置主要有：客服代表岗位、客服班组长岗位、培训岗位、质检岗位、知识库维护岗位、信息技术支持岗位、后勤保障岗位、客服经理岗位和客服主管岗位等。我国客服中心的岗位设置与西方国家客服中心的岗位设置非常接近，但由于西方国家的许多客服中心是独立运营的机构，因此，他们比我们的岗位设置普遍多了人力资源管理岗位、人力需求分析岗位、人力需求监测与分析岗位。

例：阳光客服中心的岗位名称及职责

阳光客服中心的岗位名称及职责

角色	岗位名称编码	职责
联络	GW-AA01-01 客服代表受理岗位	遵守规章制度和排班计划。负责按规程受理客户诉求，即时报告异常诉求和突发事件。负责完成绩效计划，实现绩效目标。主要工作内容：负责判断和处理客户咨询；正确运用客户服务政策；完整记录服务过程信息；解决客户的问题；辅导客户了解相关知识；推荐满足客服需求的办法；准确完整地记录服务工单所需的编码和信息，严格执行跟踪督办信息
	GW-AA01-02 呼入组副组长岗位	遵守规章制度和排班计划。负责按规程受理客户诉求，即时报告异常诉求和突发事件。负责完成绩效计划，实现绩效目标。协助组长开展工作并具有代理组长的能力

续表

角色	岗位名称编码	职责
联络	GW-AA01-03 客服代表呼出岗位	遵守规章制度和排班计划。负责按规程回访或联络客户，即时报告异常信息和突发事件。负责完成绩效计划，实现绩效目标。担当受理业务的备岗角色
	GW-AA01-04 呼出组副组长岗位	遵守规章制度和排班计划。负责按规程回访或联络客户，即时报告异常信息和突发事件。负责完成绩效计划，实现绩效目标。协助组长开展工作并具有代理组长的能力。担当受理业务的备岗角色
保障	GW-AB02-01 专家席岗位	遵守规章制度和排班计划。负责执行应急处置预案，按规程报送信息。负责客服中心知识库内容的建设与维护，负责为现场发布最新信息。负责完成绩效计划，实现绩效目标。担当受理业务的备岗角色
	GW-AB02-02 培训员岗位	遵守规章制度和排班计划。负责实施业务培训及考核管理。研发或购买培训课程。确定最佳的讲演方式。协助客服人员招聘，负责新员工上岗培训。负责完成绩效计划，实现绩效目标。担当受理业务的备岗角色
	GW-AB02-03 人力资源管理岗位	负责规划先进客服中心的过程；保证组织成员理解规划关键的点；保证客服中心人员配置模型的准确性和时效性；与有关部门协同研究预测客户来访量和服务工作量；向上级汇报客服中心关键绩效结果；为预测和规划而调查、推荐硬件、软件供应商；培训班组长、管理者、培训师使用劳动力规划工具（如工作模式、日程安排）；提供关于工作量趋势和人员编制需求的行政管理报告
	GW-AB02-04 人力需求分析岗位/数据挖掘岗位	负责日常工作量的开发报告；参与相关部门的预测会议，制定准确的短期和长期的工作量预测；用进度信息和变化数据控制主系统文件；采集所有与进度表有关的初始问题；审阅请假需求和更新考勤数据；确定客服中心的人员需求，满足服务水平和响应时间的目标；确定客服员工值班表，以满足来访客户需求和服务水平目标

续表

角色	岗位名称编码	职责
保障	GW-AB02-05 人力资源实时监测岗位/统计分析岗位	负责提供日间监测和报告；根据变化和时机的情况，推荐实时的日程安排；根据工作量和工作量变化的预测数据调整排班表；根据变化信息实时更新系统；根据变化信息实时开发和分配资源；向管理团队开发和分发实时汇总报告
	GW-AB02-06 评审员岗位	遵守规章制度和排班计划。负责按规程开展服务质量评审工作。负责反馈服务质量问题以及评审工作报告。负责完成绩效计划，实现绩效目标。担当受理业务的备岗角色
	GW-BB02-04 信息/技术岗位	遵守规章制度和排班计划。负责制作和报送客服信息或统计报表。协助技术部门维护客服业务支撑系统。负责完成绩效计划，实现绩效目标。主要工作内容：维护现有的软件、硬件；推荐技术解决方案；安装系统升级软件；为业务提供技术援助；更新路由信息系统；排除技术故障；将系统备份和系统中断维修工作对客户的影响降至最少
	GW-BB02-06 内勤员岗位	遵守规章制度和排班计划。负责行政事务及后勤保障工作。负责安全生产的保障工作，负责维护工作环境，监督检查员工的行为规范。负责完成绩效计划，实现绩效目标
管理	GW-AA03-01 受理组长岗位	遵守规章制度和排班计划。执行组长带班制，负责完成班组及个人绩效计划。负责现场管理和业务辅导，按规程处理重点诉求或上报异常情况。负责班组行为规范管理和团队文化建设。主要工作内容：负责解决客服代表和客户的问题；参加招聘面试；主持班组工作和会议；进行班组成员的绩效考核；高峰时段承担客服代表工作；现场监测和指导；协调培训与质检；提供系统改进时机；代表团队对特殊项目、计划提出建议
	GW-AA03-02 外呼组长岗位	遵守规章制度和排班计划。执行组长带班制，负责完成班组及个人绩效计划。负责现场管理和业务辅导，按计划检查工作质量和进度。负责班组行为规范管理和团队文化建设

续表

角色	岗位名称编码	职责
管理	GW-AA03-03 专家组长岗位	遵守规章制度和排班计划。负责完成班组及个人绩效计划。负责监控和指导应急处置工作，协调处理重点业务或异常情况。负责检查和优化知识库建设工作。负责班组行为规范管理和团队文化建设
	GW-AA03-04 培训组长岗位	遵守规章制度和排班计划。负责完成班组及个人绩效计划。负责组织制订培训计划和培训教案，检查培训的实施情况。负责保证客服人才培训的质量。负责通过培训解决服务中存在的技能欠缺问题。负责协调解决业务组之间的交流与协作。负责班组行为规范管理和团队文化建设
	GW-AA03-05 评审组长岗位	遵守规章制度和排班计划。负责完成班组及个人绩效计划。负责组织制订评审计划和质检报告，检查评审实施情况。负责服务质量的检查，负责推荐、实施和监测计划，包括监听、观察和充当神秘顾客；与各级领导一起监控校准服务过程和服务结果；对自动化流程进行研究并提出建议；收集和发布质量监测结果；研究对比内部监控信息与外部客户的反馈信息。负责协调解决业务组之间的交流与协作。负责班组行为规范管理和团队文化建设
	GW-AA03-06 信息/技术组长岗位	遵守规章制度和排班计划。负责完成班组及个人绩效计划。负责组织制订工作计划和报表模板，检查工作开展情况。负责优化客服系统和系统升级方案。负责推荐、协助引进新技术。负责协调解决业务组之间的技术交流与协作。负责班组行为规范管理和团队文化建设
	GW-AA03-07 内勤组长岗位	遵守规章制度和排班计划。负责完成班组及个人绩效计划。负责组织制订工作计划和工作标准，检查工作开展情况。负责协调解决业务组之间的交流与协作。负责班组行为规范管理和团队文化建设

续表

角色	岗位名称编码	职责
管理	GW-AA03-08 客服经理岗位	遵守规章制度和排班计划。负责现场统筹管理，调配服务资源，处理重大事件。负责贯彻落实工作制度，协助制订工作计划。负责开展绩效考评工作及班组长管理。负责分管业务的管理监督以及对口外联工作。负责实施呼叫中心策略和战术；建立客服代表和团队目标；与人力资源协同确保工作计划和人员数量需求；与现场经理和班组长分析和支持职位需求和管理权限；协调上级和同级领导遵循预算；组织现场经理和班组长执行绩效考核与管理；提供岗位培训和指导；监督新员工、招聘工作和培训过程
	GW-AC03-09 业务主管岗位	遵守规章制度和排班计划。负责完成团队绩效计划和服务工作任务。负责牵头制订各项工作计划和实施方案，完善制度建设、标准建设和文化建设。负责监督绩效考评工作。负责工作汇报及协调外联。主要工作内容：负责与高级管理层合作，确定客服中心的战略方向；协调统一客服中心目标、企业目标和客户目标；监督实施策略；开发和管理预算，确保所需资源；确定和协商客服中心的投入与产出收益；监督管理人员的招聘和培训；对管理者进行绩效考核和管理薪酬；建立优秀客服中心所需的内外部协作联系

客服在制定岗位分工和班组分工后，应为各岗位及班组制定关键绩效服务指标，作为培训和评价小组成员表现的依据。以客服中心电话受理小组为例，确定受理班组的最少关键组合指标主要包含出勤指标、服务水平、响应时间、工作计划、服务规程，并明确考查重点和努力方向。对出勤指标，重点考查服务小组到岗率和占有率，保证执行排班计划。对服务水平指标，重点考查服务小组绩效成绩稳定程度，保证渠道畅通和服务成效。对响应时间指标，重点考查服务小组响应时间稳定程度，保证服务意识和服务技能。对工作计划指标，重点考查服务小组工作计划简明程度，保证各项工作明确、可执行、能考核。对服务规程指标，重点考查服务小组遵守服务规程程度，尤其是要保证在业务繁忙时，客服员工不出现工作草率或急于结束服务的表现。

在确定岗位及团队指标时，需要具体问题区别对待。同样的受理服务，如果是外包服务工作，承担外包服务的服务小组不仅需要关心上述服务指标，还必须明确更多的指标要求，此类指标多数发生在受理班组，如，平均处理时间、呼叫转移数量、培训时间和服务质量等，并应将双方达成一致的指标要求写入协议中，以便解决委托单位与客服中心在实际工作中产生的意见分歧。

客服中心承担外包业务时，委托方对客服中心的常见意见和关注指标主要有：

委托方总是在抱怨客服中心的平均处理时间太长。委托方普遍认为客服中心提出的平均处理时间远远高于他们的期望值，过高的平均处理时间使得委托方的服务成本提高。

委托方总是抱怨客服中心的呼叫转移数量过多。委托方总会认为客服中心使用有经验的客服代表少，使委托方的业务在服务过程出现大量转移的呼叫或耽搁的服务，因此造成客户的不满意。

委托方总是抱怨客服中心的培训时间过长。委托方普遍认为客服中心提出的培训时间过长，这使得委托方在人力方面投入的费用过高。

委托方总是抱怨客服中心的服务质量不高。委托方普遍认为客服中心提供的服务质量与预期落差较大，客户不满意的数量比预想的大，组织效益比预期的小，总体服务效果不能满足委托方的要求。

科学解决好这些意见分歧，有益于延续双方的协作，更有益于保证对客户的服务质量。

值得指出的是，客服岗位设置和工作职责要发挥作用，需要组织各部门帮助客服中心获得服务所需的条件、信息和资源。尽管不同的客服班组具有不同的工作水平，在服务客户需求、技能现状、经验水平和表达能力等服务指标上各有高下，但是，当业务部门提供的接续服务或服务资源不能满足客户需求时，或某项业务存在信息公开困难时，所有的客服班组都很难实现正常的服务水准，客服代表会因服务资源受限难以服务客户而表现出消极的工作态度。如果这种情况长久持续下去，客服代表有可能会因此放弃客服工作，这种情况下客服的岗位和指标都失去意义，随之而来的，还有客服团队建设所做的综合技能培养计划、人员使用原则、客户需求分析和技术支持等工作也将失去意义。

第 4 章　服务指标

检查和落实指标是保证员工持续努力的原动力。

客服中心的整体服务目标靠所有岗位成员分担协力完成。实践证明，员工努力工作的动力来自检查考评项目，而不是缘于领导的真切期望和组织的美好蓝图。客服中心要完成工作任务和实现组织目标，需把工作任务和组织目标转化成可考核的指标，以此引导客服中心的员工朝着组织目标而努力。客服中心通过制定工作考评指标，研究指标管理办法，确保指标在工作中引导员工行为，调动员工积极性。客服中心管理工作的重点内容包括建立服务的基准指标和成效指标。

4.1　指标作用

客服工作中产生的大量数据为客服实现指标分解和指标管理提供了必要而基础的条件，同时，绩效指标的产生和应用又反过来在改进工作计划、降低工作成本、提高服务成效、降低运作成本和激励引导员工等方面发挥积极作用，形成大数据之间的良性循环。

4.1.1 指标作用

服务指标有助于改进工作绩效。通过树立明确的服务指标，促使客服全员理解工作目标，把握工作重点，实现客服中心整体工作绩效的改进和提升。考核指标能使客服中心的员工清楚个人绩效与客服中心的目标一致，个体表现直接影响组织形象，能使员工懂得服务工作离不开每位成员的努力，能使员工懂得客户满意度是组织生存发展的基础，能使员工懂得良好的考核成绩有益于薪酬待遇和职业发展，能使员工了解客服是一个需要人人工作必须达标的职业，能使员工感知每一次结果都要遵循墨菲定律，而“二八法则”不适用于评价客服工作。

服务指标有助于降低人力成本。服务指标的普及和深入可以减少因人员流失产生的成本支出。依据服务指标来筛选员工和评价培训效果，可降低人员招聘和培训的成本。在客服招聘时向应聘者介绍岗位指标要求，使应聘者对绩效考核有较为清楚的认识，降低新员工刚入职因“不适合客服工作”离职的情况，有益于提高新员工的稳定性。

服务指标有助于降低客服中心的管理成本。通过服务指标对服务工作和业务流程进行检测与评估，分析流程中频繁影响服务成效的阻碍因素，及时采取改进措施，降低管理成本。当突发事件或意外事故发生时，客服中心与客户一样对实际情况的了解认知不足，但通过一系列服务指标的变化，能够分析和确定热点、难点问题的原因，能够快速采取有效措施应对和解决问题，降低客户和组织的损失。

4.1.2 基准指标

服务基准指标就是客服中心完成计划工作必须要达到的指标。客服中心的业绩分为两类指标，一是工作成果，客服的工作业绩是否已经取得最好的预期结果。二是组织效率，客服的工作成果是否有利于组织提高效率，其中包括组织的公众形象提升、服务社会的能力增强、客户满意度提高等。

客服中心根据不同的评价角度，将客服指标分为不同类别。若按岗位指标分类，可将客服指标分为渠道畅通指标、服务质量指标、服务规程指标、管理制度指标和文化建设指标五类服务管理指标。普渡大学质量监测中心的琼·安顿教授是服务指标理论的创始人之一，他将客服的服务基准指标分为三类，即被客户体验的关及指标、服务人员的工作指标和客服中心的整体水平指标。

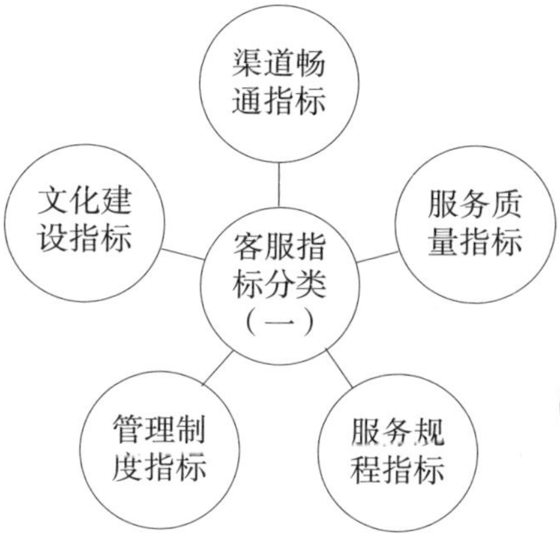

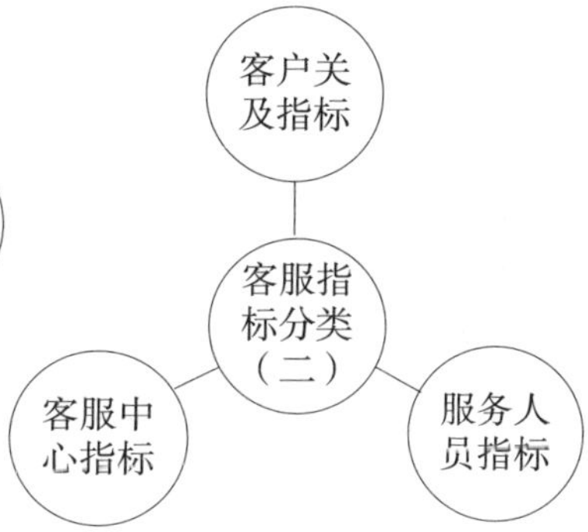

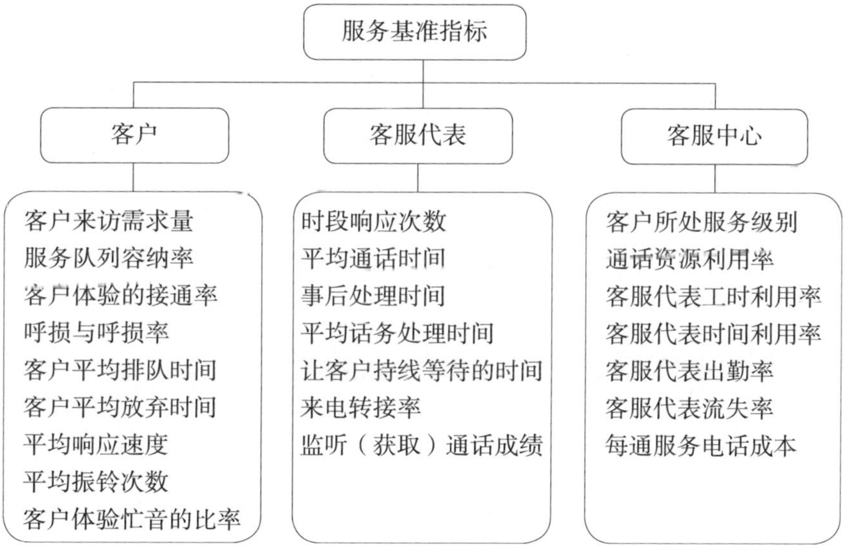

根据需求分类建立客服管理指标

4.1.3　文化支持

虽然客服中心占有数字化管理、指标化管理的优势，这些指标数据在规范服务言行方面确实发挥着各自的导向作用，但不可否认的是，组织和客服所倡导的文化及其氛围，在本质上对保证服务品质、提升服务能力具有强固根基的作用。在信息时代，文化支持似乎显得比较抽象，但通过对客服中心的财务数据分析，专家们发现：客服文化比基准指标和新技术更能让组织和客户在服务中获得效益。坚持不懈地履行职责，做有价值的事情，让服务真正“始于客户需求，终于客户满意”，持之以恒树立组织的形象，会比只追求良好指标或创新技术走得更长远、更稳妥。

客服中心的质检及其标准应该是面向未来的，质检工作从来都不能挽回已经发生的问题，它检验的是已经发生的工作，质检数据映射的是曾经的工作情况和工作质量。如果把质检比作镜子，镜子里照不出未来的世界。客服要通过镜子里的信息，对客服中心的工作作出评价，更要对未来工作提出预防或警示，尤其要避免错误和疏漏再次发生，在防止重蹈覆辙以及防患于未然方面发挥重要监管作用。

用先进的文化支撑质检工作，将具体的质检指标升华为文化的表现，让文化融入质检，让质检为实现客户满意导航。越来越多的组织把质检标准的重点工作转移到客户体验和组织战略方面，把重视客户体验作为评价服务水平的重点。英国企业家博登说：“我们不定量，也不检查数量。我们每天做的是：把顾客当朋友，跟着顾客朋友的步调一起往前走，并从他们的微笑中判断我们做了正确的事。”实践证明，文化是保证客户、组织、客服中心和客服员工协调同行的必由之路。

☞ 例：在重视客户体验方面取得成功的组织

美国运通公司为客服中心设立客户补偿制度和经费，建立客服代表优质通话服务专项激励奖。

独立蓝十字客服中心用服务质量指标和服务过程指标替代了传统的“平均通话时间”指标。

夏普电子公司把知识管理作为客服中心重要的考核、晋升指标。

安泰美国医疗保健公司在媒体上公开承诺首问负责。

Tony Hsieh 公司把客服代表与客户交流时双方的反应列入服务评价指标。

4.2　客户指标

在服务指标中有些指标直接影响到客户的良好体验，当这类指标数据欠佳时，不论客服中心多么努力，客户在服务中获得的体验都可能欠佳。我们把这类服务指标称为客户关及指标。提高客户满意度的重点是要科学、有效地改善客户关及指标。本节以电话服务渠道为例，参照第一节中的图示，介绍常见的九个客户关及指标及纠偏关键点。

4.2.1　客户访问需求量

客户访问需求量，指由客户向客服中心发起的所有服务申请数量，简称客户来访量。包括客服中心接听响应的、在队列中挂断的、没有进入队列的和进入自助服务系统的所有来电申请之和，不包括系统测试数据和黑客攻击的数据。对客户服务需求量预测的准确程度是保证服务水平的前提。

这个数据可以在自动呼叫分配系统中获取。客服根据历史数据、客户来访的时间规律和客服中心服务能力来预测时段来电量，设定警戒值。

当这个数据偏离高出警戒值时，纠偏的关键点是统计分析来电量、应答量、呼损量和通话时间等数据波动情况，具体工作包括过滤在短时间内重复来电的数量；统计在队列里停留时间少于 5 秒的数量；排查是否存在故意损坏服务资源或黑客攻击，2010 年 1 月 12 日 09:50 黑龙江卫视《共度晨光》报道，“安徽合肥一男子一年拨打 110 超过 5 万次”；检查自助系统是否存在因语音导航逻辑问题造成的客户不知所措地反复挂断和反复重拨的情况。

如果这个数据高于警戒值的数倍，可能是外部环境或组织业态出现问题，波及影响客户范围较大，如通信线路中断、重大灾害、不可抗力等。

如果这个数据猛然下降，甚至几近为零，“热线显得如此安静”，此时除了要分析客户去向之外，更需要测试客服热线及系统是否正常，排除热线系统处于瘫痪状态的严重可能性。

监测这个数据的最大时间单位有小时、天、周、月、年等不同周期。

报告这个数据常用的表示方法是数据、柱状图和曲线图。采用柱状图与目标数据和历史相关数据列表对比，了解变化情况；采用曲线图与目标数据和历史相关数据列表对比，追踪发展趋势。

客服管理系统应设置对这项数据的检测、告警和制图制表等检测报告功能，负责发现这个数据偏移的责任人是信息员，因为现场显示的客户排队数量是有限的，不能反映客户来访溢出时的情况，现场管理人员不一定能及时看到队列外的数据情况，这个数据由信息员向客服经理报告，由客服经理负责处理和向上汇报。

4.2.2 服务队列容纳率

服务队列容纳率能体现出各服务队列的客户最大排队量，也称队列配置率。

$$\text{队列容纳量}=\frac{\text{当前进入服务队列的客户数量}}{\text{当前正处在通话状态的所有（客户/电话）数量}}\times 100\%$$

这个数据可以从自动呼叫分配系统获得。设定目标时需要考虑客服代表上岗人数、平均接听响应时间和客户愿意在队列里的等待时间等因素。

如果设置的队列太长，意味着客户需要更大的耐心等待，当客户失去等待耐心挂断电话时，呼损量会因此增长。有的客服系统对等待时间超过 2 分钟的客户采用强制挂断的方法，本意是为客户节省电话费，但这样的方法使客户面临“重新拨打，重新排队，没机会等待”的情况。因此，无论队列有多长，只要客户愿意等待，系统不应该随意挂断客户的电话，可以通过提示帮助客户选择，否则有可能使客户因反复拨打而付出昂贵的通信费。也就是说，这个指标设置不当，可能会使客服中心和客户同时增加费用、浪费时间。

当这个数据偏离计划目标时，目标纠偏的关键点是检查确认客服代表上岗率、客服代表通话时长和事后处理时间等反映客服代表工作效率的指标。

这个数据的行业优秀目标在 10%—20% 之间。越来越多的客服中心选用的设计思路是：将客服代表人数、服务内容作为影响因素，并放开队列客户排队限制数量，让所有客户都能如愿进入服务队列，使现场所有人员了解目前客户的需求量。

监测这个数据的最大时间单位不宜超过一天。允许进入队列的客户数量高，客服中心可能会投入相对低的服务成本，但客户可能会付出较高的访问成本，客户满意度可能因此而降低。

报告这个数据常用的表示方法是数据和柱状图。采用柱状图将当前数据和计划目标进行对比，检测服务是否正常，使现场管理人员可及时调配人力。

客服管理系统应设置对这项数据的检测、告警和制图制表等监测报告功能，当队列排队数是客服代表数量的倍数关系或接听响应电话时间普遍大于计划时间时，客服经理需要考虑启动客服备用服务力量。

4.2.3 客户体验的接通率

电话接通率指在某段时区内，客服中心受理和响应客户的来访数量总和与所有进入客户中心的客户访问数量的百分比。接通率也称受理率、响应率、畅通率，它是评价客服中心运营管理水平和客服代表工作成绩的最重要的工作指标，也是与客服代表工作状态关联最紧密的指标，同时还受许多具体活动指标的影响。及时了解和监控接通率，对客服现场管理工作有着重大的指导意义。

$$\text{某段时区的接通率} = \frac{\sum \text{客服中心受理和响应客户来访的数量}}{\sum \text{客户访问客服中心的数量}} \times 100\%$$

这个数据的行业优秀目标在 80%—98% 之间。服务业务及内容直接影响对接通率的认识差异。高接通率与高投入成正比关系，对关及人民群众生命和财产安全的公共服务热线，如 110、119，客观上要求接通率达到 100%；而对成本优先的企业客服中心来说，需要均衡服务水平与成本投入的关系。

当对某个电话服务团队的受理数据进行计算时，其意义实为这个团队的接听率，优秀客服班组的接听率不低于 95%。在接通率用于考查班组工作状态时，如果系统有溢出转移功能，可能因重复计算造成接通率偏离真实值甚至出现大于 100% 的情况。

某客服中心有 A、B 两类技能组，A 类代表普通咨询，队列编号是“1”，B 类代表专业咨询，队列编号是“2”。当客户选择了“1”进入普通咨询队列时，正巧遇到所有技能组 A 的客服代表都处于忙的状态，客户的电话被系统自动转给技能组 B 的客服代表完成应答受理。由于客户电话经由队列“1”进入，一般情况下系统会把客户访问量计在技能组 A 上，使得 A 组的接听量大于实际受理量。针对这种情况，客服管理人员可以调整算法，比如，增加“当溢出转移时，自动为转接双方调整受理量，不重复计算”等条件。当长期或频繁出现某组的接听量大于实际受理量时，即有客户来电的终结符不在本组而在其他小组，说明这个组很可能转接电话数量过多，存在需要进行人员培训或适当增加人员的需求。

这个数据可以从自动呼叫分配系统获得。为获取有效的接通率数据，需要对参与接通率运算的数据进行分析和确认。常见的相关数据处理情况主要有：

确认客服中心受理和响应客户来访的数量。包括客服中心电话、传真、微信等所有受理渠道的受理和响应数量。

确认客户访问客服中心的数量。根据实际情况，确认是否应该剔除不影响服务品质的客户来访数量，使某些不影响服务品质的客户访问量不参与接通率算式的运算。如某客服中心设定：凡是在电话队列里等待时间不足 3 秒就挂断电话的客户，视作主动放弃或暂不需要服务。

确认计算接通率的时区。接通率不是孤立的应用指标，计算接通率需要有明确的、有意义的时间区间，通常情况下，监测这个数据的最大时间单位不宜超过 1 小时。以小时数据为基础，每天、每周、每月的连续变化数据则从不同的层面反映出客服中心服务响应情况。区间过大有可能掩盖瞬间出现的问题。如某客服中心 12—17 时接通率是 95%，17—19 时的接通率是 55%，而 12—19 时的接通率约 84%。

确认本次研究的服务渠道。“所有进入客服中心的来电量”的数值，因研究问题的重点不同而有所不同。

如果是计算人工服务接通率，这个“所有”包括客服岗位、技能岗位和专家岗位等所有进入客服中心的客户来访量，但不包括自助服务平台的客户来电数。

如果是计算所有客户需求量，这个“所有”还应包括没有进入队列的客户来电数量。

如果研究确认客户的真实有效需求，还需对某一时间内的客户来电进行分析、过滤。例如，分析因线路忙而导致的重复来电数量时，可将那些在队列的停留时间低于 3 秒的客户来电数量当作“误入客服队列”来处理，过滤那些基本不影响接通率的数据。在这里值得特别说明的是，如果在某个服务队列里，存在大量重复来电号码，或者出现大量电话基本不等待就挂断的情况，需要请技术人员对客户来访数据进行监测分析，排除黑客攻击的极端情况。

除了客户来访量和客服代表的受理响应量以外，客服中心的管理成效也直接影响接通率。主要表现在以下几个方面。

全面衡量。在制定接通率目标时需要通过预测客户来电量进行科学推算，精心部署支持接通率目标的整体方案，包括系统需要多少条中继线、高峰期的发生规律及人员配备、均衡新员工上岗比例、简化服务流程、统一对外口径、人力补充应急方案等多种因素。

加强考评。获得良好的接通率需要建立管理制度和绩效考评办法，将这个指标列入客服代表工作质量的月度考核指标。如，精确管理客服员工的休息示忙时间与工作时间的比例、事后处理时间与受理时间的比例、到岗率和一次解决率等指标。

及时纠偏。当这个数据偏离计划目标时，目标纠偏的关键点是排班人员数量、人员技能水平、工作饱和度、系统设备的负载能力和稳定性。如通过检查客服代表的出勤情况、客服代表的工作状态、新员工上岗比例、是否需要扩容满载的中继线、服务流程畅通情况、预测数据是否存在问题等环节，为指标纠偏锁定主要问题所在。当这个数据高于计划目标时，可能是此时来电量少或排班上岗的人数多，也可能是电话内容简单或服务流程顺畅，可以在这样的时间安排培训活动或团队活动；当这个数据低于计划目标时，可能是业务出现变化，或是预测不准确，安排人员用餐或团队活动时间欠佳等。

擅长报表。客服中心需要进行指标数据的统计分析，并加以正确运用。报告接通率数据常用的表示方法是柱状图和曲线图。柱状图可将时段数据、优秀目标和计划目标进行对比，检测服务是否正常；曲线图可将时段数据、优秀目标和计划目标数据进行对比，跟踪变化趋势，检查采用的措施是否见效。在客户呼入量较少的夜间，这个数据变化是观测突发事件的标志性数据，管理者一旦发现曲线陡变，便应立即警觉并追查原因。而在实际工作中，为了保证接通率指标，常用夜间的高接通率和白天的低接通率进行平均，即把全天的接通率“拉”上去，从而使白天高峰时段服务人力或能力欠缺的问题被平衡为隐性问题，这是误用夜间接通率的常见表现。

常备预警。客服管理系统应设置对接通率数据的检测、告警和图示等监控报告功能，负责发现这个数据偏移的责任人是现场客服经理，由客服经理组织人员商议纠偏调整方案，并报告上级主管。如果系统不具备检测和报告功能，可由现场管理人员或信息员承担，并将结果及时报告客服经理。

如表《队列及客户等待时间数据（正常）》所示，一个是正常情况下的队列等待数据，另一个是黑客攻击时的异常数据。从表中可以看出，在黑客攻击时，客服电话的所有信道资源被占用，大量的呼入数据在队列短暂停留后消失，或是在客服代表响应的第一时间即挂断，这些数据占满了等待队列，导致真正的客户难以进入排队队列，不能享受服务；而那些接通即断的异常电话则会将客服代表置于身心疲惫的无效劳作当中。

队列及客户等待时间数据（正常）

人员	服务水平	在等待队列里的客户数量和等待时间长短的分布（人 / 秒）											
数量	效果	5	10	15	20	30	40	50	60	90	120	180	240
30	24	203	199	195	191	184	177	170	163	145	129	101	80
31	45	156	149	143	137	126	115	105	97	74	57	34	20
32	61	118	111	104	97	85	74	65	56	38	25	11	5
33	73	89	81	74	67	56	47	39	32	19	11	4	1
34	82	65	58	52	46	37	29	23	18	9	5	1	0
35	88	47	41	36	41	24	18	14	10	4	2	0	0
36	92	34	29	24	21	15	11	8	6	2	1	0	0
37	95	24	20	16	14	9	6	4	3	1	0	0	0

队列及客户等待时间数据（异常）

人员	服务水平	在等待队列里的客户数量和等待时间长短的分布（人 / 秒）												
数量	效果	遇忙音	5	10	15	20	30	40	50	60	90	120	180	240
30	9	99999	11000	1199	11195	1191	1184	1177	1170	1163	1145	1129	1101	180
31	12	99999	11156	1149	11143	1137	1126	1115	1105	197	174	157	134	120
32	13	99999	11118	1111	11104	1197	1185	1174	1165	1156	1138	1125	1111	115

续表

人员	服务水平	在等待队列里的客户数量和等待时间长短的分布（人 / 秒）												
33	15	99999	11189	1181	1174	1167	1156	1147	1139	1132	1119	1111	114	111
34	16	99999	11165	1158	1152	1146	1137	1129	1123	1118	119	115	111	110
35	17	99999	11147	1141	1136	1141	1124	1118	119	110	114	112	110	91
36	20	99999	11134	1129	1124	1121	1115	1111	118	116	112	111	110	72
37	22	99999	11124	1120	1116	1114	119	116	114	113	111	110	110	60

4.2.4　呼损与呼损率

呼损是由于客服中心的服务资源不足，包括人力不足、线路不足、等待时间不足、客户联系渠道窄小等原因导致的客户访问客服中心失败的情况，呼损的程度常用呼损率表示，也称客户放弃率。

呼损指客户的电话已经进入客服中心，在客服代表响应前挂断电话的状态，在客户端的体验是“打不通”或“没人接”。“呼损”这个数据关及组织的生存和发展，故被称为组织的生命线。呼损使客服中心的服务还没有开展和提供时，就已得到“服务真差”的评价，因此它是客服中心现场管理的重中之重指标。

客服系统的路由策略之一是尽量缩短紧急诉求、升级投诉或 VIP 客户的等待时间。

通常用客户放弃率来评价客服中心服务渠道的畅通程度。放弃率是客服中心绩效的关键指标，由于放弃率的数据受客户容忍度、事件急迫度、延续时间和业务变化等多种因素影响，因此放弃率是组合指标的综合体现。放弃率的计算公式有多种，主要是因为考查的重点不同，计算中会忽略一些对考查结果影响不大的数据元素。常用的放弃率计算基本都忽略了忙音的数量。放弃率的计算需要确定具体的时间范围。

$$放弃率1=\frac{所有来电的放弃数量}{所有来电放弃数量+所有应答数量}\times 100\%$$

$$放弃率2=\frac{所有超出服务水平的放弃数量}{超出服务水平的放弃数量+超出服务水平的应答数量}\times 100\%$$

假设阳光客服中心的服务水平是在 20 秒内接起 80% 的来电。在 08:00—08:05 的时间里，客户呼入 100 个电话，客服受理了 85 个，其中等待时间超过 20 秒的有 15 个，等待时间不足 20 秒的有 10 个。那么根据以上两个公式计算放弃呼叫率分别是：

$$放弃率1=\frac{15}{15+85}\times 100\%=15\%；\quad 放弃率2=\frac{15-10}{(15-10)+15}\times 100\%=25\%$$

放弃呼叫数量可以从 ACD 报告中获得，但不包括忙音数量。这个数据是衡量服务水平的重要指标之一，放弃率小，表明服务渠道畅通，反之，服务渠道处于阻塞状态，客户可能会反复拨打电话，造成服务渠道拥堵，使呼损数量增大。还有一些特殊情况也会影响正常服务，如，客户不知道自己所在小区的公共设备电源停电，那么该区域的客户可能会集中来电报障“没有电视信号”，以至形成线路拥堵。

这个数据可以从自动呼叫分配系统获得。制定目标时需要考虑客户诉求关及客户利益程度、客服中心来电量、波动规律及高峰值、预测全体客服代表最大接听数量和最低接听数量、客户诉求和需求等因素。如身处紧急需求的客户需要立即接通电话的迫切程度更高。

当这个数据偏离计划目标时，目标纠偏的关键点是通过统计分析客户的来电量、来电内容的变化情况、等待时间、出勤情况、通话时间、工作效率等指标，针对不同的情况采用不同的措施。为简单的咨询类服务提供客户自助服务平台，是分流响应客户诉求的有效办法。

当客户的等待时间小于 5 秒挂断，且这样的呼入在时间上呈发散状态，数量也不足以影响呼损率时，可能是客户知道自己拨错电话而主动挂断；但如果在队列里出现大量的短暂停留数据，且严重堵塞服务通道时，此时需要尽快报告技术人员，判断是否存在黑客制造的拥堵，或者确认有多少客户正处于反复拨打的状态。当客户的等待时间大于 60 秒，基本可以判断客户存在刚性需求，客服中心可以选择在不忙的时候主动回访在队列里久等未果的客户。

这个数据的行业优秀目标为 3%—5%。不同的服务内容产生不同的客户需求差异，如 110 警务电话与 12306 票务电话，两者的呼损率产生的后果截然不同。

除客户放弃外，还存在源于客服中心产生的呼损，包括客服代表漏接、系统问题和黑客攻击等。通常情况下，客服系统设定在振铃 4—5 次后客服代表没有响应，系统视作客服代表产生的呼损，也称漏接。客服代表产生漏接的常见系统原因和系统按键响应原因，导致客服代表离开岗位时没能成功改变工作状态。客服代表快速响应客户来电和确认离岗前的工作状态是有效避免漏接的办法。如果用常规的排除方法不能解释当前的呼损原因，则需要对照系统提供的呼损信号释放原因进行逐一排查。参见《阳光客服中心呼损信号释放原因、代码及意义一览表》。

阳光客服中心呼损信号释放原因、代码及意义一览表

代码	中文名称	英文名称	代码出现的意义
1	未分配的号码	Unallocated（unassigned）number	不能到达主叫方所请求的目的地。因为存在主叫方格式有效，但该号码未被分配功能
2	无路由到达指定的转接网	No route to specified transit network（national use）	发送此代码的设备已经收到一个通过特定未被识别的转接网络迂回呼叫的请求
3	无路由到达终点	No route to destination	不能到达被叫方，呼叫所经过的网络不为该目标终点提供服务
4	发送特殊的信息音	Send special information tone	不能达到被叫方，应向主叫方返回特殊信息音
5	误拨长途字冠	（Misdialed trunk prefix national use）	被叫方号码的长途字冠包含错误
8	预占	Preemption reserved for reuse	呼叫正在被预先占用

续表

代码	中文名称	英文名称	代码出现的意义
9	预占—电路留作再用	Preemption-circui	呼叫正在被预先占用，电路留作先占交换的重新使用
16	正常的呼叫清除	Normal call clearing	呼叫正在被清除，这是因为呼叫所涉及的用户之一已经请求清除呼叫，而在正常情况下，网络不发送此代码
17	用户忙	User busy	在被叫方指示不能接收另一个呼叫时
18	无用户响应	No user responding	当被叫方在规定的时间内，没有任何响应信息时
19	无用户应答	No answer from user（user alerted）	用户在规定的时间内，未提供连接指示时
20	用户缺席	Subscriber absent	主要用于移动应用
21	呼叫拒收	Call rejected	发送此代码的设备虽然可以接受呼叫，但不希望接收呼叫。该代码可以由网络产生，表示由于补充业务的限制而清除了呼叫
22	号码变更	Number changed	当主叫方所指示的被叫方号码不再被分配时，该原因被返回到主叫用户。新的被叫方号码可以作为任选项目包含在诊断字段中。如果网络不支持这种能力，将作未分配的或不确定的号码处理
27	目的地不可达	Destination out of order	不能到达用户所指示的接收端，因为接收端的接口工作不正常。例如，远端用户的物理层或数据层故障、用户设备脱机等
28	无效的号码格式（或地址不全）	Invalid number format（address incomplete）	呼叫不能到达被叫方，因为被叫方号码的格式无效或被叫方号码不完整

续表

代码	中文名称	英文名称	代码出现的意义
29	性能被拒绝	Facility rejected	当网络不能提供用户所请求的性能时
31	正常，未规定	Normal，unspecified	它报告的是一个正常的、没有列入细化类别的事件
34	无可用的电路 / 通路	No circuit/channel available	目前没有可用的电路或通路处理呼叫
38	网络故障	Network out of order	网络出现故障，不能正常工作，且不能立即得到恢复
41	临时故障	Temporary failure	网络出现故障，不能正常工作，但能很快恢复
42	交换设备拥塞	Switching equipment congestion	通信交换设备正处于业务高峰时段
43	接入信息被丢弃	Access information discarded	网络不能向远端用户按要求递交接入信息。常见情况集中在用户信息、低层兼容性、高层兼容性或子地址
44	请求的电路 / 通路不可用	Requested circuit/channel not available	当另一端接口不能提供请求者所指示的电路或通路时
46	优先呼叫闭塞	Precedence call blocked	没有优先电路，被叫方忙，或存在被叫方正被同级或更高优先级的人员占用
47	资源不可用，未规定	Resource unavailable，unspecified	发出代码的设备存在资源不可用情况
50	未预订所请求的性能	Requested facility not subscribed	用户没有交纳业务所需费用，网络不支持其所请求的业务
53	CUG 内呼出呼叫阻塞	Outgoing calls barred within CUG	主叫方可以呼出 CUG、呼叫 CUG 成员， 但 CUG 的该成员不允许呼出呼叫

续表

代码	中文名称	英文名称	代码出现的意义
55	CUG 内呼入呼叫阻塞	Incoming calls barred within CUG	被叫方可以接收呼入 CUG、呼叫 CUG 成员， 但 CUG 的该成员不允许接收呼入呼叫
57	承载能力无权	Bearer capability not authorized	产生此代码的设备已实施了用户请求的承载能力，但用户未被确认使用
58	承载能力目前不可用	Bearer capability not presently available	产生此代码的设备已实施了用户请求的承载能力，但此时无可用的承载能力
62	分配的呼出、接入信息与用户级别不一致	Inconsistency in designated outgoing access information and subscriber class	在分配的呼出、接入信息与用户级别之间存在不一致
63	业务或任选不可用—未规定	Service or option not available，unspecified	它报告的是不存在的、不适用的、没有可匹配项目的业务
65	承载能力未实现	Bearer capability not implemented	发送此代码的设备不支持所请求的承载能力
69	请求的性能未实现	Requested facility not implemented	发送这一原因的设备不支持所请求的补充业务
70	只有受限的数字信息承载能力可用（国内使用）	Only restricted digital information bearer capability is available（national use）	主叫方提出的是不受限制的业务，但是此代码的设备所支持的业务有限。如在没有长话功能的平台使用长话功能
79	业务或任选未实现—未规定	Service or option not implemented，unspecified	它报告的是存在的、适用的、可匹配的项目，但没有实现的业务
87	被叫用户不是 CUG 成员	User not member of CUG	它报告存在 CUG 呼叫，且主叫方或被叫方至少有一方不是 CUG 成员
88	不兼容的目的地	Incompatible destination	存在不兼容因素，发送此代码的设备接收到设置呼叫的请求
90	不存在的 CUG	Non-existent CUG	不存在某个 CUG

监测这个数据的最大时间单位不宜超过一小时。及时发现呼损，有利于控制呼损积压和客户反复挂断的行为。呼损越大，不满意的客户越多，呼损时间持续得越长，对组织形象的负面影响越大。

报告这个数据常用的表示方法是数据、柱状图、曲线图和雷达图。采用柱状图将时段数据、优秀目标和计划目标进行对比，检测服务是否正常；采用曲线图将时段数据、优秀目标和计划目标数据进行对比，跟踪变化趋势；采用雷达图分析业务变化情况。

客服管理系统应设置对这项数据的检测、告警和制图制表等检测报告功能，负责发现这个数据偏移的责任人是客服现场的班组长，由班组长向客服经理报告，由客服经理组织人员根据具体情况提出应急方案和治理纠偏方案。如果客服管理系统不具备检测和报告功能，由制表人或信息员承担，并将结果及时报告客服经理。

4.2.5　客户平均排队时间

客户平均排队时间，指客户进入服务队列、等待服务响应的时间。这是热线服务行业特有的客户感受强烈的关键服务指标之一，它影响客户满意度，也反映客服中心的服务能力。平均排队时间越长，客户等待响应的时间越长，满意度越低，平均排队时间与满意度成反比关系。同一个客服中心的不同服务队列，客户的等待时间不同，满意度也有区别。但降低等待时间通常需要增加人力和财力的投入。

这个数据还可以反映客服中心与其他部门的关联程度是否足以支持客服工作，如果其他部门开展与客户有关的业务却没有事先通知客服中心，会令客服代表服务被动，造成客户来电平均通话时间明显增长，客户在队列中等待的时间也会因此而延长。客服代表的出勤情况和岗位技能直接关系客户的排队时间，呼损数据关联客户满意度，客服在对新员工的培训中需要强调客服服务指标之间存在着多米诺关系。

这个数据可以从自动呼叫分配系统获得。不同队列的客户等待时间是不同的。制定目标时需要考虑业务变化引发的呼入需求、新员工上岗对数据的影响、自助服务系统能替代的工作、系统的反应速度、客服团队活动时间安排是否合理等因素。

当这个数据偏离计划目标时，目标纠偏的关键点是：重点检查服务信息是否足以支持服务所需、服务系统是否存在故障或软件问题、员工的考核评价指标是否可以改进、新员工是否胜任工作。安排更多的有经验的客服代表或客服后台工作人员在呼入高峰或用餐时间加入接听响应客户来电的工作，或通过自助服务渠道分流客户访问数量。调整接听响应速度的考核权重。解决排队的方法首先是技术先行，用科技缩短用户的等待时间，并提供缓冲解决方案，如在客户排队时循环播放告知客户有多少客户在等待，大约需要等待多长时间，向客户提供自助服务渠道和低谷呼入时段，或对等待时间超过 3 分钟的客户发出“我们在 2 小时内回拨”等提示信息。

这个数据的行业优秀目标小于 20 秒。不同的服务内容产生的差异不同，通常的排队等待时间在 20—150 秒。对那些服务方案成熟、服务信息完整的简单服务，所需时间较短；对那些涉及专业知识较多、技术含量较高的服务，所需时间较长。

监测这个数据的最大时间单位不宜超过一天，每周、每月的连续变化数据反映出客服个人和团队的进步与退步的变化情况，每天的数据更能反映出客服中心所处的服务境况，客服中心与其他业务部门联系越紧密，客服系统速度越快，这个数据越小，服务成本越低，协同工作的价值在此得到充分体现并能够统计出来。

报告这个数据常用的表示方法是数据、柱状图和曲线图。采用柱状图将时段数据、优秀目标和计划目标进行对比，检测服务是否正常；采用曲线图将时段数据、优秀目标和计划目标数据进行对比，跟踪变化趋势。

客服管理系统应设置对这项数据的检测、告警和制图制表等检测报告功能，并在客服中心的大屏幕上跟踪动态变化，客服班组长负责发现这个数据是否出现偏移，由班组长向客服经理报告，由客服经理综合考虑提出纠偏调整方案，并预测是否需要增加客服代表。如果客服管理系统不具备检测和报告功能，由制表人或信息员承担，并将结果及时报告客服经理。

与客户排队时间相关联的指标还有：

排队最长等待时间，也称最长延迟时间，指客户成功联系客服中心所花费的最长等待时间，对电话服务渠道而言特指在队列排队等候时间最长的客户所花费的时间，行业电话服务的经验建议指标是≤ 20 秒。排队最长等待时间是客服现场管理报表的常见数据，每个客户服务渠道都存在相应的指标，包括邮件服务渠道。

排队电话量，指在某段时间内在队列中等待服务的客户数量。它反映客户的来访量和业务运行的平稳程度，是客服现场管理的常见指标数据，这个指标对特殊时段的人员需求管理有指导意义。

排队比率，是在某段时间内，客户排队数量与客户来访量之比。

$$排队比率=\frac{排队数量}{客户来访量}\times 100\%$$

当在某一时段排队比率高并且客户放弃率高时，表示当前客服无法快速受理客户来电，或是客服存在人员不足的情况。在某一时段排队比率高但客户放弃率低时，表示客服代表基本能在客户等待的耐心限度内完成诉求受理，暂时不需要增加人员。

4.2.6　客户平均放弃时间

客户平均放弃时间，指客户已经呼入客服中心，在排队等候服务响应的期间挂断电话，是客户没有得到服务响应的一种状态，客户从等待开始，到挂断电话之间所用的时间称放弃时间。

平均放弃时间（秒）=∑N/M。这个数据有助于了解客户忍耐等待的时间、服务线路的外围是否畅通、系统是否存在故障或处于被黑客攻击状态，它是一个用于数据研究和现场管理的参考数据，与之关联紧密的是呼损率。

这个数据可以从自动呼叫分配系统中获得。制定目标时需要考虑客户体验因素和网络安全因素，客服需要研究那些表现出没有耐心等待、反复挂断电话的客户，以及那些不明原因大量“群呼群弃”的呼入数据。

当这个数据偏离计划目标时，目标纠偏的关键点是对反复拨打电话没能得到服务响应的客户进行回访服务；对“群呼群弃”数据，尤其要排查是否存在“客户体验线路不畅，而客服代表又处在空闲状态时”的原因，排除系统故障和网络攻击。如果这个数据远大于客户所能接受的等待时间，在此假设为 90 秒，管理者需要尽快实施改进办法，或增加客服代表，并对呼入高峰时段采取加大服务力度的临时措施。

这个数据的行业优秀目标是 20—60 秒。这个数据的高低与客户满意度成反比关系。

监测这个数据的最大时间单位不宜超过 1 小时。报告这个数据常用的表示方法是数据、柱状图和曲线图。采用柱状图与优秀目标数据列表对比，了解变化情况；采用曲线图与优秀目标数据对比，跟踪变化情况。

客服管理系统应设置对这项数据的检测、告警和制图制表等检测报告功能，负责发现这个数据偏移的责任人是信息员和工程师，由信息员向客服经理报告，由客服经理决定纠偏调整方案。

4.2.7 平均响应速度

平均响应速度的英文表示为 Average Speed of Answer，行业简称 ASA 指标。

$$\text{平均响应速度}=\frac{\sum \text{某时段客户排队时间}}{\sum \text{客服代表响应的客户数量}}\text{或}=\frac{\sum \text{振铃时长}}{\sum \text{接听电话的数量}}$$

平均响应速度是客户的电话从进入队列开始到客服代表接通前客户的等待时间。另有算法是客户的电话从客户听到铃声开始到客服代表接通前客户的等待时间，通常计算单位用秒。

这个数据可以统计到每通电话的客户平均等待时间，它与客服代表事后处理时间、呼入量变化大小和客服代表综合能力相关。

平均响应速度的数值越小，也就是响应越快，客户等待的时间就越短，客户体验就越好，客户的满意度就会高。这个数值的大小与客户的舒适体验成反比关系。

这个数据可以从自动呼叫分配系统获得。制定目标时需要总结客服中心的呼入量变化规律，尽可能地将产生高峰呼入的情况详列周全，为科学预测呼入量和科学排班提供基础数据。

当这个数据偏离计划目标时，目标纠偏的关键点是检查新员工上岗比例是否过高、客服代表事后处理时间是否过长、客服代表在岗时间是否达标、客户呼入量的变化是否正常。如果这个数据小到忽略不计时，则需要检查是否存在人员安排过剩的情况。

这个数据的行业优秀目标基本上是 20 秒。监测这个数据的最大时间单位不宜超过 30 分钟。这是现场管理的重要指标数据之一。

报告这个数据常用的表示方法是数据和曲线图。采用曲线图将时段数据、优秀目标和计划目标数据进行对比，跟踪变化趋势。

客服管理系统应设置对这项数据的检测、告警和制图制表等检测报告功能，负责发现这个数据偏移的责任人是客服班组长，由班组长向客服经理报告，由客服经理提出纠偏调整方案，客服经理是这个指标的责任人。如果客服管理系统不具备检测和报告功能，由制表人或信息员承担，并将结果及时报告客服经理。

4.2.8　平均振铃次数

平均振铃次数，指客户的服务申请被响应前客户听到的振铃次数。它包括人工服务和自助服务两种铃声。这是客户在进入主题服务前的感受，关系客户满意度和后续服务客户的信任度，是客户满意度测试方案中的基础指标之一。

$$\text{平均振铃次数}=\frac{\sum \text{振铃时长}}{\sum \text{受理来电数量}}$$

平均振铃数值越小，表明响应速度越快，客户等待的时间就越短，客户的满意度和信任度就会高，所以在响应速度上数值越小越好，一般应在 5 秒之内，即振铃一响立刻被应答。实现这个指标基本不存在技术含量，无论新上岗的客服代表还是有经验的客服代表，只要专心工作都能达到优秀成绩，它是客服代表上岗的最基本指标要求。

这个数据可以从自动呼叫分配系统获得。制定目标时需要了解技术和管理软件对这个目标支持能力。这是一个关系满意度且容易被管理者忽视的指标。

当这个数据偏离计划目标时，目标纠偏的关键点是检查客服代表是否存在一心二用或打瞌睡的情况。

这个数据的行业优秀目标是每通电话客户听到的平均振铃声是 2—3 次，超过 4 次后，客户可能会放弃。不考虑个人因素的情况下，这个数据与呼入高峰成正比关系，来电量多的时段，客户感受的振铃次数会普遍比来电量低的时段多，因为电话多，客服代表的疲劳程度会降低反应速度。

监测这个数据的最大时间单位不宜超过一天，每周、每月的连续变化数据反映出客服代表的主动工作情况。这个数据越小，表明客服代表对客户的申请响应越快。

报告这个数据常用的表示方法是数据和曲线图。采用曲线图将时段数据、优秀目标和计划目标数据进行对比，跟踪变化趋势。

客服管理系统应设置对这项数据的检测和制图制表等检测报告功能，负责发现这个数据偏移的责任人是客服班组长，由客服班组长向培训师报告，由培训师查找原因，提出纠偏调整方案。如果客服管理系统不具备检测和报告功能，由制表人或信息员承担，并将结果及时报告客服经理。

4.2.9 客户体验忙音的比率

客户体验忙音的比率，也称盲音率，是指客户无法拨入客服热线系统，客户听到系统忙音是比呼损更为严重的状态，对客服中心服务水平的损伤也更为巨大。这是一个关系服务水平与组织形象的重要指标之一，计算公式如下，被客服系统屏蔽的测试电话号码或黑名单号码所经历的盲音数量不纳入公式的计算数据。

$$忙音率=\frac{无法拨入客服中心的客户总数量}{拨入客服中心的客户总数量+无法拨入客服中心的客户总数量}\times 100\%$$

原则上，客服中心应保证这个比例数值为 0。但据调查，部分客服系统将这个指标控制在 1%—3%。

这个数据可以从自动呼叫分配系统获得，也可以请电信运营商帮助提供。制定目标时需要将人员调班力度、业务变化、客户需求、能分流的业务、能外包的业务予以确定，准备充足的服务信息，确保系统的反应速度。

当这个数据偏离计划目标时，目标纠偏的关键点是检查客服代表人员到位情况、客户需求与客服中心的响应能力、是否可以通过培训减短通话时间等。当这个数据表现为无穷大时，需要排除是否存在系统故障。这是一个相对隐性的数据，且不易被发觉，因此需要系统和专业人员主动检测，尤其要在呼入高峰时段对盲音数据进行监测。

这个数据的行业优秀目标为 0。当这个数据大于 5% 时，客户不满意率骤增，客服中心服务陷于被动。

监测这个数据的最大时间周期是一天。每周、每月的数据统计可以帮助我们发现系统漏洞或服务问题。

报告这个数据常用的表示方法是数据和饼状图。采用饼状图将时段数据、优秀目标和计划目标进行对比，检测是否存在盲音情况。

客服管理系统应设置对这项数据的检测、告警和动态跟踪报告功能，负责发现这个数据偏移的责任人是工程师，由工程师向客服经理和系统主管报告，客服经理负责组织商定是否需要加人或扩容等解决方案。

4.3　员工指标

客服中心的服务水平是每位客服员工努力的结果。在客服中心的服务指标中，有些指标的数据结果是由客服代表的工作状态直接决定的，当这类指标数据欠佳时，不仅是客服代表本人成绩欠佳，客服中心的整体服务水平同样受到影响。我们把这类服务指标称为客服人员关及指标。

客服人员关及指标较多，涉及登录时间、通话时间、延迟时间、签出时间、示闲状态、示忙状态、休息状态、正忙状态、平均延时、事后处理时间、电话状态、延迟公告等几十项。在此介绍对客户和客服中心服务水平影响较大的关键指标及纠偏要点。

4.3.1　时段响应次数

时段响应次数，是指客服代表平均每小时响应和处理客户来电的数量。客服代表在 N 小时内受理客户来电量为 M，那么，这位客服代表的时段响应次数 =M 人次 ÷N 小时。

$$\text{时段响应次数}=\frac{\text{客服代表受理来电的总数量M}}{\text{N小时}}$$

通常情况下，这个数值越大，表明客服代表业务越娴熟，工作效率越高，服务能力越强，同时还表明客服系统运转良好和知识库支持力强。因此，这个数据是很多客服中心考评客服代表以及客服班组绩效的重要指标之一。

但这个数据不宜独立应用，当时段响应值过高或过低时，需要有其他指标配合评价。如果考评中时段响应值的权重过大，难免因服务时间短而丢失关键重要信息，影响服务质量；或是客服代表为缩短通话时间，只顾其一，不管其二，甚至敷衍客户，造成客户需要打多个电话才能解决问题；或是客服代表通过转接等办法提高时段响应值；或是导致客服员工从心里排斥夜班，因为夜班辛苦且客户来电量比白天少，较难完成计划目标。夜班值守的意义不能通过响应次数来体现。

这个数据可以从自动呼叫分配系统获得。制定目标时需要考虑通话成本与满意度的矛盾关系、服务信息准备是否充足、系统的反应速度等指标。这是一个关系服务效率与服务成本的隐性指标。

当这个数据偏离计划目标时，目标纠偏的关键点是检查客服代表业务熟练程度、通话中的困难情况、系统支持力度和员工事后处理时间等延长服务时间的言行。客服代表身体欠佳、新业务突击上线和突发情况导致的信息不同步，都可能造成服务时间延长。

这个数据的行业优秀目标差较大，不同的服务内容产生不同的要求。对那些服务方案成熟、服务信息完整的简单服务，时段响应值可能高于 30 人次 / 小时；对那些专业知识强、技术含量高或存在设备同步操作指导的，时段响应值在 5 人次 / 小时左右。

监测这个数据的最大时间单位不宜超过一天，或一个班次。

报告这个数据常用的表示方法是数据和曲线图。采用曲线图将时段数据、优秀目标和计划目标数据进行对比，检测是否正常，跟踪变化趋势，发现问题。

客服管理系统应设置对这项数据的检测、告警和制图制表等检测报告功能，负责发现这个数据偏移的责任人是客服班组长，由班组长向客服经理报告，由客服经理组织人员研究纠偏调整方案。如果客服管理系统不具备检测和报告功能，由制表人或信息员承担，并将结果及时报告客服经理。

4.3.2 平均通话时长

平均通话时长，也称平均通话时间，是指在某一时段内客服代表受理每通电话的时间。

$$\text{平均通话时长（呼入）}=\frac{\text{累计在N小时内客服代表与客户的总通话时间}}{\text{累计在N小时内客服代表受理的客户来电总数量}}$$

$$\text{平均通话时长（回访/外呼）}=\frac{\text{累计在N小时内客服代表与客户的总通话时间}}{\text{累计在N小时内客服代表与客户通话的总数量}}$$

即，平均通话时长（呼入）=∑（某一时段内客服代表与客户交流的时间）÷ 客服代表累计接听电话的数量，或平均通话时长（回访/外呼）= 累计通话时长 ÷ 接通电话数量。

这个数据可以反映客服知识库与业务变化的更新同步程度、业务的复杂程度、希望传递给客户的信息量多少、客服代表的业务拓展能力以及客服系统适应变化的能力。平均通话时长越短，客服中心处理客户诉求越快，其他客户等待的时间越短，服务水平指标也越有保证，有效服务的成本和效益越好。但是，让客户满意的服务通常要以一定的交流时间来做保证，当通话数量指标比通话质量指标权重大或要求的平均通话时间太短时，难免出现客服代表因追求电话数量草率结束服务的情况，造成客户因遗留问题而再次来电，这使得原本可以通过一次电话就能够解决的问题，却要经过多次电话才得到彻底解决，造成服务资源的浪费和客户的不满意，使一次解决率下降和无效服务的频次增高。因此，客服中心在服务成本和客户满意度之间的平衡点是：避免出现过度服务或急于结束服务的情况。

在客服现场，对这个指标的管理重点是：通话时间长的电话除员工技能外，还可能是业务出现新情况或突发情况。由客服代表处理简单电话，由专家组成员处理疑难电话，保证客服人员效率，减少因知识库信息欠缺造成的更多的客户不满意和客服代表的受挫感。关心通话时间明显超长的员工并给予及时辅导；关心同时存在多名员工通话时间超过通话均长的情况并分析原因、提出解决办法；使员工理解超时的过度服务无益于保持良好的服务水平。

需要指出的是，超长电话可能会因超出统计时段的“开始”与“结束”边界，造成统计结果少于实际受理数量，从而降低了相关统计数据的精准度。

这个数据可以从自动呼叫分配系统获得。制定目标时需要研究成本投入与客户满意的平衡点。

当这个数据偏离计划目标时，目标纠偏的关键点是重点质检通话时间少于4秒和通话时间超过计划目标2倍的通话，并提出解决方案。检查客服代表的业务熟练程度、确认新业务信息进入了知识库、严格执行服务规程情况、服务流程改进情况、系统查找信息的便捷情况、系统界面及功能是否符合逻辑、培训应用结束语的能力、提高交流与录入同步的能力、是否存在内部业务变化或环境因素造成客服中心准备不足的情况、客服代表是否存在不必要的多余交流内容、是否存在客户服务需求的重大变化。复听录音和在线监听，是纠偏过程中不能省的环节。

这个数据的行业优秀目标差比较大，不同的服务内容产生不同的差异。对那些服务方案成熟、服务信息完整的简单服务，通话时间的范围在1.5—3分钟；对那些专业知识强、技术含量高或存在设备同步操作指导的服务，通话时间的范围在3—10分钟。

监测这个数据的最大时间单位不宜超过一天，根据不同的目的，选择不同的数据应用周期。数据平稳，表明业务和服务处于平稳状态。

报告这个数据常用的表示方法是数据、柱状图和曲线图。采用柱状图将时段数据、优秀目标和计划目标进行对比，检测服务是否正常；采用曲线图将时段数据、优秀目标和计划目标数据进行对比，跟踪变化趋势，并研究新业态下的目标值。

客服管理系统应设置对这项数据的检测、告警和制图制表等检测报告功能，负责发现这个数据偏移的责任人是客服班组长，由班组长向培训师、质检师、工程师或客服经理报告，由客服经理组织人员提出纠偏调整方案，报告领导。如果客服管理系统不具备检测和报告功能，由制表人或信息员承担，并将结果及时报告客服经理。

4.3.3 事后处理时间

事后处理时间，是指客服代表在客户挂断电话后，为整理该客户诉求信息所付出的时间，也称诉求整理时间，常见的计算单位是秒。这个数据可以了解客服代表对业务的熟练程度，也可以观察到客服培训是否有效，服务系统是否便捷，服务流程是否规范，设备和技术是否可以满足服务所需等。

$$\text{平均事后处理时间}=\frac{\sum \text{事后处理时间}}{\sum \text{接听电话的数量}}$$

事后处理时长短，表明客服代表的工作效率高。通常情况下外呼的平均事后处理时间在15秒内。

这个数据可以从自动呼叫分配系统中获得。制定目标时需要连同考虑客服系统和业务流程对服务的支持程度，需要细分电话事后整理活动的每一环节所需的时间，确定必需的操作内容和为此所付出的时间，严格控制那些极易出现的没意义的工作内容。

当这个数据偏离计划目标时，目标纠偏的关键点是检查是否存在客服代表业务不熟悉，或是对系统不熟悉等情况，分析是什么原因造成的整理时间增加，加强对客服代表规范操作的培训，及时培训新业务上线和新系统上线的新知识；完善服务流程，明确诉求的办结标准和流转标准；加强技术支持，改进工单界面设计和菜单选项，解决系统运转速度慢等情况；管理人员增加现场同步检查和监听工作。改善这个数据不仅要了解自己的客服中心，还要了解其他客服中心的指标数据和管理办法，以获得更多的思路和改进的办法。

这个数据的行业优秀目标在30—60秒。在良好系统的支持下，优秀客服代表可以同步完成整理工作，他们的诉求整理时间在0—10秒。这个数据的大小与服务成本和热线接通率成反比关系。外呼作业基本是预前准备好的服务脚本和流程，在服务过程产生计划外操作内容较少，可以采用勾选、复制粘贴的办法提高事后处理速度。

监测这个数据的最大时间单位不宜超过一天，每周、每月的连续变化数据反映出个人和团队的进步或退步情况，每天的数据更能反映出客服中心所处的服务境况，客服中心与其他业务部门联系越紧密，服务系统速度越快，这个数据越小，服务成本越低，协同工作的价值在此得到充分体现。

报告这个数据常用的表示方法是数据、柱状图和曲线图。采用柱状图将时段数据、客服中心的目标数据、其他优秀客服的数据和历史相关数据列表对比，了解服务是否处于正常，了解目前存在的差距程度；采用曲线图将时段数据与历史数据、优秀客服中心的标杆数据进行列表对比，了解和预测变化趋势。

客服管理系统应设置对这项数据的监测、告警和制图制表等功能，负责发现这个数据偏移的责任人是客服代表和班组长，由班组长向培训师、工程师和客服经理报告，由客服经理决定纠偏调整方案。如果客服管理系统不具备监测和报告客服代表工作时间效率的功能，相关图表的制作由信息员和工程师来承担，并将结果及时报告客服经理。

与事后处理时间相近的另一个概念是平均话务处理时间，指客服代表与客户的交流时间加上事后处理时间。它不仅是通话时间，还是一个关系服务效率与服务成本的隐性指标。这个数据可以反映客服中心与其他业务部门的关联程度，如果关联的程度高，则客服代表有办法快速获取足够的知识和信息来面对客户的诉求，平均话务处理时间会降低。反之，客服代表不知道业务部门开展的业务及流程，不能及时回答客户的问题，不能准确派发工单，平均话务处理时间会明显增长。

平均处理时间偏高将导致客服人员需求数量偏高。常见的降低“平均处理时间”的办法主要有：

在客服人员管理方面，提高客服岗位人员业务知识和服务技能；重点培训“事后处理时间”指标不达标的员工；要让每一位员工明白“事后处理时间”的作用；合理计划人员招聘工作，避免出现新员工比例过大的情况，尽量将业务生疏的员工安排在业务不忙的时间。兼顾员工疲劳程度，减少过长的工作班次。避免集中出现下班前因疲劳程度较高造成行动和思维缓慢，使事后处理时间加大的情况。

在客服中心的知识和系统管理方面，及时补充客服知识库的信息空缺或及时弥补业务规划存在的缺乏条理问题，使客服代表能够快速查找到工作所需的资料。提高客服系统运行速度，使客服代表能够快速调用所需信息。

在客户分类管理方面，科学分类服务对象，提高专业化程度，减少综合服务概率。虽然全业务服务是有效提高工时利用率的办法之一，但因客服代表服务的业务多，信息量大，造成信息查找、选择、确认和思考等活动在相互穿插与切换中占用了大量的事后处理时间。

4.3.4 平均持线等待时间

客户平均持线等待时间，指客服代表请客户持线等待的时间。是指客户的服务申请被客服代表接通响应后，在交流过程中出现的客户持线等待时间。从这个数据可以了解客服代表（或客服班组）与客户交流过程的连贯程度，客户持线时间越长或客户持线次数越多时，客户体验被搁置的感觉就越明显，客户的满意度就会越低。持线等待时间是关及客户满意度的指标。

$$\text{平均持线等待时间}=\frac{\sum \text{持线时间}}{\sum \text{接听电话数量}}$$

客户满意度随客户的平均持线等待时间的延长和出现的频度增加而降低。让客户持线等待时，客服代表通常是在忙着向组员、班组长或现场值班经理求助或是在忙着查阅客户信息或知识库。

这个数据可以在自动呼叫分配系统中获取。虽然服务系统中为等待专门设置了等待功能键，客户可以在听音乐中等待，但实际工作中客服代表常用静音的办法让客户等待，因此，提取这个数据需要系统工程师的帮助。设定此目标时需要连同考虑知识库支持服务的水平、客服代表业务的熟练程度、服务系统信息传送速度等。把与客户交流过程中可能出现的间断点全部列出，是有效保证客户体验连贯交流的关键。

当这个数据偏离计划目标时，目标纠偏的关键点是检查新员工是否可能胜任工作，服务信息是否完整正确，服务系统传送信息的速度是否可以与服务同步，客服代表的权限是否过低，对新业务的培训是否到位，新升级的系统是否丢失了功能，客服代表是否存在有意将客户搁置不理的状况，是否出现突发事件、难点或异常类问题等。如，当客服代表的录入速度跟不上服务进度时，就可能出现持线等待时间长和等待次数多的情况。

这个数据与两种特殊的服务过程有关，一种是客户不说话，也不挂机；另一种是客户情绪激动，言语失礼，客服代表不语。

这个数据的行业优秀目标因具体业务不同而范围较大，在 20—60 秒。这个数据的高低与服务交流过程的连续性成反比关系，也与服务成本和热线接通率成反比关系。

正常情况下，行业内参考数据：每通电话持线频次不超过 2 次 / 通。每次持线时间不超过 20 秒 / 次。客服代表的平均持线时间应在 40 秒内。持线次数应小于累计接听电话数总量的 1/3。建议将客服代表的持线率指标控制在 20% 以下。

$$持线率=\frac{累计持线次数}{人工受理总量}\times 100\%$$

持线率越低，表明客服代表与客户的通话过程连贯性强，间断时间少或客户持线等待时间短。

监测这个数据的最大时间单位不宜大于一天，或一个班次。它是每日、每周和每月的报表必须跟踪的指标之一。

报告这个数据常用的表示方法是数据、柱状图和曲线图。采用柱状图与目标数据和历史相关数据列表对比，了解变化情况；采用曲线图与目标数据和历史相关数据列表对比，追踪发展趋势。这个数据的变化，实际上是客服代表的服务行为发生了变化。

客服管理系统应设置对这项数据的检测、告警和制图制表等检测报告功能，负责发现这个数据偏移的责任人是在现场工作的班组长，由班组长向客服经理报告，由客服经理决定纠偏调整方案。如果客服管理系统不具备检测和报告客服代表工作时间效率的功能，相关图表的制作由信息员和工程师来承担，并将结果及时报告客服经理。

4.3.5　来电转接率

来电转接率是反映客户来电被转接的数量占受理总数量的大小。如果一个电话被转了 n 次，计入转接数量 n。

$$转接率=\frac{转移电话总数量}{受理电话总数量}\times 100\%$$

转接率越低，客服代表工作效率越高。客户的电话被多次转接，既浪费服务资源，又容易引发客户不满。客服代表的转接率应控制在 5% 以内。

由于存在客户“点名”的情况，即客户想与某位客服代表再次沟通，CTI 路由策略中设计了“按最近一次服务人员接续路由”的条件，客户打进电话时，如果最近一次服务该客户的客服代表在岗，系统将客户的电话接到最近一次服务过他的客服代表处。这样可以减少客服代表了解客户诉求情况的时间，也可以减少客户“点名”的发生比率。

这个数据反映出客服代表的业务能力和“首问负责”的工作态度，也反映出服务队列名称是否清楚、是否便于客户理解等问题。

这个数据可以从自动呼叫分配系统获得。制定目标时需要审视各队列服务导语、专家组成员的支持力度、转接条件与制度等因素。

当这个数据偏离计划目标时，目标纠偏的关键点是统计分析转接电话出自哪个服务队列，是哪位客服代表产生，是否存在能力范围内的转接等，加强培训，提高独立受理客户诉求的能力。客服中心需建立相应的管理办法和标准，如，客户在哪位客服代表处挂断电话，其电话工作量就计入哪位客服代表，所有发起转接的客服代表不享有这通电话的工作量。

这个数据的行业优秀目标是一个电话只转接一次，且是转给专家组成员，转接只能是由低一级的服务能力转向更高级的服务能力，严禁转给更低水平的客服代表。确需转接的电话，需要连同客户资料和已经处理的状态一并转接，避免转接后客户复述。如果出现客服代表频繁转接的现象，客服中心有可能正面临新业态。

监测这个数据的最大时间单位不宜超过一个班次。

报告这个数据常用的表示方法是数据、柱状图和饼状图。采用柱状图将当前数据、优秀目标和计划目标进行对比，检测服务是否正常；采用饼状图将当前数据、优秀目标和计划目标数据进行对比，帮助判断是否存在新业态。

客服管理系统应设置对这项数据的检测、告警和制图制表等检测报告功能，负责发现这个数据偏移的责任人是客服经理。客服经理提出纠偏调整方案。如果客服管理系统不具备检测和报告功能，由制表人或信息员承担，并将结果及时报告客服经理。

另外，考查来电转接率时，需要结合持线率数据综合判断客服代表的工作表现。

4.3.6　平均话务处理时间

平均话务处理时间是客服代表平均处理每通电话的时间。它有两种算法，在评价客服代表的岗位业务能力时常用的算式：（通话时间＋事后处理时间）÷通话次数。在评价工时利用率或排班效率时常用的算式：（累计在岗时间－休息时间－用餐时间）÷通话次数。

4.3.7　监听通话成绩

现场管理通过随机抽查和客户评价等办法，了解客服代表通话质量。研究分析客户的不满意评价，查找原因。客户有些时候给出的不满意评价是针对服务规程的，而非仅是对客服代表的评价，需要区别对待。

对于外联的客服人员，评价他们的通话质量可以通过实际外呼效果与计划外呼工作目标进行参照对比。

除以上指标外，客服代表服务指标还包括作业完成程度、信息发送正确率、建设性意见比率等若干指标，具体可参见《公共客服常见词典》。

4.4 客服指标

客服中心的服务成效由能够反映客服通信资源利用率、客服人力资源利用率和客户满意度等关键综合指标组成，当这些指标不达标时，意味着客服中心没有完成工作任务；同时，这些指标也是客服中心获取良好口碑的关键指标。

4.4.1 服务水平

服务水平，是从客户进入队列后开始计算时间，客户在等待 N 秒内被客服中心受理的总客户数量与在 N 秒里出现的来访客户的总数量之比，也称客户所处的服务级别。它的意义在很多方面与接通率相似，不同的是它对客户等待接通的时间作了限定，它把在 N 秒内受理客户来访作为服务目标，将缩短客户在队列里等待时间作为考核指标。影响这个指标的因素很多，因此这个指标是客服中心指标中表现最不稳定的指标，即使在服务水平值极高或极低的时期，也可能有瞬间的大幅度跳动，客服其他指标的“渐好”是这个指标“见好”的前提。

$$\text{在N秒内的服务水平}=\frac{\text{客服中心受理的总客户数量}}{\text{来访的总客户数量}}\times 100\%$$

在实际工作中，根据研究分析的重点，对算式的参数选择有不同的取舍。常见的计算有：

算式 1：$$\text{实际服务水平}=\frac{\text{在S秒内接听处理的来电量}+\text{在A秒内的放弃量}}{\text{所有的来电量}+\text{所有的来电放弃量}}$$

它能反映在 A 秒内，服务水平指标是否正常，或是实际服务水平指标的偏离程度。

算式 2：$$\text{实际服务水平}=\frac{\text{在S秒内接听处理的来电量}}{\text{所有接听处理的来电量}}$$

这个算式的特点是不考虑放弃量对服务水平的影响。

算式 3：

$$实际服务水平=\frac{在S秒内接听处理的来电量}{所有的接听处理来电量+所有的来电放弃量}$$

这个算式包括了放弃量，引用其结果有可能降低客服中心的服务水平成绩，也可能会降低客服管理人员的服务水平成绩。

算式 4：

$$实际服务水平=\frac{在S秒内接听处理的来电量}{所有的接听处理来电量+在S秒后的所有来电放弃量}$$

这个算式将等待时间不足 S 秒就放弃等待的客服数量排除在外，引用其结果可能会提高客服中心的服务水平成绩，也可能提高客服管理人员的服务水平成绩。

算式 5：

$$团队服务水平指标=\frac{团队全体人员受理的总客户数量}{已经进入或没能进入客服队列的所有来访客户的数量}\times 100\%$$

团队服务水平指标代表客服团队对服务畅通工作的贡献能力。团队服务水平指标成绩与客服员工的出勤率有密切关系，因此在评价“团队服务水平”指标时，常引用“出勤率”作为评价系数来精确地评价团队在服务水平方面的担当能力。

客服根据管理目标选择相应的算式，算式之间也可以结合起来用。如，当用算式 3 的结果减去算式 4 的结果，如果所得之差的数值非常大，大到足以堵塞服务渠道时，则需要进一步分析数据变化原因，及时排除是否存在系统问题或黑客行为等异常情况堵塞服务渠道。

这个指标是关于一定时间内受理客户来访的比例。因此，服务水平的统计周期非常关键，一天中每个小时达到 80/20 的指标和全天平均达到 80/20 的指标，给客户的体验是不同的，客服的人力配备也不同。所以，服务水平目标需要明确时间要求。

在客服中心的管理现场，对这个指标的管理重点是：确保不因系统和设备原因降低接通率；确保不因计划外工作临时抽调客服现场的工作人员；能够安排更多的员工参加高峰呼入时段的工作；加大技术投入，提高客户自助服务成功率；及时改正错误和改进服务流程。

每一次突发的客户集中来电，都是一股强大的破坏服务水平的冲击，只有及时平息突发的来电高峰，才有可能实现预期的服务水平。

在突发的客户集中来电出现时，与之对应的服务水平指标的真实情况，反映了相关业务波及的范围和程度；此时等待队列中的客户数据变化或溢出数据，反映了计划上岗人员的数量与实际人员需求的差距，反映了预设的最高来电阈值的抗压强度。

需要说明的是，客服中心应与组织达成错时安排工作的共识，尽量分时期分时段安排波及客户范围较大的工作，错时开展新业务宣传、新业务上线和各种通知，避免客户集中来电。如果想通过集中安排工作的方法，使客户的来电集中在同一个时间段，以放弃某一小段时间的服务水平，来实现大部分时间服务水平指标表现良好的目的，或是为了实现总体服务水平达标，通过平均的算法，用良好的服务水平数据来拉平不达标的服务水平数据，这样的思想是不可取的。因为客户经历了这次过长的队列等待，会产生对客服中心的强烈不满意。

服务水平指标是一个单位时间内客服中心全体员工响应客户来电量的数据，这个数据具有唯一性，即在指定的时间内，一个等候队列产生的响应数据只有一个，不存在客服系统能够为一个等候队列设置多个服务水平指标的情况。换句话说，在指定的时间内，一个等候队列只能有一个服务水平数据，不可能产生两个或更多个服务水平数据。每个客服中心所拥有的服务水平指标数量与其拥有的等候队列的数量相等。当然，在指定时间内的总受理量与在指定时间内要实现服务水平指标必须完成的总受理量通常是两个不相等的数量。

这个数据可以在自动呼叫分配系统中获取。制定目标时需要通过预测客户来电量推算需要多少条中继线，需要了解有规律的高峰呼入时期和现有的服务资源，需要均衡新员工在高峰时期上岗的比例等因素。

当这个数据偏离计划目标时，目标纠偏的关键点是通过检查客服代表的出勤情况、客服代表的工作状态、新员工上岗比例、是否需要扩容满载的中继线、查验预测数据是否存在误差。

当这个数据高于计划目标时，可能是此时来电量少或客服代表上岗人数多，也可能是电话内容简单或服务流程顺畅，客服中心可以在这样的时间安排团队活动；当这个数据低于计划目标时，可能是业务变化出现新业态，或是预测不准确，安排用餐人员或团队活动人员数量欠妥等。

这个数据的行业优秀目标是20秒内接听响应率不低于80%，即N=20秒。这个比率越高，服务级别越高。不同的服务内容产生不同的差异。对关及人民群众生命和财产安全的客服中心，客观上要求接通率高，服务水平会达到90/10或99/20；而对成本优先的客服中心来说，高接通率与高投入成正比关系，如何均衡服务水平与成本投入的关系，是客服管理者面临的永恒挑战。监测这个数据的最大时间单位不宜大于一天，或一个班次。

报告这个数据常用的表示方法是数据、柱状图和曲线图。采用柱状图与目标数据和历史相关数据列表对比，了解变化情况；采用曲线图与目标数据和历史相关数据列表对比，追踪发展趋势。在客户呼入量较少的夜间，这个数据变化是观测突发事件的标志数据。这个数据常被误用于平衡白天的指标，使白天高峰时段服务水平欠佳的问题被平衡为隐性的问题。

客服管理系统应设置对这项数据的检测、告警和制图制表等检测报告功能，负责发现这个数据偏移的责任人是客服现场经理，由客服经理组织人员商议纠偏调整方案，并报告上级主管。如果客服管理系统不具备检测和报告功能，由制表人或信息员承担，并将结果及时报告客服经理。

4.4.2 响应时间

与服务水平相关的是客服的响应时间，它指客服在 N 段时间内，一定能够响应、回复客户的来访诉求，N 即是响应时间。它是所有服务行业都有的服务指标，是客服公开承诺的和客户可期待获得的服务响应时间。“客户通过传真渠道提交的诉求，客服必须在 24 小时内回复”“客户通过电子邮件提交的诉求，客服必须在 300 分钟内回复”，这里的 24 小时、300 分钟就是响应时间。这个指标容易与平均响应速度混淆，响应时间是客服公开承诺的相对稳定的时间期限，而平均响应速度是在服务队列中产生的不确定的时间数据。响应时间常用于信件或电子邮件等服务渠道，它隐含着客户的诉求不需要立即得到应答处理。

响应时间有两种类型：事先确定的响应时间和周期循环的响应时间。

事先确定的响应时间是固定不变的。它用一个时间点或时区段代表。如，“07:00—12:00 送达阳光客服中心的邮件，须在当日 17:00 前完成回复；12:01—次日 06:59 送达阳光客服中心的邮件，须在次日 12:00 前完成回复。”

周期循环的响应时间是随着时间的推移而呈现周期变化的，常用“多长时间内响应回复”来表达。如，“4 小时内响应回复，5 个工作日内响应回复”。如，阳光客服中心的邮件响应时间的间隔周期是 4 小时，那么，客户 09:00 发送的邮件，应该在 13:00（9+4）前被响应，同理 10:30 和 14:30 发的邮件，将分别在 14:40 和 18:00 前得到响应。客服可以利用邮件自动回复等功能降低响应时间的循环周期。

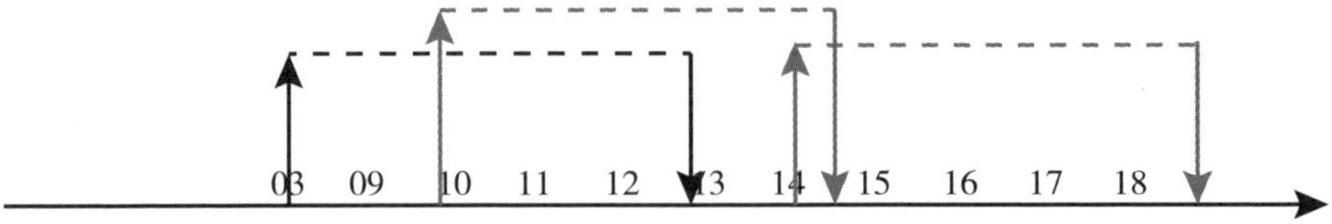

循环周期响应时间是 5 小时的响应节奏

客服需要把公开承诺的客户服务响应时间列入客服人员需求计算的重要参数，这个承诺的响应时间越短，意味着客服需要的人力越多。

客服人员需要考虑员工休息、培训、会议、缺勤等岗位空缺因素对实现响应时间的影响，因此，客服中心需要推算实际人员需求量与最低人员需求量的比例关系，这个比值从理论上讲必须大于 1。

例如，某位客服员工的工作任务是处理客户电邮 60 件，如果这位客服员工的平均处理时间为 4 分钟 / 件，那么他完成这项任务的最少时间是 60 件 ×4 分钟 / 件 ÷60 分钟 / 小时 =4 小时。如果需要这项工作在 2 小时内完成时，客服中心是需要增加一名同等技能的客服人员，还是集中现有人力分担处理客户邮件？客服可以通过算式结果帮助判断所需要增加人力的数量，或客服是否具备集中人力处理这项工作的人员条件。

某段时间内最低员工增量算式如下：

$$\text{预计需要增加客服人员数量}=\frac{\text{预测任务增量}}{(\text{响应时间}\div\text{平均处理时间})}$$

算式中的增量是客服在规定时间内需要完成的任务增量，平均处理时间是处理每件工作的平均时间，类似于电话服务中的“通话时间”和“事后处理时间”之和，响应时间指客户信息到达后，客服中心对客户公开承诺的响应时间或回复时限。例如，当客服邮件的响应时间是 2 小时，岗位要求客服员工的平均处理时间是 4 分钟 / 件，现估计将有 60 件增量电邮产生，那么：

$$\text{预计需要增加客服人员数量}=\frac{60\text{件}}{(120\text{分钟}\div 4\text{分钟/件/人})}=2(\text{人})$$

算式只考虑了工作时间，没有考虑客服员工需要休息的因素，获得的计算结果是最低人员需求数量。实际工作具体需要多少人，或是如何安排工作，还需兼顾考虑以下办法。

由于客户随时都可能向客服中心发出诉求，且不可能相互约定集中在固定的时间来访，客服中心也不能事先掌握情况并做好计划和安排。因此，面对增加的工作量，客服需要找到合适的办法来解决，可以考虑增加专职人员，也可以通过临时增援的办法来解决问题。比如，客户 60 封电邮并不是在某一个小时内集中到达的，这些邮件可能分布在一天 24 小时的任意时刻里；客服可以利用电话空闲时，将邮件回复工作安排给 60 名有相关技能的客服代表，只要一人处理一封电邮，就可以缓解或减少整个团队对人员的需求量。因此，适当培养一批具备多项技能的客服代表，并为客服系统增设服务渠道互通的功能，就可以提高客服的工时效率，降低用人成本。

4.4.3　服务渠道利用率

客户服务渠道的利用率是指服务渠道使用时间与闲置时间之比，是反映客服中心人力资源利用效率和现场管理水平的指标。

$$\text{电话服务渠道利用率}=\frac{\text{与客户的通话时间}+\text{客户的持线时间}}{\text{与客户的通话时间}+\text{客户的持线时间}+\text{客服代表的空闲时间}}\times 100\%$$

这个数据可以从自动呼叫分配系统获得。制定目标时需要考虑客服代表的业务能力、现场管理人员的能力和规章制度的健全及落实情况。

当这个数据偏离计划目标时，目标纠偏的关键点是通过检查在岗人员对业务和制度认知情况，客服现场服务管理力量的安排是否均衡。新员工多的班组，尽可能安排有经验的班组长带班，回避新上任的班组长带领新员工多的班组。检查是否存在客服系统和知识库的不当或空缺问题。

这个数据的行业优秀目标在 90% 以上。若这个数据的值持续一周以上较低且没有改进的趋势，客服经理需与培训师、质检师和客服代表研究查找问题，并制订解决方案。

监测这个数据的最大时间单位不宜超过一周，每周、每月的连续变化数据反映出个人和团队的进步或退步情况，这个数据越高，服务成本越低。

报告这个数据常用的表示方法是数据、雷达图和曲线图。采用雷达图将时段数据、优秀目标和计划目标进行对比，检测服务是否正常；采用曲线图将时段数据、优秀目标和计划目标数据进行对比，跟踪变化趋势。

客服管理系统应设置对这项数据的检测、告警和制图制表等检测报告功能，负责发现这个数据偏移的责任人是客服班组长，由客服班组长向客服经理报告，由客服经理提出纠偏调整方案。如果客服管理系统不具备检测和报告功能，由制表人或信息员承担，并将结果及时报告客服经理。

4.4.4 首次办结率

首次办结指客户的需求在第一次来电后即可在客服承诺的时间内得到解决，客户不会经历转接服务，客户无须为此诉求再次重复联系客服中心。首访办结指标是客服中心内外部管理的基础指标，也是判断客服外包服务质量的关键指标之一。首次办结至少包括三个层面的工作品质：

客服代表的知识储备和操作技能具备首次解决客户需求的能力。

客服中心的知识库和团队管理水平具备首次支持解决客户需求的能力。

客服中心所服务的组织能够提供的服务流程、相关功能和业务水平包括了客户的需求，具备委托客服中心首次解决客户需求的条件。

首次办结率也称“首次解决率”“一次性解决率”。首次解决率指标对客服中心和相关业务部门共同改善服务措施有一定的指导意义，它是在管理层面体现客服中心和组织的服务能力。“首次办结率”只是一个能够开启客服扬帆远征的基本能力指标，不是客服的终极目标。

客服中心的首次办结率含义包括客服代表的首次办结率和客服中心的首次办结率。有经验的员工产生的转接率明显低于新入职的员工，这个差距最能直接体现留住客服人才的价值作用。

$$\text{首次办结率}=\frac{\sum \text{所有服务渠道的首次办结总量}}{\sum \text{所有服务渠道的受理总量}}\times 100\%$$

客服中心的客户关系管理数据库可以提供计算公式中的数据。由于自助语音渠道的特殊性，在通常情况下，自助语音服务渠道的首次办结数据另做统计分析。

算式中的“首次办结总量”，是通过回访客户确认问题已经在首次呼叫便得以解决的、客户的电话没有转接、客服代表没有为此进行补充后续工作、按岗位职责要求在规定的服务流程中办妥了的客户诉求，且系统自动跟踪标记显示“办结状态”。

算式中的“受理总量”，包括客服所有人工服务渠道的客户来访总量，包括呼损量，但不包括在服务时限内的二次来电数量、或误入客服的来访数量、或在自助服务上产生的来访数量。对于服务外包的组织其算式中也有不包括简单咨询类诉求数量的情况。

“首次办结率”与“错误和返工量”相互关联。首次办结指标是降低组织服务成本的重要指标之一。在实际工作中，当客户的诉求没有在第一时间办结时，客服将为此支付接续服务所需的二次派单、联络督办和客户不满意的成本，其中不包括产生难以跟踪计算的隐性成本。客服在解决客户的再次来访诉求时，将产生比第一次来访时更多的工作量，客服代表要再次全面了解客户诉求内容，要对客户诉求目前办理状态进行详细跟踪，要对客户感受到的延时服务进行安抚，这些都会增加服务难度和服务成本。

首次办结率的计算结果与选择的时间区间有关，在同等结果下，如果选择的评价时间以周为单位，其结果要比评价时间以天为单位的计算结果好，即时间周期越大，所获得的数据视觉感越好，所以在应用这个数据时，关键数据是与结果相对应的评价周期。客服的服务条款需要为每次服务设定一个“保质期”和“有效期”，以便科学区分客户是“二次需求”还是“二次来访”。客服设定的考评区间至少与客服的响应时间同等，客服也可以为具体项目设置专门的评价区间，常见的评价区间有：24 小时、48 小时、72 小时、一周。

一次性解决率指标的行业标准是≥ 85%，实际情况中客服常见数据约为 80%。当服务指标偏离时，建议检查客服代表解决客户诉求的全面完整性；检测客服系统的设置标准是否科学合理；审验客服中心服务规程与业务部门的工作流程是否能够支持客户的需求和组织的发展变化。

在客服现场，对这个指标的管理重点体现在控制转接率和严守服务承诺时间。客服现场管理以规范的服务流程、健全可用的知识库和客服代表娴熟的业务水平，来保证客户的诉求不会被转接就能够办结。同时，针对客服不能在线办结、需要业务部门后续处理的诉求，要通过对服务过程的监管督办，力争在响应时间内办结客户诉求，对于那些超出服务承诺时限的未办完的诉求，客服中心应主动协调业务部门或与客户沟通联系，避免客户重复致电。

4.4.5　工时利用率

工时利用率是了解、评价客服在人力资源和工作时间方面的使用效率指标，也称客服代表工时利用率或占有率。与工时利用率对应的指标是空闲时间占用率。工时利用率数据受呼入数量、服务时间、业务变化等外部不可控制因素影响较多，是比较难以完全通过计划和监控实现的目标之一。工时利用率是反映客服配置服务资源水平的重要指标。

在使用工时利用率公式时，如果只把与通话时间直接相关的数据作为参数，工时利用率则被称为工时效率，也称“排班守时度”“通话利用率”。工时效率指标可以客观地评价员工的实际工作状态，这个指标可以有效考查两个方面的情况，一是考查客服人员出工也尽力的情况，二是考查管理人员抽调客服代表离岗出差的情况，或是检查离岗人员没有签出系统的情况。如果客服代表在工作时间被抽调离岗出差，那么，被抽调离岗的客服代表的工时虽然没有用在通话方面，但也没有被浪费。工时效率不包含出勤的全部工时，只包含员工出勤时用在通话时间上的比率。因此，“工时效率”不同于“工时利用率”和“客服人力资源在线比例”。

$$工时效率1=\frac{通话时长}{排班时长}\times 100\%$$，也称排班守时度。

$$工时效率2=\frac{通话时长}{通话时长+在线时长}\times 100\%$$，也称通话利用率。

客服为计划工作所进行的工时利用率预测与客服为检查工作所进行的工时利用率计算，在选择具体运算参数时有些差异，但所有计算的重点都是“客服员工有效工作的时间”，具体算式说明如下。

$工时利用率（通用算式）=\frac{累计话务处理时间}{在岗时间}\times 100\%$，也称通话利用率。这个算式的结果需要结合“受理量”指标一起使用。

工时利用率的预测算式为：

$预测工时利用率（公益）=\frac{呼叫数量\times 平均处理时间（秒）}{客服代表数量\times 3600秒}\times 100\%$（公益类客服常以60分钟为最小计算单位）

$预测工时利用率（营销）=\frac{呼叫数量\times 平均处理时间（秒）}{客服代表数量\times 1800秒}\times 100\%$（营销类客服常以30分钟为最小计算单位）

$$工时利用率1=\frac{正在通话的客服代表数量+恭候客户的客服代表数量}{签入系统的客服代表人数}\times 100\%$$

从“工时利用率 1”的计算结果中，可以了解到是否存在超标的“示忙”“事后处理”“人员离岗”“因公外出”“临时有事”等情况。

$$工时利用率2=\frac{客服代表通话的时间+客服代表恭候客户的时间}{客服排班计划里规定的上岗时间}\times100\%$$

从“工时利用率 2”的计算结果中，可以了解到缺勤和空岗对实际上岗人力的影响情况。

$$工时利用率3（工时效率3）=\frac{\sum（振铃时长+通话时长+事后处理时长+恭候客户时长）}{签入系统时间}\times100\%$$

从“工时利用率 3”的计算结果中，可以了解客服代表在线工作时间的情况，反映客服代表个人的工作接续状态和效率。

阳光客服员工数量、工时利用率和服务水平数据关系表

客服代表数量	服务水平（20 秒响应量）	工时利用率
30	24%	97%
31	45%	94%
32	61%	91%
33	73%	88%
34	82%	86%
35	88%	83%
36	92%	81%
37	95%	79%
38	97%	77%
39	98%	75%
40	99%	73%
41	99%	71%
42	100%	69%
数据生成的背景：平均通话时间 180 秒，平均事后处理时间 30 秒，客户呼入量 250 通，不考虑实际处理时间和特殊情况下的变化数据。		

从《阳光客服员工数量、工时利用率和服务水平数据关系表》中，我们能够直观了解到：

工时利用率与服务水平的关系不是正比关系；

员工出勤率高和工时利用率高，不代表一定能获得高的服务水平；

要获得较高的服务水平，需要付出低工时利用率的代价；

阳光客服中心若要实现20秒内接通率在90%以上的服务标准，在该时段需要具备36人，工时利用率约为81%。

当客服代表的工时利用率高而接听电话量低时，需要检查客服代表是否存在业务技能明显欠缺，或是否存在工作时间里做着与岗位职责无关的事情。当客服代表工时利用率低而接听电话量高时，如果能排除客服代表存在重量轻质的情况，那么基本可以判断此客服代表具备出色的业务能力。当工时利用率低而受理量也低时，表明客户来访量低，可考虑减少客服人员在岗数量。当工时利用率高而受理量也高时，表明客户来访量高时，可考虑安排更多的人员上岗。

若某位客服代表工时利用率的值为“0”时，表明此人缺勤；若工时利用率为100%，此时并不一定是客服代表的工时利用率达到最高，往往可能存在当班电话量较低、客服代表长期处于等候的空闲状态，使得客服代表以为临时离开工位不必改变工作状态，而这恰恰也是某些客服代表漏接电话的重要原因之一。

在客服现场，对这个指标的管理重点是检查“休息”“示忙”“事后处理”数据。片面追求工时利用率，会影响员工的身体状况和服务质量。在这个指标的考核上，通常采用“达标”等同“优秀”的原则，不对这个考核指标进行排名，以免产生“不鼓励员工休息”的误读。因为，如果按常规标准代入客服代表的工作数据，$\frac{\text{休息+示忙}}{\text{在线时长}}\times100\%\leqslant15\%$或$\frac{\text{事后处理时长}}{\text{通话时长}}\times100\%\leqslant15\%$，那么，当工时利用率高达80%以上时，客服代表几乎处在没有休息的状态。

这个小例子说明：客服的指标数据能够从各个角度讲述客服的“故事”，它能让我们了解一个完整的客服世界。

计算工时利用率所需的数据可以从ACD系统中获得。当这个数据偏离计划目标时，目标纠偏的关键点是检查客服员工因病事假、临时公差、用餐、工间休息等造成的空岗情况，避免出工不出力的情况。为获得精准的数据，需要尽可能在系统中细分客服代表在工作中可能发生的各种活动，并要求客服代表按实际情况严格标记自己的工作状态。

这个数据的行业优秀目标在90%以上，这是不包括用餐和必要休息的数据。它的数值高低与服务成本和热线接通率成反比关系。

监测这个数据时，如果监测对象是一个团队或班组时，可用班次工作时间作为最小监测单位；如果监测对象是客服代表个人，可用一小时作为最小监测单位。

客服管理系统应设置对这项数据的检测、告警和制图制表等检测报告功能。采用柱状图与目标数据和历史相关数据列表对比，检测工时利用率数据是否正常；采用曲线图与目标数据和历史相关数据列表对比，追踪发展趋势。

负责发现这个数据偏移的责任人是在现场工作的班组长，由班组长向客服经理报告，由客服经理决定纠偏调整方案。如果客服管理系统不具备检测和报告客服代表工作时间效率的功能，相关图表的制作由信息员和工程师来承担，并将结果及时报告客服经理。

4.4.6　受理成本

提高服务水平和降低服务成本投入是客服中心面临的矛盾，客服管理人员一直都需要承担提高客户满意度和控制服务成本的两大任务。客服成本指标不是一个单一的指标，它是包含了服务过程中所有关及成本的指标。服务成本与服务过程中各作业环节所耗费的时间长短相关，在不同的客户联系渠道上，依靠客服人员帮助进行信息修改与业务确认，或者全程都是客户在互动平台上获取自助服务，两者的成本算法明显有所差异，具体可参见《客服中心成本计算常用指标及参考数据》。

客服中心成本计算常用指标及参考数据

分类	子类	业内参考数据
渠道	电话渠道接通率	SL80%/20 秒
	邮件渠道	100%/24 小时
	即时渠道（短信、微信等）	100%/4 小时
	传真渠道	100%/24 小时
	网站渠道	100%/4 小时
接入	忙音率	1%—4%
	队列容纳率	10%—20%
	排队比率	≤ 1
	排队等待时间	20—150 秒
	平均振铃次数	2—3 次 / 通
	放弃率（呼损率）	≤ 3%
	转接率	≤ 5%
	持线率	≥ 80%
	一次性解决率	≥ 80%
	无效名单比率（黑名单）	≤ 1%
	误、错电话（在队列中停留时间小于 3 秒）	≤ 2%
通话	平均通话时间	2—10 分钟
	持线转接次数	2 次 / 通
	平均持线等待时间	≤ 40 秒
	事后处理时间	≤ 30 秒
	外呼成功率（借助拨号器）	≥ 25%
	接听响应次数	5—30 人次 / 小时
开放	电话渠道	7 × 24 或 5 × 8
	网络渠道	7 × 24
管理	监听频次	4 次 / 月
	工时占有率	65%—80%
	员工出勤率	95%
	人才流失率	5%—30%
	总目标达成吻合度	95%

客服中心的成本预算是客服开展计划工作的依据，客服服务成本指标最容易让客服员工理解服务效率与成本之间存在的紧密关系，最能够直观体现客服中心的存在价值，最容易以价值的形式评估各种业务问题引发的服务成本投入。如，由于新政策表述不清楚的原因，引发客户诉求 n 人次，累计耗用客服 m 个工时，客服为此付出人力成本 f（n，m）。

客服中心关于服务客户的成本常以每人次为单位，选择参数的时间范围可以是月或年。

单位时间内每通电话的费用 = 总成本（固定和可变的）÷ 总来电量

总成本包括客服用工成本、设备成本分摊、办公成本分摊等，难以包括其他业务部门为这通电话付出的费用，难以精算每通电话客服所付出的潜在成本。

客服服务成本数据显示，客服线路忙时客服通话成本相对较低，客服闲时客服通话成本相对较高，客服通话成本的高低与繁忙程度存在反比关系。

客服降低电话成本的办法主要有及时解决服务中的问题、优化服务流程、简化通话内容、降低客户集中来访的频次、提高自助服务成功率、降低错误返工率等。

客服成本计算参数与客服实际人均受理量指标密切关联，实际人均受理量是在某个时间段内客服代表处理的客户诉求量，也称“实际受理量”，或称“真实可执行的受理量”。实际受理量是在客服现有的条件下，以客服客观真实的数据作基础来排除环境变化因素对客服代表受理数量的影响，以此获得相对稳定和公平的人力成本评价的基础数据，是客服中心进行成本预算或客服中心开展外包业务的重要参考数据之一，其计算公式适用于客服的任何服务渠道。

$$\text{实际人均受理量} \approx \frac{\text{人均受理量}}{\text{工时利用率}}$$

从《实际人均受理量计算表》中得知，实际通话量 8.6 是一个抗变化力强、相对稳定的具有定性意义的定量数据。

实际人均受理量计算表

30 分钟呼入量	服务水平	所需人员	工时利用率	人均受理量	实际人均受理量
50	80/20	9	65%	5.6	8.6
100	80/20	15	78%	6.7	8.6

续表

30 分钟呼入量	服务水平	所需人员	工时利用率	人均受理量	实际人均受理量
500	80/20	65	90%	7.7	8.6
1000	80/20	124	94%	8.1	8.6
备注：假设每通电话平均处理时间为 3.5 分钟。					

4.4.7 排班实效

在客服中心，制订排班计划始终是一项重要工作，排班计划的实际效果直接关系服务水平和服务成本。排班实效率是排班人员数量与客户来电数量吻合的程度，反映实现服务水平指标的人力条件是否具备。如果排班人员数量比实际人员需求数量小很多，容易造成员工劳动强度过大，客服现场很难通过管理办法来弥补人员不足的困难。反之，如果排班人员过多，则会造成人力浪费。

客服现场经常对照排班人员数量与客户来电数量吻合情况，根据实际上岗人员需求对排班计划进行微调，为精准排班摸索规律。数据曲线可以帮助管理人员直观了解排班效率。

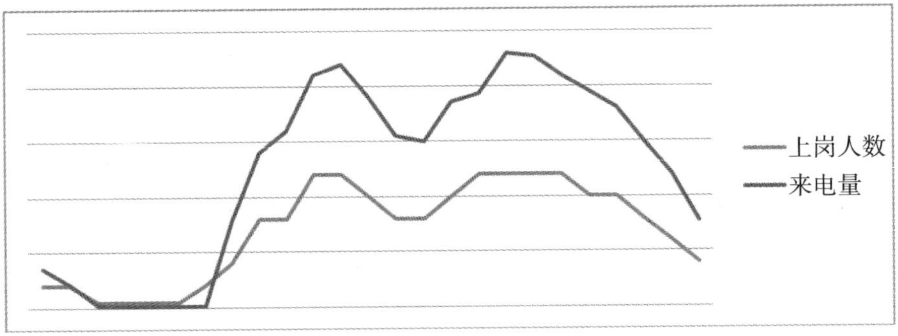

上岗人数与来电量曲线的变化保持一致

排班实效率在追求科学安排人员的基础上，还需要兼顾两个“关键少数人员”。第一，当我们以班组为单位变换 Erlang 公式中的人员参数时，会发现存在一个能够保证服务水平指标的临界数据，即所需班组的最小数量，且缺少任何一个班组都不能完成预期的服务指标，这个班组成员的数量，就是关键少数人员，关键少数人员最能体现每个班组存在的意义。第二，当我们在分析投入与收益的数据关系时，会发现存在一个保证最佳收益的临界数据，即增减任何一名人员其收益都会发生明显的变化，这名客服人员同样属关键少数人员。在《关键少数人员与成本和效益关系的示意表》中我们能够看到，某项业务的客服人员从 36 名增加到 37 名时，收益明显增加，而客服人员从 42 名增加到 43 名时，收益增加量为 0。例如，阳光客服的上岗人员数量在 118—128 人之间时，每个人的工作状态和结果都会对客服整体的服务水平起到“合格”或“不合格”的作用，这“重要少数”是“10 人”。又如，阳光客服某项业务的人员从 28 人增加到 29 人时，服务数量与服务成本投入的比值会发生明显的变化，这个“重要少数”就是“1 人”。这两个“关键少数人员”是客服排班和客服外包的重要参考数据，这两个数据最能说明，在客服中心每一位员工、每一个班组都很重要。因此，客服中心通常会将“全勤”和“空岗”等出勤数据列入重要考核内容，以保证排班的实际效果。

关键少数人员与成本和效益关系的示意表

基础人员需求量	实际人员需求量	20 秒内接起率	实际接起数量	工作时间	通话时间	人工费	电话费	总收入	净收入	增加量
30	36	50%	230	805	690	335	138	6900	6427	基础起点
31	37	58%	270	945	810	394	162	8100	7544	1118
32	38	62%	278	973	834	405	167	8340	7768	224
33	40	79%	280	980	840	408	196	8400	7796	27.9
34	41	89%	296	1036	888	432	178	8880	8271	279
35	42	95%	298	1043	894	435	179	8940	8327	55.9
36	43	97%	298	1043	894	435	179	8940	8327	0
假设：平均通话时间 =3 分钟，事后处理时间 =0.5 分钟，30 分钟内电话量 =300 通，电话费 =0.2 元 / 分钟，客服人力成本 =25 元 / 小时，电话收益 =30 元 / 每通电话，人力注册系数 =1.2。										
说明：实际人员需求量 = 基础人员需求量 ×1.2，工作时间 = 实际接起量 ×（3+0.5）分钟，通话时间 = 实际接起量 ×3 分钟，人工费 = 工作时间 ×25 元，电话费 = 通话分钟数 ×0.2 元 / 分钟，总收入 = 实际通话数量 ×30 元，净收入 = 总收入 – 人工费 – 通信费。										

第 5 章　作业工单

> 它满载服务标准和处理信息，伴随服务的全过程并适时发出提醒作业的指令。

马克思指出："一切规模较大的直接社会劳动或共同劳动，都或多或少地需要指挥，以协调个人的活动，并执行生产总体的运动——不同于这一总体的独立器官的运动——所产生的各种一般职能。"[①] 客服工单紧紧伴随服务全过程，并起着指挥管理作用。

客服每张工单都满载服务全程信息，带着最新的数据流转于不同的岗位和各类数据库之间，实时记录服务过程、标识处理状态、提供服务评价依据，指挥和管理服务全过程，使组织的所有系统和服务流程得以协同联动，实现服务目标。

客服工单支持各部门开展服务职能，它在支持各部门之间的协同联动服务方面有不可或缺的作用。客户服务工作与多个部门协同联动的表现和结果，最终都能完整地体现在客服工单中。工单是服务工作处于 PDCA 循环的必备条件，它把组织目标和人员的活动连在一起。客服工单作为服务的信息载体，在实现过程监管方面发挥着规范服务和精细管理的作用。

---

① ［德］马克思．资本论（第一卷）［M］．中共中央马克思恩格斯列宁斯大林著作编译局，译．北京：人民出版社，2004：384.

5.1　工单概念

5.1.1　工单的作用

工单是指生产管理人员向生产人员派发生产的指令单据，而派送工单是生产工作中最基本的工作凭证之一，工单是作业指令，也是监管服务质量、检查生产进度、核算管理成本的依据。

客服工单在客服管理中发挥着“纵向到底、横向到边、不留死角”的作用。优质工单能将客服中心由接纳组织服务问题的缓冲器变为提升组织工作成效的推动器，其品质管理与多项品质类指标关联，包括责任事故界定、首次办结率、返工要求、延迟成本、同步质检、障目工单等指标。

客服工单具有发布任务指令、评价标准和进程计划等作用，在服务过程管理系统、作业管理系统、跟踪反馈系统、业务支持系统以及客户关系管理系统中流转，最终实现对客户服务的全程定位和监管。

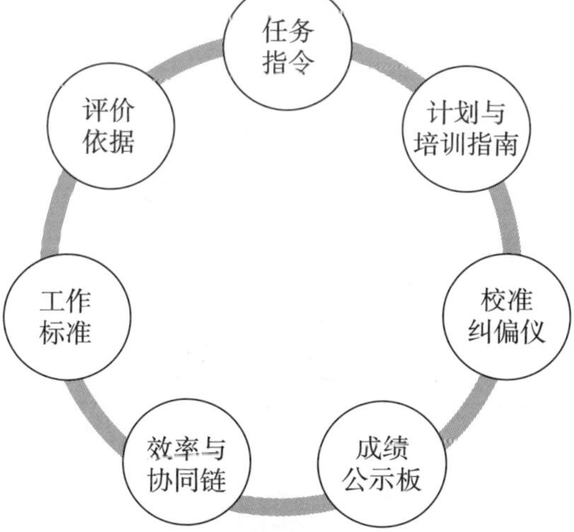

客服工单的作用

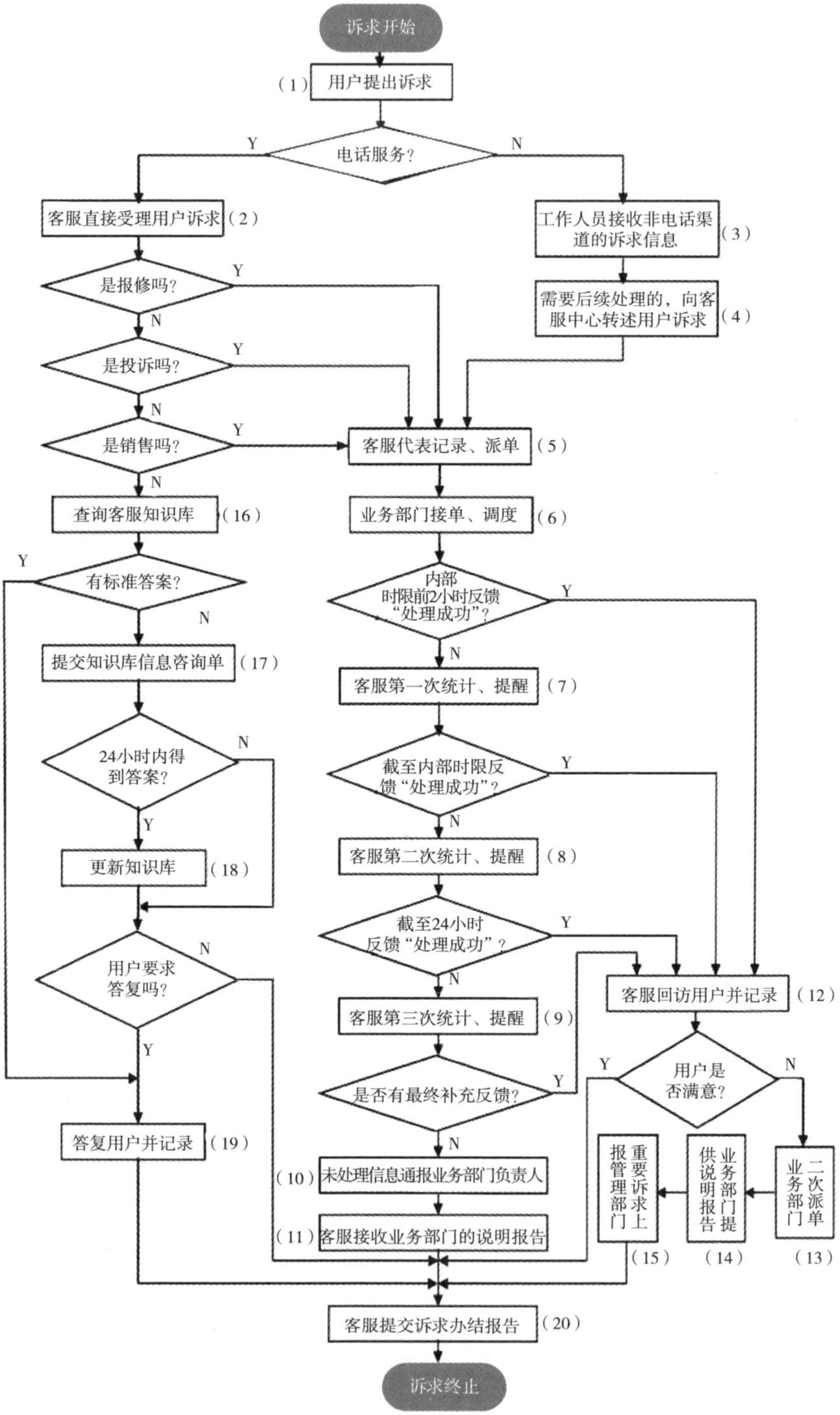

客户诉求工单处理流程图

客服工单是任务指令和协同服务的号令，它下达服务任务的指令，并且指挥服务进程不同的执行号令，是服务流程中各环节的行动指南。工单的状态是联动服务的重要参照指标之一，上一个工作结束的时间，可能是下一个工作的开始时间，办结时间的结束可能是回访时间的起始时间。服务进程中的指挥指令是以“工单已经确认”“工单派发成功”“工单已经接收”“工单正在处理中”“工单已经完成”等信息作为向组织成员提供了解服务进程和开展接续服务的依据。客服工单的流程方向、流转速度和前后顺序都为各部门人员协同联动提供了基本的关联条件，客服工单所涉及的操作时间为组织实现预期的服务目标提供了明确的时间要求。

客服工单是落实标准和评价服务的依据。客服工单能够再现真实的服务情况，其中的实时信息有益于及时校正服务中存在的偏差。

客服工单是鼓励先进和开展培训的工具。客服工单能够及时对各部门的服务结果和成效进行排序公示，能够为培训提供生动翔实的案例。

客服工单是组织挖掘大数据的源泉，为组织决策提供重要依据。

客服工单包括功能性指标和非功能性指标。功能性指标是记录工单信息的要求，非功能性指标是记录工单所需的基本条件。客服代表的工作主要涉及工单的功能性指标。

客服工单从开始流转到最终入库，途经的每一个节点、每一处信息以及所呈现的各种状态构成客服工单的流转线路。

5.1.2　工单的特性

客服工单最基本的功能是记录从服务开始到服务结束的整个过程中所有服务活动的信息，记录服务流程上每一个作业的执行情况，并通过实时检测系统对服务全程进行监管。客服管理要求客服工单信息具备记录完整、关联多个子工单、可追溯、可实时调用等功能，因此，客服工单需要满足以下基本要求。

客服工单的编号和分类代码是唯一的，这是区别工单的唯一标识。

客服工单能够从始至终地记录每一个服务环节的情况，使客服服务过程可以再现、追溯。

客服工单办结的标准或条件来自组织的明确规定，而非由业务部门或客户临时决定。

客服工单项目的设置都是益于提高服务水平的内容，与服务水平无关的项目原则上不能成为客服工单的内容。

客服工单信息的统计能够清楚指向服务问题的根源，能够为领导决策、组织改进工作提供客观真实的数据。

5.2 工单信息

客服工单常见的分类有咨询、业务、投诉、建议、表扬、报障（问题、故障、

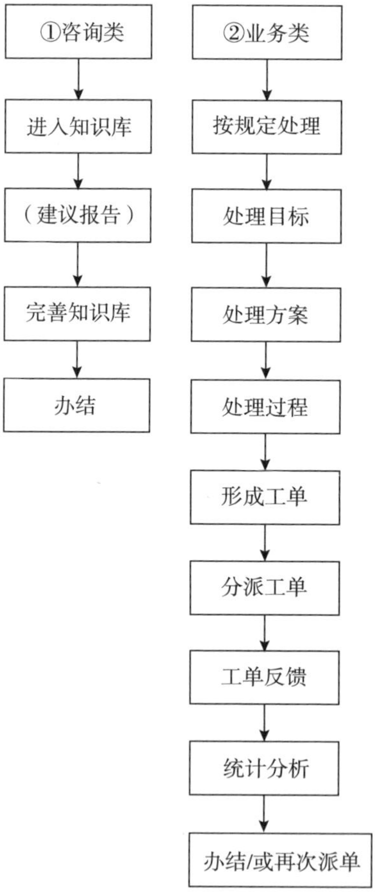

客服工单分类

事件、案件）等类。有的客服中心把派发的诉求单称作客服工单，把不需要派发的诉求单称作流水单或表单。

客服工单按流程可以归纳为基本信息和作业信息两类。基本信息主要表现为静态信息，作业信息则表现为动态信息，作业信息包含工单状态信息。

5.2.1　基本信息

客服工单的基本信息及操作是指按规范记录客户诉求和按规程传递处置情况的信息，并将客服工单信息存入数据库，使客服工单信息可以被更多人“听到”和“看到”。客服工单的作业信息主要体现在责任主体、服务时限和工单现状等方面。如，客服工单的责任主体和联系方式是推进服务工作的关键联系信息，一个都不能少，包括收发工单的部门名称、工单责任部门；包括联系人、联系电话、主叫号码、邮箱、微信号等。

客服工单的属性标识和时间时限是客服检查服务工作的重要基本信息，必须准确无误。包括工单的唯一标识、分类标识。如“20170201-JY001”，代表 2017 年 2 月 1 日产生的 001 号建议类工单。包括接单时间、派送时间、工作时限等。如反映食品质量问题，需记录品名、品牌、编号、生产日期、生产单位等。

客服工单的生成缘由和所处现状是客服了解、追溯服务全过程的关键内容，一项都不能缺，包括中间结果、事发地点和诉者意愿。如，李先生反映积水潭门前道路雨后积水严重，目前车辆、行人难以通行。

5.2.2　作业信息

客服工单的作业信息质量决定了客服工单的品质。客服工单的作业信息主要由两类信息组成：一是满足客户需求的信息，它是组织完成近期目标所需的基本信息；二是有益于组织生存发展的信息，它是组织计划未来所需的基本信息。

客服工单的作业信息是指客服工单从生成到办结的整个流转过程中产生的信息。作业信息具有实效性和共享性，作业信息一经录入，即可被相关人员在系统中“看到”或“用到”。客服工单的作业信息可以使更多的同事了解到工单处理的动态过程。客服工单的作业信息有些是工单在流转过程中随机产生的，如“工单派发时间”；也有的信息是预置进工单管理系统中的，如“工单最晚办理时限”；也有介于两者之间的，如“工单进度表”。填写客服工单时，用简单句，不用修饰词，不加入个人主观情绪表达，例如不用“！”或“……”等没有实际意义的符号。

客服系统用技术手段保证客服工单的必填项和重要作业信息的完整。常见客服工单的不可或缺信息项主要包括以下几个方面。

客服工单的流转记录和时限要求不可空缺。客服工单的作业信息需要记录工单流转中经停的每一个部门和经办人、实际作业时限、作业起始时间和作业结束时间，使客服工单在流转中的任何一点都有明确的责任人。

客服工单的作业分类和作业情况不可空缺。按客户诉求确定客服工单的类别，以作业规程确定需要记录的关键内容和作业的进程，包括记录不具备完成此作业情况的缘由，如天气原因，或材料不足等原因。

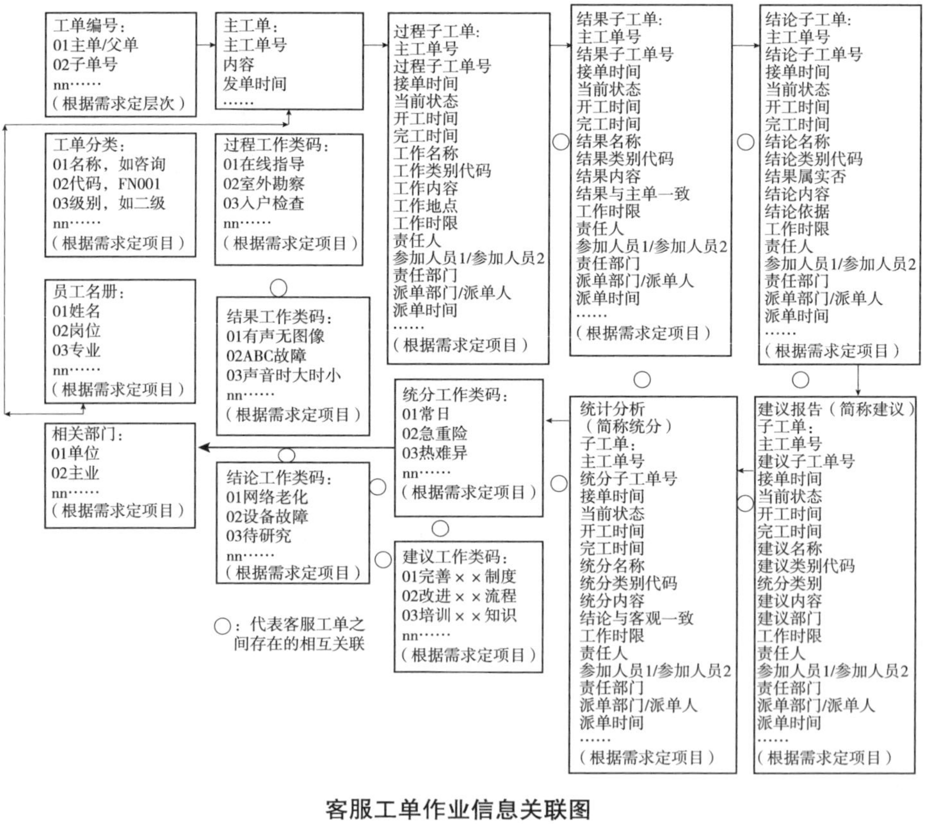

客服工单作业信息关联图

客服工单的意见归类和改进建议信息不可空缺。记录分析客户热点诉求和意见建议是客服和组织完善服务、提升形象的重要依据。

5.2.3 状态信息

客服工单状态是指客服工单在某一个时间点所处的状况及标识，也是不同岗位或部门人员协同工作的指令或提示符。一般来说，不同客服的工单作业状态及定义基本相同，如“派发”“再派”“转派”“接单”“办理中”“办结”“反馈”“回访”“完成”等。为避免客服工单产生歧义的指令效果，客服工单的每一个状态应该只能对应一种解释内容。

当客服工单从一个状态变成另一个新状态时，表明完成或发生了一次客服工单的流转过程，通常状态指“起始状态”或“当前状态”，新状态指“终态”或“完成状态”。客服工单在流转过程中，每一环节产生的“终态”都是下一环节的“起始状态”。良好的服务水平需要每一环节有合格的“起始状态”，即能够得到上一环节送来的合格“终态”。客服工单关联着所有服务环节状态，这些状态是决定整体服务水平的关键条件。参见《阳光客服中心工单状态定义》。

阳光客服中心工单状态定义

名称或状态	系统标识	说明
新单、未受理、二次派单	新单	分派，按权限作业，不可删除，不可更改标识
接收工单	打开	工单被接收中
处理工单	处理中	工单处理中
等待回复	等待中	如等待客户输入密码
已经解决	已办结	工单移至非作业库
工单关闭	关闭	不能再对工单进行任何操作
自动分派	自助	将工单自动分派给签入系统的人员
按时分派	已派	在时限内每个工单已分派给了责任人
处置进度	有，或空	完成工单情况。“空”代表工单全部办结
错派转派	转，或退	错派标记，按规程转或退错单

续表

名称或状态	系统标识	说明
优先级别	1—N 级	决定工单处置流向的必填项
工单分类	A，B，C	决定工单流向的必填项

5.3 工单流转

5.3.1 工单设计

客服的每张工单都是客服人员在精神高度集中的受理过程中同步操作完成的，它的每一次流转都要依据明确的服务规程并通过复杂的网络环境来实现。因此，一个功能完善的客服工单系统需要采用结构化设计方法，划分功能模块，拟定内部逻辑，建立数据模型和数据表结构，将组织内部多种资源关联在一起。客服工单设计的管理目标是要保证“操作过程简单”和“流转过程安全”，计算机技术以及互联网技术为客服中心实现工单管理目标提供了高效经济的办法。客服工单设计的关键需求包括操作简单、相互关联、项目明确和安全流转。

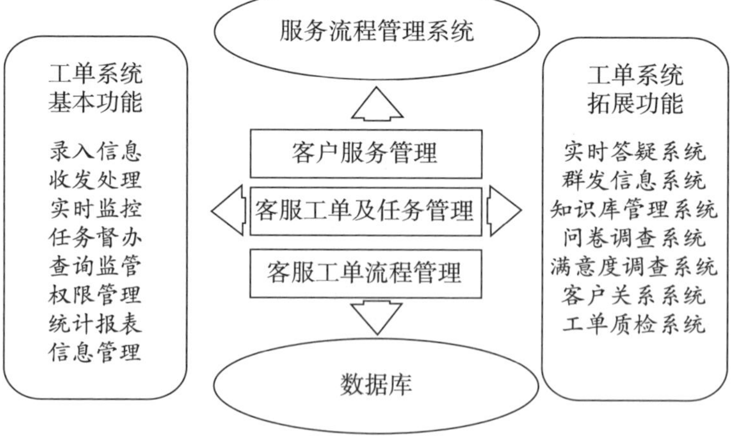

客服工单系统示意图

5.3.1.1 操作简单

保证客服工单的接入方式简单。通过网络数据交互技术对客服工单进行实时监管，通过分布式数据结构技术管理客服工单，使客服人员和客户无须下载安装软件和插件即可获得相关工单进程信息。

保证客服工单的操作方式简单，信息更新成本低。通过系统自动化技术自动更新工单的状态，或通过系统预设选项的办法来规范工单的操作过程，降低人工录入比例及失误概率，使查找和调用客服工单信息的过程简单。如，通过系统自动生成客服工单流转的日期、时间、操作者等伴随信息；将“客户意见”预设为“批评类”和“建议类”备选项，将“批评类”预设为“接入难”“响应慢”“提供错误信息”等备选项，客服人员只需对备选项进行勾选操作，而无须进行录入汉字的操作，也无须凭借记忆事后整理。但需要详细记录的项目不得作为可选项处理，如投诉类诉求的回访结果应至少包括原因、过程和结果，不应只用“客户已撤诉”“客户举报不实”“已经办结”等选项描述回访结果。

保证客服工单的关键信息一目了然。通过系统展现相对稳定的客服工单界面的样式和格式，如“YYYY-MM-DD”来规范“年月日”的信息格式。通过技术手段将操作客服工单的功能键、关键监管信息和关键监管时间点放在工单界面的醒目位置，或用醒目的颜色显示关键信息。如，将“超时限预警信息”“重要工单监测信息”“预设关键字监测信息”“预约工单监测信息”“重要事件提醒信息”“派发时间”“处理时间”“办结时间”等信息放在醒目的位置上。

5.3.1.2 相互关联

保证客服工单记录的信息简单、有意义。客服工单要满足“一事一单，单单可查”的需求。客服工单的内容尽可能地简单，对于一个客户一次反映的多个问题，需要按问题及责任部门分类记录在不同的工单中，避免出现因工单所及问题涉及的部门多而无从流转、服务被延误、丢单等情况。客服在服务重要的特殊客户或某项具体业务时，为了全面了解特殊客户群的需求，为保证服务的完整性，会特别设立“一单多需”的工单，但需指派专人负责。

客服工单的项目要涵盖业务所需的全部关联信息。客服工单的信息是逻辑贯通、纵横有序、特征明确、有效关联的信息集合。工单与工单之间存在纵向管理从属关系和横向协调补充关系。

客服的每一张工单都是不可或缺的。客服工单与子工单之间不能有交叉、重复和矛盾的关系，否则会因工单项目的信息源不唯一而造成信息错误。子工单可以事件类别、进程控制点、发展和趋势等分类。客服工单的编号是唯一的，且工单编号不再改变。

客服工单之间通过关联可获得服务全过程的信息。发展的事业使客服工单始终处于"越来越"的状态：服务的业务越来越多、服务的分工越来越细、服务过程的专业化程度越来越高、参加服务的人员和角色越来越广、服务中遇到的新情况越来越复杂。这些"越来越"使客服工单的信息内容变化越来越快。在发展中，客服工单结构常采用一个主工单关联若干个分类子工单，主工单与子工单、子工单与子工单之间通过工单编号或关联符实现关联，以此实现工单的快速保存、方便利用和降低信息管理成本。

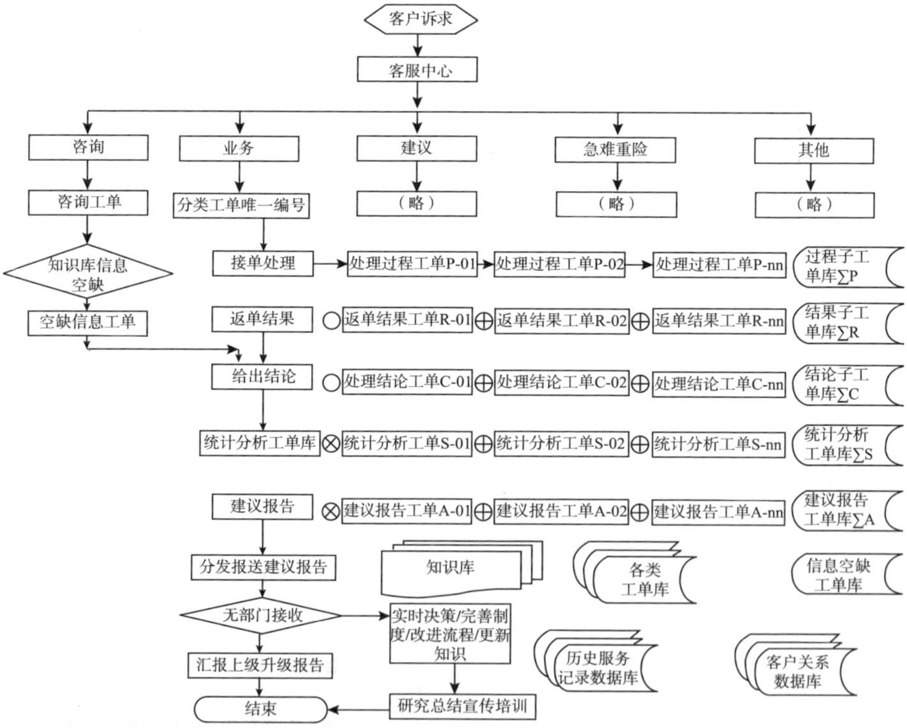

客服工单流转框架示意图

客服工单之间关联需要满足普通工单和紧急工单的要求。普通工单是指那些信息简单、责任主体明确，普通工作人员能够办理完成的工单；紧急工单是指那些信息重要、情况紧急、原因复杂、责任主体不明确，需要管理人员或专家席来解决的客服工单。

5.3.1.3 项目明确

客服工单的项目名称要简单易懂。客服工单项目名称的设置要符合大众习惯，便于不同的岗位人员理解，无须附加特别说明。如果需要增设或调整项目名称，应该通过系统功能限制人工随意录入，避免产生歧义。通过系统功能细分客户群并绑定其适用的工单，避免出现无效的项目。客服系统呈现给客服代表的是简单清晰的信息工单，它不因客服代表个人水平的差异而造成重要信息缺失。

客服工单的项目名称具有排他性，应是唯一的，如，“主叫电话”“联系电话”“注册电话”不能用“客户电话”一个项目来表示，否则会造成混淆。工单项目也不应出现对提高服务水平没有意义的项目。

客服工单的每个项目只能代表一个意义，慎用意义不明的“备注”项目，一个工单项目不能附带或临时捆绑其他的意义。例如，客服工单不能用“经办人”这个项目来代表“责任人”“执行人”“操作者”等不同岗位的人员，很容易产生混淆，导致责任不清。又如，阳光客服中心关于故障的级别及升级处理描述为：“在平常时期中，信号中断 24 小时以上的为三级故障，信号中断 48 小时以上的为二级故障，而在重点保障期间，信号中断 24 小时以上的为二级故障，信息中断 48 小时以上的为一级故障”。在这里，阳光客服中心的工单里至少需要用“故障级别”和“保障时期”两个项目才能准确标注相关故障级别信息，如果只用“故障级别”一项，有可能将重点时期的一级故障当成二级故障对待，造成重大失误。

客服工单中涉及公共或个人隐私的信息，即使非常有助于组织制定战略规划，原则上也不宜列入客服工单的项目内容，除非客服得到了组织或相关人员的明确授权。

5.3.1.4 安全流转

要保证客服工单能够在多个部门、多个地点、多位人员之间安全流转，需要加强组织的信息安全保密工作，采取身份认证、防火墙、安全路由和 VPN

等技术措施，确保客服系统和工单数据稳定可靠，避免信息在传输过程中出现丢失、变异甚至被盗用、篡改等不良情况。

客服工单数据量大、持续时间长，必须结合工作实际制定各类数据的备份策略，并严格执行，形成长效机制。具体可参见《阳光客服中心工单备份策略》。

阳光客服中心工单备份策略

名称	在线保存时间	离线保存时间
基础数据	永久	
文档数据	5 年	永久
过程数据	3 年	永久
统计数据	3 年	永久
实时数据	2 年	永久
系统数据备份周期	30 天	
文档数据备份周期	30 天	
增量备份周期	≤ 24 小时	
服务器策略	实时 RAD	

5.3.2 流转条件

前文已提及，客服工单包括功能性指标和非功能性指标，功能性指标主要用于记录工单信息，而非功能性指标则主要用来保证工单能够按照预设的流转程序顺利执行，能够有效排除工单流转中出现“丢单”和“漏单”等现象，是支持客服工单有序安全流转的技术条件。客服工单的非功能性需求包括稳定需求、可维护需求、易操作需求等。具体可参见《阳光客服工单非功能性需求》。

阳光客服工单非功能性需求

项目名称	指标名称	说明・举例
稳定性	服务时间	7 天 ×24 小时，或服务开放时间

续表

项目名称	指标名称	说明・举例
客户端数量	动态用户数	受理岗可能的最高人数。客服中心和使用部门可能同时上线的最多人员或客户端数量
	静态用户数	能够支持后台处理的人员总量
	技术人员	能够支持同时在线的技术人员总数
客户端界面	系统响应	1000 次 / 秒
	客户端平均响应	小于 3 秒
	客户端平均响应水平	98% 的响应≤ 2 秒
	客户端最长响应	小丁 15 秒
	客户端最长响应水平	98% 的响应≤ 5 秒
	客户端打开多个窗口	用于执行不能同时在一个系统上处理的任务
网络带宽	数据库出口带宽	满足当前条件和系统功能要求
	应出服务器出口带宽	满足当前条件和系统功能要求
	客户端带宽	由系统运转要求而定，一般不低于 10M
	系统正常运行率	不应低于 99.99% 的服务时间
	同步稳定性	N 个客户端同时在线连续工作 M 小时。如 10 个席位的服务人员同时在线持续工作 365 × 24 小时
服务器指标	CPU 负载	平均值≤ 40%，峰值≤ 80%
	可用内存	低于物理内存的 35%
	系统占用	控制在可支持上述各项指标的范围
数据库容量	当前量	可用近 12 月的数据作为参照基础
	近期增长量	重点观察月递增量
	预计 3 年后增长量	根据月递增量推算
运转环境	操作系统	Windows XP
	需求分析工具	Rational Rose 2003

续表

项目名称	指标名称	说明·举例
运转环境	数据库服务器	SQLserver
	数据库建模工具	Sybase Power Designer 15
	集成开发环境	Visual studio 2010
	应用服务器	IIS6.0
	控制版本工具	SVN14

5.3.3 流转方向

客服工单流转有两个关键的目标朝向，一个是尽可能地降低客服工单的流转次数，另一个是尽可能提高个性化服务。

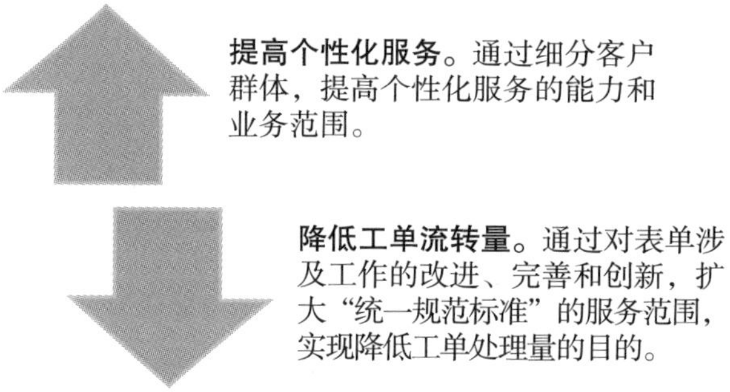

客服工单流转两个关键目标朝向

客服工单是记录服务生产环节、保证服务生产质量的关键步骤。客服工单的流程客观反映客服的服务流程，在客服不存在流程以外的客服工单，所有客服工单都是按照预设服务规程进行处理和流转。也就是说，当出现一张工单无人处理或错误流转时，则需要审视、完善现有服务工作的规程以及客服系统设计的流转条件和标识。客服工单的常规流转过程大致相同，具体可参见《客服工单流转简图》。

客服工单流转的路线因业务不同而行程不同，每一张客服工单的流转路线都有“派单”“退单”“返单”“验单”等相同环节。“派单”是将客户诉求派送给接收处理部门。“退单”是将不合乎要求的客服工单退回发送处。“返单”是对客服工单所及工作任务反馈落实结果。“验单”是检查落实结果是否符合规定的要求。

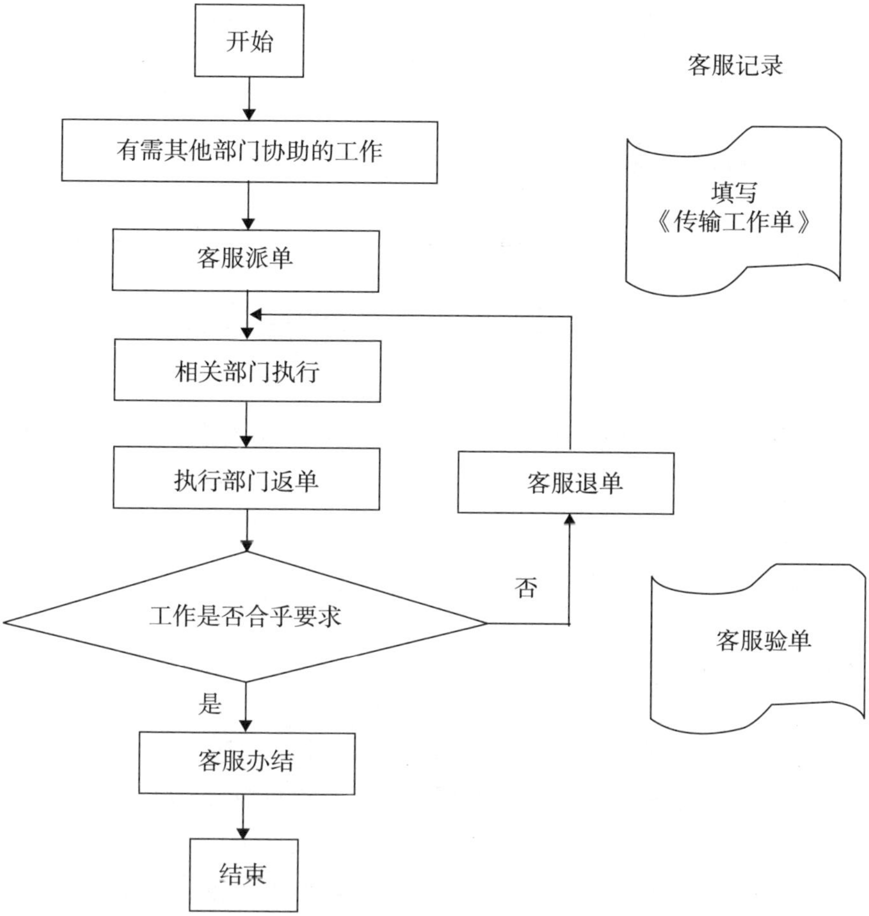

客服工单流转简图

5.4　工单质量

管理专家威廉·戴明先生曾说，一切质量都是生产出来的，不是检验出来的。在服务工作中，客服工单自始至终都是不可或缺的载体，只有保证客服工单的生产环节才能保证客服的服务质量。

客服工单的质量管理是依据预定的标准对工单的生产环节进行全面的监管，重点是管理客服工单的内容和流转方向，可通过对客服工单的信息分析、超时提醒、定性跟踪和反馈检查，及时发现“障目工单”和“异常来访信息”，提高服务资源的利用率，发挥客服中心的检查督办作用。

5.4.1 满意工单

满意工单是指那些服务结果让客户满意，服务过程让组织、客服和员工都满意的工单。满意的客服工单有以下共同的特点。

工单符合服务规程，能被智能系统正确分类、派单和批量处理，包括能够及时收回发出的无效工单。

工单能够支持新技术应用，如能够用二维码和条形码的客服工单，能够支持卫星定位系统的客服工单等。

工单信息能够统计分析，及时发现服务中的热点、难点和异常类信息，总结提炼相关工作经验，帮助组织进行决策和改进。

5.4.2 不满意工单

不满意工单是指那些服务结果或服务过程让客户不满意，同时也让客服及组织不满意，或者让客户和客服代表都感到为难与困惑的工单。不满意的客服工单具有的共同表现：

缺少关键信息和关联办法，不利于服务过程的协调督办，不利于客服的数据挖掘，具体可参见前文的《客服工单作业信息关联图》。

因分类不清、数据不完整导致无效、丢失、作废或隐匿的不合格的客服工单，不足以支持后续服务工作。

工单信息无序杂乱，不符合服务规程逻辑，无法进入工单流转程序。一张工单记录多个事件，或来自多个服务渠道的同一诉求没有被整合，造成重复派单或工单理解错误。

因存在虚假不实信息，导致服务过程被动，造成客户或组织的利益受到损害。

5.4.3 工单质量

客服工单质量的评价标准重在客户体验，通过检查工单的每个环节是否按规程处理、是否有误、是否重复、是否完整等来评价工单的整体水平，及时发现存在的问题，以便弥补。客服查找问题工单的最常用方法是对已完成的客服工单按评价标准和步骤逐一对照审核，客服工单的审核通常以客户的一次来访作为评价单位，即“一次一单”，可用不合格、合格、良好和优秀四个级别来表示评价结果，具体步骤参见《客服工单质量评价流程示意图》。

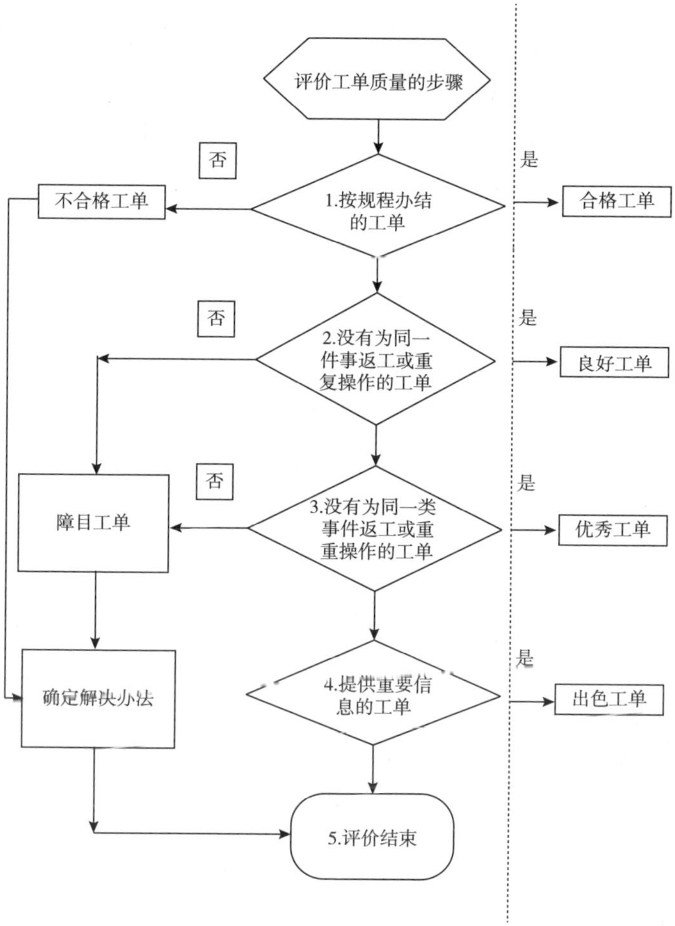

客服工单质量评价流程示意图

“一次一单”的评价方法很可能导致“一叶障目”的问题发生，即一个客户诉求产生了多张工单，就“一张工单”来说是合格的，但就“一个诉求”来说却是不合格的，造成出现“合格的客服工单，不满意的客户体验”的现象。在此，我们将含有客户不满意体验的合格的客服工单，称为“障目工单”，具体可参见如下案例。

例：客户不满意的优质工单

静馨园小区居住着大约200户人家，被临近的建筑工地的夜间施工噪声所干扰。

2017年9月9日晚上22点到凌晨3点，大约有16户居民不约而同地先后致电城管热线，强烈要求停止建筑工地夜间作业，城管热线接到居民的反映后，先后向施工管理部门派送16张处理工单。

次日上午，自称是施工管理部门的人员主动联系了这16户居民，并说明："昨晚情况特殊，搅拌作业不能中断，非常抱歉给您带来了不便。"施工管理部门以此理由办结并向城管热线反馈了工单。施工单位的回复使居民认为，夜间施工的问题解决了。

次日下午，城管热线对已经办结的16张工单诉求居民进行了回访，回访的问题是：有人联系过您吗？您对他们的态度还满意吗？您对他们的处理意见满意吗？16户居民无一例外地对三个问题都做了肯定的回答，城管热线以此为依据将16张工单以"满意"状态办结。

次日夜晚，包括接下来一年多时间里，施工单位并没有停止夜间扰民的施工，更多的居民致电城管热线反映问题。每天施工单位总是做着同样的事：主动联系反映情况的居民，解释的理由充分、态度友好，并及时将工单反馈给派单部门城管热线。每天城管热线也做着同样的事：按要求回访三个同样的问题，并以"满意"状态办结。

静馨园小区夜间施工的噪声最终止于工程结束。从居民来电反映问题的时间、内容和数量上，我们可以直接感受到居民对夜间施工的强烈不满意，但是，如果统计那一张张分散处理的工单，其结果却是"满意"，这个结果与实际情况相反。服务热线为此耗费了大量的服务资源，并认真做了没有服务成效的工作。

客服自检的客户满意度数值常比客户评价的满意度数值高，其中重要原因之一是客服工单的质量评价标准与客户体验感受不统一，障目工单就是这种差距的集中体现。

障目工单是合格工单中的不合格工单，这些工单是被客服中心反复受理、反复办结，而实际上没有从根源上解决问题的客户诉求。客服中心的障目工单越多，客服中心需要的人力就越多，客服重复而无效的劳动就越多，客服员工的压力和抱怨就越多，不满意的客户会越来越多，组织的公众形象就会越发受损。障目工单给客服中心和组织的服务资源造成巨大浪费，更给客户带来无奈、困惑和愤怒，给组织的发展带来干扰和阻碍，为此，世界各地的客服中心都在重视和解决这个问题，不少客服中心努力把“以工单为单位”的评价调整为“以诉求 / 事件为单位”的评价，真正以实事求是的态度赢得客户的满意。

第 6 章　知识库

客服知识库里的信息必须是准确的、可用的和能够满足服务需求的。

客服知识库是有关客户服务的知识被结构化后形成的方便客服人员使用的知识集合，它为客服开展服务提供知识和信息保障。客服知识库的管理是客服中心知识管理的重要组成部分，其管理水平直接影响客户服务的成效，微软公司创始人比尔·盖茨认为："收集、管理和使用信息的方式决定了你的输赢。"[①] 客服中心知识库管理的主要任务是：通过规章制度、先进思想和科技力量来保证知识库能够支持客户服务工作的需求，保证知识库里的失效信息能够被及时清除。

6.1　知识库构架

客服知识库中被结构化的知识集合主要分两类，即显性的陈述性知识和隐性的程序性知识，客服知识库是这两类知识在服务实践中相互融合、不断完善和持续进步的结果。其主要内容包括：服务所需的基础知识、理论政策知识、事实数据和专家经验等。

① 于成龙 . 比尔 · 盖茨全传［M］. 北京：新世界出版社，2005：226.

6.1.1　知识分类

陈述性知识管理的是事实类信息，用于回答“是什么”和“为什么”的问题。它是关于事物缘由及发展情况的知识，属于客服人员应知应会的基本知识。这些知识的共同特点是便于表达、传播和共享。如，欢迎语、结束语、服务脚本、办理手续、管理规定和业务信息等。

程序性知识管理的是经验类信息，包括操作经验、受理经验等，用于解决“如何做”和“做什么”的知识。它是关于应该怎样做的知识，是客服工作者经过长期积累而获得的知识，具有高度个性化、难以标准化、难以用言语传授、难以量化其价值、难以理解和掌握等特点，属于客服人员通过实践感悟和学习交流获得的经验知识，如“新版 APP 操作窍门”“从情绪激动的客户言语中判断客户期望并快速选择适合的服务方案”等。

6.1.2　知识构架

客服知识管理构架分为技术和管理两个层面。在技术层面，一般采用基于 B/S 的架构，在客户端不需要安装应用程序的技术架构，减少了升级和维护的难度；科学地整合了知识分类管理和知识数据挖掘的先进技术，为知识分类存储、知识共享应用和知识资产增值提供条件；将业务数据保存在服务器或云端，确保经济、安全地管理信息；使用标准的通信协议，提供移动服务和分布式管理的条件，并为知识库在跨行业应用方面提供技术环境。在管理层面，是从知识积累到知识应用，从知识地图到知识宣讲，使知识能够在解决客户需求中发挥关键作用。

阳光客服中心知识库应用系统

应用层的界面
个人门户、知识分布图、搜索导览

支持层的系统
采集与发布知识系统、专家辅导系统、学习培训系统、统计分析系统、学习记录系统、权限管理系统和知识版本管理系统，等等

客服知识管理架构图

客服知识库的具体架构通常分为应用层、管理层和接口层。由核心数据库、知识管理系统、智能搜索平台和外部应用系统组成。核心数据库负责提供行业标准和整合知识。知识管理系统负责知识库的信息采集与发布。智能搜索平台负责提供知识搜索和数据挖掘的结果。外部应用系统负责为客户提供基本的信息服务。

客服知识架构需要能够支持组织办公网和互联网上的客户端，能够支持专网的客户端，能够支持客户端对知识库的使用需求，能够支持管理者对知识数据库权限和网关的管理需求。

知识库服务器主要包括提供知识库备份的服务器、基础知识服务器、应用核心服务器、知识库与其他办公系统数据集成的网关和数据交换接口以及其他相关应用系统。

6.1.3 应用阶段

客服中心的知识管理水平在事业的发展和科技的进步中得到快速提升。客服知识库管理水平经历了从初级管理到逻辑管理，再到知识管理的三个特点显著的阶段。

初级管理阶段的特点是利用通用文字和表格软件处理信息记录工作。知识库的主要内容包括：规章制度、基础知识、作业规程和标准答案等。客服设专职人员对知识库信息进行维护更新，通过培训、班前会等形式，让客服员工了解和掌握更新的知识。

随着时间的推移和业务的发展，知识库的管理面临诸多新问题，如，发布信息的部门越来越多、信息数量越来越多、图形信息的格式越来越多、信息分类越来越细、文件越来越大、文件之间缺少关联等。这使得提取信息所需要的时间越来越长，为求证一个知识点需要打开多个文件查找，当一个知识点有多个不同的版本时，则让使用者无所适从，更不能用于服务客户。因此，通用的软件不能满足知识库的管理需求，发展把客服知识库管理推进到逻辑管理阶段。

逻辑管理阶段的特点是利用技术与业务相融合的办法实现对知识的逻辑分类和增设关联功能。最常见的是采用知识库树型模块与业务系统进行融合，并利用浏览器技术构建内部知识库网页。

由于树形结构实质上是通过一个个文档关联而组成的非系统结构，它不能完全支持关键字的检索功能，使知识库管理又一次面临新问题，如，查找知识库信息需要经过多次链接、检索信息的时间长、知识库里存在的信息查不到和难以实现对信息操作权限的管理等。因此，非系统的知识结构管理办法不能满足知识库的管理需求，发展再次把客服知识库管理推到了知识管理阶段。

知识管理阶段的特点是通过应用知识管理系统来实现对服务知识的全面管理，通过数据库接口的应用逻辑层进行访问，通过互联网向客户端提供访问或支持 APP 应用。利用服务器管理系统管理知识库的信息，包括操作员信息及权限、数据字典、自定义问题表、目前问题收集表、反馈问题收集表、反馈应答表、应答信息表、关联应答表和菜单式问题表等。其目的是使知识库的管埋满足结构化要求，并能够在知识定制、知识沉淀、知识共享和面向客户端开放等方面发挥作用。

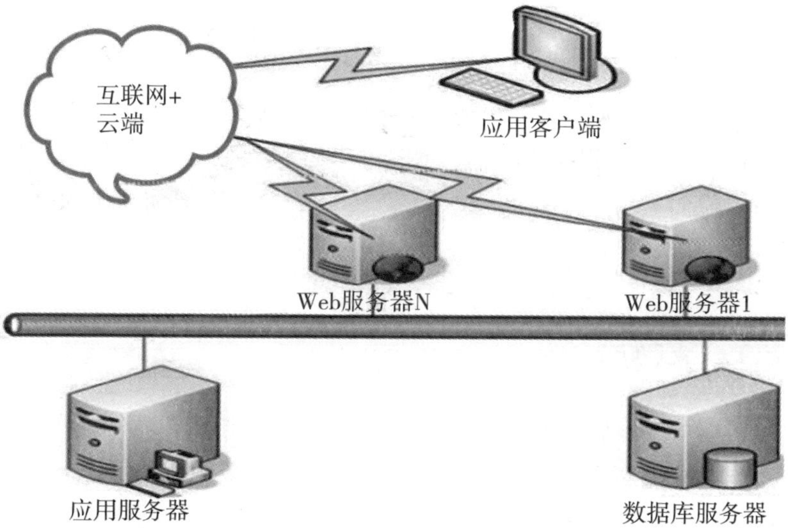

客服知识管理系统示意图

6.2 知识库作用

发展使客服中心的作业任务增多，业务知识面越来越广，业务知识更新越来越快，需要其他部门的支持和协作越来越多，新旧业务知识交织在一起的内容越来越多，获取服务信息所需要的审批手续越来越多，业务先行而服务信息滞后的情况也越来越多。同时，发展中的客服人才队伍仍然存在“人员流动大”“新员工比例多”的特点，这使得客服中心的新员工在大量的新业务知识面前表现出难以掌握、难以获得经验积累，甚至是不堪重负的状态，因此，发展中的客服管理也时常面临“员工服务水平参差不齐”“员工之间交流时间少”“客服专家人才少”的情况。知识管理可以帮助客服中心科学地应对这些发展中的问题。

客服中心知识管理的基础功能是汇集业务知识信息，也是汇集组织成员的智慧，并通过对知识的管理使知识库发挥作用，这些作用主要体现在：实时满足客户服务需求、实现客服人员与时俱进、协助客服中心开展管理和培训、快速获取并掌握服务知识、不断积累工作经验、及时捕获业态信息、充分发挥专家作用、分享他人的经验、共享组织成员的智慧和持续提升服务实践水平。

6.2.1 支持服务

知识管理帮助客服中心解决因人才流失而造成的服务水平下降问题。客服员工服务技能的提高主要依靠客服中心持续地积累经验以及员工个体之间不断地分享经验。通过持续不间断地积累服务经验，并且固化服务经验，形成一套知识体系，从而保证客服的工作水平，使客服中心所积累的知识和经验不因人员的变化而变化、不因人才的流失而流失，相反，它将随着客服实践工作的不断深入而成为获得最佳实践工作的指南。通过知识库建立经验共享渠道，满足不同上班地点的不同班组在任何时间对服务经验共享的需求。通过服务成效评价体系，不断完善知识管理制度，用制度引导员工的行为，保证客服员工服务水平，体现员工的自律价值。

知识管理帮助客服员工解决信息缺失的问题。发展使客服中心的工作节奏加快，业务政策调整快，服务规程变化快，客户包罗万象的需求出现快，且具有很强的专业性，客服中心难以掌控其他部门的工作节奏和信息变化，也不能保证自己能在第一时间获取最新的变化信息，因此，客服中心经常遇到“没接到通知”或“不知道”的尴尬局面。知识管理能够通过知识库同步更新信息的功能，使客服人员随时获得业务部门的新信息、新经验和专业指导，减少由服务信息滞后和信息不完整造成的工作错误，减少客服中心因寻找业务信息而打扰业务部门的频次，也减少业务部门“漏”向客服发送信息的情况。

知识管理帮助客服中心实现高标准的专业服务。发展使个性化服务需求越来越多，服务流程的分支越来越多，服务流程越来越复杂，从客观上要求客服员工能够系统掌握相关的知识和流程，但实际上精细化的服务过程往往使得客服人员难以精准掌握服务流程中的各个分枝细节，个性化的服务需求使得客服培训师也难以完全胜任。于是，客服的培训可能出现这样的情况：有关客服系统的基本功能由系统维护人员负责培训，有关客服系统的功能升级变化由研发调试人员负责培训，有关服务规程的变化由客服培训师负责培训，有关业务流程的变化由业务部门的人员负责培训，最终由客服员工的大脑综合处理所有培训知识，并把它们变成服务客户的综合知识。客服员工个人之间存在理解能力、信息整合能力以及语言表达能力的差异，这些差异不可避免地导致服务水平的差异。客服知识管理通过收集专家的知识和经验，由专家组成员整合业务信息，把专家个人的智慧和能力转化为客服员工共同能用的知识，以此保证客服员工所接收到的知识和信息都具有专业水平，可以直接加以应用，有利于客户感受专业服务的佳境。

客服知识库管理系统通过不同的功能模块支持日常业务工作，具体表现在以下几个方面。

通过知识发布系统实现信息的发布管理，包括非结构化文档信息和工作中产生的结构化数据。

通过知识结构管理系统实现客服人员自行设定工作所需的知识框架，形成客户服务的知识结构。

通过知识岗位管理系统满足客服代表对信息的需求，使得不同岗位的成员能够通过知识标题、正文、关键字和附件文档等内容快速查找信息。

通过知识匹配系统与自助语音关联，判断来访客户的需求并为其提取相关知识。

通过客服员工知识贡献与获取系统以及信息传递系统，实现知识共享、意见收集、内部论坛和情感交流等需求。

6.2.2 支持培训

知识管理帮助客服中心解决或缓解培训内容不断增加的问题。由于客服员工平均年龄偏低，普遍存在知识积累少、社会经验少和综合处理问题的能力较弱等现象，实际能力与岗位要求存在一定差距，在应对发展变化和复杂业务方面存在一定的困难，这就需要客服中心增加培训时间来保证新员工达标上岗，需要增加培训内容来提高员工的应变能力、学习能力和信息加工能力。而知识管理正好提供了一个有力的工具，让员工不再只靠个人记忆就能准确掌握变化信息，快速学习业务知识和他人的服务经验，缩短学习时间和掌握服务技能的时间。

客服中心的人才培训工作离不开客服知识库管理系统的支持。具体表现在以下几个方面。

通过建立知识与岗位的关联关系，帮助客服员工掌握应知应会知识的框架。

通过知识培训功能完成培训工作和考核任务。

通过员工个人知识库功能为每个员工建立个人所需知识架构、所获知识文集和知识收藏，为个人知识转化为客服知识提供源源不断的素材。

通过专家档案与联络系统寻找不同业务的专家，实现专家对业务需求的快速反应，同时向客服员工提供请教专家的时间和途径，员工向专家请教的所有问题及答案能够为全员所分享。

6.2.3 支持管理

知识管理帮助客服管理人员应对发展和变化中的挑战，有效解决服务运营中经常遇到的一些问题，包括业务、人员、成效等方面，具体可参见下图。

业务
◇服务规范和政策变化快，难以及时获取
◇业务知识多而细，难以准确掌握
◇业务处理流程复杂，难以同一水平

人员
◇员工流动率高，团队技能水平难以稳定
◇人员素质较低，培训时间不得不延长
◇技术问题缺乏支持，影响质量和效率

成效
◇服务规范未到位 ◇咨询经验未共享
◇专家知识没有被很好地发掘和利用
◇一线服务岗位技能没有持续优化的措施

知识管理有效解决运营问题

建立高效、科学、规范的知识管理体系，通过采集、提炼和分享信息来支持管理工作，具体表现在以下几个方面。

通过知识反馈系统负责处理服务中的新问题，汇集服务中的新知识和新问题，发布新知识，确保业务规范快速传递。

通过知识版本管理系统负责更新知识版本和提供查阅旧版本的方法，确保实现持续性经验沉淀。

通过专家支持系统获取专家知识库信息或获得专家指导渠道，通过客服专家结构图准确找到能够解决服务问题的专家，并能将专家意见及时加入知识库，确保深入挖掘专家知识。

通过知识统计系统分析各类信息使用的频次和有效性，为管理提供决策依据。

通过权限管理功能对现场管理人员、知识管理人员、客服专家、客服代表、质检人员、培训人员等客服人员设定客户端角色及权限，确保岗位技能不断提升至最佳实践效果。

通过开放式管理办法，客服知识管理系统的知识反馈功能面向所有客户端采集信息，任何人都可以将新知识、新问题和新困难提供给知识管理系统，客服设有专人负责处理整合相关信息并适时纳入知识库体系。

6.2.4 增进关系

客服知识库通过关联客户关系管理系统、整合服务信息实现增进客户关系的目的。具体表现在辅助判断、逻辑归类、建立问题答案库和互为完善条件。客户关系管理（CRM）是关于了解客户基本情况和客户需求的信息管理系统，它应与客服知识管理系统紧密结合，相伴相随，相辅相成。

通过对服务情况进行科学的统计和分析，可以从某类诉求出现的频度和服务时长中了解到客服知识库中的信息是否被客户理解、接受，以此判断知识库信息是否正确，脚本话术是否恰当，或确定改进知识的方向或内容。

根据客户关系管理系统中的不同用户群，对现有知识库信息分类重组，使知识库信息的逻辑分类更接近实际工作中的分类需求，锁定或缩小客户群的范围，可减少信息处理量，提高信息交互效率。例如，可以锁定区域，只向停电地区的居民发送停电通知。

维护和完善客服知识库可以有效增进客服中心与业务部门、合作单位之间的协作关系。通过对客户诉求进行统计分析，可以发现服务难点和异常情况，共同研究解决办法，及时完善知识库中的“常见问题”，并为上级领导提供决策依据。

根据组织下达的任务，主动开展应时类的服务和宣传。北京市公共卫生热线在2017年春节前后主动向市民发送温馨提示短信，一条是2017年1月25日发出的：“春节将至，北京12320提示您节日期间注意饮食健康，饮酒适度，保持规律作息。远离烟草，少放烟花爆竹。祝您和家人新春快乐！”另一条于2017年2月3日发出：“今天是立春节气，也是节后上班第一天。北京12320提示您及时调整作息，保持愉悦的好心态。近期气温仍较低，注意防寒保暖。”

需要注意的是，客户关系管理系统的改版升级须兼顾客服知识管理的规程，确保共享知识和正确更新信息。

6.3 知识库要求

为满足客服工作的需要，客服知识库里的信息必须真实可靠，并且要保证知识可用和能用，这远比知识库的内容是否丰富更重要。客服知识库里若存在老化过期、分类不清、自相矛盾或无用难用的信息，就会降低客服代表查找信息的速度，也会使客服代表面临信息选择的困惑，更会造成客户不解、误解甚至利益受到损害。“不是知识库有什么，我们就能服务好什么。若知识库老化过时，照着它说就是错的；它若分类不清，我们找不到可用的信息，自然用不了；它若存在矛盾，我们即使找到相关答案，也是不敢用。”客服代表是评价知识库是否可用、能用的权威者。

6.3.1　知识能用

客服代表每天都在服务组织中的各项业务，但他们不是万能的专业人员。因此，客服知识库里的知识需要进行“去专业化”处理，将专业术语或专业符号尽可能地转化成简单易懂的信息，转化为客服代表方便与客户交流的信息。客服知识库可通过信息推入、实践验证、经验积累、改进优化、再实践验证和再改进优化的步骤保证知识库信息的能用性。

6.3.2　知识可用

客服代表是为了客户需求而提取客服知识库的信息。知识库信息的准确性，决定了服务的成效。

客服知识库里的信息必须做到准确、易懂、真实。向客户提供无用、过时的信息如同进行了一次错误的服务，甚至可能被客户认为是有意欺骗，会有损组织的公众形象。

在客服知识库信息中，客服中心的专用信息量不大，绝大部分信息是用于支持其他部门业务的，这就需要业务部门提供正确的信息，尤其是在受理紧急突发事件时，业务部门应该积极配合提供“紧急通知”和“临时规定”，以便客服在统一口径和规范服务方面发挥作用。也就是说，客服知识库是组织的知识库，而非只是客服中心的知识库，需要相关的机构和部门共同建立与维护，才能保证客服代表及时获取到可用的信息。客服中心代表组织服务外部客户，同时客服中心也是组织的“内部客户”，需要各机构和部门的帮助和服务。

6.3.3　一线验收

客服中心的一线工作人员是验收知识库的关键成员，客服代表和客服专家在服务的过程中最清楚知识库里的哪些文字不适合口语交流，哪些信息会使客户感到困惑并造成反复提问，哪些信息容易让客户产生歧义并发生理解偏差，哪些信息经过客户检证是正确的、高效的。因此，收集客服代表的意见，请客服代表参加知识库信息的验收工作，是确保知识库信息简明可用的重要办法之一。

客服专家与客服代表同在客服现场工作，客服专家熟知客服代表的工作情况和服务规程，他们能够快速确定知识库需要增加哪些知识，能够与客服经理现场协商决定解决新问题的答案，向客服专家开放“公告通知”的权限，可以提高知识库信息的更新速度。

6.4 知识库管理

客服知识库管理的重点是保证知识内容的权威可靠和操作过程的安全便捷，保证客服知识库的信息能够满足服务需求。主要管理工作包括以下几个方面。

保证访问知识库的基本速度。客服知识库的查询浏览是使用人员最多和应用频次最高的功能，为避免出现访问速度缓慢或访问过程中断的情况，客服知识库管理系统应有对支持访问数量的测试，系统能够同时支持客户端访问的最大数量应达到满足客户服务的需求。

保证知识库信息的权威可靠。维护知识库的权威是保证知识库可用的基本要求，建立知识需求反馈机制，保证及时加入新知识和及时删除无用信息；建立知识库信息维护制度，明确信息变更、发布的规定和流程，明确信息审核与信息发布责任人；建立知识库信息的备份方案。

保护知识库信息之间的逻辑关系。明确知识库的信息项目及收集知识的基本条件，建立不能缺少的关键项：即分类编号、标题、内容、发布时间、发布人、审核人、浏览访问次数和最后浏览时间等。利用信息之间的逻辑关系分类解决知识量大的问题，明确每个知识点所能对应的业务范围，减少客服人员因概念混淆而产生的错误，帮助客服人员从多个知识点中分析并获得准确的答案。避免出现知识库文档版本混乱无序和信息不能共享的情况。

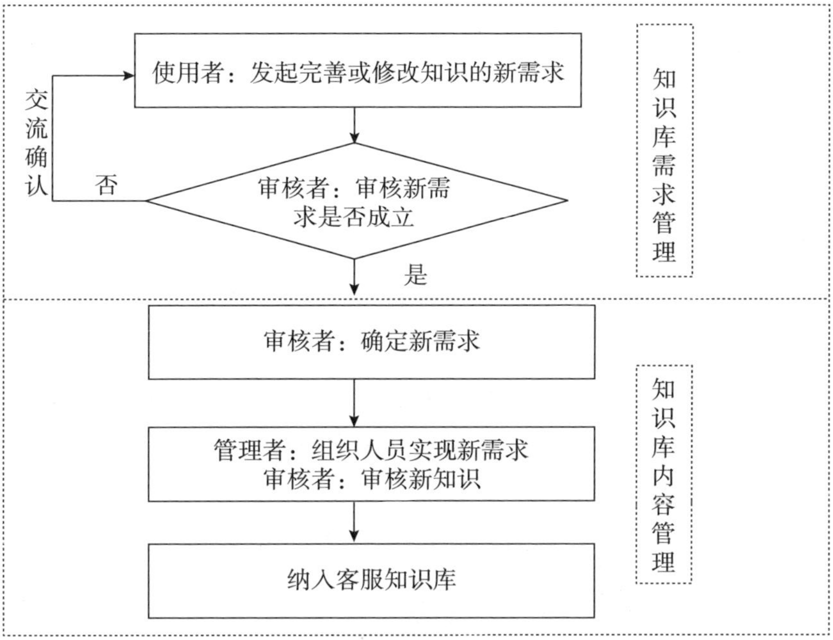

客服知识库管理

保证知识库信息的存取安全。通过制度和技术方法管理知识库的操作范围和操作权限，对知识库的操作至少要建立三个权限，即查询浏览权限、增补删除权限和审核监管权限；建立知识库的信息责任制度，保证及时调整岗位人员变动后的权限和注销离职人员的权限，实时抽查客服人员和客户的使用情况。建立安全预警系统和防病毒、防攻击措施，监管信息存取的操作情况。

在业务复杂、规模庞大的客服中心，建立知识库系统信息维护制度尤为重要，通过制度保障知识管理工作的秩序性、严谨性和科学性。

建立安全管理制度。对于接入客服知识库平台（实际上是客服所有业务平台）的计算机，必须安装防病毒软件，限制互联网浏览权限，不得私自安装和卸载软件，不得使用个人的外部设备，禁止用任何方式对网络中的计算机、服务器、交换机进行攻击，监控和警惕计算机系统运行过程中的不正常现象。

建立信息维护制度。若需更新知识库信息，必须进行登记或填写《知识库信息变更单》，写清更新来源、内容、知识库路径、相关的调整事项等，并且须由操作人、直接管理人和复核管理人签字，禁止擅自执行更改操作，更要防止未经授权的人员进入修改。定期做好知识库内容和数据的备份，并建立启用备份知识库的应急预案。设置知识库中文件或文件夹的打开权限，禁止将其设为完全共享方式。

建立信息人员管理制度。使用知识库系统的各级人员都需要保管好自己的用户名、密码，不得随意告知他人。要定期核实检查各级人员的使用权限，避免知识库处于权限“开放”状态。知识库管理人员为系统正常运行的第一责任人，应承担相应的责任，由于操作权限较高，原则上应定期更换密码，更不能相互“借用”。

总之，知识库的管理维护工作主要包括四个方面：一是对知识库软件的管理，二是对知识库内容的管理，三是对知识库信息采编人员的管理，四是对知识库相关部门的沟通和反馈。

例：知识库管理系统的功能规划

为了发挥知识在客服工作中的作用，阳光客服中心对知识库管理系统的功能设计制定以下规划。

1. 知识使用管理

（1）知识发布系统。A. 非结构化知识处理：客服中心存在大量的文档和历史知识，这部分非结构化的文档，需要能够进行快速的导入和管理，并能够进行全文、附件内容的检索。B. 结构化知识处理：在工作运行中产生的结构化数据能够进行自定义字段的表单生成，依据此表单进行知识的发布、管理。

（2）知识版本管理：客服中心知识更新换代速度很快，必须支持版本的更新和历史版本的查询。

（3）权限管理子系统：能够定义用户的角色，并对角色进行权限设定，不同用户拥有不同的权限，保证系统的文件安全性。

（4）客服中心角色分配：对不同角色进行设定，可分为现场管理人员、班组管理人员、知识管理人员、专家席、客服代表、质检人员、培训人员等，不同的角色具备不同的权限和工作内容。

2. 知识地图管理

（1）知识结构地图管理：支持有权限的应用者自行设定部门或版块的知识结构，以形成组织的知识地图。

（2）知识岗位地图管理：支持不同岗位和角色的知识，建立知识和岗位之间的关联，知道什么岗位需要什么样的知识，需要掌握和了解什么知识。

3. 知识应用功能

（1）知识搜索引擎：支持对知识正文、关键字的搜索，支持对附件文档内容的搜索，协助客服代表快速找到信息。

（2）调用知识：与IVR语音捆绑，可判断客户大致问题方向，自动调用相关知识维度和知识内容。

（3）知识培训：支持从知识库中选取知识，对客服代表进行培训考核。

（4）专家问答支持系统：客服中心的专家知识库和专家支持方式，通过人力快速找到所需咨询的专家，客服人员可随时提交问题并能够获得专家的答复。

（5）知识统计功能：支持对知识库的库存管理，提供有关知识使用率的统计分析报告，提供管理人员决策时所需的数据、图表。

（6）个人知识门户：支持对每个员工建立个人知识结构、知识文集、知识收藏等，体现客服员工个人价值及贡献。

第 7 章　人才培养

筛选人才 + 培养人才 + 用好人才 = 免费提升服务水平 + 免费降低服务成本

客服的人员管理包括招聘适合人才、培养专业人才、用好可塑人才和留住优秀人才。实践证明，若是拥有一支善于学习的团队就可以推开一扇神奇的大门，并从中获得免费提高服务水平和降低管理成本的回报。推开这扇神奇的大门需要做实三项人才管理工作，即筛选人才、培养人才和用好人才。

优秀的客服人才可以快速为组织带来效益，且有更持续的自我提高能力。优秀人才是客服中心获取免费收益的基础。从客服中心的成本支出数据中可知，客服中心与人员相关的成本支出占总成本支出的 60%—70%。在同样的薪资条件下，若能够聘用更为优秀的人才，相当于降低了培训成本和管理成本。在同样的服务条件下，优秀客服人才会让客户更加满意，服务水平得以保证。更由于“人以类聚”的原因，优秀员工也是吸引和留住其他优秀员工的重要因素之一。

客服中心获得优秀人才的基础是招聘到适合客服的人才和成功培训客服人才，本章重点讨论如何招聘和培养客服人才，有关“用好人才”参阅本书其他章节。

7.1　选择人才

客服选择人才的关键环节有两个，即发布益于选择人才的招聘广告，设计帮助选择人才的面试内容。客服招聘工作，对于客服中心来讲，是按预定的标准“筛选”出所需人才，对于应聘者来讲，是对照心里预期“评测”是否决定加入这个团队。

客服招聘是一个双向选择的过程，招聘过程中的细节要求关乎招聘人员的质量。由于招聘工作本身受时间、场地、可选人员和选人水平等因素的影响，在有限的条件下，要想招聘到适合于客服岗位的人才，客服中心需要做大量细致的招聘前期准备，其中发布招聘广告和制订招聘计划是保证客服中心能招聘到合适人才的关键开始。

7.1.1　招聘细则

由于招聘广告的内容和水平基本决定了应聘群体的水平，因此，招聘广告需要将客服岗位所需人员条件进行集合，清晰描述岗位职责和要求，在招聘宣传中不用可能产生误解和歧义的词语。

有效的招聘广告需要符合两个基本要求：一是用简单易懂的表达方法，提供明确本次招聘所需人才的条件；二是提供完整的岗位信息，以便应聘者判断是否愿意从事或可以胜任此岗位。

例：阳光客服中心招聘公告

阳光客服中心招聘公告

阳光客服中心计划招聘客服受理岗位夜班人员 6 名。

应聘条件：

- 工作时间：22:30—次日 06:30，

- 采用综合工时，轮班工作，不能保证法定假日休息，
- 月出勤率不低于96%，
- 普通话标准二级乙等，
- 了解计算机操作系统，
- 录入速度每分钟不低于50个汉字，
- 理工科大专以上学历。

薪酬待遇：

- 公司负责五险一金，
- 基本底薪：2000元，
- 绩效工资：0—5000元，
- 带薪年休假，
- 每年培训时间不低于40小时，
- 工作时间提供工作餐。

报名时间：2017.10.05—2017.10.15

报名网址：96AA96.com.cn

联系邮箱：servicegarden@qq.com

为降低招聘成本，有些招聘广告里不留联系电话，对于只有联系邮箱、没有联系电话的招聘广告，客服中心需要及时回复应聘者的邮件，每一位应聘者都可能成为客服的同仁，也都可能是客服中心的客户，对应聘者的态度关及组织的公众形象。客服中心在招聘工作中能够礼貌地对待所有应聘者，既有益于客服中心招到优秀人才，也有利于传播组织的良好口碑。也就是说，招聘工作是客服中心宣传服务、开展公关和树立形象的好时机。

出色的招聘广告具有吸引人才、甄别人才、激发兴趣、创造快乐的作用，具体可参见《谷歌公司的招聘广告》。

例：谷歌公司的招聘广告

2004年7月初，硅谷“心脏”地带101公路旁出现了一个巨幅广告。只有学习过高等数学的人才能看懂那是一道复杂的数学题。

一些好奇的人解开这道难题，首先得到的答案是一个互联网网址，登录网站后看到一系列难度递增的数学题。最终，约有7500人来到了这个由数学题建筑的迷宫出口，这一次他们看到的是谷歌公司的招聘广告。

在这个看似游戏的谜题面前，能走到最后的人已经让谷歌甄别了非功利的兴趣，以及兑现这种兴趣的执着和到达目的地的智慧。谷歌用一道道别出心裁的谜题召唤着天下英杰。

位于硅谷的谷歌总部，员工们可以随时来到自己的办公室，并且享用这里的食物和咖啡。在这里，你可以带上你的孩子、朋友和宠物，甚至可以玩电子游戏、乐高玩具。知名的互联网公司都努力将维护员工的个性变成公司的新传统。

互联网公司正在创造着互联网时代的企业新文化。这里没有强制的权力，没有明确的支配者，所有人都是服务者和创造者。

7.1.2 受挫原因

客服招聘工作受挫，造成资源浪费的重要原因之一是招聘广告所提供的信息不完整，造成应聘人员的理解错误。招聘广告里的常见问题主要表现在以下几个方面。

缺少关键信息。如，招聘广告中缺少对综合工时的说明，造成应聘者放弃客服职位。

缺少基本要求。如，没有说明客服岗位对普通话的具体要求，造成普通话不达标的人员前来应聘。

缺少职业介绍。如，没有客服岗位的具体要求和职业前景信息介绍，使应聘者抱有过高的期望和幻想。实事求是地向应聘者介绍职业情况是客服招聘者的责任和义务，避免出现“因不了解而来，因了解而走”的情况。

存在误解信息。如，“要求声音甜美”，会使男性误认为“不招男生”。

存在认识错误。如，“有客服岗位经历者优先考虑”，这样的要求可能会使应聘者夸大甚至编造其客服从业经历，而实际上客服负责招聘的人员难以获得应聘者的从业经历信息。

缺少应聘条件。如，将面试时间放在工作时间，使部分应聘者难以请假前来参加面试。

7.1.3　面试误区

客服面试过程中存在的认识或操作误区，将会影响招聘质量或使招聘中设计的笔试、口试、听力和上机操作等考试形同虚设，招聘工作者须了解客服招聘中的常见问题和重点工作，降低人为因素对选择人才的负面影响。

7.1.3.1　考察不力

应聘面试所提问题发挥不了考察作用。没有明确考察目的或不能起到考察作用的面试问题，无益于提高人才招聘的质量，避免在面试中设计没有实际意义的问题，还要避免在面试中出现没有意义的热情交流。如果吹牛和说谎可以得到职位，那么这样的虚假招聘结果将对客服团队产生负面作用。因此，为保证能够选择客服所需人才，设计面试的问题要符合以下要求。

首先，用于面试的问题需将客服岗位要求与应聘者的能力进行结合，从问答中获得人性化的人才考察效果。面试的问题应该是以应聘者过去的经历为基础背景，请应聘者回答的问题应是“考察目的明确而能够获得明确答案的具体问题”。

其次，用于面试的问题要与客服工作、招聘岗位相关，所提问题的答案有可供参考的评价标准，必须要与考察的能力存在直接的联系，避免使用容易造假的、笼统的、没有针对性的问题。原则上不应出现难以获得有意义评价信息的问题，如，“您有什么优点或缺点？”“您的近三年目标是什么？”“您为什么要换工作？”等。实践的数据让我们了解到，面对“您为什么要换工作”这个问题，几乎所有应聘者给出了基本相同的难以考证的回答：“单位搬家，上班路途太远了”“个人原因，想找个交通便利一些的单位”“单位裁员”或“单位倒闭了”，这些答案对于选择人才意义很小或者毫无意义。

7.1.3.2　求才心切

求才心切造成招聘重要环节虚空，顾此失彼，忽视管理需求。在实际中，常见的是客服人员空缺明显时才启动招聘计划，客观上存在急于让新员工上岗的需求，因此某些重要的入职手续和程序被省略和被颠倒，表现为先工作再政审，先工作再体检，或者一边工作一边培训，等等，增加了服务质量下降的风险和不合格人员的辞退难度。此外，招聘人员经常把“有客服经历者优先”当成免试通行证，误将“有客服岗位经历的人员”当成“有良好工作经验的客服人员”，而忽视了“有客服经历的人员”也可能是“被其他客服中心淘汰的人员”。如果不加考察和分析地录用“有客服经历的人员”，可能招到的是不合格的、被其他客服中心淘汰的人员，造成问题百出，不得不投入更多的精力和时间去解决低层次的管理问题，导致管理成本增加而服务水平下降。

7.1.3.3　忽视口试

忽视口试测试环节。客服招聘中存在用面试代替口试和听试，或用朗读代替口试的情况。客服招聘中的口试环节，不只是简单考察应聘者的音质条件，而是为了考察发音习惯、表达能力和理解能力，为培养客服人才打下良好的基础。

7.1.4　科学选人

《2008年度亚洲联络中心产业基准报告》中提到，在客服中心，约有94%的管理人员认为，自己面临的最大挑战是人员的管理。通过精准的数据分析，报告帮助客服中心的管理者科学筛选人才。

在完成招聘工作后，客服中心要用数据记录客服新员工从入职培训到培训达标上岗，再到融入团队的过程，为员工建立培训成绩记录卡和成长数据图形，有助于帮助客服员工了解自己的成绩和差距，也有助于管理者客观评价员工的职业素养水平。客服员工的职业素养主要包括正确使用业务技能的水平、处理问题的专业程度与速度、员工个性和生活习性等。

采用“有数据有真相”的方法，使客服管理者对“科学选人”这项工作做到胸有成竹并不是一件轻而易举的事情，其中常见的挑战课题是：如何从试用期的新员工中筛选出客服中心所需要的、有成长潜力、能成为优秀人才的人员。例如，半年来通过对新员工的绩效成绩记录，了解到客服新员工刘某和程某的入职培训成长曲线，从曲线走势上可以直观得到经验难以获得的判断结果：员工刘某的成绩起步虽低，但一直处于稳步上升状态；员工程某的成绩不稳定，且处于下滑状态。若要在这两名员工中筛选人才，员工刘某更适合成为本次推荐的人员，而程某的表现需要具体分析或延长观察期后再作决定。同理，员工绩效成绩的数据管理也适用于员工的晋升考评。因排除了大量人为因素的影响，用数据评价人才所获得的结果往往要比传统经验评价的结果更为科学。

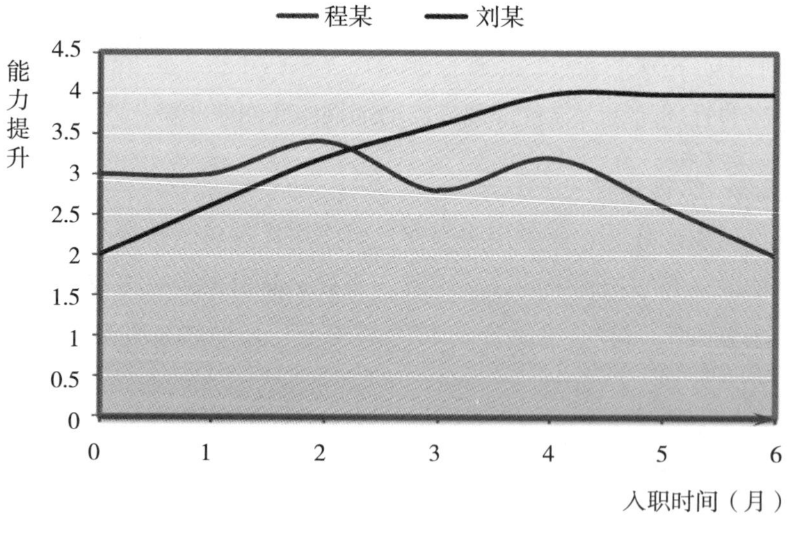

员工刘某和程某半年绩效成长曲线

7.2　培训计划

客户服务作为一门实践的艺术，其专业人才只能是从服务实践活动中获得。客服的培训是把“客服员工”变成“客服人才”的重要环节，这个环节是大专院校难以胜任的学习实践活动。日本企业家松下幸之助曾说：“一个天才的企业家总是不失时机地把对职员的培养和训练摆上重要的议事日程。教育是现代经济社会大背景下的‘撒手锏’，谁拥有它谁就预示着成功，只有傻瓜或自愿把自己的企业推向悬崖峭壁的人，才会对教育置若罔闻。”

客服中心的人才培养有两个关键需求，一是期望，二是补差。这个期望是指客服员工的行为表现能够满足岗位的基本要求；这个补差是指目前客服员工在工作中表现出的不足之处和欠缺的新业务知识。

世界上最大的培训机构 ASTD 在全球的 42 个国家对 550 多家客服中心进行了调查，获得有关客服培训的成本投入信息。在美国，客服中心的培训费持续增长，即使是在经济衰退期，平均每位员工每年能够接受脱产培训约 20 小时，培训费约占企业收入的 4%。1997 年客服中心的培训费占员工工资的 1.8%。2000 年客服中心的培训费占员工工资的 2.5%。2001 年与 2002 年，美国经济处于缓慢发展的衰退期，但是，客服中心的培训费占员工工资的 3.7%。而在英国，客服中心管理人员每年能够接受约 68 小时脱产培训。

中国每年在职业培训方面投入的经费有数百亿元，2003 年中国职业培训投入约 400 亿元，但中国的职业培训还处于“凑学时”和“取证”的初级阶段，培训效果与岗位需求存在一定的距离。客服中心的职业培训同样处在“能值班”和“会记录”的初级阶段，培养客服人才所需的专业知识和科学方法还处在实践探索的初级阶段。

7.2.1　培训需求

客服中心的培训计划需要制定明确的培训目标、可操作的培训方案和能检验的评价标准，避免出现投入大、收效小的培训结果。

确定培训需求是实现良好培训效果的前提。客服中心可以通过多种方法寻找差距，确定需求。通过分析绩效成绩或专项考评数据的成绩，查找客服员工在岗位知识方面存在的差距；通过分析重要事件或典型案例的记录或录音，查找客服员工在执行应急处置或紧急任务方面存在的差距；通过观察客服员工的日常行为表现，了解客服员工在职业素养方面存在的差距；通过问卷调查了解问题的严重性和持久性，查找客服中心在管理方面存在的差距；通过访谈、理论分析和综合因素分析，对存在的差距进行分类细化。

准确表述培训需求是实现良好培训效果的基础。对客服培训需求的描述要简单易懂，用培训成效目标来说明对培训需求的内容要求以及对专业的程度要求。在客服培训需求表述中，常见的错误是“只有期望，没有目标达成”。

例：培训需求的描述

错误培训需求的表述：“希望通过培训提高客服员工的服务技能。”

正确培训需求的表述：“本次培训是面向客服代表的培训，培训计划实现两个目标：（1）保证超长通话控制在 n 分钟内；（2）保证使每班次受理量至少提高 m 个。”

错误培训需求的表述：“希望通过培训提高客服班长的管理水平。”

正确培训需求的表述：本次培训是面向客服受理班长的培训，培训计划实现两个目标：（1）能用数据曲线发现服务热点、难点和异常类诉求；（2）能清楚代表本班组工作状态的基本数据有哪些，它们分别代表什么意义。

例：主题培训需求报告

阳光客服中心拟计划开展一次培训，主题为：科学运用数据，提高团队通话能力。

阳光客服中心现设有 4 个级别的通话能力基准，它们分别是：

A：员级（新员工），每小时 5 通，表示为（A=5t/h），

B：初级，每小时 8 通，表示为（B=8t/h），

C：中级，每小时 12 通，表示为（C=12t/h），

D：高级，每小时 15 通，表示为（D=15t/h），

客服团队通话能力的基准设为：（B+C）/2。

现有客服员工10人，其中A级1人，B级2人，C级5人，D级1人，客服经理1人。实际服务数据如下表。

用餐时段能力减半	A_1、B_1、B_2、C_1、经理	C_2、C_3、C_4、C_5、D_1		A_1、C_5、D_1下班	C_3、C_4下班		B_2、C_1、C_2、C_3、经理	A_1、B_1、C_4、C_5、D_1	
D_1	15	7*+1	15+1	-	-	37+2	15	7*+1	37+2
C_5	12	6*	12	-	-	30	12+1	6*	30+1
C_4	12	6*+1	12+1	12+1	-	42+3	12+2	6*+1	42+5
C_3	12+1	6*+1	12+2	12+1	-	42+5	6*+2	12+1	42+5
C_2	12	6*−1	12+1	12	12−3	54−3	6*−1	12+2	54−1
C_1	6*+1	12+1	12	12	12−1	54+1	6*+1	12+1	54+1
B_2	4*	8−1	8−1	8−1	8+3	36	4*	8−1	36
B_1	4*−1	8+1	8	8	8−1	36−1	8+1	4*−1	36−1
A_1	2*	5+1	5	-	-	12+1	5+1	2*	12+1
现有能力	79=96−17	64=96−32	96	64	40	343	74	70	344
实际通话	79+1	64+4	96+4	64+2	40−2	364	74+6	70+5	366
团队通话基准能力									
接通率	100%	76%	100%	94%	100%		100%	83%	
实际呼入	80	90	100	70	38	378	80	90	378
呼入均值	70	65	90	60	40	325	70	65	325
时段	18	19	20	21	22	小计	18*	19*	小计

1. 团队应具备的通话基准能力：

（8+12）/2=10，10×10=100（t/h）

2. 9 名客服代表全部到岗的通话基准能力：$A_1+B_1+B_2+C_1+C_2+C_3+C_4+C_5+D_1=5+8\times2+12\times5+15=96$（t/h）

分析以上数据，提出以下培训需求：

1. 培训客服代表的需求。制订客服岗位阶梯技能培训计划，提高客服代表的通话能力，能够将现在 A、B 级人员培训至 C、D 级；有针对性地培训员工，不需要 C、D 级别的人员参加这个培训。旨在实现团队服务能力的提高。

2. 培训客服管理人员的需求。培训客服管理人员应用数据的能力，能够通过观察数据而发现问题；能够依据参照标准，分析解决问题。旨在实现管理效力的提高。

3. 培训评审人员的需求。培训客服评审专业人员理论联系实际的能力，依据历史数据和厄兰算式，结合实际情况重新审核、完善现有质检基准，旨在实现专业水平的提高。

7.2.2 培训计划

客服中心的培训需求明确后，需要编制培训计划来保证培训的质量。客服中心的培训计划工作可以依靠客服培训师或借助专业机构来协助实现。培训计划的内容主要包括帮助培训师熟悉培训对象、确定简明的培训主题和培训目标、确定培训的开始时间、安排各班组人员参加培训的具体时间、准备经典案例或情景模拟环境、准备培训场地及必要条件、编写完整的可以复制共享的培训教案。为了保证不因人员变动而影响培训质量，还应有更多详细的规定，包括培训教案可共享和应移交的内容不应低于 80%；考核内容与培训内容一致，考核内容占培训内容的 95% 以上等。培训计划的内容也是客服培训外包工作需要考查的关键评价内容，具体可参见《阳光客服中心培训计划书》。

阳光客服中心培训计划书（编号 2014-019）

培训主题	应对突发事件的技能之一：快速准确捕捉异常类服务信息		
组织单位	阳光客服培训组	主办方联系电话	99669966

续表

主讲师及职务	周辉 专职培训师	辅导员及职务	刘奎平　兼职培训师
培训对象	客服现场管理人员		
培训时间	2017-02-12 17:00	时长	约 50 分钟
培训地点	主楼阳光会议室	计划培训人员	26 人
现存问题	不能及时准确发现、判断异常类服务信息		
培训需求	提高客服现场捕捉异常信息的能力		
培训目标	能够利用现有数据或图表，快速判断和捕捉热点、难点等异常类服务信息		
培训形式	面授	培训教材	自编教材，课堂发放
培训内容	理论知识讲解		
	数学中的平均数不能简单应用于客服工作中（2 分钟）		
	讲解平均数的应用条件（3 分钟）		
	讲解平均数的应用误区（3 分钟）		
	影响拐点的因素（2 分钟）		
	捕捉异常的方法（5 分钟）		
	举例说明		
	图示。了解数据曲线中的平均数应用，建立非正常数据量的概念（10 分钟）		
	介绍客服中心的基准数据及主要规律（5 分钟）		
	课堂作业。根据现场数据判断是否存在异常类诉求。若存在，指出在哪个时段，并分析原因（10 分钟）		
	答疑（5 分钟）		
	考试（5 分钟）		
费用投入	（培训师、参训人员、场地、教材、教具、多媒体设备等关及因素）		
实际培训人员	26 人	培训成本	550 元 / 小时

7.2.3 考试安排

客服常用笔试或技能测试的方法了解培训人员的学习结果和培训师的培训效果。科学合理地制定考试环节和考题，是培训管理的重要工作内容。考试的设计及实施活动，应控制在培训成本的预算内；培训成本的预算内容不仅是培训活动的人力和物力成本，还应包括客服员工在职培训时间和客服为保证服务渠道畅通所付出的成本，即每次开展培训时，客服为保证服务现场的工作秩序和服务能力水平不降低所付出的成本。客服培训考试的准备和安排是保证考试实施的关键信息，相关信息必须翔实准确。具体可参见《客服培训考试要求内容》和《阳光客服培训考试通知》案例。

客服培训考试要求内容

序号	项目	要求说明
1	责任人	明确考试责任人
2	考试准备	确定考场准备就绪标准、客服代表应考资格、考题准备就绪要求和考试成绩评价记录就绪要求
3	试卷设计	试卷由试题和答案两部分组成。设定不同项目的比重，标明必答题和选答题，标明开卷或闭卷
4	题型选择	采用判断、选择、口试等益于考核服务实际活动的方法
5	分值预设	分值与考核内容的权重相对应，试题总分与所设满分一致
6	考卷类型	每个主题至少编制 2 套试卷，如 A 卷、B 卷
7	考试时间	明确考核时间、最长迟到时间和最早交卷时间
8	考试管理	明确本次参考人员、考试地点、考试名称、考核方式和考场纪律等相关信息

例：阳光客服培训考试通知

受理组全体成员须按指定的时间参加“2015 系统新功能应用”的上岗达标考试。考试地点在九层阳光会议室，考试时间 45 分钟，满分成绩 100 分。考试采用闭卷笔试和上机操作方式。2015 年 8 月 10 日—

15 日，每天下午 2:00—3:00，B 班次班组应试。遇有特殊情况听从客服经理安排。自带签字笔，严禁携带记录簿、手机等与考试无关的物品进入考场。

7.2.4　效果评估

按照客服培训的“期望和补差”两个关键需求，评估客服培训的效果有两个满意标准，一是客服员工通过培训达到行为表现的改善，实现了岗位要求。例如，提高了业务技能或沟通技巧；二是客服中心和客服员工的绩效成绩都有所提高，缩小了工作目标和岗位要求的差距。当上述两项都实现时，可以说本次培训达到了预期的效果，完成了培训任务。

因此，客服培训的效果并不是以考试成绩作衡量结果，考试只是检验培训的知识是否被掌握，并不能保证是否实现了培训的目标，客服培训的目标是要保证员工能够将培训内容运用到具体的服务工作中。

评估客服培训的效果有两种常见的方式，即填表评价方式和指标评价方式。

填表评价方式。在培训结束后，请学员填写《培训意见调查表》，对培训内容、教材、方法、讲师能力等进行评价。这种方式得到的结果有 4 种：客服员工和客服中心都不满意，这种结果需要重点检查培训需求；客服员工满意、客服中心不满意，这种结果需要重点研究培训的目标是否明确；客服中心满意、客服员工不满意，这种结果需要重点思考培训是否存在不切实际的内容和要求；客服员工和客服中心都满意，这种结果是期待的最佳结果，需要重点总结经验，作为客服中心学习培训的借鉴资料。

指标评价方式。1959 年，由国际著名学者威斯康辛大学教授唐纳德 · L. 柯克帕特里克提出了国际公认的柯氏评估模型。培训评估的标准包括反应、学习、行为、结果和投资回报率 5 个方面：

反应是指员工通过培训在岗位上表现出的新能力。

学习是指员工通过培训所获得的自我提升的能力。

行为是指员工通过培训表现出的主动改进的能力。

结果是指员工通过培训能够为组织取得的效益。

投资回报率是指通过财务报表体现出的本次培训效果。

这 5 项评估分别代表基础评估、专业评估和期待评估三个评估层面。反应和学习属于基本评估层面，是培训最基础的目标。行为和结果属于专业评估层面，是专业培训师和培训机构确定的水平目标。投资回报率属于期待评估层面，需要专业人员对活动过程的数据进行定性分析。目前，国内外在期待层面的评估处于理论研究阶段。

柯氏标准同样适合检查客服中心培训效果。由于客服的评估工作需要有一定的服务经验和专业知识作基础，通常需要具备客服经验的专业人员或机构来承担，专业程度越高越能正确理解评价标准，所获得的评价结果越接近于客观公正。指标评价方式将客服培训工作由经验评价上升为科学评价。

7.3 培训指南

客户服务的管理人员和研究学者通过长期的实践与探索，为客服中心的人才培训提供了大量的理论成果和实践经验，对培训概念、实践指导和质量检查等名词作了广义的定义，为客服的人才培训提供了理论基础和实践指南。

7.3.1 培训要求

客服中心的培训是通过组织学习进行知识、技能、标准、信息、信念和制度的传递活动。由于客服中心的服务内容与业务的发展变化紧密相关，因此，客服员工需要不断地学习新的业务知识，培训属于客服中心常规工作内容，是客服中心完成组织目标和实现客户满意所必须进行的持续不断的知识储备。客服中心的培训内容和要求参见下表。

阳光客服中心的培训要求

重点工作	具体要求
正确方案	培训方案重在提高服务知识和操作技能，并尊重包容员工的个性
明确目标	使客服能够保质保量地完成任务，不是为了员工个人成绩的良好
计划效果	使客服员工清楚培训内容和培训要点，增强培训效果
强化实践	保持佳绩需要培训新知识和持续强化最佳实践效果
内心体验	客服员工的培训重在实践与内心体验，并非是讲解心理知识
关联部门	邀请相关部门人员、客户、客服专家参与培训方案的制定工作
资格必备	培训师必须是非常了解客服中心的工作目标和客户需求的人员
方法匹配	提供与培训内容所需的培训条件，包括系统、场地和场景等
时间管理	培训时间由接通率情况和需求急缓程度而定，而非固定培训时间
重点关心	将培训放在值得投入的人和事上面

7.3.2　培训辅导

客服培训的效果是否合格，只有通过服务实践活动的检验才能得出结论。从服务实践活动中获得的检验结果和发现的问题，也是指导和管理培训工作的实用教材。客服中心的培训辅导和实践监管活动涉及培训过程、制度和标准等多个方面。参见《阳光客服中心培训辅导与管理内容》。

阳光客服中心培训辅导与管理内容

序号	项目	内容
1	作用	说明客服质检对员工个人、客服中心和组织中的作用
2	过程	员工上岗培训须包括质检过程及实施的细节
3	制度	员工签字确认其清楚质检制度和质检结果应用的办法
4	条件	对符合培训资格的人员提供培训资源
5	知晓	员工的成绩和表现决定了其自己知晓被检查的程度
6	频度	对新员工的培训、辅导和检查频度相对高

续表

序号	项目	内容
7	隐私	不随意公开个人的检查结果
8	范围	包括客服中心涉及的所有业务
9	要求	质检人员须具备的任职资格和条件
10	对象	当存在普遍问题时，检查对象不应只选择成绩低的员工
11	标准	评价方法和监控技术标准统一
12	准星	客服目标决定了评价方式和技术应用
13	渠道	根据不同的渠道特点校验、调整标准
14	责任	通过个人成绩判断团队成绩，评价团队管理者的责任指标
15	反馈	反馈质检数据，并指导培训工作
16	交流	定期召开纠偏校准会议，保证公平公正

7.3.3 培训检查

尽管客服中心的应用理论和实践经验有着广泛的相似之处，但培训内容的区别和差异最能说明不同客服彼此独立存在的意义。客服中心需要根据自己的服务需求制定培训工作检查表，检查项目中包括落实行业内特有的政策法规和标准规范要求。如果直接引用其他客服中心的工作检查项目，会丢失那些属于自身特有的重要项目，使培训不能发挥预期的作用。例如，如果交通热线借鉴使用法制热线的培训检查表，那么，真正适用的只有服务礼仪和人际沟通等知识交集内容，而交通热线特有的服务标准和流程得不到检查，使培训不能发挥应有的作用。客服的业务差异决定了质检项目的内容和标准的差异。在学习其他客服的经验时，需要将他人提炼出的思想和规律与自身的业务相结合，才可能获得期望的结果。

此外，为了保证培训检查工作的顺利开展，客服中心需要具备支持检查工作的基本条件，具体可参见《阳光客服中心培训检查的基本条件》。

阳光客服中心培训检查基本条件

分类	基本条件	最低要求
系统方面	拥有一个简洁的操作系统	系统界面不应出现复杂的计算
	评价方法重在鼓励员工展示技能	系统不只会“扣分”，也会“加分”
	验证每一个算式的合理性、正确性	权重和计算没有逻辑问题
员工准备	客服全员了解评价系统	不能只是质检员了解系统功能
	员工正式上岗前，通过模拟质检过程，讲解绩效成绩的评价方法和评价结果的应用	不能在员工一无所知的情况下，开展质检工作
	向员工讲解清楚每项指标的作用和意义。认真准备应答员工可能提出的问题。使员工对评价系统感兴趣	积极上进的员工和优秀员工愿意参与并支持质检工作
成绩认识	建立基础成绩，关键是要提高质量	不能只有成绩，还要有改进意见
	使员工知晓个人成绩不能完全代表服务质量的水平	服务质量比个人成绩更重要
	评价重点是实现客服中心目标和服务过程目标的情况和应该鼓励的行为	不能忽视对错误的批评，不能重视无关的技能
	细化技能分值，充分肯定员工成绩	不能一律用一样的分值

7.4　编制试卷

客服培训试卷是对培训效果进行检查的方法之一，编制客服培训试卷的基本要求包括：试卷的内容和试题及关联关系，都能够反映培训的真实水平和考核的评价水平。

7.4.1　编制原则

客服的培训试卷要确保客服员工能够看懂试题，要能够检测出员工是否达到了培训的基本要求。因此，编制客服培训试卷需要遵循全面覆盖、简单唯一和科学规范的主要原则。

7.4.1.1 全面覆盖

全面覆盖和纲内适度的原则。试卷内容按照培训纲要和计划要求的内容均衡考评，不能超越培训所要求的水平，避免出现主要的服务活动技能及相关知识空缺或过重的情况。

试题内容与培训计划规定的培训主题、项目比重和等级一致，禁止同一试题出现在不同的等级考试中。

试卷要能覆盖培训内容，考题要能体现服务岗位要求，符合服务实践活动需要，能够真实反映员工的实际水平，要求熟练掌握的内容占考核内容的 95% 以上，对于服务岗位要求的知识点可以变换角度考核。如，考问候语的内容，可以用“问候语通常是包括单位名称、服务员工号（或姓名）和帮助提示 3 个内容吗”？ 也可以用“你理解的问候语包括哪些内容”？

要保证试卷内容都是用来考查培训效果的。客服培训考试的重点是客服员工对培训知识的理解，与培训效果无关的信息不应成为考查的知识点，避免在结合服务实践过程时偏离了培训内容。

例：试题案例

不符合要求的试题：阳光客服中心是（　　）年开通服务的，它所服务的行业是交通运输。

A. 1999　　B. 2001

C. 2005　　D. 2014

符合要求的试题：2001 年阳光客服中心开通服务，它所服务的行业是（　　）。

A. 广播影视　　B. 医疗卫生

C. 文化教育　　D. 交通运输

不符合要求的试题：自助语音服务（IVR）的关键环节是（　　）。

A. 客户端　　B. 前置导语

C. 知识库　　D. 录音设备

符合要求的试题：自助语音服务（IVR）的关键作用是（　　）和分流简单诉求。

A. 节省人工通话成本　　　B. 提高客户满意度

C. 引导客服自助服务　　　D. 降低服务人员普通话水平

使用案例补充办法解决考试所需的难以模拟或难以操作的典型情况。通过文字、录音和录像等媒介模拟真实情况，再现实际工作中的某种现象或事件，有针对性地设置可供客服员工思考、分析和决断的试题。模拟客服场景的文字、录音和录像的时间不宜过长，一般控制在 500 个汉字或 3 分钟之内。例如，44 号客服代表休假回来，由于在休假期间，新增业务知识较多，导致他受理速度低于要求的平均水平。在成绩不佳的压力下，为了不影响班组的受理量成绩，他采用了“凡涉及新业务的诉求立即转给组长”的方法，使组长接听客户来电的时间明显增加，且无暇顾及班组管理，造成班组综合绩效成绩滑坡。那么问题来了，客服员工在休假结束后，如何保证对其进行新业务培训的质量？

7.4.1.2 简单唯一

简单唯一和可操作可评价的原则。保证试题具备简单唯一性，将每个知识点作为考点列入试题备选范围。每道试题的考核点是唯一的，即，在一道题里只能编入一个考核点。考题多是一个有“的”字组成的名词短语，表述清晰完整，是最小的独立可考核内容。题目叙述要清楚、完整、准确、无错字，避免使用疑问句。如，可以用“信息采集的常见方法有哪些”作考题，不宜用“倾听、提问和记录是信息采集常用的方法吗”作考题。试题要能够独立进行考试，考评标准简明，不能超出本次培训的内容范围。如，可以用“请简答咨询类诉求的服务流程”作考题，不宜用“请回答你所知道的服务流程”作考题。

保证题目简洁、备选项简明的原则。题目采用肯定句和陈述句，原则上不采用否定之否定的复合句型和疑问句；试题的备选项尽量使用简单词汇，而不使用简单句和复合句；不在备选项中出现标点符号或说明符。简答题用正向提问，降低考生因为阅读不仔细而产生错误的概率。培训考试题要降低语文水平的难度，兼顾帮助语文水平低的员工快速准确理解题意，重点放在考核客服代表对问题的认知和掌握程度。

保证题目及内容不重复。在一个题目的同一组备选答案中，避免出现表达不同的相同内容。不能用更改试题顺序或变换备选答案顺序的办法来反复使用相同的考题；不能将“以上都是”和“以上都不对”作为单选题的备选答案；不要让考核的问题出现在题目的开始，以避免问题发散。

例：试题案例

不符合要求的试题：客服中心的知识库内容并非是不常见的客户知识、产品知识和（　　）汇总。

A. 服务知识　　B. 研究的课题

C. 礼仪知识　　D. 网络应用知识

符合要求的试题：知识库是由常见的客户知识、产品知识和（　　）汇总。

A. 服务知识　　B. 研究的课题

C. 礼仪知识　　D. 网络应用知识

不符合要求的试题：无论是自助服务还是互动服务，都会产生（　　）客服人工受理工作的作用。

A. 减轻　　B. 加大

C. 复杂　　D．简化

符合要求的试题：无论是自助服务还是互动服务，人工受理工作都会因此而（　　）。

A. 减轻　　B. 加大

C. 复杂　　D. 简化

不符合要求的试题：体现热线畅通情况的重要数据之一是（　　）。

A. 客服呼损率　　B. 客户放弃率

C. 事后处理时间　　D. 系统反应速度

符合要求的试题：体现热线畅通情况的重要数据之一是（　　）。

A. 客服呼损率　　B. 受理难度

C. 事后处理时间　　D. 系统反应速度

不符合要求的试题：（　　）开展服务离不开服务脚本。

A. 准确地　　B. 热情地

C. 优秀地　　D. 高效地

符合要求的试题：服务脚本是保证客服人员用适宜的服务信息（　　）开展服务工作。

A. 准确地　　B. 热情地

C. 优秀地　　D. 高效地

不符合要求的试题：WEB 互助服务依靠（　　）。

A. 人工处理服务工作　　B. 即时传输处理服务工作

C. 图像处理服务工作　　D. 语音处理服务工作

符合要求的试题：WEB 互助服务依靠（　　）处理服务工作。

A. 人工　　B. 即时传输

C. 图像　　D. 语音

7.4.1.3　科学规范

遵循科学规范和准确严谨的原则。用最简明的语言表述题目，评价标准要统一规范，所涉及的专业名词、术语、符号、计量采用法定单位或行业通用规则。如，可用“请在 3 分钟内独立解答完成此客户的咨询问题”作考题，但不能用“请尽快解答完成此客户的咨询问题”。试题的内容不仅要有理论依据，其形式也要符合科学原理和服务实践活动，关及客户交流的环节，要遵循公序良俗和公共关系中的文明礼节，禁止使用双关语、抽象语、夸大语。如，可以用“检索中常用的逻辑通配符‘*’来代表‘任何的’”，而不能用“检索中，*=any”。

保证试题答案的随机性，让猜题无所获。避免试卷的内容包含标准答案或提示信息。在多选题中，均匀分布标准答案的“A、B、C、D”代码，杜绝某一个代码所占比例超过 60% 的情况，降低只选相同的题号也能过关的机会。

真假组合的原则。将在服务过程中容易混淆出错的内容放在同一题中，使错误的备选项有一定的似真性和迷惑性，加强客服代表的印象。

试卷的表达方式尊重习惯顺序。备选答案涉及数字或专业符号的选项，数字按从小到大的顺序排列出现，专业符号按行业规定或习惯排列出现。

例：试题案例

不符合要求的试题：通常情况下事件中的人或事一定存在关联，

（　　）。

A. 不是孤立的　　　　B. 不一定有关系

C. 存在利益关系　　　D. 或多或少有关系

符合要求的试题：通常情况下事件中的人或事（　　）。

A. 不是孤立的　　　　B. 不一定有关系

C. 存在利益关系　　　D. 或多或少有关系

不符合要求的试题：对于服务工作而言，（　　）也是客户服务平台。

A. WEB 网站　　　　B. 手机

C. 微信　　　　　　D. QQ

符合要求的试题：对于服务工作而言，(　　)也是客户服务平台。

A. WEB 网站　　　　B. “贴吧”

C. 微信　　　　　　D. QQ

不符合要求的试题：分类检索的特点一次只能以（　　）类名词为路径，进行渐进检索。

A. n 个　　　　　　B. 2 个

C. 1 个　　　　　　D. 组合

符合要求的试题：分类检索的特点一次只能以（　　）类名词为路径，进行渐进检索。

A. 1 个　　　　　　B. 2 个

C. n 个　　　　　　D. 组合

7.4.2　适用题型

客服业务培训的理论考卷试题主要包括三类基础题型，即单选题、判断题或案例分析题。客服中心在设计笔试试卷时，需要清楚不同题型的设计方法和适用的考查范围。

7.4.2.1　单选题

单选题的作用是考查客服员工掌握基础知识的情况。单项选择题的结构由两部分组成，一部分称为题目或称题干；另一部分称为选择项或称备选项。每题只能出现一个考点，即一个题目只考一个知识点或技能点。通常情况下选择项要求不少于 4 个，可将这 4 个选项依次用“A、B、C、D”标注区分，客服代表根据培训的内容及个人的理解，从备选答案中选择一个作为答案。单选题是客服培训考试中应用最多的题型，也是最容易在设计题目环节出错的题型。

7.4.2.2　判断题

判断题的作用是考查客服员工综合理解掌握业务知识的情况。判断题的结构由肯定的陈述句组成，用“对”或“错”来表示答案，客服代表依据培训的内容和实际情况，排除干扰因素，对是非进行推理和判断。

7.4.2.3　案例分析题

案例分析题的作用是考查客服员工正确应用业务知识的能力。案例分析隶属论述题的范围，通常先描述一个案例，请客服人员对其进行分析，并提出意见和建议，或是指出案例中存在的优点或缺点，再针对案例中的实际情况阐述自己的思想观点和解决问题的办法。有时也会先设定一个服务场景，让客服人员来模拟设计并描述一个优秀的服务案例，或者设计并描述两个结果完全相反的可对比的案例。

7.4.3　组卷用表

7.4.3.1　内容组卷

培训内容组卷分配表

考核类别			题序编码	培训计划及考核内容	卷库 1—N 套		
一类	二类	M 类	001—100	范围或内容	试卷 1	试卷 2	试卷 N
上岗达标	新业态			二类，新业态培训。如本试卷有 80 个单选题，20 个判断题。题库管理格式如下			
			001	近期热点及答案	1C	1B	
			002	本周新上线的业务	1B	1C	
			003	问题及纠偏能力	2B	2B	

续表

			……	……	……	……	
			总计	N：选择题的数量； M：判断题的数量； A：每题的分值；若用100分作为满分来评价，A=100÷（N+M）	（N）B，（M）C		

7.4.3.2 知识权重

客服代表理论知识考核权重配比表 [①]

客服代表级别 及培训考核项目		服务员 （权重%）	助理服务师 （权重%）	服务师 （权重%）	高级服务师 （权重%）
项目要求	职业道德	5	5	5	5
	基本知识	25	20	15	10
	应答请求	20	10	5	
	记录请求	5			
	解答请求	10		10	
	分检派送请求	15			
	处理请求		15	10	
	信息管理		15		
	请求过程管理			5	15
	回访	10	5	5	
	询访	10	10	10	
	统计		15		5
	应用		5	5	15
	分析			10	
	系统设计				5
	流程设计				5
	流程管理			5	5
	质量管理			5	10
	培训与指导			5	10
	组织管理			5	15
合计		100	100	100	100

① 中国就业培训技术指导中心．呼叫服务人员［M］．北京：中国劳动社会保障出版社，2006.

7.4.3.3　技能权重

客服代表技能操作考核权重表

客服代表级别及培训考核项目		服务员（权重 %）	助理服务师（权重 %）	服务师（权重%）	高级服务师（权重 %）
项目要求	应答请求	20	10	5	
	记录请求	20			
	解答请求	20		10	
	分检派送请求	10			
	处理请求		20	10	
	信息管理		20		
	请求过程管理			10	20
	回访	15	10	10	
	询访	15	10	10	
	统计		15		10
	应用		15	15	15
	分析			10	
	系统设计				10
	流程设计				15
	流程管理			5	10
	质量管理			5	5
	培训与指导			5	5
	组织管理			5	10
合计		100	100	100	100

7.4.3.4 考评记录

上机实践部分考评记录（员级）

序号	考核内容	考核要点	分值	评分标准	扣分	得分
1	签入	能够按照培训要求，在60秒内签入客服系统	10	每超时15秒扣5分，扣完为止		
2	系统准备	能够按照培训要求，在2分钟内打开必备的知识库、工具或其他软件，进入响应服务的状态	10	每超时20秒扣5分，扣完为止		
3	事中处理	能够按照培训要求，在与客户通话过程中正确选择业务模块、表单类型、填写关键项目、勾选分类标志、记录客户诉求摘要	40	每出现一个错误扣5分，扣完为止		
4	事后处理	能够按照培训要求，在客户挂断电话后的60秒内完成补充、检查、提交等事后处理工作，并回到响应服务的状态	20	每超时15秒扣5分，扣完为止		
……	……	……	……	……	……	……
合计			100			

取消考试资格：若客服代表发生下列情况之一，终止考试，考评成绩记为零分。
（1）应试的客服代表其登录或签入密码无效。
（2）应试的客服代表不是独立完成考试，出现由他人帮助的情况。
（3）应试的客服代表在操作过程中严重违反操作规定。

第 8 章　服务现场

客服现场井然有序，指令易懂可行，协同联动得力。

客服现场是客服中心各岗位与各业务部门一起协同联动服务客户的场所，客服现场工作内容包括受理客户诉求和处置突发事件、人员管理和落实规程、工作秩序和后勤保障、数据分析和信息管理等，各项工作都要求准确及时、协同联动。为保证客服现场所有工作人员听从指挥，步调一致，要求客服现场下达的指令必须满足简单易懂和能够执行的条件。

8.1　重点工作

客服现场管理是一个动态的管理过程，人员管理、环境管理、业务管理、质量管理、指标管理、危机管理、情绪管理、后勤管理等都处在时时的变化中，对客服现场管理要求目标明确和分工明确。客服现场管理的主要工作包括工作环境、计划工作、应急处置、适应变化和培训辅导。

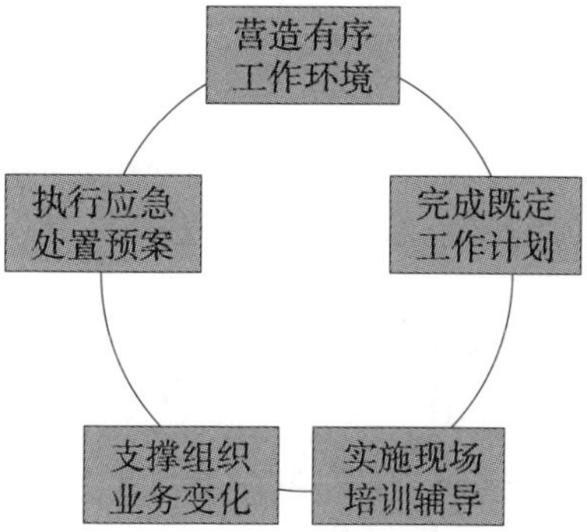

客服现场管理目标

8.1.1 有序工作

保证客服现场工作有序的重点管理内容有以下几个方面。

8.1.1.1 分工明确

客服管理人员分工明确。客服现场有直接管理人员和间接管理人员，通常情况下，客服现场的直接管理人员包括客服经理、班组长和客服专家组（或者调度组）成员。客服经理是现场管理和保证服务水平的第一负责人，其他岗位成员协助现场管理工作。班组长负责服务过程的问题收集、经验传递、上传下达、技能培训和班组管理工作，包括负责对本组成员进行服务督导和行为监督。专家岗位或调度岗位的人员负责信息汇集和处置紧急事件。客服主管是客服现场的临时直接管理人员，负责协调处理客服现场遇到的急难重险情况。

客服现场直接管理人员兼顾负责受理工作，并通过与客户直接对话处理疑难问题，了解和体验客服代表面临的服务状态。直接管理人员的办公位置设在客服办公现场，虽然现在很多客服代表已经可以回家办公或移动办公，但目前的信息安全与传递能力还不能支持客服管理人员在家办公。

客服现场的间接管理人员是间接参与现场管理的人员，包括评审人员、培训人员和信息技术人员等。评审员负责制定落实服务标准；培训员负责业务技能的传授和考核；信息员负责数据监测和预警。

客服现场管理重在保证执行能力和协同能力。因此，虽然大家同在客服现场服务客户，虽然是同一个考核项目，但对不同岗位人员考查的重点不同。比如同样是“客服现场表现”指标，对于客服代表岗位重点考查的是“工作的协同能力”；对于班组长岗位重点考查的是“现场辅导能力”；对于调度岗位重点考查的是“突发事件处置能力”；对于客服经理岗位重点考查的是“维持现场工作井然有序的能力”。现场管理岗位的工作和执行结果是否合格，重点对服务工作、应急处置、技能水平、外联协调和保障支持 5 个方面进行考查。具体可参见《阳光客服中心现场管理绩效考评重点》。

阳光客服中心现场管理绩效考评重点

序号	现场指标	考评描述	权重
1	服务工作	计划工作完成情况和关键服务指标方面的表现	30%
2	应急处置	应急处置预案的部署、演练、培训及过程指导方面的表现	20%
3	技能水平	现场巡视次数、发布指导信息正确率、班前会质量、现场答疑解惑能力、业务培训和团队活动安排等方面的表现	20%
4	外联协调	知识库可用、报送信息有用、跟进督办有力、协调处理有效、对待员工意见有结果等方面的表现	15%
5	保障支持	系统支持、后勤保障、安全生产、环境卫生、行为规范、团队和谐等方面的表现	15%

8.1.1.2 健全制度

健全各项管理制度。客服中心的管理制度要符合可执行、可实现、可完善、能维护环境安全、能保证有序开展工作、能引导员工规范言行。用制度保证对员工的关心和帮助，确保有人负责管理客服员工的工作状态和解决客服员工在工作中遇到的困难。例如，规定班长巡视班组现场的最大时间周期和频度，规定解决出现超长电话的办法。客服现场管理人员对员工的关心和帮助，有缓解员工疲劳和压力的作用。用制度保证对员工行为的管理。用制度保证客服中心每一项具体工作都有明确的责任人，如用制度保证客服员工负责自己所在工位的卫生和设备的开关。

为节省服务成本，可以尝试用“急、难、重、险”等分类评价指标考评临时性工作，一般不为临时性工作设置岗位。如安排服务职级较高的客服人员承担突发事件中的重要工作。

通过不断完善制度和落实制度保证客服现场的工作秩序，主要包括《客服岗位责任及管理制度》《客服现场工作纪律》《信息管理规定》《公文处理办法》《考勤管理制度》《替班管理办法》《年休假管理办法》《应急处置预案管理》《招聘工作规程》《培训管理办法》《劳动合同管理办法》《离职手续办理规定》《办公器材管理规定》《安全卫生责任管理》《员工宿舍管理办法》《知识库修改审批单》《标准答案咨询单》《重点诉求汇报单》《系统需求申请单》《客服中心请假审批表》《员工年休假申请表》《员工换班申请表》《员工转岗申请表》《重大事件处理意见报告表》《安全卫生检查表》《员工续约报告表》《员工辞职申请表》等。客服工作现场人员众多、工位集中、交错上岗、日夜轮流，客服的这些特点对应着客服工作现场的环境、秩序、系统、设施、安全、卫生和后勤等方面，从客观上要求每一位客服人员遵规守纪，按要求完成工作。

8.1.1.3　准时工作

准时开展各项工作。为保证客服人员的上岗数量，客服的会议和活动必须提前安排，准时召开，按时结束，严格规划作业时间。客服现场时间管理的内容包括涉及服务作业的时间，如，通话平均时长、工作时长、事后整理时长、休息时长、示忙时长等；也包括非服务作业时间，如，培训时间、开展会议活动的时间、员工同时休息不影响工作的时间和员工用餐时间等。

电话渠道客服人员工作时间及状态一览表

在线受理时间				在线离岗时间		离线时间			空岗
空闲等待	振铃应答	通话时间	事后整理	示忙汇报协调	短暂休息	培训考试会议活动	用餐	备岗（来电少时安排其他工作）	病事假休假各类假
A	B	C	D	E	F	G	H	I	J

8.1.1.4　屏蔽噪声

客服中心的耳麦是非常灵敏的传声设备，客服现场的声音很容易被客户听到，造成客户误会或不满。客服经理负责客服班组安静地交接班，可采用分区划片安排交接班工作，使接班人员和交班人员不在同一个工作区，以降低交接班时客服员工们打招呼和交流而产生的噪音。还要主动屏蔽或防止客服现场中出现干扰工作的声音，包括手机铃声、员工对话和装修噪声等，力保客户只听到服务之声。

8.1.1.5　资源自主

制定灵活自主的后勤保障权限或资源。客服中心现场管理人员有权限和能力调配服务保障资源，有权支配一定数量的准备资金用于处理紧急事件，能够为处理突发事件而错过了用餐的员工解决补餐的需求。

8.1.1.6　完成计划

现场管理围绕组织的工作重点和客服的工作计划，按要求开展工作，严格执行服务规程和紧急响应机制。要求管理能够实现服务规范、客户满意、员工满意和客服团队的进步。

在服务过程中要按预先规定的流程来执行客户诉求的转接与升级。尽量避免客户电话被转接，客服代表有义务向客户说明客服的服务规程是一样的，客服所有人员都必须遵循同样的规程，不论谁受理，其结果相同。避免客户误认为可以无限升级或只有找领导才能解决问题。班组长负责及时处理不能按常规受理的疑难投诉，以缓解客服代表的压力，节省服务时间。

在服务过程中要及时处理新情况，准确说明执行时间。采用通知、公告、更新知识库和班前会等渠道及时发布变化信息，遇到没有标准答案的新问题，在等待业务部门回复的同时，客服中心须有统一的口径安抚客户。例如，“您的问题，我们暂未接到详细通知，我马上核实。如果您需要的话，稍后我回复您。”

在服务过程中要正确处理特殊情况。遇有紧急特殊情况，严格遵守操作规程，及时向上级报告，并以维护客户利益、组织声誉和人员财产安全作为处置的首要原则。

8.1.1.7　班会设计

在客服中心，每一位客服代表的工作质量和每一分钟的时间安排都会影响客户的等待，客服中心的客服代表越多，这种影响就越大。如果客服中心有 200 名客服代表上岗，每天每人开班前会用 n 分钟，那么一个 10 分钟的班前会就要付出 2000 分钟的时间成本；如果一个电话按 3 分钟计算，班前会是以每天少接听 666 个来电为代价的；如果用年来计算，班前会的昂贵更为显现。高效的班前会具有降低服务成本和减少客户排队时间的作用。

客服班会的要求是用最简短的时间介绍最关键的服务要求和知识，确保员工了解新业态信息和当班重要工作。班会控制在 10 分钟以内，形式不限。客服班会常见的有“班前会”“现场交接会”“班后会”等。班前会的重点内容是通报新近产生的业务信息、指出重点工作的要求、分派执行紧急预案的责任人、了解员工出勤情况、提问互动、调动情绪，使员工能够精神饱满地进入工作状态。现场交接会的主要内容是管理人员在交接班时对一些重要事情进行交代或是对需要接手接续处理的诉求做补充说明。班后会的主要内容是对工作中的表现进行点评、汇总客户和员工的建议，对今后的工作提出具体的要求。管理人员在客服现场对员工的关心和帮助，具有缓解员工疲劳和压力、鼓舞团队士气的积极作用。

8.1.1.8 支持变化

客服中心服务现场开展工作需要以“七个一”作为支持发展变化的基本条件。它们是：

一个由专家席和专业人员维护的、时效性强、没有过时信息的可用知识库；

一张可执行的客服全员排班计划；

一套完善的《客服员工绩效考评体系》；

一本注册员工档案；

一套包括日常沟通和专题会议的会议制度；

一条员工愿意选用、保证有人负责响应的沟通渠道；

一组常用的通知公告模板。

确定客服现场的信息表单和通知公告模板随时可用，尤其要对使用频率高的公告模板拥有编辑权，如用于解释延迟的原因、推荐其他可替代服务渠道和引导客户行为的公告模板。

例：公告模板

例 1：“感谢您致电阳光客服中心，每一位客户来电对我们都很重要，您若是办理更改信息业务，请准备好您的有效证件号码，此时来电较为集中，建议您稍后再拨，也可通过我们的网站办理业务。”

例 2：“若继续等待请按 9。（按下 9 后）谢谢您的耐心等待，我们会尽快受理您的来电。”

例 3：“我们正在进行线路检修工作，预计 14 点前恢复，由此给您带来的不便深表歉意。如果您需要进一步的帮助，请按‘9’继续等待，我们将尽快处理您的来电。”

客服中心服务现场有序开展工作需要以加强数据监测为管理依据。第一，观察关键数据变化趋势。现场管理人员随时将客户排队数量和客服代表接续工作时间等关键数据与常规数据进行对照，及时发现问题并按客服规程处理异常情况。通常排队数据的增量高，可能受事件影响的客户范围大；而客服代表通话时间长，可能是客户遇到的问题比较复杂。第二，按要求填写值班记录。客服系统有很多数据可以查询到工作信息，但专门的数据记录表能够帮助快速了解关键信息，能够解决系统自动导入的信息与实际数据不一致的问题。为保证信息填写规范、不漏关键事项，客服需要针对现场管理预先设计制作信息表单，如《客服值班日志》《紧急重要事件报告单》《交班信息单》《实际上岗人员名单（年月日）》和《工作席位安排表（年月日）》等。

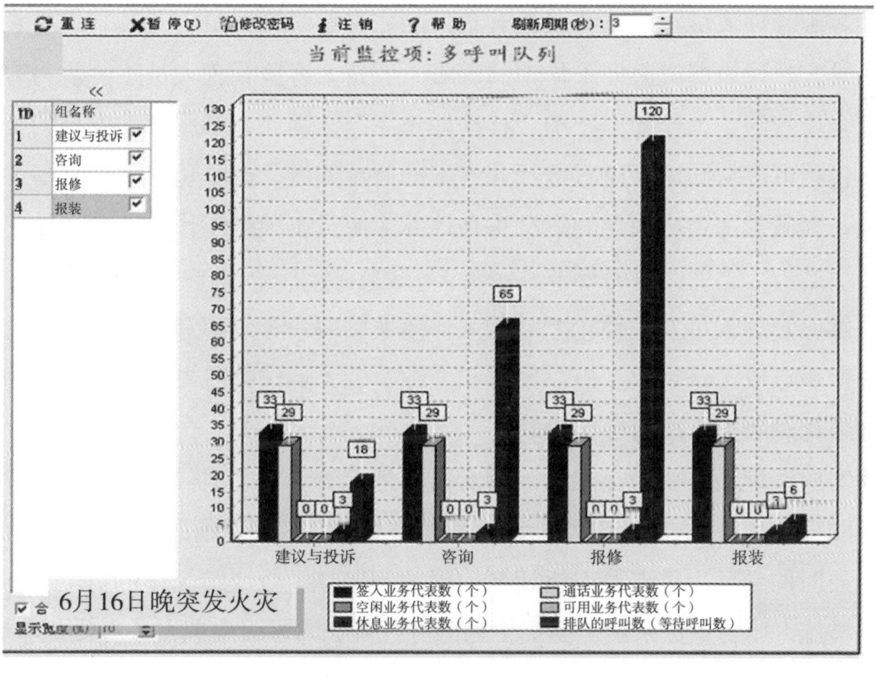

受理数据出现异常情况

8.1.2　实施现场培训辅导

客服管理人员在现场对客服人员进行业务辅导，是客服现场管理人员不可省略的日常工作，也是客服培训人才的重要环节。客服现场业务辅导的重点工作主要是现场答疑、标准落实、重点检查和访谈辅导。现场辅导工作需要注意以下几个方面。

客服现场辅导

客服管理人员在现场答疑是有条件的。客服管理人员，尤其是班组长有义务指导客户代表解决服务工作中的困难，但是，客服管理人员不能成为客服代表完全依赖的“工作助理”和“移动知识库”。因此，客服管理人员的指导内容不包括可以从知识库里直接找到答案的简单问题，也不包括上岗必备的基本技能，客服管理人员辅导的意义重在培养客服员工独立工作的能力，使客服员工尽快进步，满足岗位的要求。

客服管理人员要把强化标准的工作落实到每一个细节和时间里。结合近期服务薄弱点或工作难点，提供案例和介绍经验，通过信息发布或开展班会等渠道，强化对服务标准的责任担当。

客服管理人员要对存在的问题有重点地检查。对客服代表服务的服务过程实时监听，对出现的问题进行提示、辅导或拦截，控制问题的影响范围，为员工提供及时的帮助。重点检查近期新出现的问题和绩效成绩欠佳的员工，并提出改进措施；还要重点采集优秀员工的服务过程，为客服培训人才提供优秀案例。

访谈辅导一对一。访谈在工作中出现重大失误的员工，给予员工业务帮助和精神鼓励。关心客服员工，纠正客服员工在工作中出现的问题；了解客服员工在工作中遇到的困难，并给予指导和帮助。

用图表展示工作任务和班组工作情况的数据，帮助员工和团队了解整体情况，寻找差距，明确方向，具体可参见《3 月份班组绩效成绩排名图示》。

用员工绩效数据表进行评价，标注“优秀”“底线”等关键信息，为员工提供自我认知、相互了解、相互学习的信息，具体可参见《客服人员月度综合评价表》案例。

用答疑信息记录卡汇总热点、难点和焦点，从员工分散的问题中发现更多员工尚未提出的问题，具体可参见《晨曦班组现场答疑信息记录卡》案例。

用《质量问题记录卡》分析总结服务中的共性问题，具体可参见《晨曦班组质量问题信息记录卡》案例。

用《调查表》了解客服员工对重点知识的掌握情况或收集员工意见；用《班组活动时间表》支持员工业余活动；用《班组成员工作分工表》指定受理和回访人员、班组活动的组织者、夜班轮休人员数量和时间等。

例：3 月班组绩效成绩排名图示

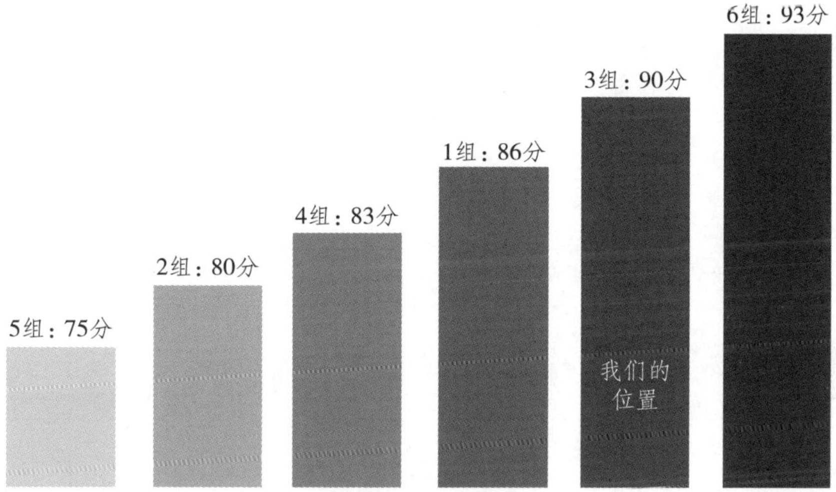

3 月班组绩效成绩排名

例：客服人员月度综合评价表

岗位名称：＿＿＿＿＿＿　姓名：＿＿＿＿＿＿　考核日期：＿＿＿＿＿＿

项目及考核内容		评分	初评成绩	审核
工作任务 30%	能保质保量提前完成任务	30 分		
	能保质保量按时完成任务	25 –29 分		
	在督导下完成任务	15—25 分		
	不能完成任务	15 分以下		

续表

项目及考核内容			评分	初评成绩	审核
工作能力20%	处理能力10%	理解、判断和处置正确	10分		
		理解、判断和处置基本正确	8—9分		
		理解、判断正确，处置有误	7分		
		不能正确理解、处置综合业务	5—6分		
		不能独立完成工作	5分以下		
	工作技能10%	优质完成工作并有合理建议被采纳	10分		
		优质完成工作并有改进作业的方法	8—9分		
		能完成工作并能提出存在的问题	5—7分		
		能完成工作	5分以下		
工作协调15%		能主动与他人合作并主动帮助他人	15分		
		能主动与他人合作	11—14分		
		能与他人合作	7—10分		
		基本不能与他人合作	7分以下		
责任感15%		超水平完成工作	15分		
		能较好完成工作	13—14分		
		能够完成工作	10—12分		
		勉强完成工作	7—9分		
		基本不能完成工作	7分以下		
勤奋情况10%		工作数量优秀和质量优秀	10分		
		工作数量良好和质量优秀	8—9分		
		工作数量优秀和质量良好	7分		
		工作数量良好和质量良好	5—6分		
		工作数量或质量不及格	5分以下		

续表

<table>
<tr><td colspan="3">项目及考核内容</td><td>评分</td><td>初评成绩</td><td>审核</td></tr>
<tr><td rowspan="4">工作质量
15%</td><td colspan="2">工作无错误并主动改进</td><td>15 分</td><td></td><td></td></tr>
<tr><td colspan="2">工作无过错也无改进</td><td>12—14 分</td><td></td><td></td></tr>
<tr><td colspan="2">工作离不开督导</td><td>7—11 分</td><td></td><td></td></tr>
<tr><td colspan="2">工作中存在违规导致的错误</td><td>7 分以下</td><td></td><td></td></tr>
<tr><td rowspan="5">纪律性 10%</td><td colspan="2">自觉遵守和维护规章制度</td><td>10 分</td><td></td><td></td></tr>
<tr><td colspan="2">在督导下遵守规章制度</td><td>8—9 分</td><td></td><td></td></tr>
<tr><td colspan="2">违纪不超过 1 次（包括迟到早退）</td><td>7 分</td><td></td><td></td></tr>
<tr><td colspan="2">违纪超过 2 次</td><td>5—6 分</td><td></td><td></td></tr>
<tr><td colspan="2">违纪超过 2 次以上</td><td>5 分以下</td><td></td><td></td></tr>
<tr><td>考核人签名</td><td></td><td>主管</td><td>日期</td><td colspan="2"></td></tr>
</table>

例：晨曦班组现场答疑信息记录卡

晨曦班组现场答疑信息记录卡 2016.07.08

答疑归纳	内容	处置
哪类问题最多	智慧灯杆功能有哪些	询问获取答案
知识库欠缺需要补充哪些知识	如何使用智慧灯杆的功能	报客服知识库组
员工普遍欠缺哪些知识点	系统新增功能的应用	报培训组
希望系统在哪些方面改进	减少“死机”或“白屏”现象	报系统负责人
……		

例：晨曦班组质量问题信息记录卡

晨曦班组质量问题信息记录卡 2016.07.08

普遍问题	表现	处置
电话打不通	客户等待时间长	报客服经理

续表

普遍问题	表现	处置
员工业务不熟	客户等待时间长	针对培训和加大质检
查询速度慢	客户等待时间长	报系统负责人
客户投诉	障目工单	报专家组
……		

8.2 客流管理

客服现场管理需要根据实际情况为服务工作提供有力的服务保障和及时的数据监测，其中客户等待队列的管理，或者说科学分流客户的管理，是客服中心值得探讨的课题之一。

8.2.1 队列管理

客户致电客服中心后将会归属到与其服务需求相关的某个客服队列，客服队列是客户联通客服代表的必经之路。

8.2.1.1 队列作用

客服队列的作用是按业务分类受理诉求，指导客户进入所需队列，安排客户排队等待的顺序，缓解客服中心人力不足，排查通信故障，提供现场管理信息。

ACD 依据客户进入客服系统的时间，以先来先到的原则安排客户排队等候的顺序，客服代表受理客户的先后顺序也是由 ACD 自动分配的，因此客服队列里原则上不存在客户“插队”的现象，除非设置特殊的优先服务规则。

通过监测等待队列的数据，了解中继线路的承载状态，以此判断通信线路是否处于正常工作状态。由于公共客服提供的是开放免证式服务，人人都可以拨打公共服务的客服电话。因此，公共客服中心是不能用请客户输入身份识别码的办法来限制客户的呼叫，也不能用此办法来减少拨错号码误入客服的

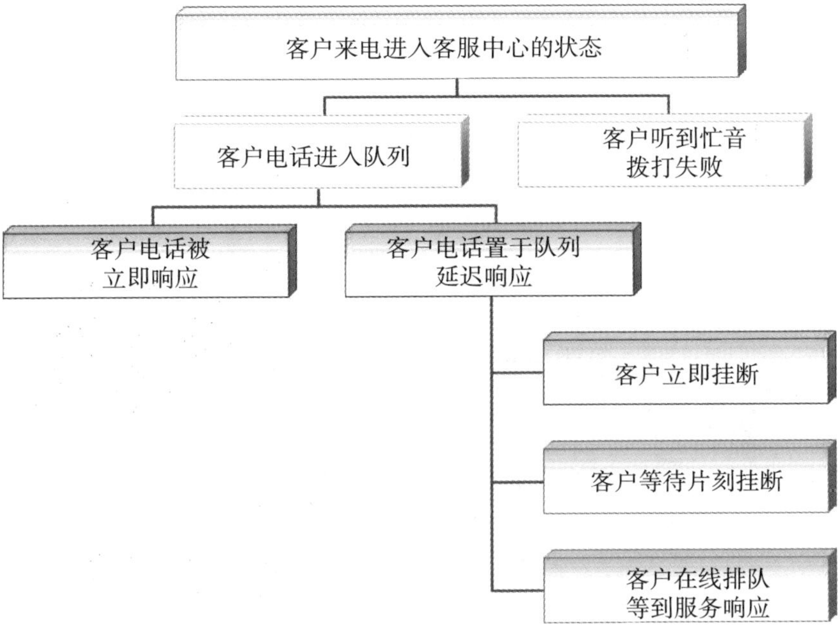

科学分流客户示意图

呼叫；尤其是没有办法甄别和限制从客户发起呼叫到出现响应铃声这段通信过程中的伪呼叫。伪呼叫是没有真实的客户，但有呼叫现象，它常见的表现形式是队列里的客户等候数据量呈现爆发增加的状态，或是队列里存在大量的等待时间很短的数据，或是存在大量的接通即挂断的数据。持续大量的伪呼叫会造成中继线的拥堵，使正常的客户呼叫难以拨入。当存在黑客攻击，或是发生路由器和拨号器故障时都可能产生伪呼叫的数据。

8.2.1.2　队列信息

从客户的角度来说，队列信息是被"听到"的。客户进入排队等待队列后，除了静静等待，还可以听到音乐、消息或提示，在一定程度上分散了客户注意力，忍耐等待更长时间。队列中所播放的"等待音乐"和"保持音乐"要符合相关政策法规，遵守《版权法》，引用资料要标注来源，不使用盗版资料。队列中插入的通知或公告应清晰、流畅，语音提示应婉转、简洁，其目的都是对客户起安抚作用，而不是"火上浇油"。

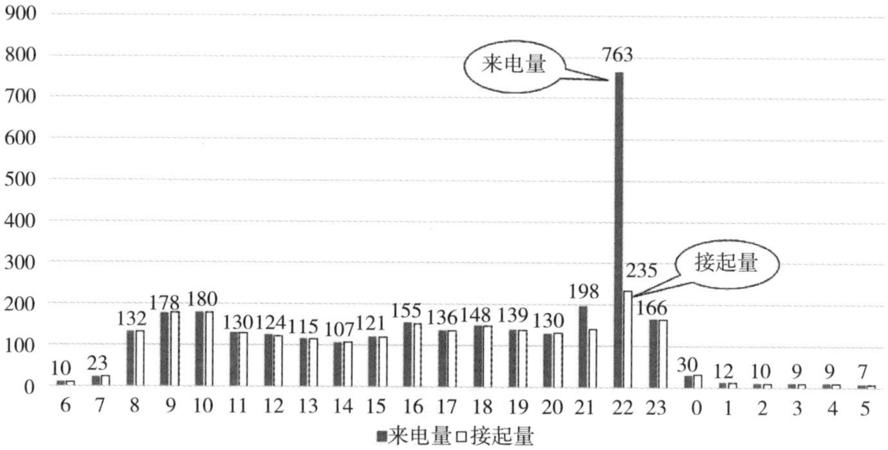

突发事件引发的客户访问量

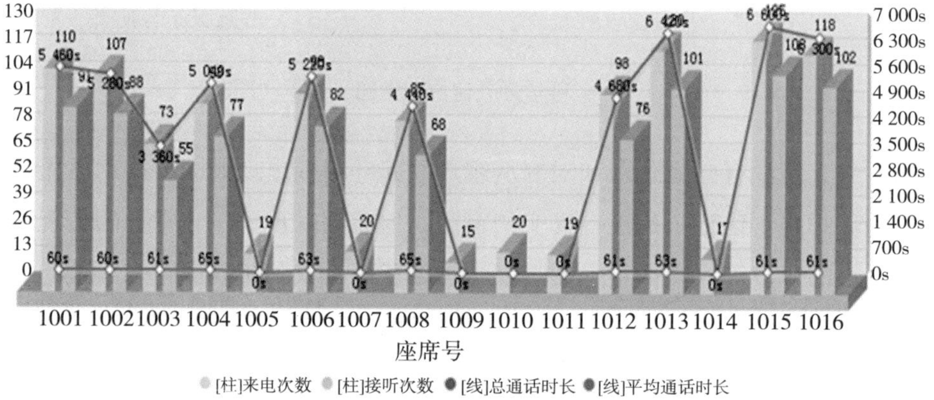

综合技能班组客服代表话务数据

从客服管理的角度来说，队列信息是被“看到”的。如图《突发事件引发的客户访问量》所示，当晚22点左右，队列中突然涌入大量客户，来电量陡然间增长数倍，在岗客服代表全部忙于通话，可以肯定发生了重大突发事件，客服现场必须立即启动应急处置预案。又如，在《综合技能班组客服代表话务数据》图中可以看到，当天16名客服代表在线工作，其中10名工作正常，而1005号、1007号、1009号、1010号、1011号、1014号6名客服代表出现了“有来电次数却无通话时长”的异常数据，使得110（=19+20+15+20+19+17）位客户经历了“排队等到系统转人工服务时被挂断或无人应答”的不良体验。造成这种情况的可能原因，一是 ACD 系统与座席终端的接口出现问题，二是客服代表被安排离岗工作，但签出状态失效，导致产生漏接，直至被发现。6 名客服代表同时人为失误而多次漏接的概率非常小，需要经过后台数据分析方可得出结论。

8.2.2　队列数据

客户的申请被客服系统置入等待状态的时间是队列管理的重点。当客户处于等待状态时，客服及时告知客户需要等待的时间有利于降低客户因等待而出现的不满意。客户的情绪会随等待时间的增加而变差，客户的不良情绪有可能会发泄给客服员工，因此等待时间是关及客户和员工情绪的数据。降低客户等待时间的最简单办法是增加客服人员。阳光客服中心的监测时间以 30 分钟为单位，并假设通话时间 180 秒，事后处理时间 30 秒，来电量 251 个时，研究服务水平在 20 秒内接通率，获得《阳光客服中心队列动态数据记录表》和《阳光客服中心客户等待时间记录表》。从数据中我们得知，随着客服人员的增多，服务水平提高、工时利用率降低。

8.2.2.1　数据分类

如果将客户按等待时间分为 4 类，可以帮助客服更清楚改进工作的重点。在《阳光客服中心客户等待时间记录表》中可以看到，当 34 名客服人员同时在岗时，客户的等待时间的数据分别如下。

1. 基本没有排队等待的客户（等待时间为 0—5 秒）：65 名。

2. 排队时间在计划的服务水平内的客户（等待时间 6—20 秒）：58+52+46=156 名。

3. 排队时间在耐心承受范围的客户（等待时间 21—60 秒）：37+29+23+18=107 名。

4. 排队时间需要有耐心的客户（等待时间 61—240 秒）：9+5+1=15 名。

客服现场管理需要针对超出等待时间的 122 名客户数量（107 名 +15 名），增加与之相适应的客服人员数量，解决有 122 名客户等待时间超过服务水平指标的问题。

例：阳光客服中心队列动态数据记录表

阳光客服中心队列动态数据记录表

服务人员数量	服务水平	平均响应时间（分）	工时利用率 %	每小时来电量
30	24%	208.7	96%	54
31	45%	74.7	95%	35.4
32	61%	37.6	90%	30.2
33	73%	21.3	88%	28
34	82%	12.7	88%	26.8
35	88%	7.8	83%	26.1
36	92%	4.9	81%	25.7
37	95%	3.1	79%	25.4
38	97%	1.9	77%	25.3
39	98%	1.2	75%	25.2
40	99%	0.7	73%	25.1
41	99%	0.5	71%	25.1
42	100%	0.3	69%	25

例：阳光客服中心客户等待时间记录表

阳光客服中心客户等待时间记录表

服务人员数量	服务水平效果	在等待队列里的客户数量和等待时间长短的分布（人 / 秒）											
		5	10	15	20	30	40	50	60	90	120	180	240
30	24	203	199	195	191	184	177	170	163	145	129	101	80
31	45	156	149	143	137	126	115	105	97	74	57	34	20
32	61	11	111	104	97	85	74	65	56	38	25	11	5

续表

服务人员数量	服务水平效果	在等待队列里的客户数量和等待时间长短的分布（人/秒）											
		5	10	15	20	30	40	50	60	90	120	180	240
33	73	89	81	74	67	56	47	39	32	19	11	4	1
34	82	65	58	52	46	37	29	23	18	9	5	1	0
35	88	47	41	36	41	24	18	14	10	4	2	0	0
36	92	34	29	24	21	15	11	8	6	2	1	0	0
37	95	24	20	16	14	9	6	4	3	1	0	0	0
38	97	16	13	11	9	6	4	2	2	0	0	0	0
39	98	11	9	7	5	3	2	1	1	0	0	0	0
40	99	7	6	4	3	2	1	1	0	0	0	0	0
41	99	5	4	3	2	1	1	0	0	0	0	0	0
42	100	3	2	2	1	1	0	0	0	0	0	0	0

8.2.2.2 阻断高峰

客服中心要根据具体情况采用不同的方法来阻断突发事件产生的高峰呼入量，减少高峰呼入量的持续时间。

建立应急预备队。这是临时组成的小组，用于支援紧急突发情况下的服务工作。应急预备队的成员可由其他部门的志愿者，或客服中心的志愿者组成。因此，对应急预备队的管理需要满足两个条件：一是，需要保证应急预备队人员的工作水平；二是，对应急预备队成员的工作安排要符合《劳动法》的规定。其他部门的人员加入应急预备队前要进行培训，并明确能够保证加入应急预备队的时间，这个时间最好是相对固定的时间，如公关部能够保证每周一的晚上安排人员参加应急预备队、行管部能够保证每周五的晚上安排人员参加应急预备队。客服中心的成员只能在自己的工休日时间加入预备队，如临时决定集体延时下班，不能在自己的计划工作时间参加预备队的工作，也不能超过《劳动法》的连续工时要求。应急预备队的临时救急成效比较显著，但它的维系成本涉及工作调整、劳务费、加班费、额外培训费、场地条件和企业文化等多种因素，影响面大，调动的隐性成本较高，因此不主张频繁调用应急预备队，而是应不断提高计划工作的能力，降低因计划不周而导致的集中呼叫。

重新规划工时。例如，把每周 5 天，每天 8 小时的工作，调成每周 4 天，每天 10 小时。调查显示，由于城市交通拥堵或上班路途较远等原因，不少客服员工比较偏好“多干一会儿，少来一次”的排班，甚至通过与其他班组成员调换班次来实现“来一次，顶俩班”。但长时间连续工作所产生的疲劳有损服务质量和员工身体健康，还可能使客服中心承担“过劳死”之类有违《劳动法》规定的严重后果。再如，用工休日上班来替补病事假，或“本次招聘服务人员的工作时间是 6—13 点”，这些都属调整工时应对高峰的做法。

制定“招之即来”的激励办法。因难以准确预测下一时段的工作量，难免会出现立即增加服务人员的强烈需求，如新闻发布会后呼入量剧增。通常用激励办法来快速解决短暂的人员需求，“招之即来”的目标人群是正准备下班的客服人员、在客服中心附近居住的客服人员以及可以在家办公的在编人员。远程访问和远程控制技术使得“天涯若比邻”正在变为现实。

8.3 组合指标

为保证服务水平，客服服务现场的成员必须协同工作，共同分担。客服中心的组织成效由多个元素组成，是一系列基准指标的组合结果。

8.3.1 技能组合

客服现场的共同分担是指通过整合服务人员的能力资源，达到提高工作效率的办法。对服务人员进行各种技能培训，再将他们分配到不同的小组，使不同的专业组都具备“全能”的服务能力，使班组成员遇到的问题基本都能在本班组内找到能够解决问题的专家，以此减少客户等待时间。因此，要避免一个班组的新入职员工过多，或是不要让新员工多的班组承担重要工作。调查数据证明，客服对班组进行技能的“全能”组合后，明显提升了服务效果。由此可知，没有进行过技能整合的班组，一定存在某种程度的服务资源浪费。具体可参见表格《阳光客服班组成员技能组合前 / 后的人员配置数据》，在平均通话时间为 3.5 分钟、服务水平保持在 80/20 的条件下，通过人员的技能组合，可以看到配置后的人员数量明显降低，而工时利用率和人均受理量则显著提升。

阳光客服班组成员技能组合前 / 后的人员配置数据

30 分钟内呼入量	服务水平	服务人员配置前 / 后	工时利用率	人均受理量
50	80/20	12/9	65%	5.6
100	80/20	19/15	78%	6.7
500	80/20	85/65	90%	7.7
1000	80/20	171/124	94%	8.1

8.3.2　指标组合

客服中心的组织成效主要体现在：能够将组织的外界变化、客户的需求变化及时传递给组织；不断完善服务流程；合理分配服务资源；搭建适用的服务平台；加强客服员工职业培训；应用科学的思想分析信息，支持组织决策建设可持续发展的文化等方面。

客服中心的组织效率由组织外部的环境因素和组织内部的管理因素决定。组织外部的环境因素包括政治与法律、区域经济、科学技术、社会与文化等，组织内部的管理因素包括组织结构、业务流程、组织成员、工具平台以及企业文化等。外部环境因素与内部管理因素相互影响，相互制约，最终决定了组织效率。

服务基准指标为客服管理提供了评价服务工作水平的项目和标准。要使这些基准指标在客服管理中真正发挥作用，还需要完成两项工作，一是，组合运用指标，二是，简化指标表达。组合运用基准指标是用基准指标组合成客服所需管理的核心关键指标，从而有效发挥管理指标的导向作用；简化指标表达与应用，是用最简单的方法使客服人员正确理解指标含义及要求，把培训中的文字变成能参照、能操作、能执行的形式。在此以客服服务成效管理为例，讨论指标组合在客服服务现场管理中的应用。

客服现场管理对各项考核指标的组合应用可分为服务规程指标、服务质量指标和服务成效指标等类别。服务质量指标和服务规程指标是执行服务过程的指标，服务成效指标是对已完成的服务工作进行检验的指标。各种组合指标应用在不同的场合，其作用都是保证实现预期的服务水平。

常用的方法是用表格的形式表现指标的内容和要求，具体可参见《客服中心运营管理成效指标》和《阳光客服中心考核指标组合分类表》以及现场管理中使用频度较高的 8 个单项指标。

例：管理成效指标

客服中心运营管理成效指标

综合指标	来话接通率	
	一次解决率	
	客户满意率	
	客户知晓率	
	员工满意度	
效率指标	话务量	总呼叫量
		成功呼叫总量
		成功呼叫率
	代表工效	人均每小时电话处理量
		在线利用率
		工时利用率
		出勤率

续表

效率指标	处理时效	平均持线（等待）时长
		平均应答时长
		平均通话时长
		平均事后整理时长
	排班计划	排班有效率
		排班覆盖率
		排班吻合率
		工时利用率
	系统支撑	系统满负荷率
		系统故障率
		故障处理及时率
质量指标	招聘	人员招聘及时率
		到岗及时率
		新员工转正率
	培训	培训满意度
		培训按时完成率
		培训出勤率
		培训合格率
	质检	质检抽查率
		质检差错率
		质检反馈率
	投诉	客户投诉率
		投诉处理及时率
		投诉处理满意率
	系统	支撑系统满意率
		客户关系管理满意率
		知识库满意率

例：指标组合分类

阳光客服中心考核指标组合分类表（现场管理部分）

序号	服务规程组合指标	服务质量组合指标	服务成效组合指标
1	服务水平	应答时间	客户满意率
2	客户满意	信息准确率	客户知晓率
3	一次解决率	服务成本	平均处理时长
4	排班实效	服务标准用语	来电接通率
5	人员到岗率	一次解决率	一次解决率
6	工时效率		责任投诉率
7	通话时长达标率		员工流失率
8	通话质量达标率		员工满意度

例：客户满意率

指标含义	通过客户对每次接受的人工服务满意与否的信息来获得客户对热线服务满意程度的评价
设置目的	获取客户对每次电话服务的评价，以便对服务进行监督和考察
计算公式	如客户满意率＝［100−∑（每次挂机后通过 IVR 和短信对服务表示“不满意”的电话数）］÷ 参评电话总数
注意事项	挂机不满意率的结果不适合单独用来衡量座席服务质量
数据来源	客服系统数据
数据评价	以不低于服务承诺水平和不低于客户接受底线为及格，理想值是 100%
考核频度	可用每天、每月

例：客户知晓率

指标含义	采用电话调查客户的方式确定热线知晓比例
设置目的	考查客户对客服中心的知晓情况

续表

计算公式	知晓度 = 电话调查客户知晓数 ÷ 成功被调查客户总数
注意事项	目标客户的选择；可借助调研公司进行现场调查
达标参考	不低于调查客户的 75%
评价参考	客户知晓度越高越好，理想值是 100%
考核频度	可用每季度、每年

例：平均处理时长

指标含义	指处理一个人工请求的呼叫所需要的平均时间，即平均每通电话的处理时长
设置目的	考查客服人员服务客户的综合能力，包括引导和控制能力
计算公式	平均处理时长 = 平均交谈时长 + 平均持线（等待）时长 + 平均事后处理时长
注意事项	不包含按 0 键后到客服人员接起前的等待时间
达标参考	2—10 分钟均有可能，与业务内容、客户诉求有关。可从 ACD 系统中调取当前团队平均数据作参照 若出现大量的低于 45 秒的情况，主动分析是否可以采用其他方式替代此项简单服务
评价参考	以保持在相对稳定范围内和出现异常能及时查找原因为及格
考核频度	可用每天、每月

例：来电接通率

指标含义	指客户拨打热线服务电话被成功接通的比例，也称来电接听率
设置目的	考查客服中心综合运营管理水平

续表

计算公式	来电接通率＝被成功接通的来电 ÷ 所有来电
注意事项	一般指20秒接通率，有的系统在超过120秒未被受理时将自动挂断，或计算服务水平指标内的数据
达标参考	95%，或80/20
评价参考	对外公开的接通率尽量保持在预期的能力范围内，过高的数据表明可能存在人力资源浪费或服务流程问题
考核频度	可用每小时、每天、每月

例：一次性解决率

指标含义	指客服代表一次性解决客户需求的数量占其服务总量的百分比。即客户的电话没有被转接、没有经过后台处理，在线直接办结的比率
设置目的	考查客服人员、客服后援对客户服务请求的服务能力
计算公式	一次性解决率 =100%－（未解决量 ÷ 人工应答总量）× 100%
注意事项	除人员技能外，系统是否稳定、知识库内容是否精准是关键因素
达标参考	有经验的员工90%，新员工：80%
评价参考	可以考虑采用辅助手段（例如需求便笺、信息稽核）提高一次性解决率
考核频度	可用每天、每月

例：服务投诉率

指标含义	一线员工服务态度或服务技能引起客户不满意的投诉比例
设置目的	考查客服人员服务水平
计算公式	服务投诉率＝人员服务投诉量 ÷ 总投诉量 ×100%
注意事项	需适当甄别因系统等客观因素转嫁到人员服务方面的投诉

续表

达标参考	3%以内
评价参考	杜绝责任投诉。理想值是服务投诉率为0
考核频度	可用每月、每年

例：员工流失率

指标含义	某时间内离职的员工数占该时间内人员平均数的比例
设置目的	考查员工管理的状况
计算公式	月流失率＝统计月份内离职员工总数÷［（月初员工总数＋月末员工总数）÷2］
注意事项	统计包含管理人员及客服代表，不包含未签合同的实习期员工、培训期及以前员工
达标参考	10%
评价参考	建立此指标的警戒线。严格监控其变化。该指标应控制在合理范围，在保证服务质量稳定性的同时允许一定程度的员工流动
考核频度	可用每月、每年

例：员工满意度

指标含义	通过调研获得客服中心员工对其工作的满意程度
设置目的	考查客服中心员工士气的状况，从而了解客服中心是否提供了让员工感到满意的工作环境
计算公式	调查问卷的得分即为员工满意度得分（满分100分）
注意事项	（1）采用专门针对客服人员而设计的专业满意度调研问卷，不应采用针对所有行业的一般性员工调查问卷 （2）适当重点关注任职期在2年以内员工的满意度
达标参考	65%
评价参考	建立此指标的警戒线。严格监控其变化
考核频度	每年不少于2次

8.4 应急处置

客服中心服务现场有序开展工作需要客服人员熟练掌握处置紧急突发事件的能力。在大多数情况下，客服中心所面临的突发事件不仅只是客服中心的突发事件，更多的情况下是组织整体面临的突发事件或公关危机，客服作为组织和客户的桥梁在处理突发事件中担负着重要的信息发布与报告任务。保证畅通信息沟通渠道和建立公开透明的信息疏导机制是处理紧急信息的基本要求。

根据2007年11月1日起施行的《中华人民共和国突发事件应对法》的规定，突发事件是指突然发生，造成或者可能造成严重社会危害，需要采取应急处置措施予以应对的自然灾害、事故灾难、公共卫生事件和社会安全事件。

广义地讲，突发事件可被理解为突然发生的事情，其含义是指事件发生、发展的速度很快，出乎意料；且事件难以应对，必须采取非常规方法来处理。狭义地讲，突发事件就是意外地突然发生的重大或敏感事件，突发事件也被称为“危机事件”。对突发事件的管理，也称危机管理。突发事件有暴发突然、蔓延迅速、危害严重和百姓关注高的特点。

突发事件因产生的原因不同，很难对某一个事件的形成、发展和演变给出一个明确的客观判断，针对突发事件的突然性、不确定性、社会性和决策的非程序化特点，客服中心需要制定包含预防、准备、反应和恢复等内容的应急预案，未雨绸缪，精心准备，反复演练，减少突发事件可能造成的危害。

8.4.1 准备预案

8.4.1.1 典型阶段

客服中心处置突发事件时，常见的4个典型阶段为识别、隔离、处置和改进。

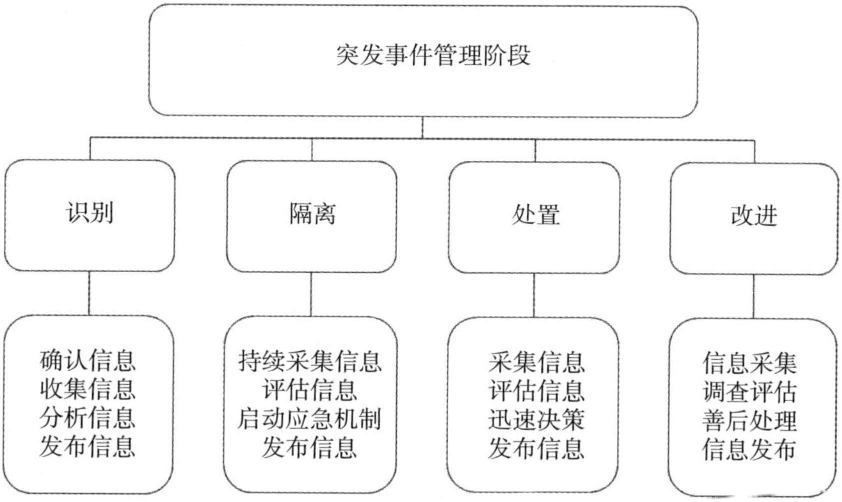

突发事件管理阶段

在风险识别阶段，工作重点是信息来源的确认、收集信息、分析信息和发布信息；在风险隔离阶段，工作重点是继续收集更多信息、评估信息、启动应对机制和发布最新信息；在风险处置阶段，工作重点是持续收集信息、评估信息、快速决策和发布最新信息；在风险改进阶段，工作重点是调查评估、工作改进、处理善后和发布最新信息。

8.4.1.2　事件类别

客服主要面临两类突发事件，一类是基于服务对象和社会责任的突发事件，主要包括影响民生的重大事故、影响社会稳定的事件、危及百姓安全和组织面临公共危机的事件等。另一类是基于客服中心内部产生的突发情况，与客服中心的工作秩序和安全运作关联。如，各种灾害对工作环境的破坏、服务新问题导致的公关危机、多种原因导致的服务拥堵等。

客服中心的突发事件分类

分类	举例说明
社会责任	造成重大事故
	影响社会稳定
	危及百姓安全
	出现公关危机

续表

分类	举例说明
客服内部	工作环境被破坏
	服务不周引发的重大问题
	服务渠道受阻或接通率极低

8.4.1.3 事件分级

在制定应急预案时，首先要对突发事件的轻重程度进行分级，并制定处理不同级别的办法。对突发事件的分级原则主要有以下几个方面。

首先，突发事件的分级标准应尽量具体化、数量化、标准化。标准要依据现场勘察的信息，涉及人员伤亡的突发事件以伤亡数量的多少来界定轻重，涉及公共服务问题的以影响百姓数量的多少或者问题波及范围的大小来界定轻重。明确划分各级别的标准，如用“一级 / 特别重大 / 红色、二级 / 重大 / 橙色、三级 / 较大 / 黄色、四级 / 一般 / 蓝色”等来表示突发事件的轻重级别。

其次，分级层面可包含多个关键项目，包括事件的地区的重要程度、范围的大小或人员的多少。关键项目越多，越有利于准确判断，但是项目过多会增加判断的时间和难度。

再有，用简洁的文字或表格表达标准。选用有利于公众理解和传递的信息，并通过检查表格的空白项发现缺失的内容和重复界定的项目。

☞ 例：分级界定标准

突发事件分级界定标准举例表

例 1	安全生产人员伤亡类事件的分级界定标准			
界定标准	A. 死亡 10 人以上	B. 死亡 10—5 人	C. 死亡 4—1 人	D. 人员受伤
一级事件	A	—	—	—
二级事件	—	B	—	—
三级事件	—	—	C	—

续表

四级事件	—	—	—	D
例 2	消防安全火灾类事件的分级界定标准			
界定标准一	A. 附近居民 100 户（含）以上	B.99—50 户	C.49—10 户	D.10 户以下
界定标准二	W. 当地有一、二级文物保护单位	X. 当地有三、四级文物保护单位	Y. 当地有五、六级文物保护单位	Z. 无文物保护单位
一级事件	A&（Z，Y，X，W）	B&（Y，X，W）	C&（X，W）	D&W
二级事件	—	B&Z	C&Y	D&X
三级事件	—	—	C&Z	D&Y
四级事件	—	—	—	D&Z
例 3	公共服务类异常事件的分级界定标准			
界定标准一	A.10000 户（含）以上	B.9999—4000 户	C.3999—1000 户	D.1000 户以下
界定标准二	X. 重点保障时期	Y. 法定节假日	Z. 常规时期	—
界定标准三	M. 含重点保障单位	N. 常规区域	—	—
一级事件	A&（X，Y，Z）、A&（M，N）	B&（X，Y）、B&M	C&X、C&M	D&M
二级事件	—	B&Z&N	C&Y&N	D&X&N
三级事件	—	—	C&Z&N	D&Y&N
四级事件	—	—	—	D&Z&N

8.4.1.4 处置依据

公共关系理论和公共服务专家学者就管理突发事件提出了相似的理论观

点，这些理论观点是客服制定应急方案的重要参考依据。

管理学学者库姆斯提出突发事件的管理主要涉及的基本要素有 4 个方面：预防、准备、绩效和学习。

罗伯特·希斯提出了突发事件管理的模型是减少、预备、反应和恢复。

芬克和米特罗夫先生研究获得突发事件管理理论总结为三阶段、四阶段和五阶段模型：三阶段模型是把危机管理分为危机前、危机和危机后三个阶段，每个阶段再进行细分，并确定各自的责任边界。

芬克提出了四阶段生命周期模型，第一阶段是征兆期，即有线索显示有潜在的危机可能发生；第二阶段是发作期，即具有伤害性的时间发生并引发危机；第三阶段是延续期，即危机的影响持续，同时也是努力清除危机的过程；第四阶段是痊愈期，即危机事件已经完全解决。

米特罗夫提出了五阶段模型，第一阶段是信号侦测，识别新的危机发生的警告信号并采取预防措施；第二阶段是探测和预防，组织成员搜寻已知的危机风险因素并尽力减少潜在损害；第三阶段是控制损害，危机发生阶段，组织成员努力使其不影响组织运作的其他部分或外部环境；第四阶段是恢复阶段，尽可能快地让组织运转正常；第五阶段是学习阶段，回顾和审视所采取的危机管理措施，总结经验并使之成为今后的运作基础。

英国危机管理专家罗杰斯特将“主动沟通、充分沟通和及时沟通”作为处理突发事件的信息管理原则。主动沟通是指在第一时间介绍真相，使组织有效避免不实信息的“蔓延扩散”态势；充分沟通是提供客户关心的、想知道的信息，避免理解偏差产生的误解；及时沟通，时时发布事件进展新信息，使组织有效避免信息延误造成的“没诚信”的误解。美国联邦应急管理署把突发事件管理过程分为减缓、预防、反应、恢复。

客服应急预案是依托标准和规程建立的紧急处置方案，是把标准和规程转化为客服人员活动的行动指南。在此方案中，用最简单的文字和图表说明应急预案的负责人、处置应急事件各环节的责任人、处置应急事件的操作指南和操作要求。

8.4.1.5 知晓权

在突发事件到来时，公众普遍对知晓权表现出强烈的需求。在平时，知晓权是客户满意度评价的潜在因素，在突发事件到来时，知晓权成为客户对组织是否信任的关键因素。客户知晓权指客户获取服务信息的权利，服务信息包括与客户自身需求有关的服务信息，如服务状态和服务进程的变化信息。客户知晓权是客服与组织关联的重要内容，也是客服中心监督服务、客户了解服务进展的基础保证。互联网的传播能力，使处理突发事件的过程信息被快速传播，由此扩大了知晓权的客户范围，也削减了客户隐私的权利，尤其是加大了公众对组织处置事件的监督力量。

例：自来水污染，怎能只“上报”不“下报”

当地政府总等自己觉得安排妥了才发布消息，或许是怕引起恐慌等，但相比知道真相后的心理恐慌，闻着自来水的怪味、听着坊间谣传，以及喝着确有问题的水，危害不是更大吗？

兰州自来水苯超标事件，“迟到的24小时”引发外界强烈质疑。兰州官方对此回应，称“兰州市政府在整个事件的核实认定、应急处置、信息披露方面是及时的、准确的、严肃的，特别是从早晨7时市委、市政府主要负责同志接到报告后，首先开展了情况核实、应急处置工作，第一时间停运了苯渗入的自流沟，把事件的影响控制到了最低程度”。

外界的遍地质疑和当地政府的“推辞”，形成了鲜明的对照。这种判若云泥的观感是怎么产生的？当地政府的应急处置真的很“及时”吗？显然不是。

为了自证清白，兰州官方很详细地公布了4月11日一天的政府行动。我们看到，这一天政府确实很忙，从市卫生局到市委值班秘书长，到市委值班常委，再到省委、省政府主要领导，层层上报；然后开会，成立应急组，给相关部门和企业传达省政府指示精神……

也就是说，从“晨5时”得知水出问题后的大半天时间里，政府都在忙着报告、开会，一直到“下午2时”，才向外发布通稿，让媒体和公众知情。这时，距政府知道水出问题，已经过去了整整7个小时；距水务公司检出苯含量超标，已经过去了近24小时。水务公司为何拖延十余小时才上报，现在还未知原因，但当政府接到通报，为什么不第一时间对外发出预警，避免不知情的市民饮用问题水？

当地政府的那些行动当然必要，但不能因此剥夺市民知情权。只有信息足够透明，才能保证在政府行动见效之前，市民进行必要的自保。当地政府总等自己觉得安排妥了才发布消息，或许是怕引起恐慌等，但相比知道真相后的心理恐慌，闻着自来水的怪味、听着坊间谣传，以及喝着确有问题的水，危害不是更大吗？信息通报的速度，最能体现政府应急效率。这点做不到，关着门折腾再多，也很难赢得认同。

所以，在该事件中，水务公司和地方政府是否存在信息瞒报、迟报情形，很值得追问。据《第一财经日报》报道，水务公司不仅在4月10日有迟报嫌疑，在4月2日也曾检出自来水苯含量为13微克/升左右，超过国家限制标准，但外界并不知情。突发事件应急法要求，任何单位和个人报送、报告突发事件信息，不得迟报、谎报、瞒报、漏报。水务公司有无违法情形，需要彻查。

突发事件应急法同时规定，“有关人民政府及其部门作出的应对突发事件的决定、命令，应当及时公布”。这个“及时”针对的是政府的决定，而不是掌握的突发事件信息，这或许也是兰州市政府“底气”的原因。但在像这样时刻会危害市民健康的问题上，应明确第一时间向社会发布的原则，对事实上造成“迟报”的情形，有必要追责。那样，才不会有地方政府明明延误了信息，却还为自己的“高效”沾沾自喜。（摘自《新京报》，敬一山）

8.4.1.6 信息发布

在处理紧急事件的全部过程中，贯穿始终的是发布最新信息的工作。客服中心作为发布信息的重要参与者，承担着将处理紧急事件的过程信息向当事人、媒体和社会公开，争取社会舆论的支持和理解的责任。为保证信息发布达到预期的效果，有以下几项重点工作。

第一，保证在紧急情况下彰显执政为民的理念。作为公共客服的应急预案要以“顺民心”和“厚民生”作为应急方案设计的重要原则。保证应急处置预案能够发挥倾听群众呼声、及时解决实际问题的作用。应急预案不能一成不变，预案的各项执行标准要在实践中不断总结、完善，及时校正解决预案执行过程中存在的问题。

第二，保证信息发布及时真实，口径统一，信息可达率高。由于客户接收信息时存在先入为主的“首因效应”，在突发事件爆发初期，如果客户不能及时得到组织发布的信息，那么，不实的传言或谣言所产生的作用可能导致组织处于被动的局面，具体可参见《马航 MH370 事件的信息发布过程》案例。应急预案中的信息发布要做到“快说、实说、敢说、说准”。在紧急事件发生的第一时间里按要求报送主管部门，并确认将要发布的信息内容。选择合适的信息渠道主动发布信息，包括自助语音播报渠道和网站等一切客户可能接触的渠道；保证信息发布的内容前后一致，不回避问题，不说谎言，慎重发布结论类信息。

客服发布信息要尽量使用本组织的信息发布平台，若借用其他组织的信息平台发布信息，切记标注信息的发布者并去掉不属于本组织的任何伴随信息，避免被误认为是广告或垃圾信息。不能以“人人都能收到短信、时时都在看微信”等想当然的理由作为送达紧急信息的保证。具体可参见《北京首次启动空气重污染红色预警》。

第三，保证紧急预案的预期作用。要有明确的责任制度、操作处理流程和信息报告与发布规定来确保紧急预案标准简明、要求易懂、操作可执行、结果有成效和百姓能理解。将应急处置预案编入《客服工作指南》，让客服员工能够从目录中迅速找到执行预案的操作方法。紧急突发事件的信息可能来自电话、微信、网络等多种信息渠道，但客服处置紧急事件中应有相对固定的电话、微信号和邮箱等联系渠道，保证指挥现场的领导和处置紧急事件的人员有畅通的信息渠道。

应急预案关键在于应急，它不是学术研究，更不是用不了的花架子，尤其是启动应急预案的标准等同于组织下达的紧急指令，要用清晰、易懂、标准的方式来表述，不能含糊不清，不能包括隐含的和容易疏忽的内容。处理好应急预案中的关键要素，下达的指令必须是可执行的，避免等待请示等各种原因而错失最佳处理时间。客服中心是执行应急预案的部门之一，各部门负责应急预案联动衔接环节的责任人是保证组织成员协同工作和应急预案落地生根的重要环节。

例：应急预案关键要素及要求

阳光客服中心应急预案关键要素及要求

序号	内容	要求说明
1	突发事件的定义与分级	由上级组织制定，列入各部门工作内容
2	不同级别的处置流程图	由上级组织制定，列入相关岗位要求
3	客服中心应急响应通道	由上级组织制定，列入各相关人员职责要求
4	客服中心应急处置责任人	每个时段都有明确的责任人
5	接报信息	客服代表须第一时间报告班组长
6	核实事件	确认事件发起主体及虚实
7	内部上报	按预定流程上报至应急响应责任人
8	启动预案	应急响应责任人发出启动预案的指令
9	现场发布公告	进入应急响应状态并统一答复口径
10	拟定报送内容	按预案要求的信息报送模板格式拟定报送内容
11	报送信息	按预案要求的报送人员名单完成信息报送工作
12	填写检查报送名单	检查是否存在漏报、延误和无效报送等情况
13	跟踪及汇报	按预设的时间要求，定时跟踪报告事件处理情况
14	更新对外口径	按领导指示或进展情况更新对外口径
15	整理与报告	整理关键节点和热点诉求填写预设模板
16	总结完善	总结本次应急处置情况，完善制度，加强培训

例：马航MH370事件的信息发布过程

2014年3月8日2时40分，马航MH370客机与管制中心失去联系，机上载有227名乘客和12名机组人员，其中有154名中国人。事件发生后，马来西亚政府组织了处理MH370失联事件的专案组，专案组因欠缺统一协调各部门联动工作的指挥能力，无力整合最新信息，各部门发布的信息因存在前后矛盾和时效性低，而被公众认为“没有诚意，隐瞒事实”，使马来西亚政府和马航陷入公关危机。具体可参见《马航MH370飞机失联信息发布汇编》。

马航MH370飞机失联信息发布汇编

序号	日期	时间	单位	形式	内容
1	03.08	02:40	—	—	—
2	03.08	08:44	马航发言	声明1	MH370航班于02:40与航管失联
3	03.08	09:30	马航副总	CNN	目前不知飞机位置，飞机燃料已用尽
4	03.08	09:55	马航发言	声明2	已经与机组成员和乘客的家属取得联系
5	03.08	10:20	马航发言	Facebook	01:20飞机发生事故
6	03.08	14:30	马航发言	新闻发布会	发布会介绍马航失联和失联地点在离马来西亚哥打巴鲁120海里处的南海上空
7	03.08	晚	马航发言	新闻发布会	通报情况（会议比计划推迟2小时，并临时改变地点）
8	03.08	21:25	总理纳吉布	记者会	否定飞机遭遇恐怖袭击
9	03.09	12:10	交通部长	新闻发布会	有4人持假护照登机
10	03.09	12:35	国防部长	新闻发布会	有4人盗用他人护照登机
11	03.09	13:40	民航发言	新闻发布会	有2人持假护照登机，并非4人
12	03.09	21:42	代交通部长	新闻发布会	已经确认2名持假护照的人员身份

续表

序号	日期	时间	单位	形式	内容
13	03.10		民航发言	新闻发布会	有5人办理了登机手续，没有登机
14	03.10		警察署	新闻发布会	已经发布的登机人信息需进一步确认
15	03.11	晚	军方发言	第一次	监测信息在3月8日02:40失联
	03.11	晚	军方发言	第二次	失联时间需要进一步确认。最后一次监测到飞机在马六甲海峡，后来延展到安达曼海区域，再后来确定在澳大利亚以西的南印度洋
16	03.15		总理纳吉布	新闻发布会	全力搜查MH370，妥善安置家属
17	03.15		马航	新闻发布会	政府将统一发布信息，马航不再发布
18	03.15		马航	新闻发布会	继续家属接待工作
19	03.12	21:08	马航发言	声明14	搜索工作由马民航局主责
20	03.24	22:00	总理纳吉布	新闻发布会	MH370在南印度洋坠毁，无一人生还

例：北京首次启动空气重污染红色预警

2015年12月7日18时，北京市应急办宣布，启动本市史上首次空气重污染红色（一级）预警：全市于12月8日7时至12月10日12时将启动预警措施，建议中小学、幼儿园停课，企事业单位根据空气重污染情况可实行弹性工作制，全市范围内将实施机动车单双号行驶。

北京首次空气重污染红色预警，北京红色预警首日共查处违反单双号限行3690起，此红色预警被网友称为挑战性预警。有网友道“这次临时的单双号限行措施太有挑战性了！最幸运的是尾号为6的，本来就是周三限行，不受影响；最悲催的是尾号为9的，一周被限行了三天；最无奈的是尾号为2的，本来周四应该是按照尾号限行不能开车，但是由于单双号限行，变成了中午12点之前能开车，下午又不能开了，晚上8点以后又能开了。周四全天能开的是4、6、8、0、字母，上午能开的是2、4、6、8、0、字母，下午能开的是1、3、4、5、6、8、9、0、字母，全天都不能开的是7！ 20点后所有号都能开了！这回全了吧，太费脑子了！”

《除魔》 新华社发 大巢 作

这是因为按照红色预警要求，北京市范围内将实施机动车单双号行驶，单号单日、双号双日上路行驶，此预警发布内容简明、清晰，但因存在隐含的内容，使操作层面出现理解困惑，本次预警信息存在的主要隐含内容应以文字明示：

本周机动车尾号限行要求是：周一（4、9）、周二（0、5）、周三（1、6）、周四（2、7）、周五（3、8）。2015年12月8日7时至12月10日12时机动车上路行驶要求为：

2015年12月8日周二，可出行机动车的尾号：0、2、4、6、8、字母。

2015 年 12 月 9 日周三，可出行机动车的尾号：1、3、5、7、9。

2015 年 12 月 10 日周四，12 时前可出行尾号：0、2、4、6、8、字母。尾数是 2 的车辆，必须在 12 点前到达目的地，否则要到 20 点后才能继续行驶。12 时后可出行尾号：0、1、3、4、5、6、8、9、字母。全天都不能出行的尾号是 7。20 时后，所有机动车辆都能正常行驶。（摘自人民网《北京城区建筑在雾霾笼罩中》，2015-12-07）

8.4.2 启动预案

由于在客服受理客户信息时存在两种可能性，即客户对事件的客观表述存在偏差和客服员工对事件的认知存在偏差，因此，可能出现误判或错报的情况，为避免因误判造成的不良后果，需要建立信息报送管理制度，用制度保证信息报送环节按要求进行。

启动应急预案的信息指令只能由应急预案中指定的负责人员发出。其他任何人员不得擅自启动应急预案。

启动应急处置预案依据在应急预案所列的范围内。属本组织应承担的责任义务的紧急诉求，或公安等部门的紧急来电，或重大问题现场。

启动应急预案的信息必须经过专业人员核实确认。确保发布信息与客观实际情况相符，避免因发布信息出现问题造成预案执行无效。应急响应工作的基础要求是“准”。

明确各事件级别对应的岗位负责人。每一位客服人员都可以方便查到此时此刻应急预案的责任人、现场调度责任人、公告发布责任人、信息报送责任人。将本班次应急预案责任人，列入班前会报告保留内容。

客服中心要设专人负责更新信息，不得随意委派临时人员负责信息更新工作。根据值班计划中的人员名单和实际到岗人员的情况，及时更新相关责任人。

报送信息要由专人负责。客服中心的轮班制工作，使客服岗位的工作人员处在交替变化的状态。为了确保应急预案中的信息报送工作时刻都有责任人，为了不因员工换班、用餐、培训、活动和休息等情况而出现信息缺失的问题，服务现场要实时安排在岗人员承担报送工作，每一位上岗员工都要有“突发事件可能就出现在下一秒里”的思想准备。

客服有制度保证责任落实。在关键工位设立“应急责任岗”标牌，要求做到“岗在、牌在、人在”。例如，一级事件须由客服中心的带班领导担当启动与否的责任。

明确信息报送规程。统一报送内容，杜绝多个信息源头的现象发生。明确信息发布的岗位和责任人。基于服务对象和社会责任的两类突发事件，在处置过程中，工作重点有区别。前者的工作重点是协调内部迅速行动，后者的工作重点是及时准确报送相关人员，并及时确定面向公众的统一口径。

选择有经验的客服人员承担报送工作，快速下达紧急信息。客服系统须建立为每一位客服人员发送紧急信息弹屏的功能，以保证在紧急状态下客服全员步调一致。

预设信息报送模板。为了快速进入应急处置状态，避免出现紧急情况下工作不规范的问题，客服需建立信息报送模板，内容主要有电话汇报的模板、电话通知的模板、短信汇报的模板、发布现场公告的模板、统一答复口径的模板、反馈进程或结果的模板、汇报整个事件的文稿模板等。

例：信息报送模板

例 1：对外答复模板：×× 时 ×× 分，××× 地区出现较大范围的故障，客服启动三级处置预案。统一答复口径：“您反映的情况我们已经知道了，已派人排查，正在紧急处理中，请您再等候一下。感谢您的理解与配合。”

例 2：短信报送模板：××× 领导：您好。×× 时 ×× 分，××× 先生 / 女士来电报：×× 时 ×× 分，×××××× 地点出现火情，火势较严重，已拨打 119 报警。来电人姓名：×××；联系电话：×××××××××××；事件地址：×× 区 ××× 路 ××× 小区，所属 ××× 街道，附近标志性建筑物为 ×××××××××。客服已启动 × 级处置预案，特此汇报。

及时发布与紧急事件相关的、公众关心的、可操作执行的信息。在第一时间发布正确的信息，对公众关心的信息要及时、限时给予明确答案，避免因使用“汇报”“研究”等词语，造成群众情绪激动。有意义的和能解决问题的信息发布将利于促成事件向着积极的方向发展。

据日本共同社报道，东京电力公司社长清水正孝4日前往福岛县二本松市体育馆的安置点，向受福岛第一核电站事故影响在该处避难的福岛县浪江町居民道歉。这是4月22日划定警戒区和计划性疏散区以来，清水首次前往福岛县。

面对众多居民要求补偿今后的生活损失时，清水未作明确答复。一灾民怒不可遏地说:“难道身为社长也像东电客服中心的职员一样，只会说‘您的要求已收到，我们会进行研究’吗？”（摘自中国新闻网《日本东电社长下跪道歉》，2011年5月4日）

加强信息安全防范。客服对外公开发布的有关突发事件信息，既要满足客户的知晓权，也要保护客户的利益，尤其是涉及客户隐私的关键信息在发布前需要处理，避免因信息发布不当而造成客户利益受损。

据香港中评社2014年8月13日消息，马航MH370客机至今失踪已经超过5个月，并且音讯全无。近日有消息爆出，该架客机上4名马来西亚华裔乘客的银行户头存款遭盗提11万1千令吉（约合人民币21.4万元），并且皆为同一家本地银行，地点在巴生河流域地区，此举被疑是银行内贼所为。据警方介绍，汇丰银行安邦总行1名经理上个月发现这4个银行账户出现异常的转账而报案。（摘自环球网2014年8月14日，中国新闻网2014年8月26日）

8.4.3 应急演练

应急响应中的措施最终需要客服人员准确无误地落实，提高客服人员在突发事件中执行能力的有效办法之一是组织客服人员进行模拟演练，通过模拟演练检查应急情况下的处置能力。模拟演练工作需要注意以下几个方面。

模拟演练的目的是检查落实应急响应中存在的问题，发现应急响应机制的薄弱环节，提高客服员工处置紧急突发事件的实战水平。

参加演练人员是全体客服人员，包括新入职的员工。因为客服每种服务渠道和每位员工都可能接到突发信息，应急事件不会对新员工“另眼相看”。同时，客服中心须把能够处置应急预案的操作作为员工上岗的必备条件之一，全员都必须清楚地认知“把紧急事件当普通事件处理”的严重后果。

应急演练的时间安排不能仅局限于客户呼入量小或客服在岗人员多的时间段。实际上，越接近平常的工作状态，就越能检验出客服的真实水平，更能加强演练的效果。因此，要制定各种场景方案，检查不同工作状态下的应急响应处置执行情况。

应急演练的方案应包括处置突发事件的全过程及考核标准。要有情景设计，更要有对岗位人员要求的考核内容，包括接报用语和执行顺序等。

应急演练不能因弄假成真，造成损失。要在演练的第一个环节说明“这是在做 ×××× 突发事件的应急演练，请按演练的流程处置。请记录以下情况……”严控信息报送环节。准备好应急事件的报告模板，由专人审定后发送，对外口径一致。避免复制模板出错、系统不支持等原因造成的错报。

应急演练尽可能贴近现实情况，不能失真。演练中涉及的模拟角色都要提前到位就绪。选择员工不熟悉的人员扮演当事人、领导、联络员等角色，有益于考查紧张情况下的适应能力。培训员工遇事不慌的能力，减少因紧张过度而导致的语言表达能力降低的状况。

应急演练须同步做好安全预案，避免意外伤害或出现安全隐患。

应急演练的收获在于总结。总结包括审核信息、复听录音、回顾每个环节、查看每项记录、细算响应和联动时间等，查缺补漏，完善预案，组织员工进行经验交流，制定改进目标和措施。

第 9 章　职业语言

客服中心代表组织服务客户，客服员工的声音就是组织的声音。

客服中心代表组织服务客户，耳麦里的声音体现组织的服务品质。维护组织的良好信誉与满足客户的需求从客观上要求客服人员使用统一规范的职业语言。

客服中心的服务工作是组织公关活动的一部分，客服中心通过服务过程宣传业务、为组织塑造形象；通过沟通协调等方式与客户建立服务与被服务的关系，是谋求组织与客户利益最优化的管理活动，为组织发展创造和谐的公众环境。

9.1　说与公关

客服中心以交流的方式实现组织的公关职能。客服中心通过与客户的交流，发挥社会组织独特的功能和作用，承担社会组织的社会责任。社会组织为了树立良好的信誉，争取社会的理解、信任和支持，通过有效的传播，将自己的宗旨、政策、行动告知公众，同时也通过介体知晓公众的意愿及建议，使社会组织与公众之间相互了解和适应，为组织生存和发展营造良好的社会环境。

客服中心以传播的方式支持社会组织的公关工作。客服中心通过与客户的沟通交流，实事求是地向公众和社会组织提供真实的信息，帮助社会组织实现其与客户之间的互利关系，服务公众和维护社会组织的公众形象。

公共关系中有主体、介体和客体三个基本要素，在公共服务中分别表现为社会组织、交流和公众。客服中心是社会组织公共关系中的重要介体之一，是联系组织与公众的纽带与桥梁；客服中心在服务客户的过程中传播组织的声音，强化组织的理念，协调组织的活动，实现组织的利益。

客服中心的工作目标与公共关系的三个基本职能一致，即信息搜集、交流沟通；策划咨询、参与决策；协调关系、营造环境。其中，交流沟通是核心职能，只有通过不断的信息交流与沟通，随时监测环境的变化，并迅速做出反应，适时调整组织行为，才能获得公众的认同与支持，树立良好的组织形象，营造良好的生存环境，具有可持续的发展潜力。

客服中心的主要工作及活动内容与公共关系的特征基本一致，即公共客户服务具有以公众为对象、以形象为目标、以沟通为机制、以互利为原则、以真诚为准则和以长远为方针的六个公共的基本特征。

由于公共关系是一项内求团结、外求发展的综合性管理活动，而客服中心正是承担此项工作的主要部门，客服人员的听与说水平关及社会组织的服务水平，同样关及社会组织的公关水平。因此，客服岗位要求客服人员了解掌握服务中听与说的基本技能。

9.1.1　第一印象

第一印象主要是根据对方的表情、言语、姿态、仪表等形成的初次印象。人与人在初次交往中留下的印象，将对接下来的服务交流与协作产生重要的影响，这个影响被称为第一印象效应。

在客户服务中，通常把客户对客服中心的最初感知作为第一印象。我们通常把第一印象界定在两段时间内给客户留下的印象，一段时间是在客户等待与客服代表沟通的时间里，另一段是客户与客服代表开始沟通的最初 30 秒内[①]。

① HURST C G. The Voice of Your Company [M]. ICMI press，2012：5.

鉴于第一印象的重要意义，客服中心不能忽视客户在这两段时间内所获得的真实体验，并确认这种体验是否是客服中心希望客户获得的体验。虽然客户在第一印象里产生的主观感受不一定正确，但客户在第一印象中通过真实感受产生的对客服中心的认知会贯穿服务的全过程。因此，让客户获得良好的第一印象有益于服务全过程。客服中心获得良好第一印象主要是以文明礼貌、专业表现和快速响应等要求作为客户服务的开端。

9.1.1.1　职业用语

在服务开始时，让客户感受到客服人员文明的职业用语。客服员工代表组织与客户交流，客服员工的问候语即是组织对客户的问候，而非私人间的交流。问候客户须采用正式的问候语，严禁使用私人交流中那些看似简单亲切的“哥们儿”“嗨”等问候语。

客服预设缓解客户情绪激动的办法。在服务开始时，难免出现情绪激动的客户，这需要预设缓解客户情绪激动的办法，通过切实有效的职业表达方式使客户尽快从“爆说”变成“静听”的状态。

9.1.1.2　职业表现

客服的服务导航设计要求简单易懂。服务前置导语应简单、简短，容易理解和记忆，尽可能不用专业词汇，使客户在第一时间能作出正确的选择项。服务前置导语要避免“听不懂，记不住，难选择，难继续”的情况。客户选择键尽可能沿用业内常用的习惯，例如在客服电话服务渠道中，常见的设计有“人工服务请按‘0’”。

客服的语音系统随时可以调用服务参数，尽可能地满足客户的知晓需求。当客户需要等待时，系统自动告知客户系统可以接纳多少人排队，当前有多少客户在排队等待，至少要等多长时间，或是向客户提供相关业务信息、其他服务渠道信息，或是直接播报一些重大事件的处置进展情况等。

9.1.1.3　职业水平

在开始服务时，让客户感受到客服中心恭候客户的职业水平。在服务过程中，客服的表现反映的是客服工作准备就绪的水平。为了获取客户良好的第一印象，客服需将快速响应和了解“客户的开始体验”列入日常管理内容。客服管理除了要快速响应客户来访外，还要建立抽检客户等待时间的制度，由客服管理人员向客服中心拨打电话，发起服务申请，体验客户的感受。

客服中心向客户提供方便获取联系信息的方式。客服的联系电话、网站或微信等服务平台的联系方式，保证客户可以通过简单的方法快速获得客服的服务。

客服中心向客户提供便捷的服务界面和快速运转的系统。客服中心通过不断地优化服务方案、引进新技术和新设备等办法来减少因系统缓慢产生的客户等待时间。

9.1.2　问候语

客服代表的服务从问候语开始，简短礼貌的问候语有益于给客户留下良好的第一印象。

9.1.2.1　问候语的功能

礼貌功能。文明礼貌交流的开始。如：“您好”“早上好”。

告知功能。帮助客户确认其正在联系的客服，确认没有错误。如：“这里是阳光客服中心”。

介绍功能。使客户信任，客服代表负责，也称作责任功能，如：“我是 544 号客服代表”。

关怀功能。使客户感受被尊重。如：“您有什么需要帮助”，“非常抱歉，让您久等了”。

9.1.2.2　问候语的格式

客服问候语的格式相对简单固定，问候语一般不少于打招呼和报单位名称这两方面的内容。客户服务中常见 4 类句式的问候语举例如下。

问候语与客户体验

问候句式	内容	客户体验
一句式	打招呼	不专业
二句式	打招呼＋报单位名称	一般
三句式	打招呼＋报单位名称＋报工号	专业
四句式	打招呼＋报单位名称＋报工号＋应时语言	专业而用心

一句式问候语：“喂”。

二句式问候语：“您好”“阳光客服中心”。

三句式问候语：“早上好”“这里是阳光客服中心”“我是544号服务员”。

四句式问候语：“早上好”“这里是阳光客服中心”“正在为您服务的是544号服务员”“请问您需要什么帮助”。应时语言可根据具体情况而定，当客户在队列里等待时间较长时，应时语言可用“感谢您的耐心等待”；在节日时，应时语言可用“祝您节日愉快”，或是附加队列服务所需基本信息的提示，如“请您准备好客户编号”。客户可从中体验到有感情的专业服务。四句式的问候语给客户的印象比较好，但增加了通话的时间成本。

客服人员说好一次问候语并不难，而专业的服务是客服人员能够说好每一次问候语。客服人员的问候语和与客户通话的最初30秒所表现的言语水平，将在客户的第一印象中起重要作用。

9.2 客服的听

客户服务中“听”与“说”同等重要。倾听是了解客户的目的、情感和观点，以及掌握客户诉求缘由的最简洁途径。

在服务过程中，客服代表与客户之间始终处于不停歇的思想交流的互动状态，客服代表需集中精力，保持思考，付出脑力、心力和毅力。其中，倾听比述说更易使人产生疲劳，或遗漏关键信息。客服人员需要掌握倾听技能，避免“误听、漏听、偏听和错听”产生的问题。

9.2.1　从听开始

聆听益于客户服务工作。听是人类沟通的基础，也是客户获得良好服务的前提。研究数据表明，人们在日常语言交往活动中，听的时间占 54%，说的时间占 20%，读的时间占 16%，写的时间占 10%。服务中表现的答非所问，往往是不善倾听的结果。

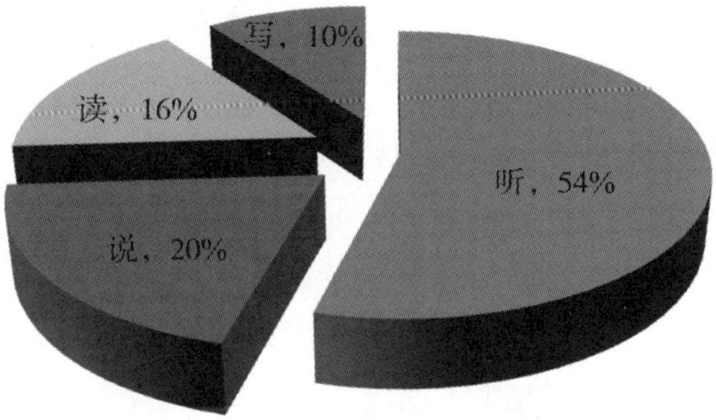

语言交流

尊重客户从听开始。倾听客户益于奠定服务沟通基础。当客服代表倾听客户时，表达的是对客户的尊重和理解，这有益于获得诚信交流的基础。客服人员用心倾听有益于准确把握服务信息；客服人员主动倾听有益于主动思考，准确了解客户需求。

服务客户从听开始。倾听客户益于打开服务沟通局面。当客服代表倾听客户时，有时间将客户提供的零散信息进行加工分析，这有益于寻找合适的解决方案。客服人员认真倾听有助于减少由偏见产生的错误，有效避免客服人员陷入争论的局面；客服人员冷静倾听有助于降低客户负面情绪产生的不良影响。

9.2.2　听的表现

听是客服人员与客户交流的主要方式之一，服务中常表现出认真的听、选择的听和敷衍的听等三种形式。认真的听是客服工作者的基本功。

客服人员在认真的听的表现。客服人员在听取客户诉求时专注而有情感，在听的过程中对客户观点表现出理解和同情，综合诉求信息并从中获得客户的真实需求。

客服人员在选择的听的表现。客服人员在听取客户诉求时，不停地打断客户询问自己关心的信息，造成客户难以有机会讲述完整事件，难免造成重要信息缺失、认知偏差，使交流陷入困难；或是客户误解为客服人员没有耐心，造成客户诉求升级。

客服人员在敷衍的听的表现。客服人员在听取客户诉求时，心不在焉，凭经验受理客户诉求。通常情况下，人们进行语言交流时，每分钟说出的词汇量大约 150 个，但每分钟可以通过听接受的词汇量大约有 1000 个，说与听在每分钟的词汇量差距，从客观上给听者留出了“开小差”的机会，使客户重要信息因被忽视而导致客户不满。

由于人们可以从生活经验中获得认真倾听的表现，因此客户可以从与客服人员简短的交流中准确判断客服人员是否在认真聆听。

保证客服人员的聆听，需要了解那些影响聆听的原因。客服人员的聆听过程不是在真空环境下进行的，聆听过程会受到环境的影响或阻碍，常见的影响客服人员倾听的因素有以下几个方面。

客服人员的聆听环境被干扰。客服人员聆听环境受其他人员的声音所干扰，或其他工作的声音所干扰，或身边人员举动所干扰。

客服人员的聆听心情被干扰。客服人员聆听时的精神状态被遇到的疑难诉求所干扰，或是被客户的过激言语所干扰，或是被临时加班或班次变换带来的心理波动所干扰，或是因身体或个人生活处境欠佳所干扰。

客服人员的聆听质量被干扰。客服人员在听的过程中要同步思考完成一些工作。包括回答客户问题、归纳客户陈述、打字录入、操作系统和派送工单等，这些工作都可能使客服人员因分心而降低倾听的质量。

9.2.3 聆听要求

客服人员实现有效聆听，需要具备“边听、边说、边操作”的能力，而不仅仅是做到聆听。客服人员在听的过程要用经验指挥潜意识同步完成归纳录入工作，要用知识和思考与客户进行交流。优质服务要求客服人员做到“听准确、听明白”客户的诉求。客服人员的聆听过程需要满足以下三个条件。

客服人员真心对待客户。客服人员能够耐心帮助客户完成诉求描述；能够对客户诉求表示理解和关心；能够及时向客户确认自己的理解是否正确；能够快速捕捉到客户的真实需求；能够帮助客户寻求解决问题的办法；能够让客户感到自己完全听懂了他的诉求。

客服人员主动关怀客户。客服人员能够从客户的语气中判断客户的心情；能够不带任何偏见地友好地对待情绪激动的客户；能够让客户感到自己正在记录处理他的诉求；能够让客户获得放心踏实的体验，适时回应客户。如“请稍等，我再重复一遍您刚才说的情况，请您确认是否有遗漏”。

客服人员排除干扰服务客户。客服人员能够排除来自各种负面情绪的干扰；能够排除来自客服职业的“重复”和“枯燥”的干扰，始终保持耐心、专心和用心倾听；能够排除来自客观条件的干扰，包括系统故障、环境噪音、客户方言等。

心理学家乔瑟夫·勒夫和哈里·英格拉姆在 20 世纪 50 年代研究提出“约哈里之窗”的理论，“约哈里之窗”也被称为“自我意识的发现 – 反馈模型”或“信息交流过程管理工具”，是一种关于沟通的技巧和理论。

实践证明“约哈里之窗”的理论同样适用于客户服务工作。根据这个理论，人的内心世界被分为四个区域：对每个人来说，都存在着自己了解、别人也了解的“开放区域”；别人了解而自己却不了解的“盲点区域”；仅仅自己了解却从不向别人透露的“秘密区域 / 隐藏区”；自己和别人都不了解的“求知区域 / 未知区”。这四个区域之和就是“约哈里窗口”。

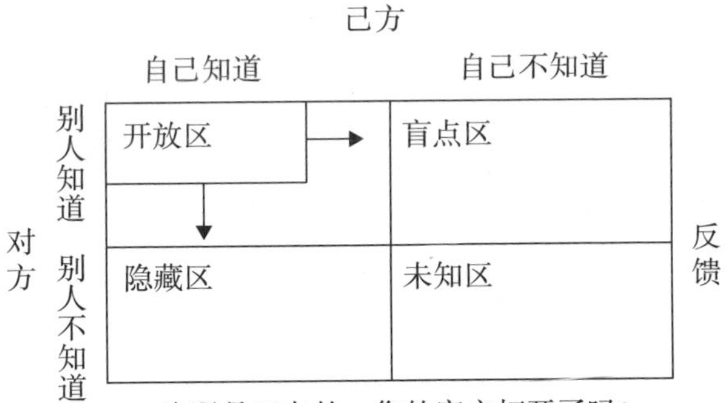

沟通是双向的。您的窗户打开了吗?

约哈里窗口

心理学家指出，人与人的交流是一个互动的过程，是开放区域不断扩大的过程。交流中，人与人之间的开放程度基本持平，一般情况下，自我开放区域扩大的程度与人际关系和谐的程度是成正比的。因此，开放自己内心可以缩短彼此的心理距离，向他人传递自己的信息，是扩大自己的“开放区域”，是构筑良好人际关系的重要途径。

由“约哈里之窗”理论可知，在服务客户时，开放式的交流有利于问题的解决，坦诚开放思想是服务中的正能量。我们对客户的坦诚开放程度，决定了客户对我们的信任开放程度，客服与客户彼此的互动开放越强，就越有利于解决服务问题。客服在解决客户投诉过程时，经常会用到“约哈里之窗”理论。客服人员向客户开放的过程主要包括以下几个方面。

通过缓冲和坚持取得客户信任，为扩大“开放区”创造条件。客服人员采用情况说明、介绍经典案例等办法，使客户相信客服有能力解决问题。客服人员不能随意改变正确服务承诺和解决办法，客服人员若出尔反尔，会失去客户的信任。需要说明的是坚持原则不是推卸责任的理由。

通过确认环节使客户放心，为提高“开放区”的准确度打基础。客服人员在与客户的交流过程中向客户复述诉求，确认对客户所反映情况的理解是正确的，使客户放心。

通过主动询问使客户接受解决方案，为缩小“未知区”提供思路。在客服人员主动了解客户的真实需求后，再给出解决办法，比直接给出解决办法更容易让客户接受。通过分析阳光客服中心多年的客户投诉信息，可以得知，绝大多数客户的要求是合理的，阳光客服中心基本具备相应的让客户满意的解决方案。客服中心只要不断完善服务方案，则无须担心客户提出的各种要求，客服中心也不会因客户的过高要求而使服务陷入被动局面。

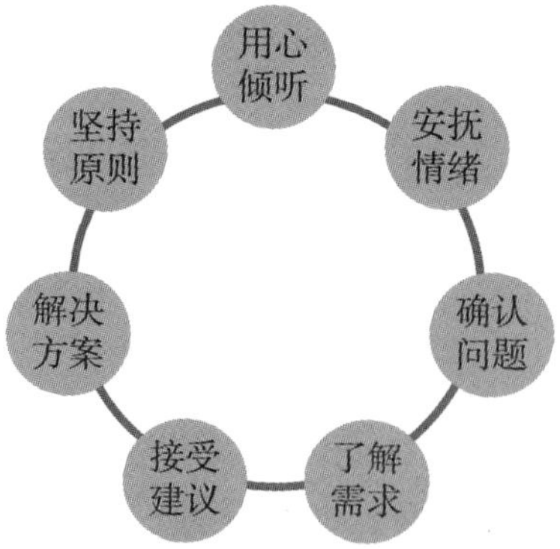

处理投诉流程

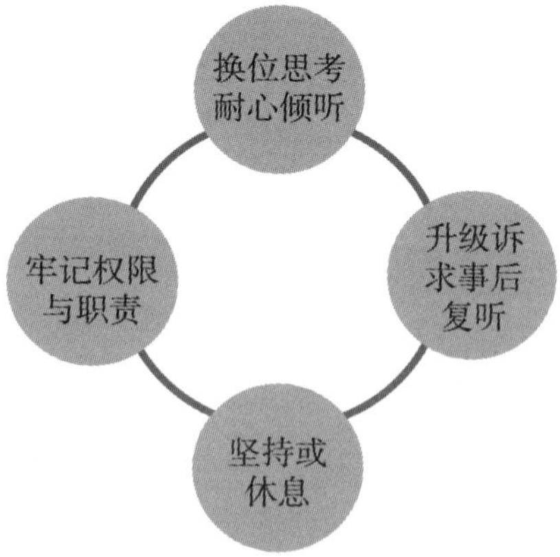

面对情绪激动的客户工作流程

通过说明解释来接受客户的合理要求，或是通过协商与客户达成一致，解决“盲点区”和“隐藏区”产生的理解偏差。客服人员通过说明解释引导客户理智地思考问题，当客户所提要求合理时，客服应尽快满足客户需求。对于那些客户急需但解决有一定难度的诉求，客服中心只要能够解决其中最基本的需求，通常可以得到客户的理解。

通过认真记录客户的意见和批评，帮助组织了解客户需求。客户的投诉也许与当前的服务成绩没有太多关系，但客户提出的意见建议大多与客户获取服务的方式、服务功能设计、有效宣传渠道、产品功能设计等相关，这些正是组织最希望得到的关及组织发展的重要参考信息。客服人员是客户的服务员，也是组织的信息情报员。一些客服用“您希望它是什么样的？”“您有具体的建议吗？”“您觉得有什么更好的方法？”“您希望我们在哪方面进行改进呢？”等简单经典的信息采集问句，可为组织获取到重要信息。

☞ 例：“听”出来的小米产品

2013 年戳了世界一下的重要事件来自中国。一款产品创造了人类历史上成长最快的百亿美元企业之一。那是一款手机，它叫小米，它的创始人是雷军。

在它最初播种的时候，熟悉雷军的人都认为这是一个疯狂的念头。的确够疯狂——13 位创业者在手机生产的领域里没有任何耕作和收获的经验。而自从 2007 年乔布斯在旧金山马士孔尼会展中心发布第一款苹果手机以来，智能终端市场便是竞争最为激烈的疆场之一。北京小米公司总部在未知领域里的耕作游戏般地开始了。他们把自己的想法放在了网络上不厌其烦地询问：“你想要一款怎样的手机？”“你希望自己的手机拥有怎样的配置？”“你最渴望智能终端上哪一款应用？”

关于小米手机的畅想，迅速汇聚成拥有 1.8 亿帖子的专门论坛，被称为“米粉”的发烧友高达 60 万人。他们既是小米的消费者，也是小米的设计者，同时还是小米市场扩张的推动者。

9.3 客服的说

客户服务中的“说”是客服人员为满足客户需求而进行的言语交流，客服人员代表组织说话，说的内容要统一、规范和标准，说的方式要遵循语言特征。客服人员的言语要符合逻辑，所说内容层次分明，因果关系符合规律；客服人员的用语要规范，话语符合语法和习俗，所说的话语能够被客户理解。客服人员传递的思想能够为客户接受，要说客户能够听懂的话语，在选词用语方面要有意识地区别对待不同知识水平和理解能力的客户。

9.3.1 说的要求

客服人员的每一次应答都代表着组织的形象和利益，体现着组织对客户的承诺。因此，客服人员的“说”应严格依照组织的服务标准，使用规范服务用语。

规范的服务用语包括文明用语，语言亲切，语气诚恳，音量适中，吐字清晰，语速适度等，让客户感受到客服人员的用心服务。

根据服务过程，可以将服务用语规范细分为：问候用语规范、应答用语规范、查询用语规范、解答用语规范、业务受理用语规范、抱怨或投诉的处理用语规范、建议或表扬的处理用语规范、专项业务的处理用语规范、致歉或感谢用语规范、结束用语规范等。

目前，在客户服务领域的各类用语规范比较成熟，客服中心只需要结合自身的服务内容和特点，略加调整就能够形成一整套规范的服务用语脚本。客服代表的同理心可使规范用语发挥更大的作用，同理心在处理客户抱怨和意见分歧时尤其重要。如“非常抱歉，我们没有这项业务，也没有可替代的方法帮到您”与“抱歉，这事不归我们管”是相同内容的拒绝话语，但前一句更容易让客户接受。

常见的不规范服务用语包括服务用语生活化；用怀疑的语气质问客户；用专业术语为难客户；纠缠客户的语病；敷衍客户；过分强调自己的正确性；对客户评说其他同事；过度承诺；频繁打断客户说话；急于说“再见”结束

服务等。

客服的每一次服务都是在树立组织形象，这要求客服人员礼貌友好对待每一位客户，包括“走错门”的客户。如客户来电反映：“你们在 ××× 地方的自动柜员机总是出故障，严重影响我的计划工作，你们应该给我赔偿……”客服代表回答：“我们理解您的不愉快体验，这里是阳光客服中心，您拨错电话号码了”比直接说“您打错电话了”更利于组织树立良好的形象。

9.3.2　说的要点

客服人员说的表现不仅要声音悦耳、吐字清晰，还要有效沟通、成功协调，凭借专业知识和预设流程，达到为客户解决问题的目的。否则，客户会认为客服人员“在客客气气地不服务”。客服代表说的要点主要有以下几个方面。

客服代表要说与客户来访目的有关的话，了解客户来访的目的。客服代表要搞清楚客户的需求，是要咨询，还是要反映情况，还是要寻求帮助。

客服代表要说客户关心的相关信息，告之客户遇到问题的主要原因，或告知问题可能持续的时间。

客服人员说的要点

客服代表要说解决客户需求的相关方案，向客户介绍现有的解决方案，包括具体内容、途径和方式。

客服代表要说解决客户需求的替代方案，向客户介绍常规方案以外的可替代解决方案，包括具体的执行办法或补偿措施，或是服务承诺。

客服代表还要将客服知识库需要补充的信息或有待改进的服务环节说给客服管理人员。

客服代表不说可能产生误解或让听者难以接受的话语。2015 年 4 月 20 日上午 7 点多的川航 3U8437，从西安飞往深圳，7 点多的航班要改到 11 点多才能飞。为此，川航解释航班延误的原因是“机长没睡好”。川航方面称，该机长 4 月 19 日执行的航班因流量控制延误了 3 个多小时，导致机长的执勤期超过 14 小时，按照民航局的安全规定，机长须连续休息 12 小时后才能再次执行航班。这样的说法使客户情绪激动，但客户能够理解这样的解释：“根据民航局的安全规定，目前机长不符合安全飞行条件，原因是……由此给大家带来的不便表示歉意。我们将及时通知大家飞机起飞的时间”，把对客户解释的内容进行了先后顺序的调整，更容易使客户认为川航把“客户安全放在第一位”，而非只是把“机长没睡好”放在第一位。

9.3.3 说的控制

客服人员说的时间是客服工作成本投入的重要部分，用较短的时间完成客户受理工作，降低服务成本，是客服的追求，也是客户的需求。客服代表说的控制主要表现在控制引导过程、控制选择信息和控制把握进程。

客服代表通过说的内容，控制引导服务过程，对一般常规性的诉求，客服代表按照服务流程，直达解决问题的阶段。而对复杂诉求或情绪激动客户的诉求，需要引导客户进入服务流程，并逐渐带入解决问题的阶段。

客服人员常用的引导用语举例

常见情况	举例
聆听宣泄，主动回应	“我理解您的心情，请介绍一下相关情况。”
理解情绪，平息怒火	“对不起，给您带来不便了。”
适时提问，控制诉求	“我们有一个建议，您是否愿意先听一下？”
正面引导，缓解矛盾	“对于您提的问题，我向您介绍我们的解决方案。”
复述诉求，确认事实	“您别着急，请问您多次来电，是为 ××× 的事件吗？”
探讨问题，采取行动	“关于您反映的情况，我向您介绍现有的方案，您有其他建议吗?”

客服代表在采集信息时需要遵循礼貌、安全、精准和尊重的原则。客服代表要主动向客户说明需要提供相关信息的理由；主动说明客户信息只用于本次服务；主动向客户核对变更的重要信息；主动停止客户不愿意接受的询问。

客服代表通过说的节奏控制使用服务信息，选择能够打开局面或能产生效果的信息，不说没用的话，尽可能地缩短受理时间。客服代表通过认真倾听，捕获对服务有用的信息，再以准确提问、总结确认、提供解决办法等步骤，将客户带入预定的服务流程中，客服代表所说内容始终围绕着客户需求及解决办法，避免因无意义的交流而浪费时间。

客服代表通过说的方法控制把握服务进程，每天客服都不可避免地面对期望过高的客户，或是抱怨的客户，这些客户经常表现出情绪激动，耗费客服大量的时间成本，为帮助客户了解情况，快速消除误解，缩短无意义的交流过程，客服代表说话要坚持原则，坦诚地对客户说实话。具体可参见《客服人员说的常见表现》。

客服人员说的常见表现

方法	表现	适用范围
聆听消怨	听取建议，了解情况	客户情绪激动，但没有需要立即解决的问题
同理心	换位思考，提供解决方案	客户对现状表示不满，希望尽快解决问题
婉言拒绝	表示理解，明确否定	客户提出不符合客观情况的过高要求
澄清说明	适时告知，忌急于辩解	客户因误解而导致的不满
积极改进	诚恳致歉，虚心改正	客户因服务问题受到损失
赞扬感谢	及时表扬，感谢客户	客户提出合理化建议
重点转移	将谈话重点转向流程范围	客户情绪容易失控
正面表达	引导客户理智对待问题	客户使用不文明语言

9.3.4　说的技能

由于人的听力可以及时捕捉到语言中声调、音质和语气的变化，并从中感受到说话人的心境状态，因此拥有客户愿意接受的声音，是客服代表的基本功。客服代表塑造专业声音，除了说好普通话外，还需要了解客服人员塑造专业声音的基础知识。

9.3.4.1　声音准备

随着互联网、手机、QQ、微信等各种技术的出现，服务交流的方式越来越多，但是新增的网络交流方式，不会动摇客服代表以语音交流为主的服务方式，且一切网络媒体的交流方式都需要具备良好的语言条件。因此，一些客服在招聘人员时，将应聘人员的语音条件列入重要的测试项目，并通过与应聘者进行电话交流的方式筛选客服人才。

需要了解的是，我们听别人的声音是靠空气振动传播而来，我们听自己的声音是靠体内的骨传播和空气振动的传播。因此，我们每个人听到自己声音的感觉，与别人听到我们声音的感觉并不完全一样，我们每个人的声音都具有独特性，不同的人有不同的声音。据语言专家统计约有 90% 的人们表示，他们第一次听到自己录音时的感觉与自己印象中的声音不一样，甚至难以接受自己的录音声音，这需要客服人员自觉主动塑造公众愿意接受的声音。

作为客服人员要清楚客服系统是随机分配客户的，在服务开始时，客户和客服代表彼此处于声音的相互适应与接受的时间段。客户并不知道自己遇到的客服人员会是什么样的声音，客户需要在电话接通的最初几秒钟适应客服人员的声音，客服代表此时应主动降低语速，以保证客户可以在陌生的语音语调里听明白自己在说什么；在服务开始时，客服代表并不知道客户会提出什么问题，把自己的声音塑造成客户感觉舒服的声音，为客户愿意接受自己的服务提供良好的开端。

9.3.4.2　语音清晰

客服人员的音量以客户能听得清楚和舒适为前提，让客户有轻言细语的亲切感，声音过大容易造成客户的反感，声音太小则容易造成因听不清而重复。避免让客户听到尖锐刺耳的音量。

客服人员的语调可以让客户感受到其情感成分和意见倾向，客服代表须清楚言语中不同的腔调、重音和顿挫等功能可以让同一句话产生不同意思。语调是关心理解客户的附属语言，含有很多感情成分和情绪成分。如果客服人员语调毫无变化会使客户感到其态度冷漠；如果客服人员语调分寸感欠佳会使客户感受到不被尊重。在客户服务中，客服人员语调把握不当是造成客户误解或对服务态度不满的常见原因之一。

客服人员在与客户交流时，避免说话速度太快或太慢，容易让客户误以为客服人员没有耐心。客服人员对听力欠佳的老年客户可以说得更缓慢一点，在致欢迎语、感谢语或致歉语时可以慢一点，以示真诚；解答问题时尽可能不要间断，便于客户理解。

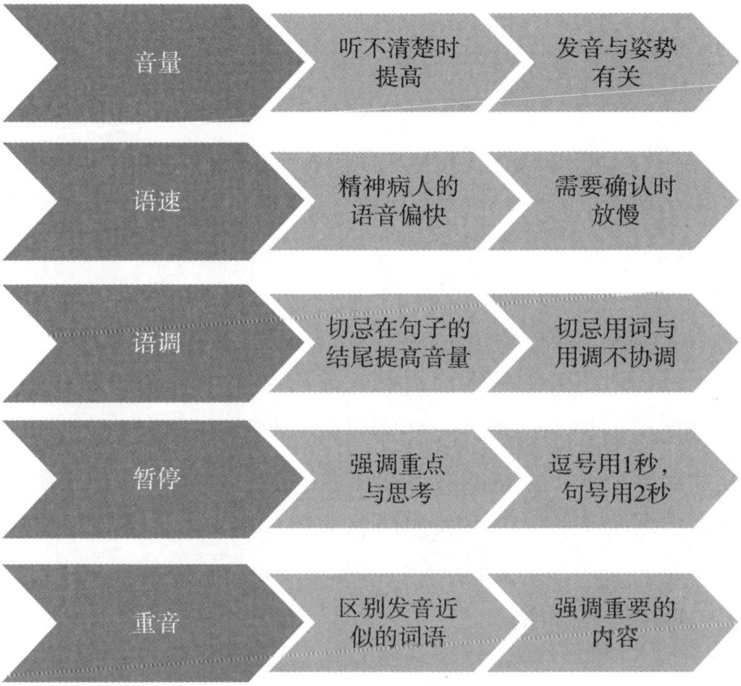

客服人员说的技能

科学研究数据显示，人们接收语音的辨析率为 4.6 个字 / 秒，即人接收语音的能力在每分钟 276 个字左右。那些超过人耳辨析率的语速，会让听者丢失信息，而过慢的语速会使听者产生不连贯感。普通话的正常语速在每分钟 240 个字左右。单向广播的语速可以依托具体背景有所改变，以中央电视台的《新闻和报纸摘要》节目为例，由于不断丰富的视频画面可以帮助观众理解事件缘由，播音的语速因此而不断变化。20 世纪 60 年代，每分钟播出约 185 个字；80 年代，200—220 字；90 年代 240—260 字；近几年，出现每分钟 250—270 字，最快时达到 300 字。

客服人员在说话时要能够“开口音稍闭，闭口音稍开”，归音时干净利落。把每一个字的音节说出来，字头（声母）、字腹（韵母）和字尾（韵尾）的发音一个都不少，才能避免“吃字吞音”含糊发音。客服人员要主动克服自己发音时存在的不良习惯。

客服人员在说话时要能够控制好气息，保证语言连贯、声音顺畅，避免出现上气不接下气的情况。建议客服人员了解学习腹式呼吸等有利于正确发声和声音保健的方法。

9.4 外语服务

客服中心作为服务窗口，具备一定的外语服务能力是国际化都市的客观要求。客服人员面对讲外语的客户，要能做到“听得懂，说得清”。

外语服务用语的培训和考评工作需要依托具体的服务情景进行。优秀的外语笔试成绩和能够背诵出大量的服务用语并不等于可以支持外语服务工作。

以下以英语服务为例，介绍客服中心工作人员使用外语服务的基本要求。

9.4.1 听懂简单句

客服中心应了解经常访问本客服中心的英语客户最常用的话语句型，培训客服代表接应英语诉求的能力，要求客服代表能听懂不同语调的客户常用语。阳光客服中心通过系统计算，将英语客户常用语列入培训内容。

☞ 例：英语客户常用语

What is the service hour of your office? Do you provide 24 hours service? 请问你们的服务时间？是 24 小时服务吗？

Would you mind telling me how to use this service? 你能告诉我如何使用这项服务吗？

Would you please give me a hand?/ I need your help, please. 能帮个忙吗？

Could you take a message, please? I'll give him the message. 能为我

留言吗？

So can I come to your office directly tomorrow, or do I need an appointment? 我明天可以直接来吗，需要预约吗？

I see. Thank you very much for helping. Goodbye. 我明白了，谢谢，再见。

I want to complain, I complain about your service./I' m not satisfied with your service. 我要投诉，你们服务欠佳。

9.4.2 能用简单句

客服中心应了解本客服中心面向英语客户最常用到的答案用语，培训客服代表用英语应答诉求的能力，要求客服代表能准确应答简单的问题。

例：客服人员常用语

I'm your operator service number 544, what can I do for you? 您好，544 号话务员为您服务，请问您需要什么帮助？

Sure，what is it? 可以，请问什么事？

I'll try my best to help you. 我将尽力为您提供帮助。

Anything else you need to ask me?/Would you like to apply for any other services?/What else can I do to help you?/Anything else? 您还有其他事吗？

Could I speak to Mr. Zhang, please? 我可以和张先生说话吗？

I'd like to speak to Mrs.Zhang. 我想和张女士说话。

I can't hear you .Would you please speak a little louder? 我听不清。请您大点声。

Would you slow down，please? 请您说慢点。

Mr. Zhang，sorry，I didn't hear you clearly, could you please say it again? 对不起，张先生，我没听清楚，请您再重述一遍，好吗？

One moment，please./Hold on，please. 请稍等。

What's the mobile phone number? 请问您的手机号码？请稍等。

May I have your name，please? 请问您贵姓？ / 您是哪位？

Hold on please，I'll check for you at once. 请稍等，我这就确认。

Sorry for kept you waiting so long，Miss Li. We'll get back to you as soon as possible. 对不起，李小姐，让您久等了。我们会尽快回复您。

Please hold the line while I transfer you. 请稍等，我正帮您转接。

Let me find a person who understands English. 我去找一位懂英语的人来。

Sorry，the service time is over. 对不起，营业时间过了。

Did you say next week? 您是说下周吗？

We provide 24 hours service. 我们是 24 小时服务。

I am really very sorry. 非常抱歉。

We will handle your complain and give you the feed back within 2 days. 我们受理您的投诉并在 2 天内回复。

What is the service number of clerk you are complaining about? 您投诉服务员的工号是多少？

Thanks for calling. Thanks for your supporting our work. Please leave your name，address, and phone number，we'll reply you in five days. 感谢您的支持，请您留下联系方式，我们将在 5 天内回复。

What is the owner's name? 问户主姓名？

We are happy to be of help. 我们非常愿意帮到您。

If you have any questions，feel free to ask. 如有疑问，欢迎咨询。

Thanks for your cooperation. 多谢合作。

I will keep you posted. 我将与您保持联系。

Thanks for your suggestions，I'll put them down, and we will improve by all means. 谢谢您的建议，我会记录下来，我们一定改进。

Your valuable advice is most welcome. 欢迎多提宝贵意见。

You are welcome. It's my pleasure. /You're welcome./I'm glad you enjoyed it. 不客气，很高兴为您服务。

Thank you for calling 12345，goodbye. 欢迎致电 12345，再见。

9.4.3 准备脚本

客服的英语学习是为应用而学习，因此所学英语内容必须要有对应的服务情景，不是简单的英语语法和单词积累。客服中心准备的英语服务脚本要能够用在实际工作中，脚本要根据真实的服务情景模拟出客户和客服代表可能听到、说到的话语，培训的目标是使客服人员在具体服务情景下具备的“听”和“说”的能力，或在听不懂客户表达的情况下，将对话引到常见的情景中，避免客服代表在服务过中成为“聋哑人”。设计服务情景，把可能要说的英语会话串成完整的服务脚本，服务脚本要有头有尾，循序渐进，方便理解和记忆。

例：服务场景

A：客服代表　　　　　　　　　B：客户

A：Service center of 96666，line 1001，may I help you，please?

B：Hi，I want to check the bill of my Happy life-card in this month.

A：Yes，of course. What is your phone number，please?

B：133××××××××.

A：What is the owner’s name，please?

B：Xin Yi.

A：Please wait a moment. I’ll check it for you. The charge of this month is RMB196.

B：I see.

A：Is there anything else?

B：Do you provide 24 hours service?

A：Yes，we provide 24 hours service.

B：Ok. Thank you for helping，goodbye.

A：You are welcome，thanks for your call. Bye.

9.4.4　专业审核

由于文化差异和应用习俗等原因，对于部分英语词汇，如果仅按中文的意思直译，可能会引起误解，或影响服务水平和组织形象。因此，服务脚本须经英语专业人士审定，方可上岗使用。而服务人员在服务过程中切忌按字面理解词义或者随意组合编造服务用语。要求客服人员做到“不说不会的，不用想当然的”服务用语，避免误解和错误。

例：应用或理解错误

Rest room 意为“厕所”，而不是“休息室”；

Service station 意为“加油站”，而不是“服务站”；

You don’t say 意为“是吗”，不要误认为“你别说”；

Horse sense 意为“常识”，不要误认为“马的感觉”；

Capital idea 意为“好主意”，不要误认为“资本主义思想”；

Eleventh hour 意为“最后时刻”，不要误认为“十一点”；

Confidence man 意为“骗子”，而不是“信得过的人”；

Greek gift 意为“害人的礼品”，不要误认为“希腊的礼物”；

What a shame 意为“多可惜 / 真遗憾”，不要误认为“多可耻”；

White man 意为“忠实可靠的人”，不要误认为“皮肤白色的人”；

Pull ones leg 意为“开玩笑”，而不是“拉后腿”；

Pull up ones socks 意为“鼓起勇气”，而不是“提袜子”；

Black stranger 意为“完全陌生的人”，不要误认为“陌生的黑人”；

Green hand 意为“新手”，不要误认为“绿手”；

You can’t be too careful in your work. 意为“你工作越仔细越好”，不要误认为“你工作不能太仔细”；

It can’t be less interesting. 意为“它无聊极了”，不要误认为“它不可能没有趣”。

若只凭一两个熟悉的词，判断客户的需求，难免造成误解。请阅读下面的故事。

A Special Lunch

Hui and Xin were Chinese. They once traveled in Spain. One day they stopped at a little restaurant for lunch. They did not speak Spanish, and the waiter did not understand Chinese, either. They wanted the waiter to understand that they asked for milk and bread. At first Hui read the word “milk” many times. Then Hui spelled it on the table. But the waiter could not understand them at all. At last, Xin took out a piece of paper and began to draw a cow. The waiter looked at it and ran out of the restaurant. “How clever you are!” Xin said to Hui, “He understood us at last!" After some time, the waiter came back, he brought no milk with him, but instead two tickets for a bull-fight.

一顿特别的午餐

辉和馨是中国人，他们来到西班牙旅游。一天去一家小饭店吃饭，他们不懂西班牙语，那个服务员也不懂汉语。他们想让服务员明白他们想要牛奶和面包。起初，辉把“牛奶”这个单词念了好多遍，然后，馨又把这个词写在桌子上。但是，服务员一点也不懂。最后，辉拿出一张纸，在上面画了一头奶牛。看过那画，服务员跑出了饭店。“你真聪明啊！”馨对辉说，“他终于明白了！”过了一会儿，那位服务员回来了，不过没有带来牛奶，而是两张观看斗牛的票。

第 10 章　人力计划

客服中心至少需要多少客服人员？这是管理人员必须面对的问题。

客服中心为实现服务目标，在人力准备方面需要获得几个问题的答案。即目前至少应该准备多少客服人员？客户访问量及时间分布情况是怎样的？客服人员数量和通信线数量如何匹配？客服中心需要完成一项有关客服人力需求的预测工作，需要对当前还不明确的人员需求和未来可能发生的人员需求进行预测。这是一项建立在数据统计分析基础上的预测模型，预测过程和预测操作既包含数理知识，也包括经验取向，客服的预测工作是科学和艺术的融合体。

由于人员需求预测工作是在难以穷尽所有相关因素的情况下进行的，为保证预测的准确度，客服中心需要在确定服务水平目标后建立完成“客服人员基础数量”和“客户访问量及时间分布情况”两个关键数据指标。

10.1　预测准备

预测客户来访量是客服中心确定需要人员数量的基础数据。客服人员当前的需求预测结果主要用于客服中心安排目前的计划工作，客服人员未来的需求预测结果则有益于开展优化排班计划和制订招聘计划等长远规划工作。

10.1.1 预测依据

预测客户来访量的依据是客服的历史数据，包括确定所要预测的时间、查找与其对应的历史数据、确定所要预测的时间段和汇总影响因素，其中主要工作包括以下几点。

根据具体要求确定所要预测的时间区间，可长可短，长期预测的时长有“接下来12个月的、明年的、后年的、3年内的”；短期预测的时长有“下个季度的、下一周的、明天此时的”等。

查找历史数据，不仅查找客户来访数据，还要查找可能影响客户访问量的关键数据，如“在刚刚过去的12个月中产生的客户访问量”“节假日期间的客户访问量”“每天在高峰和低谷时产生的客户访问量”等。

确定预测时间段，即锁定本次预测的时间周期和时间刻度，可用月、天、小时、分来表示，对特殊时段的预测，则要求其预测的时间区间相对短小，预测来电高峰或低谷时区时，则要求将时间刻度具体定位到每月的哪天、每天的哪个小时、每小时的哪个分区。客户服务行业中常以30分钟作为监控管理的时间，因此常见客服预测工作以30分钟作为预测时间区间，如果预测时间间隔过长，来电高峰或低谷时段的数据量容易被平均淡化，可能会错过捕获客户来访的最高量或最低量的数据。

将可能引发客户访问量波动的因素加入相应的预测时区。将那些可能引发客户集中访问的媒体活动、新业务推出活动等作为预测参数。如果发生停电情况，可能会引发百姓的集中呼入，客服需要将此因素列入对应的预测时区。

客服人员需求预测是对未来和未知的预测，预测的最低指标基础可以用“满足服务水平指标”作为达标标准，以此发挥预测工作的基本作用。

10.1.2 注册系数

客服人员基础数量是指客服中心为实现服务水平和服务响应时间的指标

所需的最少客服人员的数量。这个数量没有考虑人员缺勤、组织活动等因素，因此，客服人员基础数量小于客服实际人员需求的最低量。客服实际人员需求最低量与客服人员基础数量的比率，称为客服注册员工系数，简称注册系数，记作 RSF。

$$客服注册系数/客服最低人员需求系数（RSF）=\frac{客服实际人员需求最低数量}{客服人员基础数量}$$

RSF 数值可以帮助我们直观地了解客服中心的人力成本投入与客服人员基础数量的情况，帮助客服中心控制人员成本投入提供基础的参考依据。获得 RSF 的步骤：

第一，根据服务水平和响应时间，利用 Erlang 公式计算单位时间里不同受理渠道所需要的客服人员基础数量。《注册员工系数计算方法参照表》以 30 分钟为单位确定不同时段所需人员的最低数量。如 10:00—10:30 电话受理工作最少需要 25 人，邮件处理工作最少需要 5 人。

第二，根据客服中心的计划工作和员工行为习惯，列入可能出现岗位人员空缺的项目，如 10:00—10:30 培训人员 4 名、2 人缺席。

第三，汇总“实际应安排人员的最低数量”数据。

第四，根据 RSF 定义计算每个时间段内的 RSF 系数。

例如，在 08:00—08:30 期间，满足服务水平和响应时间的人员是 18+4=22 人，实际执行上岗人员安排是 18+4+2+1=25 人，那么此时段的 RSF=25÷22≈1.14。反过来，可用此方法先设定每个时间段的 RSF 系数和客服人员基础需求数量（R），那么某时间段的实际应安排人员的最低数量（SJ）=R×RSF。

由 RSF 系数可知，稳定的 RSF 数值表明客服人员需求变化相对平稳，有益于节省客服人力需求。因此，客服应采用多种方法尽量避免 RSF 系数的大幅变动，稳定 RSF 的常见办法有：

通过协调员工假期时间和调整客服其他活动时间安排降低 RSF 数值；

通过将固定培训时间改为浮动培训时间来降低 RSF 数值的变化频度和程度，减少由 RSF 频繁变化或明显变化而引发过高的客服人员需求数量。

客服中心使用 RSF 系数的必要条件是客服实际存在“参加计划活动和空岗人员情况数据”，即存在这两项数据之和大于“0”的情况。行业测算数据的 RSF 值范围在 1.1—1.4 之间，即人员需求数量的浮动值在 10%—40% 之间，具体可参见《注册员工系数计算方法参照表》。

注册员工系数计算方法参照表

时段需求	人员基础数量		参加计划活动和空岗人员数据				人员的实际最低需求量	RSF 系数
时间	受理电话最少人数	受理邮件最少人数	缺勤	借调	工休	培训	实际应安排人员的最低数量	计算公式 *
08:00—08:30	18	4	2	0	1	0	25	1.14
08:30—09:00	20	4	2	0	1	4	31	1.29
09:00—09:30	22	4	2	0	2	4	34	1.31
09:30—10:00	25	5	2	2	2	4	40	1.33
10:00—10:30	25	5	2	0	0	4	36	1.20
10:30—11:00	35	7	1	4	3	0	50	1.19
$*\text{RSF 系数}=\dfrac{\text{实际应安排人员的最低数量}}{\text{人员基础数量}}$								

10.1.3 预测要求

客服人员预测工作以保证服务水平，主要工作过程参见《客服人员预测工作流程图》。预测的结果要保证能够实现以下要求。

保证客服公开承诺的服务水平指标，要求预测结果可以提供计算客服实际人员需求的依据，其中包括近期或长期人员需求的计算依据。如通过预测结果，计算出客服中心至少需要多少客服员工，每个时间段需要的上岗人员的最低数量是多少。

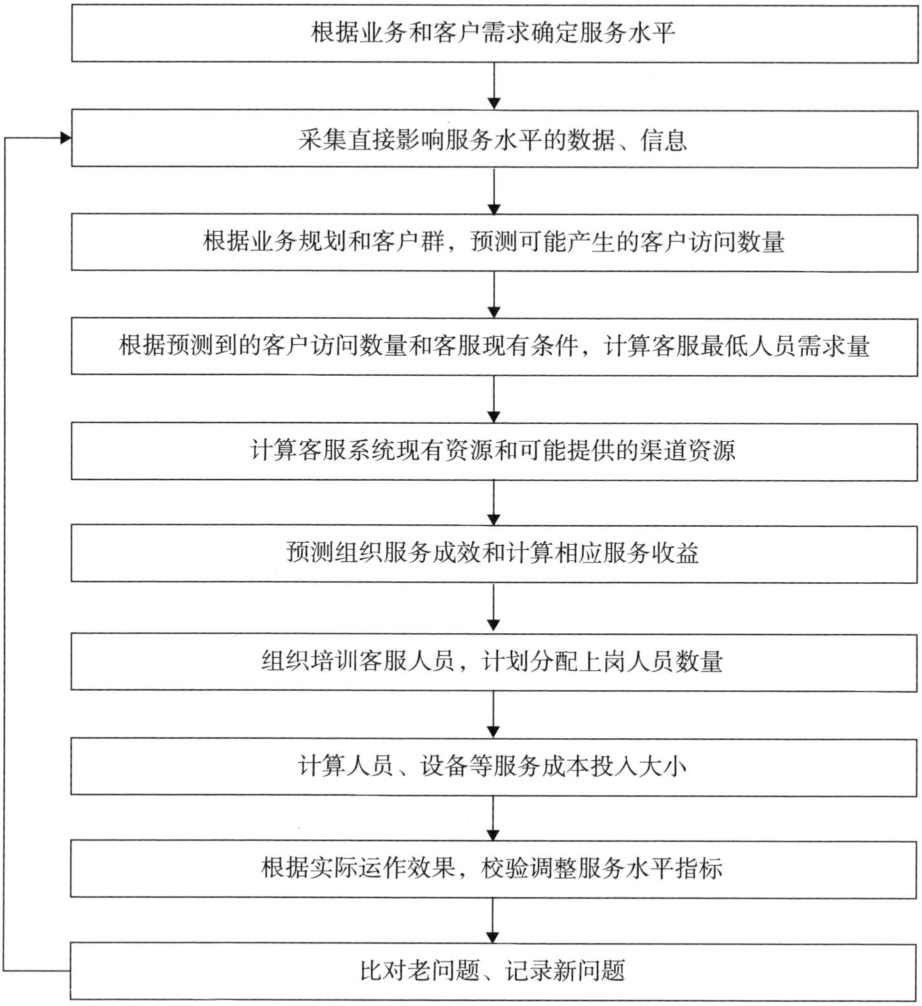

客服人员预测工作流程图

保证客服全员有序工作和生活的基本需求，要求预测结果可以提供持续循环使用的客服人力方案。例如根据预测，可以制定准确可行的人员值班表。

保证客服各服务渠道的数量需求，要求预测结果可以提供计算各种服务渠道所需要承载的最低数量。如客服中心需要多少条电话线路，需要电子邮箱的容量有多大，不同服务渠道需要多少事后处理时间等。

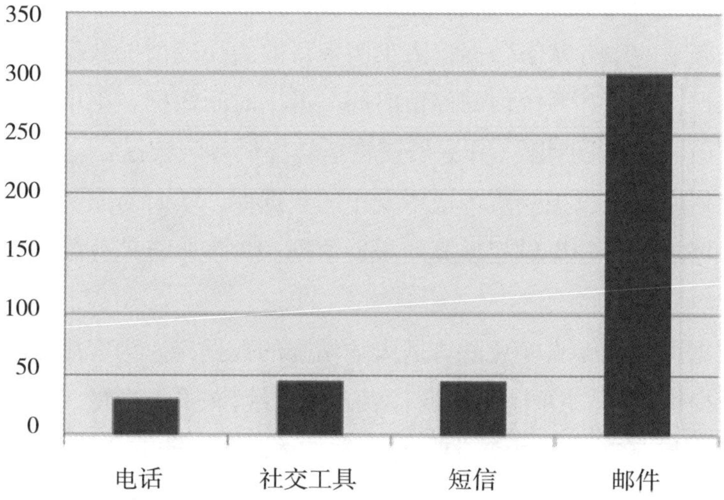

不同服务渠道的事后处理时间（秒）

保证客户满意度所需的基本接通能力，要求预测结果可以确定各种客户访问渠道畅通的比例，可以提供正确计算避免“忙音”和“超长等待”情况的最少服务资源需求配置表。

保证客服应急突发情况下的处置能力，要求预测结果可以提供客服在应对突发事件方面所应有的通信网络和软件设备等方面的最低投入。

10.1.4　预测准备内容

客服中心的预测准备工作主要包括数据准备和人员准备两个方面。客服中心的预测工作需要完整的数据库作为支持条件。数据准备的主要内容包括多个方面。

客服日常管理工作需要数据作支持，包括基准数据库、满意度数据库、服务规程数据库、服务成本数据库、人力成本数据库和客服员工绩效数据库。

基准数据库是确定服务基准值的数据库。为管理人员分析数据、监管服务过程提供参照数据。主要包括公开的服务水平和服务响应能力的最低要求等数据指标。

满意度数据库是能够测评客户需求与满意度的数据库。为客服评价服务水平和考核提供参照数据。

规程数据库是反映服务平台各流程运转状况是否符合规程的数据库，包括反映各服务渠道的服务状态数据，人工服务目前的受理情况数据，自助服务活动结点的数据，客户在系统内的停留时间和退出时间数据，工单流转过程中各种状态的数据。为客服判断工作是否正常运转提供参照数据。

成本数据库是用以控制服务成本支出的数据库。实时对照实际支出数据和成本预算数据之差，并提供超预算的报警数据。为客服合理分配服务资源提供参照数据。

人才数据库是能够真实反映客服人才情况的数据库。为客服组织招聘、调配服务能力提供依据。主要包括客服代表人员数量、新员工数量、优秀代表数量、备班数量、可胜任专家席的数量、专业技能人员数量和团队人员稳定指数等数据。

员工绩效数据库是能够支持客服监管工作的数据库。为客服评价员工的绩效提供参照数据。主要包括服务响应时间、服务时间、话务量、失误率等反映岗位职责的工作数据。

从事客服中心预测工作的人员应具备以下基本条件。

能够读懂图表。能从简单的曲线图中读懂数据变化的趋势、异常现象并能确定相关原因，从而确定客服中心需要增减哪类专业人员。

能够帮助全员做好时间管理。向客服全员提供客服中心所有的工作项目，并标注各项工作轻重缓急的界定标准，使客服全员人人都能从这张表上读到、读懂“此时此刻我应该做什么，不应该做什么”。

能够了解客服中心各个服务渠道的特点及所适合的业务，清楚各服务渠道对应的平均处理时间。能够提供或推荐每项业务的最佳服务渠道，能够提供计算服务成本的依据。

能够将新员工的进步变化列入预测元素，能够将客服员工适应新业务新技能要求的过渡时间列入预测元素。例如，“阳光客服中心新员工上岗初期的各项指标进步非常明显，尤其表现在平均处理时间和事后处理时间等这些直接影响预测结果的指标上；阳光客服中心员工对新业务新技能的掌握从开始学习到熟练应用的时间大约需要 6 个月。”

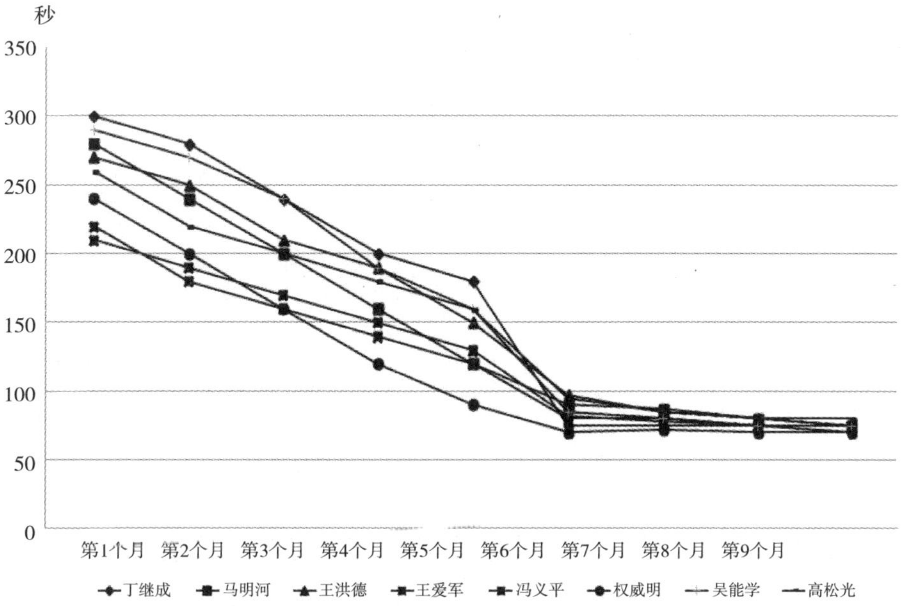

七班成员适应新业务新技能的事后处理时间（电话渠道）

10.2 预测校验

客服中心的预测工作结果可使客服管理者面对变化胸有成竹，降低临时性工作和加班的概率，使客服管理处于有计划和可控制的状态。客户来访量是客服中心建立其他指标数据和工作制度的基础数据，客服中心预测工作的各项内容基本都是以预测客户来访量作为预测工作的起始数据。客服的预测工作主要包括预测过程和校验偏差两部分内容。

10.2.1 预测过程

客服中心预测和决定各时段人员需求的关键数据是对客户来访量预测的结果。以预测客户来访量和计划安排上岗人员数量为例，说明如何计算客户来访数据量分布和上岗人员的最低需求，其中不包括环境和业务变化因素。

第一，明确所要预测的数据名称。如预测客户来访数量的情况和预测与来访量相适应的上岗人员的最低数量。

第二，确定并收集影响预测结果的关键原始数据，如平均通话时间、平均事后工作时间和平均总通话时间。

客服中心预测基础数据表（电话渠道）

时间	电话来访量	占全天电话来访量比率	平均通话时间	平均事后处理时间	平均总通话时间
09:00—09:30	300	2.5%			
09:30—10:00	400	3.5%			
10:00—10:30	600	5%			
10:30—11:00	800	6.7%			
11:00—11:30	600	5%			
11:30—12:00	300	2.5%			

1. 根据本客服中心的具体情况填写表中各项数据。
2. 结合服务水平指标、现有人员情况，完成人员分配和排班计划。
3. 为确定人才储备量提供数据参考。

第三，寻找时段客户来访规律。通过历史数据可以得知，在相同的时间段里，客户的来访量存在不确定性，但客户来访量同比数据相对稳定，即每天各时段客户的来访量在一天中所占比例相对稳定。因此，一旦确定了每天的客户来访量，可以用其比率作为系数推算每个时段的客户来访量，再通过平均通话时间、平均事后处理和平均总通话时间，推算出保证服务水平指标所需的上岗人员的最低数量。这样的推算方法因其简单、准确而被广泛应用。

第四，选用本客服的数据作为预测基础数据。虽然都是公共服务的客服，虽然都是面对一样的大众，但每个客服的数据因业务不同而呈现的数据变化规律不同，如在公假期间旅游客服中心的客户来访量较高，在疾病传播期间公共卫生客服中心的客户来访量较高，旅游客服中心的高峰与公共卫生客服中心虽然都是面向大众服务的，但他们的客户来访节奏不一定存在同步增减的逻辑关系。2015 年 5 月韩国爆发中东呼吸综合征疫情期间，公共卫生客服中心每天的咨询量倍增，而旅游客服中心基本没有客户咨询赴韩国旅游的诉求，但咨询其他线路的客户量增加。由此可知，旅游客服中心的客户来访增减量与公共卫生的增减量不存在对应的数学关系，选用他人的数据，得不到想要的预测结果；直接应用他人的预测结果，起不到实现预定目标的作用。因此，实现精准有效预测的前提是使用自己的客服数据，不能选用其他客服的数据，也不能直接应用其他客服的预测结果。

第五，汇集预测所需的连续的历史数据。客服中心的数据积累水平直接影响预测结果。选用持续连贯的历史数据，避免只选择高峰值和谷底值作为预测数据。对于一个新开通的客服或缺失历史数据的客服，主要选择近期产生的数据作为预测数据。客服中心的很多基本预测都需要以年、月、周、日等时间单位的历史数据，通过这些数据分析客服在年、月、周或天中的客户来访量和客服工作的张弛节奏。通常情况下，预测所需的历史数据量至少是所需预测周期的 3 倍。如，年预测最好有近 36 个月以上的连续的历史数据，季预测最好有近 9 个月以上的连续的历史数据。

第六，通过图表分析数据变化规律。通过历史数据曲线图可以直观地了解客服数据变化规律。图表使预测多了验证功能，用客服中心的历史数据与预测结果对照检验，使预测不再是理论结果，而是理论方法与实践数据相结合的结果，以此保证预测结果的可靠性。从《阳光客服中心电话渠道近 3 年的客户访问量曲线图》中，我们可以看到客户来访量在一年中的变化情况：每年 8 月数据都会下降；从《阳光客服中心电话渠道随机抽取连续 4 周的客户访问量曲线图》中，明显看到较高的客户呼入量发生在每周五、六、日；从《随机抽取一周的客户来访量曲线图》中可以看到周一和周二中午的客户呼入量较低，平时的高峰期比周六、日来得早。

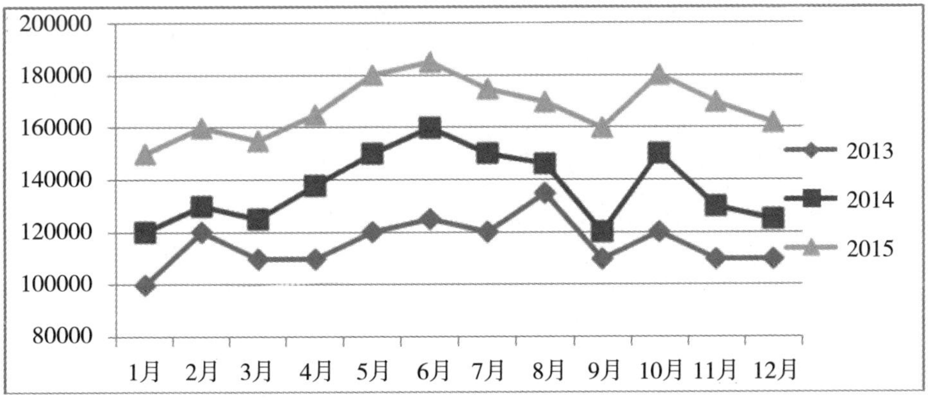

阳光客服中心电话渠道近 3 年的客户访问量曲线图

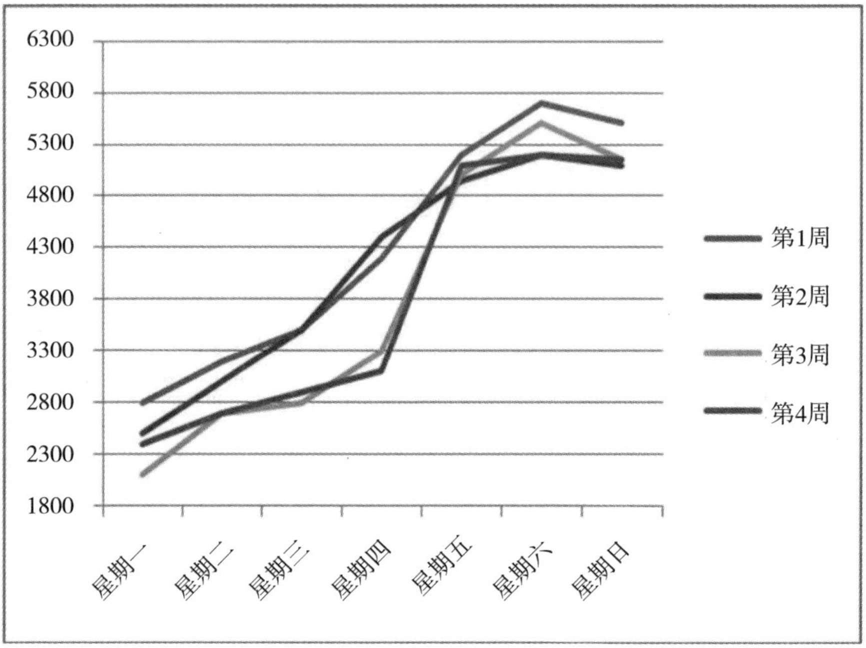

阳光客服中心电话渠道随机抽取连续4周的客户访问量曲线图

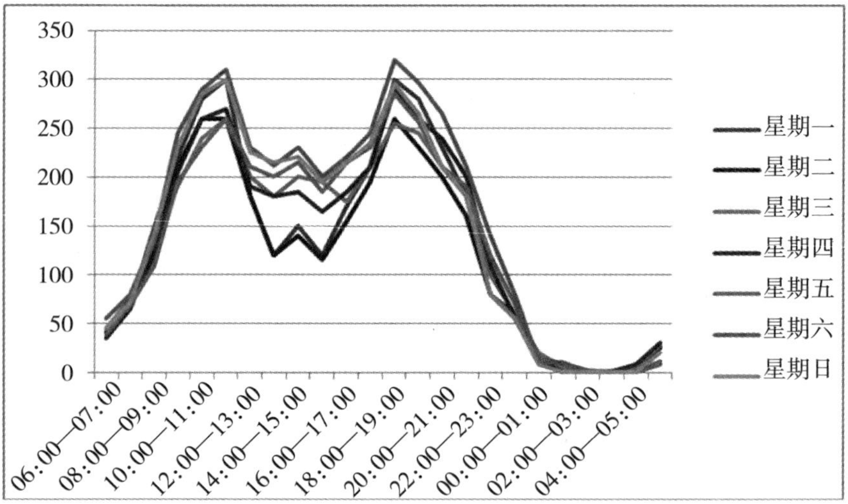

随机抽取一周的客户来访量曲线图

阳光客服中心客户来访量分布表

星期	当天占一周来访量比率	当天占全天总量分布	本周平均比率
星期一	9%	0.6298	14.29% （= 1÷N）
星期二	11%	0.7698	
星期三	12%	0.8397	如果每周工作7天，N等于7。 客服中心每周的工作日，常见的有N=7（6或5）。若节假日不工作，需要减除相关因素影响
星期四	15%	1.0497	
星期五	16%	1.1196	
星期六	18%	1.2596	
星期日	19%	1.3296	

第七，区别对待特殊情况的异常数据。排除因重大活动或媒体宣传产生的临时数据变化，包括因节假日产生的常规数据变化，不能把临时变化数据列入预测数据。

在实际工作中，在选择历史数据时，还需加入实时数据和经验数据。经验表明，短期预测结果比长期预测结果要精准，明年的预测结果远不及时段预测结果准确。这是因为短期预测提取的数据样本更接近实际情况。预测下一小时的来访量可以通过刚刚发生的数据作为预测的参照数据。例如，当知道一天上午10点的客户来电数据时，即可依据以往的全天来电量各时间分布的比例权重，推算出一天来电预计总量，再以此获得一天即将到来的时段数据。如果客户来访数据比平时大很多，必须立即重新预测即将发生的客户来访数据，并及时增加相应的客服人员数量，才能保证服务水平，具体可参见《即时预测突发事件或异常情况下产生的客户来访量分布表》。

即时预测突发事件或异常情况下产生的客户来访量分布表

时段	客户来访数据	状态	时段权重	重新预测数据
09：00—10：00	600	异常高	12%	用本时段的客户来访量预计当天客户来访量=600÷0.12=5000人次

续表

时段	客户来访数据	状态	时段权重	重新预测数据
（举例推算下午 17：00—18：00 的客户来访数）				
17：00—18：00	325（预测）		6.5%	即将在此时段发生的客户来访量=5000×6.5%=325 人次。由此可以推算是否安排加班，或是安排多少人加班
同理，当周一数据异常高时，且业务需要持续几天时，可用此方法预测接下来几天的客户来访量。				

第八，客服预测是面向组织未来活动的预测。客服中心的历史数据为我们提供经验、预测趋势等数据，但在发展变化的时代不会给客服完全一样的明天，客服也当然不能从预测中得到与预测完全吻合的未来。在发展变化中不停歇地坚持学习和实践是客服人员提高预测水平的关键。

如果清楚客服中心的每一个基础数据在哪里产生、分别代表什么，那么，客服中心预测“未来”的工作就会变得操作简单、结果易懂和应用有益。举例说明：利用 2013 年、2014 年、2015 年三年的连续历史数据，预测 2016 年 8 月 8 日上午 09：00—10：00 的客户来访量。常见的最简预测方法和步骤如下。

2016 年 8 月 8 日是星期一，全月共 31 天。2015 年全年客户来电量 800000 人次。通过 2013 年、2014 年、2015 年三年的历史数据可以分别计算出：客户来电量年平均增长率为 8%，8 月的来访量占全年比率为 9%，8 月 8 日星期一的来访量占全天总量分布为 0.6298，上午 09：00—10：00 时段的来访量占全天比率为 6.5%，参见前文图表。

客户访问量预测步骤

		从本客服中心数据中获得	模拟数据
第一步	准备数据	计算年平均增长率 Y	Y=8%
		计算客户来访量在每月的权重分布 Vm	Vm=9%（8 月）
		计算客户来访量在每天的总量分布 Vd	假设客服中心的工作节奏有规律地以周为单位同步变化。参见《阳光客服中心客户来访量分布表》Vd=0.6298（周一）

续表

第一步	准备数据	计算客户来访量在每天各时段的权重分布 Vh	Vh=0.065（09:00—10:00）
		确认上年客户访量 V	V=800000 人次
		确认预测日期	2016 年 8 月 8 日周一
第二步	预测计算	从准备数据中开始预测	通过模拟数据得到的结果
		预算 2016 年全年客户来访量	800000×1.08=864000 人次
		预算 2016 年 8 月客户来访量	864000×0.09=77760 人次
		预算 2016 年 8 月平均每天来访量	77760÷31≈2508 人次
		预算 2016 年 8 月 8 日星期一客户来访量	2508×0.6298≈1580 人次
		预算 2016 年 8 月 8 日上午 09:00 —10:00 的来访量	1580×0.065≈103 人次
第三步	预测结果	通过历史数据预测 2016 年 8 月 8 日上午 09:00—10:00 的来访量约为 103 人次	

第九，预测数据兼顾化解公共危机所需人员数量。互联网为客服中心提供了更多的服务渠道，手机 APP，微信、即时交流、电子邮件服务，等等。表面上看，这些服务渠道与电话完全不同，它们没有“通话时间”“事后处理时间”，但这些渠道同样都少不了“响应时间”“处理时间”“一次办结率”等服务过程中的常用指标。此外，网络通信渠道向客服中心提供了一个客服人员可以同时服务多位客户的条件，这使得其预测要比电话渠道涉及的基础数据多而复杂，用科学的办法总结网络服务渠道的预测思路是客服在发展中的新课题。

互联网的应用，使客户服务工作不再是一对一的服务，客服的服务过程可能被客户或毫不相关的人全程记录，包括内部的相关文件，服务过程随时都可能通过互联网被传播和评价，服务效果由此被放大。网络使客服人员需求预测除了考虑前期的客户来访量因素，还需考虑服务中期和后期处理客户急需和处理公关危机所需的人员数量。

10.2.2 校验偏差

由于预测难以穷尽未来所有可能发生的情况，尽管预测时采用了关键基本数据，加入了相关因素，但最好的预测结果也永远只能是对未来的“模拟”，预测结果与现实数据存在偏差，了解确认预测偏差，对指导当前工作和下一次预测有参考价值。经验表明预测精准度若要达到99%，需对偏差出现及原因进行研究和建立控制指标。

预测与偏差

时间	实际数据	预测数据	偏差值	偏差率
08:00—08:30	362	343	19	5.25%
08:30—09:00	421	398	23	5.46%
09:00—09:30	452	493	–41	–9.07%
09:30—10:00	437	523	–86	–19.68%
10:00—10:30	587	645	–58	–9.88%
10:30—11:00	623	582	41	6.58%
11:00—11:30	598	573	25	4.18%
11:30—12:00	621	523	98	15.78%
实际与偏差	4101	4080	21	0.51%

《预测与偏差》表中的累计偏差率为0.51%，客服中心需要对这个预测偏差进行记录、分析，预测工作研究的重要内容之一是消除偏差，即保证预测结果正确和准确。如果每个时区的偏差率相对稳定在一个数理级，这样的偏差可以作为预测的校正数据。此外，根据预测偏差结果，客服不断修改完善《预测标准偏差范围及所占比例》中的数据，把偏差情况列入客服中心的日常工作计划范围。

预测标准偏差范围及所占比例

水平	精确标准	所占比例
一档	≤ 5%	12%
二档	5%—10%	11%
三档	10%—15%	32%
四档	15%—20%	32%
五档	≥ 20%	12%
累计	预设合格标准	99%

10.3 预测模型

客服中心的服务水平指标是通过合理分配时段服务资源实现的。客服人员需求的预测是关于实现服务水平所需的客服人员数量、骨干比例和中继线多少等服务资源配置的研究。

客服服务资源的正确利用与分配需要弄清楚两个问题，即服务中可能产生多少资源消耗？客服中心目前可以提供多少服务资源？对于电话服务渠道的服务资源主要是中继线路。客服可以提供的服务资源包括人力资源、客服系统、通信线路和网络资源。客服服务资源的使用并非越少越节约，当电话线路不足时，可能出现一边是客户打不进电话，一边是客服人员空闲的情况，造成人力浪费。合理分配服务资源是客服中心控制服务成本的关键。

10.3.1 两个资源

客服中心对客服人员需求与客户来访量存在同步增减的关系，从《电话服务渠道通信资源占用图》中，我们可以看到客户来电数据流及状态和客服人力资源与通信资源之间存在的紧密关系，并应该形成以下认识。

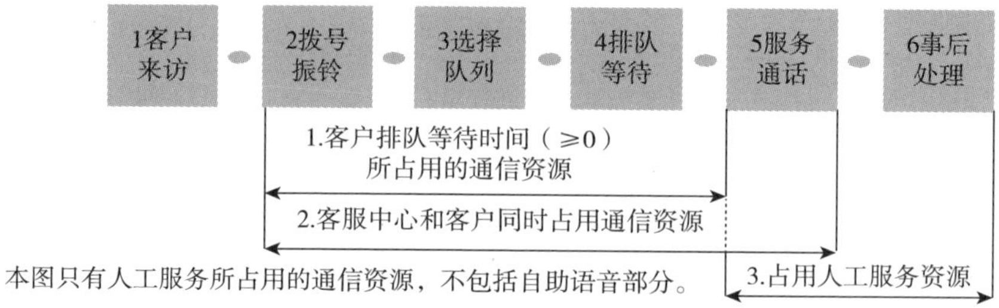

电话服务渠道通信资源占用图

科学理解通信资源的支持能力。客服代表上岗人员的数量越多，客户排队等待的时间会越少，但如果通信资源不足，客户拨打客服电话只能听到忙音，无法进入图中的第 2 阶段，那么安排再多的客服代表上岗，也难以发挥作用。因此，客服中心需要测算了解客服中心现有的通信资源（如中继线路）的最大支持能力。

科学掌握人力资源与通信资源的关系。通过 Erlang 公式，客服中心可以推算出，在现有的人力资源条件下，要想实现预期的服务水平，需要配置多少中继线路。

阳光客服中心通过实践得到的经验比值是 1∶1.5，即一个客服代表适配 1.5 条中继线路。这个比值与业务内容、人员技能、分流技术等都有关系，要视具体情况而定，尤其是网络服务渠道的加入，使客服中心应用多年的经验值需要与时俱进。

人力资源与通信资源关系

科学对待业务发展的需求。客服必须清楚需要使用多少通信资源和人力资源可以满足业务发展所需，可以让客户感到满意。把业务发展计划和客户等待的耐心因素作为重要数据，用科学的办法在成本与满意之间找到平衡点。这个平衡点是客服中心制定服务水平指标的重要参数，客户和客服都希望服务水平指标越高越好，但客服中心制定的指标若是高于现有条件可以保证的水平，则形同虚设，无法实现。

需要强调的是，不能将虚无的数据作为客服预测数据，预测数据和参数不应包括那些正在升级和扩容的还没有成为现实的假设数据。

10.3.2 常用算式

客服预测人员需求的常用方法有 Erlang 算式、目标预测法和受理能力换算法。

10.3.2.1 Erlang 算式

丹麦哥本哈根电话公司的工程师 A.K. Erlang 研究出用于估算通话负载的算式 Erlang B 和 Erlang C。现在 Erlang 算式是预测客服人员需求数量和中继线路需求数量的重要工具。当客服中心的服务水平、平均通话时长和事后处理时间指标确定，且基本可以估算出相应时段的客户来电量时，可通过 Erlang 算式获得相应时段所需的客服人员的最低数量。

Erlang 算式表达了通信负载量与通信线路需求量之间的数据关系。用 Erlang 表示一个单位的电话量。即，在 1 小时中，一条中继线路的满负荷承载的通信流量。换句话说，在 1 个小时中，1 条通信线路满载的通话流量，记作 1 个 Erlang。如果在 1 个小时中，中继线路承载了 120 分钟的通话量，则记作 2 个 Erlang。同理，如果在 1 个小时中，客服中心的电话流量是 15.15Erlang，则表明在该时段，平均有 15 条以上的通信线路处于满负荷状态。

客服常用的 Erlang 公式是 Erlang B 和 Erlang C。Erlang B 用于假设所有客户都不存在排队等候的情况；Erlang C 用于假设所有客户均存在排队等候的情况，且客户访问数据包含了呼损数据，如果没有对呼损数据进行相同号码的过滤处理，用 Erlang C 算式获得的人员需求量和通信线路需求量的数值可能会略高于实际需求量。Erlang 公式参见下表。

Erlang 公式

Erlang B	Erlang C
$P=\frac{\frac{A^N}{N!}}{\sum_{x=0}^{N}\frac{A^x}{x!}}$	$P(>0)=\frac{\frac{A^N}{N!}\frac{N}{N-A}}{\sum_{x=0}^{N-1}\frac{A^x}{x!}+\frac{A^N}{N!}\frac{N}{N-A}}$
如：A、N 和 P 可以分别是累计的 Erlang 数量，中继线数量，服务水平指标	如：A、N 可以分别是累计的 Erlang 数量、可用客服人员总量，而 P（＞0）代表存在排队等待时间，且忽略在队列中产生的呼损

尽管 Erlang 算式结构比较复杂，但应用 Erlang 算式却非常方便，在互联网上很容易找到应用 Erlang 算式的软件，将现有的已知参数输入软件界面，即可得到结果，参见表《Erlang C 提供的数据》。客服中心使用 Erlang 时，需要准备的常见参数有：服务水平指标、时段客户来访量、平均处理时间、客户最大等待时间、累计 Erlang 数量、中继线数量和现在可用客服人员数量等。

Erlang C 提供的数据

客服代表（人）	中断线（条）	服务水平	排队情况	呼损	利用率	平均应答速度（秒）	排队时间（秒）	等待客户（人）
12	28	48%	58%	48%	88%	152	263	4
13	24	69%	38%	27%	81%	59	155	2
14	23	82%	24%	15%	75%	26	110	1
15	23	90%	15%	8%	70%	12	85	0
16	22	94%	9%	4%	66%	6	70	0
17	22	97%	5%	2%	62%	3	59	0
18	22	99%	3%	1%	59%	1	51	0
19	22	99%	1%	0%	56%	1	45	0
20	22	100%	1%	0%	53%	0	40	0
21	22	100%	0%	0%	50%	0	36	0

10.3.2.2 目标预测法

目标预测算法是客服管理人员针对实现服务目标进行的人员需求预算方法，它属于预测工作中的经验操作方法，没有统一固定的算式。如阳光客服中心进行预测的具体方法是：首先确定关键数据，即，确定单位时间内（30分钟）所需人员数量（S）、（某时间段）单位时间内客户来访量（C）、目标接通率（G）、平均处理时长（H1秒）、（某时间段）单位时长（H2秒）和话务利用率（T）。在确定了以上数据后，即可得到算式：预测所需客服人员数量（S）= C×G×H1÷H2÷T，其中话务利用率是客服代表通话时长、处理时长和其他必要在线时间之和除以排班工作时间。

采用目标预测时，为提高预测结果的准确度，需要注意两点：一是可以通过缩短预测的单位时间，提高预测结果的准确度，如可将3小时分成6个30分钟来预测；二是需要剔除时段来访量极小的时段，以降低由平均值造成的偏差，如除去来电量几乎为0的夜间个别时段。

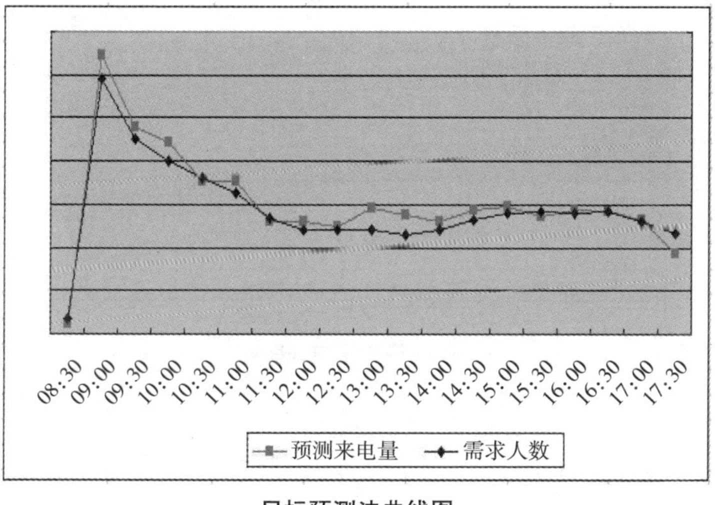

目标预测法曲线图

目标预测法需要客服工作经验来支持，如从图中的数据可以看到，在09:00—10:00的这个时段里，上岗人员数量略少于实际人员的需求。这是因为虽然这个时段的来电量是全天的峰值，但高峰持续的时间很短，因此不能完全用这个峰值来配备人员，以避免在其他时间段出现人员多余、造成工时利用率低下的情况。

10.3.2.3 能力换算法

利用受理能力换算人员需求是介于经验与科学之间的一种方法。它以半小时或一小时为测量单位，统计平均每个客服代表在来电高峰时段和空闲时段所能处理的来访数量，从而初步推算所需人员数量。用公式表达为：预测所需客服人员数量=（单位时间内的话务量÷单位时间内客服人员的平均受理量）+（客服用餐培训等刚需活动所需的人力支持数量）。这个算法结果的准确度受客户诉求内容、员工业务娴熟程度、客户表达方式和客户来访时间是在高峰还是在空闲时间等情况的影响。由于客服会议、培训、活动、休息和用餐等项目也是客服人力刚性需求，因此，客服需要在估算服务工作所需人力数量的基础上，再加上服务工作之外的人力需求数量。

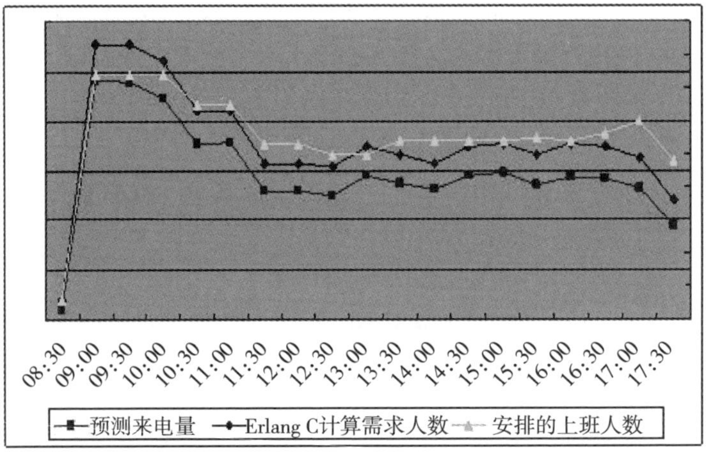

能力换算法曲线图

举例说明，客户来访量是245通/每天，要求接起率不低于98%，员工平均受理能力为10通/每小时，预测每天至少需要多少名客服人员？

第一，计算出每天的最低受理量：245通/每天×98%=240.1≈240通/天，即240通是每天的最少任务。

第二，每个工作日按8小时计算，除去用餐、休息、培训时间，每位员工在线时间约6.5小时，一天可以受理10×6.5=65通/人。

第三，计算受理客户来访电话至少需要的人员数量：240÷65≈4人/天。

最终预算结果需要在此基础上考虑轮班和替补人员以及管理人员、保障人员的配比数量。

从客服中心的实践数据中获得两个验证：一是，在数据采集真实充分时，受理能力换算法和目标预测算法的结果基本符合客观要求，尤其是受理能力换算法简单、成本低。二是，当接通率达到90%以上时，采用Erlang C公式获得的数据更科学合理，更能接近客观需求。

10.3.3 中继数量

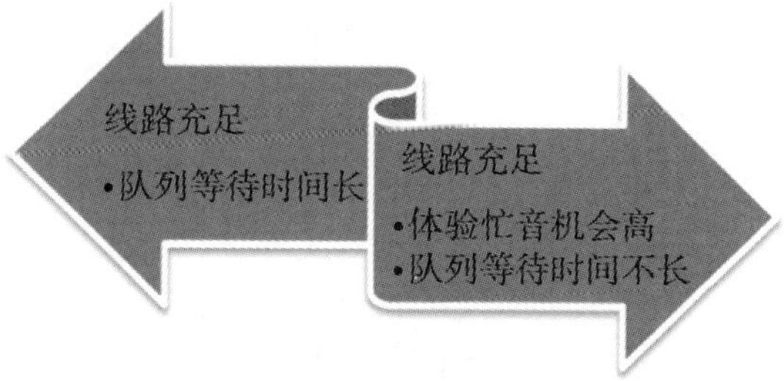

通过Erlang算式，我们了解到客服人员数量与电话中继线数量存在着密切的联系。电话线少了，容易出现因线路不足客户听到忙音的情况；电话线多了，容易出现因客服代表不足客户需要长久等待的情况。客户体验忙音或长久等待都会产生不满意，那么需要多少数量电话线可以和现有的客服人员数量匹配？客服在预测所需电话线路数量时，通常需要准备哪些Erlang公式所需参数？

第一，是要确定所预测的时期，如接下来的12个月。第二，确定服务水平目标，如SL80/20。第三，预测可能产生的客户来访量。第四，确定人力要素。以小时为单位确定预测时期拥有的工时数量或全时当量。用Erlang公式和30分钟为时间单位预测这段时期内可能产生的客户来访高峰期。第五，确定客服的忙音率。通常情况下，将客服中心的忙音率设为1%，而不是设为0。第六，确定影响电话线路多少的因素。分析客观情况，确认自助语音占用的比率。确认网络电话可能分流的数量。如SKYPE通过互联网提供免费语音、视频和聊天电话。第七，选择Erlang公式或其他算式。通过改变运算参数了解客服人员数量与线路数量的变化关系，从中选择所需数据。具体可参见表《Erlang C提供的数据》。

综上所述，客服中心人员预测不是单一的数据预测，客服的人员数据与电话线路数据存在函数关系，面对复杂多变的数据，找准预测参数是保证预测结果准确的前提。需要说明的是，准确的预测结果不是来自一次正确的数学运算，而是来自持续学习、反复实践，不断总结的结果。

10.4 控制办法

为了降低服务成本，客服中心需要利用互联网络和通信技术降低客服人员的基础需求数量。互联网使客服中心进入多媒体服务时代，音频、视频和图文并茂的信息往返于客户与客服中心之间，丰富的服务形式大大提高了服务成效，同时也提高了人员管理与配置的复杂程度。在此，介绍几个常见的客服控制人员增加的办法。

10.4.1 关联技能

客服通过对客户需求与员工技能组合的管理，将客服员工的技能与客户的需求进行匹配，为客户选择最适合的客服人员，从而减少客户体验转接、转接中断和转接等待；通过减少服务时间来降低人力成本。客户需求与员工技能组合的管理主要体现在以下几个方面。

将客户来电需求进行分类，并确认完成每类客户需求所需要对应的服务技能。

评价每位客服员工的各项技能及水平，并将客服员工的各项技能水平由高至低进行排序。

实现客服系统自动关联客户需求所对应的技能及人员。

均衡配置客服班组成员的技能。把客服代表按技能分配到不同的小组，如果将技能水平相同的客服人员集中安排在一个班组或一个时间段工作，会使其他班组缺少这类技能的人员。客服骨干在工作时间兼顾现场需求外，应适当承担培养新人的工作，保证客服骨干人才储备。

建立客服智能分配客户来电系统。通过客户所选队列为其连通相应技能的客服员工，提高服务的专业化程度，降低客服培训和使用专家的成本。如图《根据员工所学专业确定培训重点》所示，“A、B、C 和 D”分别代表客服员工所学专业，“A- 社会管理”“B- 公共关系”“C- 行政管理”“D- 旅游管理”；“1、2、3、4”分别代表不同服务技能，1- 综合服务技能、2- 公交服务技能、3- 公众服务技能、4- 旅游服务技能。假设现在 8 名客服代表全部空闲，连续进入 5 位客户咨询旅游问题，那么客服中心预先设定，首选接入有旅游技能人员的 A、D 两成员，如果此时恰遇相关专业技能人员都在忙碌，客服系统再根据员工的繁忙程度，随机将等待中的客户派给其他技能的人员。

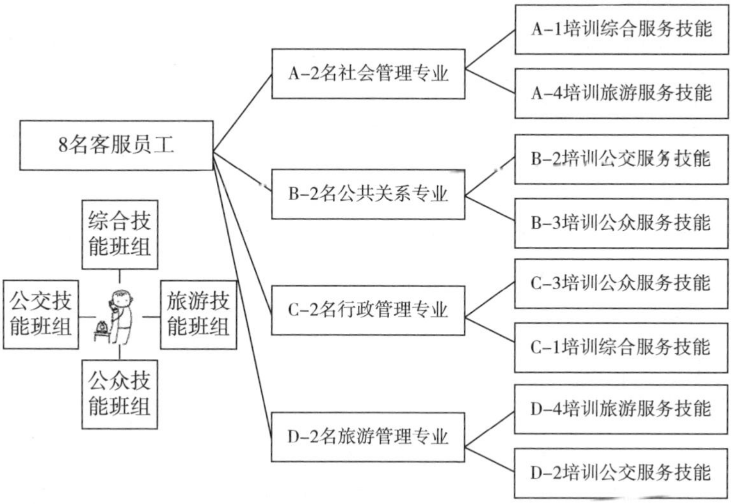

根据员工所学专业确定培训重点

数据显示，按不同专业背景进行培训的班组成绩比追求全员全业务培训的班组成绩更高，客服培训与用人需要兼顾员工自身知识产生的力量，客服中心培训的力量和客服员工所学专业的力量在服务中产生了合力，这是学习型组织理论在客服中心的经典应用成果之一。

客服管理人员的精细化工作，可使客服的智能分配系统表现出更强大更专业的分配能力。客服管理人员可根据目前拥有的功能参数为客户配置与之适合的客服人员，如将客户来电的类别、所需专业技能、员工专业技能和员工作息时间等信息输入系统，系统即可根据“目前客户所需和目前客服所有”的规则为客户快速寻找当前最适合的客服员工。需要说明的是，当客服系统的数据结构完整、客户需求明确、业务分类清楚、技能匹配准确、系统拥有足够多的数据支持调用时，智能分配系统的执行结果将更为理想。

10.4.2 自动分配

自动分配是客服系统的一个功能，它将客户来电自动分配到预设的地方，自动分配工作主要包括两方面的分配内容：一个是将客户来电分配到指定的工作站；另一个是将客户来电分配给技能不同的客服代表。通过这两个自动分配，可降低夜班人员的需求数量和空闲人员的数量，充分发挥客服优秀人才的作用。

对于那些有分站的客服，自动分配系统将通过参数预设将客户来电自动分配给本地或分站点的客服工作区域，甚至是远在境外的客服办公区，客服系统通过自动分配需求功能均衡各站点的工作任务，利用时差因素安排境内与境外区域的客服员工轮流交替工作，使尽可能多的客服员工只在白天工作，减少客服夜班工作人员的数量，从而有效解决夜班用人成本相对高的问题。

自动分配系统负责向客服中心所有站点且正处于空闲状态的客服人员自动均衡分配受理工作，包括自动分配优秀的客服人员受理 VIP 客户。

10.4.3 网络交流

互联网的普及应用使客服新增了文字和视频交流的服务渠道，统称网络聊天。网络聊天的功能可以使一位客服代表同时打开多个窗口与多位客户在“私聊”的模式下开展服务，由于客服代表打开的是“私聊”的独立窗口，而不是大家都能看到的“共享”窗口，而是多位客户同时处于等待服务的独立窗口，客户始终享受的是“一对一”的服务。每个打开的服务窗口受理的内容不同，这使客服代表在回复某个客户问题时，其他客户处于等待状态。在对网络聊天服务渠道进行人员需求预测时，重点是要确认一位服务人员可以同时打开几个窗口，这是决定人员数量的基本条件。

网络聊天服务渠道的人员需求预测同样可以使用 Erlang 公式，具体可参见《网络聊天人员需求预测参数和定义对照表》。

网络聊天人员需求预测参数和定义对照表

名称	网络聊天渠道	电话渠道
网络聊天	从打招呼开始到说再见结束	客户持线时间

续表

名称	网络聊天渠道	电话渠道
应答	客户与客服代表的交流过程。设客户提问为起点，客服代表回应为结束点	客户与客服代表的交流过程中的一来一往
应答响应时间	客服代表向客户发出的第一次打招呼的具体时间	应答响应时间
应答时间	客服代表理解客户的文字内容、组织思想、录入文字和发送给客户所需的时间	客服代表说话时间
反应时间	客户阅读客服代表的文字内容、组织思想、录入文字和发送给客户所需的时间	客户说话时间
发送时间	向客户发送文字的具体时间	
互动时间	客服代表与客户交流的总时间	客服代表通话持续时间
服务时间	从客户出现开始到客户离开的总时间	从振铃到挂断的时间
服务结束时间	客户结束本次交流的具体时间，即使客户不下线	客户挂断电话的具体时间

网上聊天服务渠道因可以实现“一对多”的服务而节省了人力成本。但这个“多”是有限的，如果客服代表打开的窗口过多，难免发生问题。常见的问题主要有：难以保证服务的准确程度，因切换窗口错误或记忆错乱，把张先生的事道给李先生，或把王先生的需求当作江女士的诉求，或是把结束语发送给了刚刚上线的客户；难以从多个窗口中快速找到想要的窗口；难以管理每个窗口出现的先后顺序，难免出现个别客户等待时间较长的情况；容易造成系统运行缓慢而出现“死机”的状况；等等。出现这些情况不但不能发挥节省人力成本的作用，还要为发错信息造成的误会而花费时间向客户解释和道歉。

客服代表打开的窗口过多时，会使客户产生服务欠佳的体验。尽管客服系统可以同时打开很多窗口，且客户也不知道客服代表在同时服务着多位客户，但客户很容易感受到客服代表的反应速度慢，这使客户可能会误认为此客服代表技能欠缺，或心不在焉。我们可以通过简单的计算来了解此时客户的体验。假如一位客服代表打开了4个窗口，同时服务着4位客户，应答信息的时间是每位15秒，如果按顺序回答，客服代表每应答一轮客户所需要的时间是：4个窗口共需要 4×0.25 分钟，这意味着每完成一次对话后，每位客户的平均等待时间不低于 1 分钟。

客服代表能够打开窗口最多的数量，由客户表达诉求的水平和速度、客服代表的技能和经验、客服中心支持服务的能力等关键因素来决定。实践中获得两点经验：一是，除去长久不反应的窗口，新员工同时打开处理的窗口不宜超过 3 个，优秀客服代表同时打开的窗口不宜超过 7 个。二是，通过大量的数据得出“网络服务班组最少成员不低于 5 人”的结论，确定网上服务班组成员只有大于 5 人时，对其进行人员管理和预测才有意义，这个数字被客服中心网络社交等互动服务渠道广泛采用。此外，网上聊天服务渠道的管理需要注意以下几个方面。

规定文字格式和内容，提前准备发送信息的模板，节省打字时间。

考核测定客服代表确实具备使用网络聊天工具进行服务的文字水平。

考核测定每位客服代表可以同时打开的最多窗口数量。

确定本次网络聊天服务的结束标准。确定网络聊天客户窗口的最长停留时间，如果超出这个时间客户还没有回应，系统将自动关闭。在互联网上，客户与客服代表一样，有条件同时打开多个窗口，难免出现客户忽视或忘记的情况，所以必须明确定义结束本次网上交流或关闭窗口的标准。

建立转接功能，方便客户需求的接续服务。网上聊天服务系统同电话服务渠道一样，也需要转接功能，满足各类服务接续工作。这个转接要有能将之前的文字对话内容一并转送的功能。

网上聊天服务同样要遵从服务礼仪，客服人员任何时候都不能节省礼貌用语和礼仪表现。

10.4.4 融合互动

客服可通过各种互动形式来降低人员需求量。因此，客服需要对不同的服务渠道进行人员需求的预测，包括看上去不像专业服务渠道的互联网社交网站。由于客服代表与客户的交流内容基本一样，不同的是所使用的交流渠道发生了变化，所以不同服务渠道的人员需要预测原理和所涉及的参数可参考电话服务渠道的预测办法。客服常见的互动形式有以下几点。

实时客户信息互动。客服与客户之间处于实时互动的状态，客户可以像访问其他网站一样访问客服中心的网站，不同的是客服系统关联了所有来访客户的相关信息。在确定了服务水平指标后，根据客户来访量，这项工作的人员配置数量可以参照电话服务渠道的预测办法。

实时客户需求互动。客服与客户之间处于实时互动的状态，客服系统与互联网公众社交平台融为一体，客户可以选择与客服代表直接沟通，实现业务确认、协议确认，或接续上次服务等，互动内容比电话服务渠道更丰富，确认方法更简便。它是聊天服务渠道的网页版。这项工作的人员基础需求数量可以参照网络聊天服务渠道的预测办法。

定时客户互动。用于客服不需要立即应答的客户来访，包括客户的表扬和建议、Q&A 更新等工作。这项工作的人员基础需求数量可以参照电子邮件服务渠道的预测方法。

协作联动互动。客服为实现客户服务所需与其他部门协作和联动的沟通方式包括微信、短信、电话、电子邮件等。这类互动只是客服中心与相关部门的沟通，客户不参与其中，沟通结果可作为客服知识库内容，包括作为 Q&A 更新结果。这项工作的人员基础需求数量可以根据历史数据，参照电话服务渠道的办法进行预测，预测的关键数据同样是客服人员需求的最低数量。

第 11 章　排班计划

> 实现上岗人数不多不少，交接班时间不早不晚。

客服排班效果是客服现场管理人员最关心的工作之一，而排班计划表是客服员工除绩效考评结果外最为关心的信息。

客服排班计划需要解决上班人员的数量、确定具体的工作时间、分配工作和活动的区域。

在人员安排上要解决每天安排多少个班组到岗，上岗人员的技能水平是否均衡，客服人员因正常轮休、临时请假和人才流失等原因可能产生的最大人员空缺数量是多少，每天每个班组的休假人数超过多少时，客服可能无法保证当天完成工作任务等问题。

在工作时间安排上要确定每个班组工作多长的时间，交接班选在什么时间，选择哪个时间培训或进行组织活动，用餐时间如何安排，班次安排是否兼顾了上班所需的路途时间，班次安排是否兼顾到员工身心的基本需求等问题。

在工作区域安排上要明确各班组在哪个区域工作，在哪个地点休息，在哪个地点开展培训和活动等问题。

11.1　排班原则

客服排班的质量体现在排班的人够不够用。少了不行，多了浪费。排班的最终效果与客服员工的出勤率紧密相关。在客服管理中，通常用排班契合度来代表客服员工遵守排班计划的程度，它反映客服排班和实际到岗情况的吻合度。

11.1.1 排班契合度

排班契合度是客服管理的专业术语，排班契合度受两个关键的时间数据影响。一是客服代表能够或愿意接受的工作时间的长短，二是客服代表能够或愿意接受的具体的工作时间段。排班契合度关心的是在单位时间内，客服代表执行排班计划的实际情况。它可以是对一组人员或对一个人员的测量，排班契合度的水平直接关及服务水平指标。排班契合度高，表明客服代表准时到岗率高，也表示客服实现服务水平指标的人力强。

客服代表能够接受的工作时间的长短，包括每班次的工作的时间长短、每班次在岗直接服务客户的时间长短，其中含有服务客户的时间和在岗位上等待客户来访的时间等。客服的排班计划需要写明每个班次的具体工作时间并了解客服代表是否能够接受这样的工作时间。如，星空班组的工作时间是 12 小时，在岗工作时间时长是 10 小时；晨曦班组的工作时间是 8 小时，在岗工作时间时长是 7 小时。客服代表工作时间长短的数据，是决定客服占用率指标水平的关键客观因素。

客服代表能够接受的具体工作时间，包括各班次的具体工作时间段、换班的时间段、节假日的工作时间等。工作时间段的数据也是影响客服代表接受和遵守排班计划的关键客观因素。客服的排班计划需要写明每个班次的具体工作时段并了解客服代表是否能够接受这样的工作时段。例如，星空班组的工作时段在 21:00—次日 09:00，晨曦班组的工作时段在 07:00—15:00，节假日轮班休息。

客服中心常用的评价排班契合度的算式：

$$排班契合度=\frac{实际工作时间=\sum|(计划的工作时间-缺席的工作时间)|}{排班（班次）的工作时间}$$

举例说明：晨曦班组工作时间是 8 小时，07:00—15:00，班组成员 10 人，1 人全天事假，1 人全天病假，1 人事假 2 小时，1 人事假 1 小时。那么，当天晨曦班组排班契合度为：

$$76.25\% = \frac{8+8+8+8+8+8+(8-1)+(8-2)+(8-8)+(8-8)}{8\times10}\times100\%$$

需要说明的是，加班不属于计划工作，加班时间不参加计算；此外，排班契合度的落实还受交通便利情况、员工正常休假、因公外出等因素影响。

11.1.2 排班原则

客服排班设计原则包括规章制度、人员安排和员工感受等方面。客服排班计划中的信息是保证客服现场有序工作的条件，排班设计需要兼顾多方面的需求。

11.1.2.1 遵守法规

客服中心的排班计划要严格遵守相关规定和制度，严格遵守《劳动法》的规定，准确计算“综合工时”，合理安排职工休息、休假，同时需要补充人力来弥补因员工病假、事假而产生的缺勤时数。因排班计划造成的超工时情况，需要事先征求员工的意见，并通过加班费或补休的方式解决。由于客服各班次的工作小时数有长有短，补休、加班费以小时计算更准确。由排班计划而产生的加班费、用餐量和工位量等工作成本投入量，须符合客服成本核算的相关规定。

11.1.2.2 科学安排

客服中心的排班计划要能够准确计算工时需求量，合理安排上岗人员数量，要尽量根据客户服务需求安排与之适应的上岗人员数量。

在软件应用方面，目前的客服排班软件虽能够严格地执行“期望指标”，但还不能正确处理好员工的心理和生理需求。客服管理人员要认真审核排班软件提供的方案，尤其对其中“太早”或“太晚”；“太久”或“太累”的班次进行重点考量，排除执行排班计划的困难。

在时间覆盖方面，排班计划应包含客服所有工作所需的时间，将客服所有工作活动列入排班管理，包括班前会、班后会、用餐、培训、活动和处置突发事件所需的时间。确定交接班所需时间，若有条件，可安排交班人员与接班人员同步工作几分钟，减少因交接工作产生的呼损，保证交接班平稳有序。

在排班周期方面，兼顾公平。尽可能采取“轮班”的方式，而为避免某些班组总在周六、日上班，班次轮流循环的周期需要避免“7”的整数倍。

在人员技能安排方面，均衡安排各时段上岗人员的技能。把优秀客服代表、有经验的客服代表和缺少经验的客服代表均衡分配到各个时段中，避免某些时段出现实习员工和新员工比例过大的情况。

在硬件设施方面，制定排班计划前需要确认客服现有席位数量可以支持多少人员同时上岗，是否支持班组成员集中在一个区域，避免出现有人没席位或班组成员分散打乱等情况。

11.1.2.3 关心员工

客服中心的排班计划不是临时性的工作时间表，排班计划一经推出会直接影响员工及家庭的生活作息安排。因此，要在设计交接班的具体时间上体现出对员工的关心和尊重。客服中心在确定排班方案前不能忽视三个环节。

一是，在研究客服数据规律和保证服务水平的基础上设计班次。

二是，在广泛征求员工意见后确定排班方案，兼顾员工生活习惯和需求。让员工感觉不舒服的班次，是客服人才流失的常见原因之一。以“早晚班”为例说明，它的工作时间是07:30—11:30，17:00—21:00。设计“早晚班”是为了解决早晚高峰期的人力需求，减少下午时间空闲人力过多的情况，这个班次的人员利用率相对高，中间休息时间较长，对上班往返路途时间长的员工而言，意味着无法利用中间休息回家，只能在单位附近休息，因此降低了员工个人的自由支配时间和舒适感，也会减少员工与家人相处的时间。但是“早晚班”也许非常适合那些上班路途短、可以中午回家照顾家人的员工。

三是，在实践中检验排班结果是否可执行。客服中心采用的是综合工时，客服排班计划既是员工的工作时间计划，也是员工计划家庭活动时间的基础，由于不能保证员工每个节假日都能与家庭成员团聚，因此，客服排班计划不宜常变动，尽量降低加班或班次调整给员工生活带来的打扰，保证员工的家庭计划能够如期进行。同时，客服可通过换班、补休和奖励等多种办法，解决客服员工因排班计划变动遇到的具体困难或利益损失。

11.1.2.4 保证服务

保证排班计划中每个时段的上岗人员数量充足，还要保证每个时段上岗人员的服务技能足以支持工作所需。客服排班计划在执行过程中发现，有些班次的工作时间会使客服员工普遍感到不舒服，突出表现是员工在这类班次中的请假比例高于其他班次，尤其是在节假日时期这种情况更为突出，使这个班次所对应的时段常处于上岗人员数量不足的状态，造成排班计划失效。客服中心可以通过改进班次、加大考核和为特殊班次招聘专门人员等办法来解决。例如，招聘只上“早晚班”和“夜班”的人员。

客服班次的时间变化或班组成员的调动，可能使员工遇到“刚下旧班又上新班”的“连班”情况，因此需要留给客服员工“倒班、倒时差”的时间，确保不违反《劳动法》。班次调整最初一周里，可采用“二线补一线”或“按加班计算”的方法解决过渡期间的问题。

11.2 排班依据

客服排班计划是要实现在预算范围内，根据现有条件，制定出最能够降低客户等待时间和客服人工成本的排班方案。排班方案需要与时俱进，不断改进，而非一成不变。

客服排班的重点工作是对有规律的客户访问量做计划安排，对没有规律的客户访问量做出预算，提早安排。

11.2.1 基础数据

科学排班方案的重要依据是客服平日的、节假日的、不同季节的、不同业务状态的关键数据。在客服，每天各时段访问规律及数据是客服安排上岗人员最低数量和安排各种活动的关键依据；每周访问规律及数据是安排员工补休时间的关键依据，全年客户来访规律及数据是安排员工休假时间的关键依据。

客服中心对客户来访需求量的预测准确度关及排班的契合度。预测的基础数据由客户来访压力预测系统、人力资源管理系统、客户呼叫自动分配系统、电话、邮件等所有服务渠道的客户来访数据组成。由于服务环境对客户来访量影响较大，因此需要将那些可能引发客户来访量的业务和时间列入客服排班关键基础参考数据的范围。

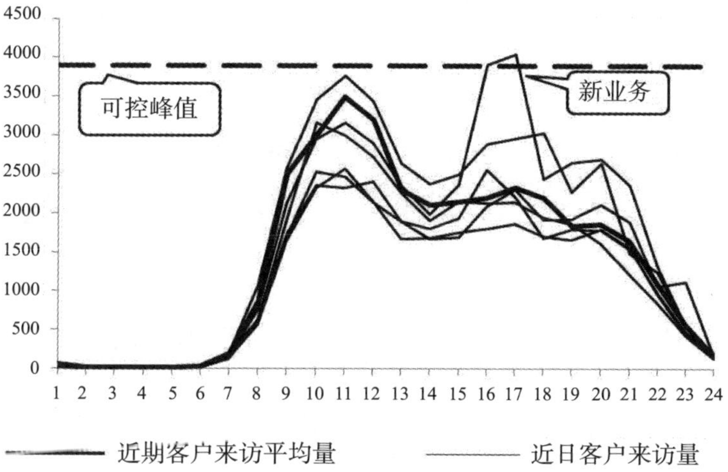

一天各时段人员需求最低量的参考数据

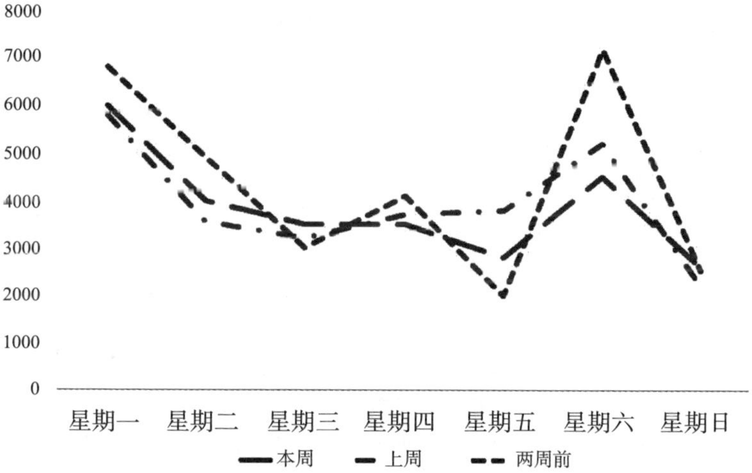

客服排班计划基础参考数据

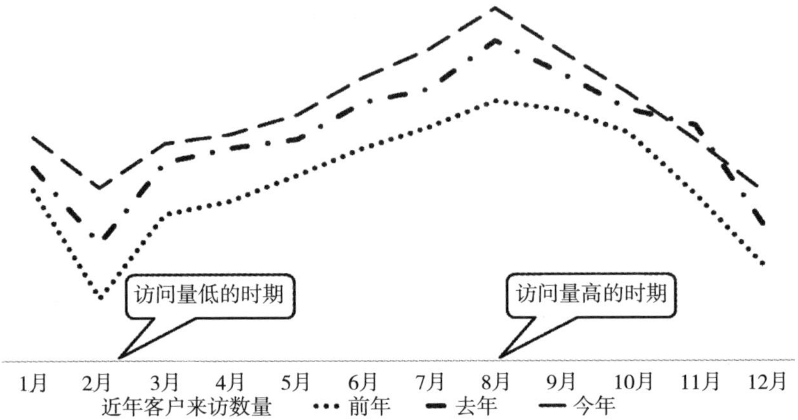

全年适合休假时间的参考数据

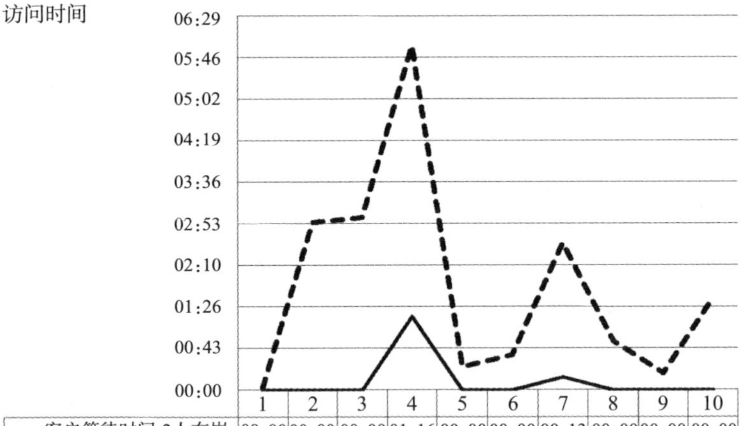

	1	2	3	4	5	6	7	8	9	10
客户等待时间-2人在岗	00:00	00:00	00:00	01:16	00:00	00:00	00:13	00:00	00:00	00:00
客户等待时间-1人在岗	00:02	02:54	02:59	02:58	00:24	00:36	02:33	00:50	00:17	01:36

每位客服员工重要程度

在掌握了客服排班的关键数据后，基本可以估算出各时段所需的上岗人员数量。这个估算是对客服完成计划任务所需要具备人员的最低数量的估算。这个估算获取三个数据：

在人员数量需求方面，通过客服时段受理数据量预算出此时段所需配备人员的最低数量。

在业务需求方面，结合业务的需求和客服代表的技能表现，预算出此时段所需配备专业技能人员的最低数量。

在人员技能利用方面，根据重点保障时期和服务水平指标的要求，为重点时期和平常时期的各个时段配备所需的骨干人员、普通技能人员和技能较弱人员的数量及比例。

11.2.2　渠道区别

客服排班计划在人员安排上，需要根据电话、电子邮件、微信等不同服务渠道的特点建立预测模型，下面以电话渠道和电子邮件渠道举例说明。

11.2.2.1　电话渠道

客服中心排班计划中，科学决定人员需求数量的依据是 Erlang 算式，是在对本客服中心服务规律充分了解的前提下应用 Erlang 算式。如果在每个时间段都有翔实的数据和一定的规律，基本可以通过 Erlang 算式获得每个时间段相对准确的人员需求，具体计算详见相关章节。

但在实际工作中存在只凭经验而忽视科学的排班方案，被质量专家 W.Edwards Deming 称作“空中作业”，由“空中作业”产生的数据也称经验数据。常见的经验数据是用假设的数据作为前提，把理想的结果作为排班计划的基础条件，将一些不是普遍存在的情况作为默认的状态。如，在计算人工工时需求量时，将算式中的“≠”当作“＝”，就会产生“空中作业”。

$$\frac{[\text{平均通话时间（秒）}+\text{平均事后处理时间（秒）}]\times\text{预测来电数量}}{3600\text{秒}}+(10\sim20)\%\text{工休时间}\neq\text{预计最低工时需求量}$$

这是一个客服工作人员并不陌生的算式，但这个算式能够成立隐含了多个条件，且缺一不可。

在客户访问方面，需要假设用户的来访不是随机的，是均匀发生在每个时段的，不会集中出现在某个时段；需要假设客服中心不会遇到紧急突发事件；

需要假设所有客户的性格、耐心和诉求内容基本一样；需要假设服务每个客户的时间基本相同。

在客服员工方面，需要假设队列等待时间与客服人员上岗数量和上岗时间无关；需要假设客服中心的上岗人员数据永远与客户来电数据吻合；需要假设客服人员的服务技能基本是相差无几。

在客服管理方面，需要假设客服中心没有一个确定的服务水平指标。

由于以上假设难以同时成立，因此这个预测结果只能是一个经验数据，是一个在绝对理想的情况下产生的理想值，这个结果不能作为实际人员需求数量，但可以作为验证预测数据是否出现明显问题的参考数据。如果预测数据低于理想值，则表明预测数据结果有待进一步考证。科学地选择数学模型可以减少由“空中作业”产生的问题。

经验数据也是导致客服中心人员需求数量和通信资源数量两者之间比例失衡的常见原因。

11.2.2.2　时间长短与线路多少

客服中心排班所需的基础数据与排班所对应的时间区间的大小和通信线路的多少紧密相关。

用现有数据计算半小时内的人员基础需求量

理想值计算方法 1（客户在 30 分钟内来访）	理想值计算方法 2（客户同时来访）
至少需要的时间：300×240=72000 至少需要的人员：72000÷1800=40 人	至少需要的人员：300÷6=50 人
计算参数：半小时内客户来电量 300 人次，平均通话时间 240 秒（含工休时间），平均每半小时每位员工的响应受理量是 6 人次（含工休时间）。	

在岗人员数量、客户等待时间和电话线路之间的数据关系（人员在岗数量）

序号	来电时间	应答响应时间（1）	客户等待时间（1）	应答响应时间（2）	客户等待时间（2）	客户等待时间（1）
1	03:00:01	03:00:03	00:00:02	03:00:01	00:00:00	00:00:02
2	03:00:09	03:03:03	00:02:54	03:00:09	00:00:00	00:02:54
3	03:03:01	03:06:00	00:02:59	03:03:01	00:00:00	00:02:59

续表

序号	来电时间	应答响应时间（1）	客户等待时间（1）	应答响应时间（2）	客户等待时间（2）	客户等待时间（1）
4	03:03:02	03:09:00	00:05:58	03:04:18	00:01:16	00:05:58
5	03:09:41	03:10:05	00:00:24	03:09:41	00:00:00	00:00:24
6	03:12:26	03:13:02	00:00:36	03:12:26	00:00:00	00:00:36
7	03:14:59	03:17:32	00:02:33	03:15:12	00:00:13	00:02:33
8	03:20:26	03:21:16	00:00:50	03:20:26	00:00:00	00:00:50
9	03:25:46	03:26:03	00:00:17	03:25:46	00:00:00	00:00:17
10	03:28:16	03:29:52	00:01:36	03:28:16	00:00:00	00:01:36

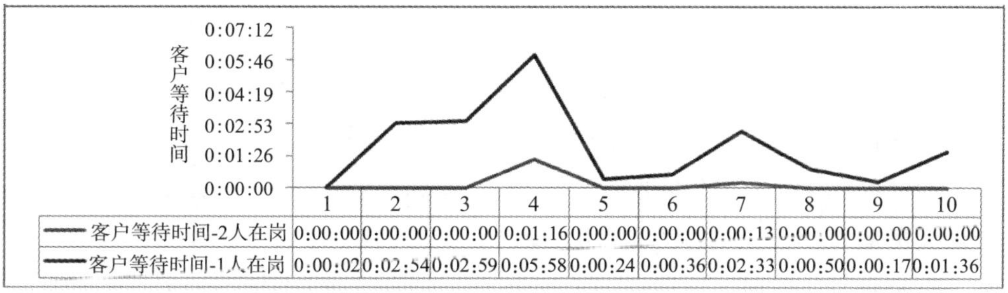

在岗人员数量和客户等待时间关系示意图

由图表可知，在凌晨安排1名客服员工与安排2名客服员工在岗，客户的体验有明显的差别；当有2名客服员工在岗时，客户排队等待的时间明显缩短。

那么，如何了解客服上岗工作人员数量、客户等待时间和中继线数之间存在怎样的关系呢？又如何将客户的随机来访数量作为计算的基础参数呢？Erlang C理论以通信线路承担的电话流量为依据，提供了某类参数变化对其他参数的影响情况。

Erlang算式集合了多种因素同时变化的情况，从数据中我们可以看到，在保持服务水平指标不变的情况下，变化客户来访电量，客服人员和通信线路之间的数据变化情况。

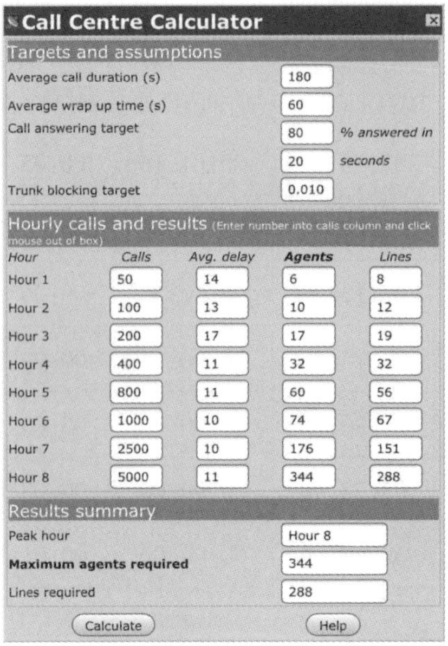

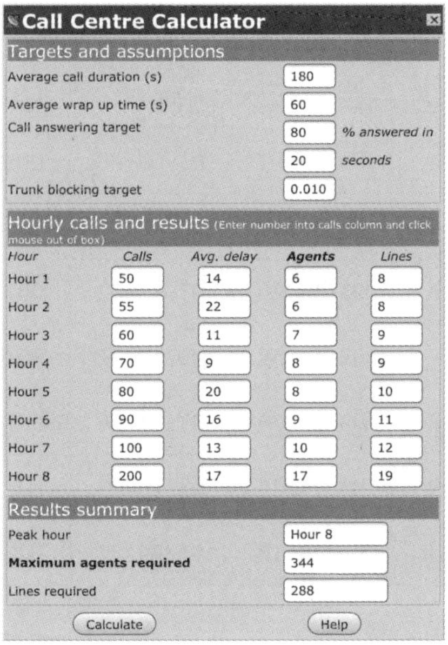

Erlang C 算式参数变化情况

从图中看到几种情况。第一种是客服中心可以通过增加客户的等待时间，达到节省客服人员和中继线路的数量，时段的客户来电量由 50 增至 55 的情况。第二种情况是只需要增加客服人员数量，不需要增加电话线路数量，时段的客户来电量由 60 增至 70 的情况。第三种情况是只需要增加电话线路数量，不需要增加客服人员数量，时段的客户来电量由 70 增至 80 的情况。第四种情况是需要增加客服人员数量，也需要增加电话线路数量。图表中，时段的客户来电量由 90 增至 100 甚至 1000 高峰值的情况。

通过在 Erlang C 算式中变换参数可以得出，当每小时客户来电量达到的输入参数是 5000 人次时，客服需要 344 名客服人员上岗，288 条电话线路。

Erlang C 的不足之处是只考虑通信线内的活动，而忽略了那些被挡在客服大门之外、只能听到忙音的客户和不想排队久等的客户来访量，使预测结果不能精准对应于客服中心的服务水平指标，但这不影响 Erlang C 知识被客服中心普及应用。这是因为实践证明，在不考虑忙音和呼损情况下，Erlang C 的预算结果是准确可靠的。

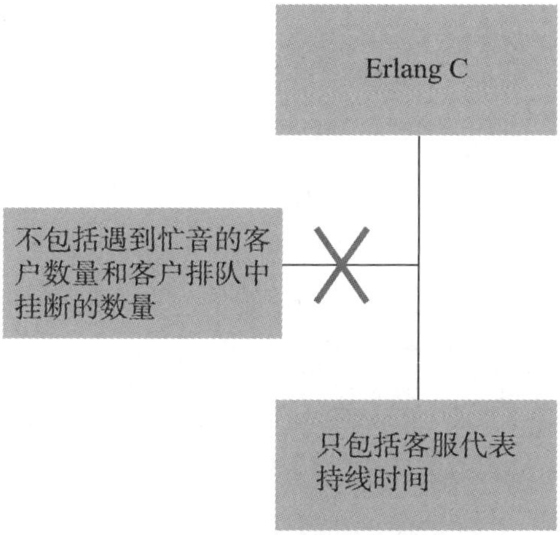

Erlang C 的不足之处

现在有不少软件可以支持客服预测工作，但应用这些软件的水平受使用者和诸多参数的影响，且这些软件的预测结果最终离不开 Erlang 的校验。

Erlang 公式的计算看上去比较复杂，如今要想得到计算结果非常容易，很多数据分析系统和很多网站都提供免费计算软件，客服中心只要输入参数，即可得到结果。有的网站还提供了方便客服行业人员使用的参数设置界面。

对于初学者，可以通过访问网页应用 Erlang 算式，在参数设置界面变动客服人员数据、通信线路数据、服务水平指标数据等参数，观察各项数据随参数变化的结果，即可感悟到 A.K.Erlang 算式的智慧。A.K.Erlang 为客服中心计算人员需求提供了科学的算式，使客服中心从中获得科学使用服务资源的巨大利益。客服人员如果有机会去丹麦首都哥本哈根，建议抽时间去参观 A.K.Erlang 的故居，以表达由衷的敬意。

由 Erlang 算式，我们可知，一个服务队列只能有一个服务指标，不可能在一个队列里，设置两个或多个服务指标的参数。这是因为，客户的随机来电数据和实际的服务水平数据是客观的，不能被人为限制和改变。

应用 Erlang C 前需要做如下准备。即确认“1 个时间段”和“准备 4 个数据”。“一个时间段”是指确认即将预测哪个时段。例如，本次预测希望获得的数据是：在今天 15:00—15:30 的时间段中人员需求的最低数量。准备“4 个数据”分别是预测那个时段客服中心的平均通话时间、平均事后处理时间、客户来电量和服务水平数据。例如，在今天 15:00—15:30 的时间段中，客服中心的平均通话时间 210 秒，事后处理时间 20 秒，预计来电 300 个，SL80/20（SL90/20、

SL95/10）。

当完成预测准备工作后，将这些参数值代入 Erlang C ，即可获得预测时段所需人员的最低数量。当我们代入不同的服务水平指标 SL 时，所获得的人员需求数量不同，服务水平指标越高，需要的人员数量越多。

现在，互联网上可以找到很多有关客服中心管理的运算工具，一些计算工具还包含了更多利于精细化管理的数据，如将“客户等待时间超过 0 的概率”“平均等待时间”“工时利用率”等内容列入预测考虑范围。

需要指出的是，客服统计的数据精准程度与统计时间密切相关。如，若客服设定为 30 分钟作为统计的时间周期时，那些通话时长大于 30 分钟的来电量可能会被统计遗漏掉。也就是说，如果以电话的开始和结束符作为统计来电量的依据，统计周期为 30 分钟时，那么若有一个通话时间为 35 分钟的电话，它在统计的第一个 30 分钟内，因没有结束符而被忽略不计，而在统计的第二个 30 分钟内，因没有起始符而被忽略不计，由此，造成客户的真实来电数据被丢失，从而造成平均通话时间的增加，也因此会使客服管理人员产生“培训不足”“出现新情况”等错觉。避免这些错觉的产生，需要对超长电话，尤其是大于统计周期的电话进行特别认证处理，确保不丢失任何数据。此外，客服中心通过设立诉求升级通道，由班组长和专业组人员负责拦截、接续处理超长电话，将其排除在常规统计之外。

11.2.2.3 电邮渠道

客服有两类来访客户，一类是需要立即响应处理的，如电话；另一类是可以稍缓处理的，如电子邮件、微信等。无论哪类都有与之对应的服务水平指标。

通过数据我们可以了解到客服中心的人员需求与服务水平之间的关系。客服中心现收到 100 封邮件，如果每封邮件的平均处理时间是 5 分钟，那么 100×5=500 分钟，一位客服人员需要连续回复近 10 小时才能完成此项工作，这意味着最后被回复的客户要等待近 10 小时。如果客服中心的承诺时间是在 5 小时内必须回复，那么客服中心需要为此增加一名员工。通常计算电邮类服务的预测公式是：

需要服务人员的数量 = 客户来访总量 ÷（响应时间 ÷ 平均处理时间）

这个公式没有包括员工休息、用餐和假休等生活必需因素。

如果客户来访量是 100，客服承诺的响应时间分别是 10 小时、5 小时、2

小时，平均处理时间是 6 分钟，那么需要服务人员的数量分别为：

承诺为 10 小时的服务人员需求数量 =100 件 ÷［（10 小时 ×60 分钟）÷6 分钟 / 件 / 人］=1（人）。

承诺为 5 小时的服务人员需求数量 =100 件 ÷［（5 小时 ×60 分钟）÷6 分钟 / 件 / 人］=2（人）。

承诺为 2 小时的服务人员需求数量 =100 件 ÷［（2 小时 ×60 分钟）÷6 分钟 / 件 / 人］=5（人）。

电邮类服务渠道可以缓解电话服务对响应时间要求的压力，它使客服在不需要增加很多人员的情况下保证服务水平指标，使客服的人力资源得到充分利用。客服可以在电话服务渠道空闲时安排客服人员处理邮件，或是组织人员集中处理邮件，或是由指定人员在家限时处理，或聘用编外人员按件计费处理。

客服安排人员回复电子邮件工作时需要注意两点：一是尽可能地安排有经验的员工处理电子邮件，原则上不安排没有客服工作经验的新聘人员处理邮件。二是提前约定临时承担邮件工作的劳务标准和时间要求，为在家休息或出游休假的人员创造在家办公的条件。提供明确易懂的标准回复模板，凡属于模板不能涵盖的内容，须由专业组人员处理。在应答响应时间上，采用自动回复通知客户诉求的处理时间，并将客服的工作时间通知客户，如在自动回复邮件中说明“客服在 09:00—21:00 处理邮件，邮件在 24 小时内回复”等有关知晓信息。

11.3　审核检验

客服在预算范围内实现服务水平指标的关键工作之一就是客服排班合理。客服在数据分析的基础上，以班组为单位安排各时段所需的客服人员数量。客服中心将对有规律的客户来访时段采用常规安排，而对没有规律的客户来访时段或业务变化大的时段，则根据实时数据来调整校正人员安排或排班方案，发展与变化使客服的排班表处于不断完善之中，客服中心没有一劳永逸的排班表。客服排班表需要通过审核后才能执行。客服排班计划的审核工作包括执行排班方案前的审核和执行排班方案后的验证。

11.3.1 全时当量

客服排班计划的审核工作常用到全时当量的概念，可用来检验提高人员安排数量的准确度。全时当量是用工作的小时数来衡量工作量的单位量度，简称FTE。全时当量的内容可以自行设定。客服可以把一周工作40小时记作1个全时当量，用1（FTE）表示，也可以把一年工作时数2000小时记作1个全时当量，用1（FTE）表示，还可以把多个员工的工作时间累计结果用FTE表示。如果客服将每周工作40小时作为1（FTE），那么1名员工工作20小时，则相当于0.5（FTE），如果2名员工各工作了40小时，则相当于2（FTE）。

全时当量与人员需求数量的关系

人数	人均工作时间（小时）/FTE
1	40/1
2	20/0.5
5	8/0.2
10	4/0.1
20	2/0.05
40	1/0.025
说明：每周工作40小时记作1（FTE）	

客服中心现有人员数量和客服代表可用席位数量是获得准确的FTE的前提，在计算FTE前要搞清楚几个数据关系。首先，客服在册人员总数量包括短期聘用的临时人员，而客服在册全职人员数量包括长期借调以及因产假、工伤不能到岗工作的人员，但不包括短期聘用的临时人员。还有，客服能够为客服代表提供的可使用席位数量，不包括质检、培训、管理所用的数量。客服排班计划中安排的上班人员数量不能超过客服代表可用的席位数量。

11.3.2 预期验证

客服排班计划在执行前需要对照《排班计划审核项目表》中的内容逐一进

行审核，其中任何一项不合格都会增加现场管理的难度。因此，客服排班表审核只有“合格”或“不合格”两个评价标准。具体可参见《阳光客服中心排班计划审核项目表》。

阳光客服中心排班计划审核项目表

序号	审核项目	审核人	审核结果
1	员工工时及安排符合《劳动法》	客服经理	合格
2	确保服务时间 7×24 小时	客服经理	合格
3	保证重点时段的服务水平在 20/90	客服经理	合格
4	保证每周 1 小时的必要培训时间	班组长	合格
5	确定用餐与活动的起始时间和结束时间	客服经理	合格
6	确定各班次工作的起始时间和结束时间	客服经理	合格
7	早班人员的上下班时间，有公交运力作保证	信息员	合格
8	夜班人员的上下班时间，有公交运力作保证	信息员	合格
9	班组成员，尤其是早晚班的成员，出勤数量有保证	班组长	合格
10	不存在空闲人员的数量超过 1 个班组的人员数量，且空闲时间持续超过 1 小时的情况	信息员	合格
11	各时段人员技能分配比例均衡	客服专家	合格
12	解决因各种请假而产生人员空缺的措施	客服经理	合格
13	在高峰时段，安排的全能业务能手数量最多	客服专家	合格
14	在高峰时段，启动二线人员支援方案	客服经理	合格
15	不存在排班被轮空的班组和成员	信息员	合格
16	安排的上岗人员数量没有超过可用席位的数量	信息员	合格

续表

序号	审核项目	审核人	审核结果
17	不存在与考核无关的班组和成员	评审员	合格
18	工时利用率通过 FTE 的检验	信息员	合格
19	新班次与老班次平稳过渡	客服经理	合格
N	……（改进指标）		合格
客服主管	刘奎平	审核日期	2017.11.06

客服排班方案执行后，在分析排班执行数据的基础上，对照《阳光客服中心排班计划审核项目表》不断改进、完善排班方案。举例说明：阳光客服中心日常来电量为 5 万人次，计划服务水平 20/80。具体服务数据参见《客户等待时间不均匀》和《当前工时利用率与行业最佳参考数据》两张图。请问，此排班方案是否需要改进？

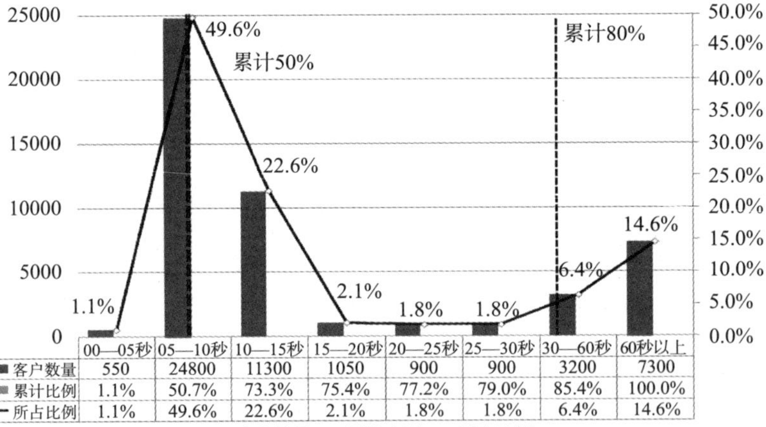

	00—05秒	05—10秒	10—15秒	15—20秒	20—25秒	25—30秒	30—60秒	60秒以上
客户数量	550	24800	11300	1050	900	900	3200	7300
累计比例	1.1%	50.7%	73.3%	75.4%	77.2%	79.0%	85.4%	100.0%
所占比例	1.1%	49.6%	22.6%	2.1%	1.8%	1.8%	6.4%	14.6%

客户数量 累计比例 所占比例

客户等待时间不均匀

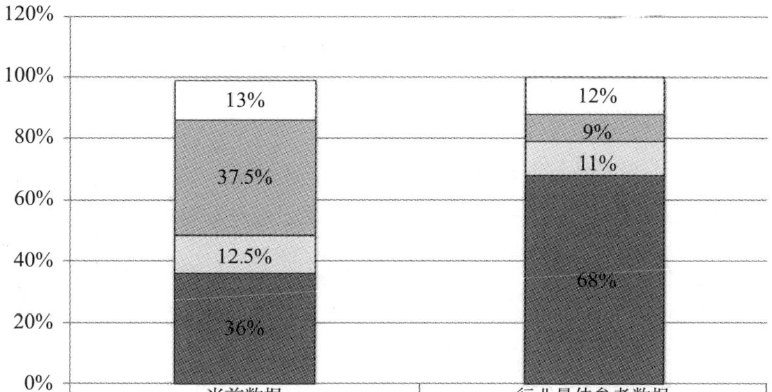

	当前数据	行业最佳参考数据
培训活动休息	13%	12%
恭候客户时间	37.5%	9%
事后处理时间	12.5%	11%
通话时间	36%	68%

当前工时利用率与行业最佳参考数据

从图中我们可以看出排班方案至少可以在以下几个方面尝试改进。

第一，提高服务水平。数据显示，目前客服中心没有实现20/80的服务水平指标，需要重点对排班契合度、平均受理时间和工时利用率等数据是否达标进行检查。

第二，降低个别客户等待时间较长的问题。数据显示约50%的客户等待时间在10秒以内，他们会感觉电话容易打通。约15%的客户等待时间超过60秒，这部分客户会感到等待时间较长，甚至认为客服电话难打。个别客户等待时间较长，容易引发客户的不满意，需要通过集中人力突击受理某个时段，或是通过调整班次，增加某个时段的人员数量等办法来改进和均衡客户的等待时间。

第三，提高工时利用率，向行业优秀标准努力。重点围绕“恭候时间”和“通话时间”分析差距，找出原因，提出解决办法。

11.3.3 排班管理

客服中心顺利执行排班方案的主要管理工作包括制度建设、指标管理、班次设置、人才培养和技术应用等几个方面，具体管理要求如下。

通过制度来保证客服员工遵守排班计划，保证客服员工按排班表要求的工作时间准时上班；通过制度来协调安排客服员工的在岗位活动时间，明确客服员工到岗、签入、培训、休息、用餐、签出和访谈等活动的具体时间；通过制度使客服全员明白一切发生在计划工作时间内的、与岗位要求无关的工作，其结果都会对排班计划产生破坏作用。

通过客服现场监管提高工时利用率。赋予客服现场管理人员临时调配人员的权限。客服现场管理人员在严格执行排班计划的基础上，可根据客户来访量、员工工作状态和员工技能表现，临时进行人员调配；及时排除客服员工遇到的问题，重点关心情绪欠佳和通话时间超长的客服员工。

建立叠加班次，使多个班次协同工作。通过叠加班组的办法增加高峰时段客服工作人员的数量，提高排班契合度。在客服席位充足的情况下，利用“你来，我不走”的方法，在高峰时间安排多个班组同时工作；也可以通过安排 1 至 5 小时的短时班组缓解高峰时段的压力。需要说明的是，短时班组的办法适用于白天的时间段，而在夜间，因受限于交通和住宿等条件，实施的成本比较高。

建立客服人才培养计划。为客服中心培养充足的全技能人员，把“尽可能多地安排全业务能手在高峰时段上岗”作为检查排班水平的要求。建立二线支援一线的规章制度，要求二线人员在突显人员空缺的时段支援受理工作，如集中请假、员工用餐时段等。

研究技术分担服务的方案。充分利用技术方法来缓解因临时性的客服来访高峰而出现的人力不足的情况。利用技术分流客户诉求，当客户排队等待的数量超过可控制值时，使客服系统自动开启分流、说明导语，如用“本时段线路忙，建议您选用网络、微信平台联系我们，继续等候请按 1”之类的导语。

11.4　排班简表

客服排班信息是客服人员作息的无声指令。排班表里的信息，有对客服人员具体工作时间的安排，也有对客服员工在工作时间里进行各种活动的时间安排。虽然制订排班计划需要考虑的元素较多，但向客服人员提供的排班表要尽可能简单易懂，以保证每一位客服员工都能够从排班表里看明白自己应该遵守的工作时间和活动安排。简单易懂的排班表是顺利执行排班计划的关键第一步。

客服需要为每个班次定义一个易懂贴切的名称。客服班次分早班、白班、中班、晚班、小夜班、通宵班、早晚班和专项业务班。早晚班也常被称为天地班、两头班、全天候、大长班、跳班等；专项业务班分“重点保障班”“大节长假班”等。客服班次的名称可用多种方式代替，如把“早班”称作“A 班”或“晨曦班”。在此，以客服受理组、质检组和专业班组长岗位为例，说明客服排班表常见基本信息和相关情况。

例：以 4 天为周期的排班表

阳光客服中心 4 个班组以 4 天为周期的均匀排班计划

班组	第 1 天	第 2 天	第 3 天	第 4 天
受理 1 组	A	B	—	—
受理 2 组	—	A	B	—
受理 3 组	—	—	A	B
受理 4 组	B	—	—	A

说明：白班（A）：08:30—18:30；夜班（B）：18:30—次日 08:30。
排班表需要改进的地方在于，员工每周的工作时间超过 40 小时，须按月或按季安排补休；交班员工离开系统和接班员工进入系统在同一时间，容易在交接班的时间点造成瞬间呼损。

例：以 6 天为周期的排班表

阳光客服中心 6 个班组以 6 天为周期的均匀排班计划

班组	第 1 天	第 2 天	第 3 天	第 4 天	第 5 天	第 6 天
受理 1 组	X	Y	Z	—	—	—
受理 2 组	—	X	Y	Z	—	—
受理 3 组	—	—	X	Y	Z	—
受理 4 组	—	—	—	X	Y	Z
受理 5 组	Z	—	—	—	X	Y
受理 6 组	Y	Z	—	—	—	X

续表

说明：白班（X）：08:30—18:00；白班（Y）：09:10—18:40；夜班（Z）：18:30—次日09:00。排班计划6天上33.5小时，加上每个班前会10分钟，6天34小时，平均5.67小时/天，符合《劳动法》要求。排班计划中设有交接“握手”时间，有利于保障接通率，但需要以充足的工位为前提，保证Y班次和Z班次能够在不同的区域独立开展工作。

☞ 例：以5天为周期的排班表

阳光客服中心以5天为周期的长短班（与其他班次结合使用）

班组	第1天	第2天	第3天	第4天	第5天
受理7组	08:00—18:00	08:00—18:00	07:00—14:00	—	—
受理8组	—	—	13:00—20:00	08:00—18:00	08:00—18:00
说明：两组重叠上班的第3天，可开展业务培训、集体活动等，成为客服中心“活动日”。					

☞ 例：自然周期的排班表

阳光客服中心以自然周为周期的长短班（与其他班次结合使用）

班组	周一	周二	周三	周四	周五	周六	周日
受理9组	—	—	07:00—14:00	07:00—14:00	07:00—14:00	07:00—14:00	08:00—18:30
受理10组	12:00—19:00	12:00—19:00	12:00—19:00	—	—	12:00—19:00	08:00—18:30
受理11组	—	—	—	08:15—18:00	08:15—18:00	08:15—18:00	08:15—18:00
说明：因客户来访数据存在稳定的规律：周一、周二来电访数量低，周三、周四、周五来访数据略高，周六、周日来访数量最高。利用长短班相结合的办法，为高峰时期提供更多的人力。							

例：完整的排班计划

阳光客服中心排班计划

一、工作安排和循环周期							
受理班组号	周一	周二	周三	周四	周五	周六	周日
S01，S02，S03	正阳班	晓月班	星空班 夕阳班				正阳班
S04，S05，S06		正阳班	晓月班	星空班 或 夕阳班			
S07，S08，S09			正阳班	晓月班	星空班 或 夕阳班		
S10，S11，S12				正阳班	晓月班	星空班 或 夕阳班	
S13，S14，S15	星空班 或 夕阳班				正阳班	晓月班	星空班 或 夕阳班
S16，S17，S18	晓月班	星空班 或 夕阳班				正阳班	晓月班
质检班组号	周一	周二	周三	周四	周五	周六	周日
Z_1	罗盘班	罗盘班	标尺班	标尺班			罗盘班
Z_2			罗盘班	罗盘班	标尺班	标尺班	
Z_3	标尺班	标尺班			罗盘班	罗盘班	标尺班

续表

专业组号	周一	周二	周三	周四	周五	周六	周日
Z_Z	专业班	专业班	专业班	专业班	专业班		
……	……	……	……	……	……	……	……

二、班次工作时间和场地

班次	班前会时间	工作时间	工作场地	班前会场地	餐歇安排	培训时间	文体活动
正阳班	B_1	S_1	A、B、C区	阳光1廊	中餐分3批		经理安排
晓月班	B_2	S_2	D、E、F区	阳光2廊	中餐分3批 晚餐分3批	在T_1、T_2时段分二批进行	
星空班	B_3	S_3	A、C区	阳光3廊	早餐分3批	不安排	
夕阳班	B_4	S_4	F区	阳光4廊	当天安排	不安排	经理安排
标尺班	B_5	Z_1	H区	阳光5廊	选F_2时段	T_1时段	
罗盘班	B_6	Z_2	I区	阳光6廊	选F_d时段	不安排	经理安排
专业班	B_2	Z_Z	专业区	专业区	选F_2时段	经理安排	
……	……	……	……	……	……	……	……

三、列入工时的餐歇时间安排

餐歇安排	早餐批次	午餐批次	晚餐批次
第1轮	F_a:06:40—07:00	F_1:11:20—12:00	F_a:16:50—17:25

续表

第 2 轮	F_b：07：00—07：20	F_2：12：00—12：40	F_b：16：55—17：30
第 3 轮	F_c：07：20—07：40	F_3：12：40—13：20	F_c：18：00—18：35
第 4 轮		F_4：11：25—12：05	F_d：18：00—18：40
第 5 轮		F_5：12：05—12：45	
第 6 轮		F_6：12：45—13：25	

四、在岗工作时间及分配

班组名称	工作时间	班前会时间	餐歇时间	培训时间	工时
正阳班（S_1）	08：30—17：30	（B_1）08：20	F_1，F_2，F_3		9
晓月班（S_2）	09：00—20：00	（B_2）08：50	F_4，F_5，F_6 F_a，F_b，F_c	T_1：13：30—14：30 T_2：14：40—15：40	11
星空班（S_3）	18：00—次日 09：00	（B_3）17：50	F_a，F_b，F_c		15
夕阳班（S_4）	08：00—18：30	（B_4）07：50	现场指定		10.5
标尺班（Z_1）	09：00—17：10	（B_5）08：50	F_2	T_1：13：30—14：30	8.17
罗盘班（Z_2）	11：50—20：00	（B_6）11：40	F_d		8.17
专业班（Z_Z）	08：50—16：50	（B_2）	F_2	经理安排	

五、班次循环轮换周期

班组分类	班组个数	循环轮换周期（天）	工作时长（小时）	在岗时间（小时）	平均工时
受理组	18	18	102	100.5	5.67 小时 / 天
质检组	3	6	33.35	32.68	6.56 小时 / 天
……	……	……	……	……	……

续表

受理班组班次简表					
年月日	星期	正阳班	晓月班	星空班	夕阳班
2017.04.01	六	16、17、18	13、14、15	10	11、12
2017.04.02	日	1、2、3	16、17、18	13	14、15
2017.04.03	一	4、5、6	1、2、3	16	17、18
2017.04.04	二	7、8、9	4、5、6	1	2、3
……	……	……	……	……	……

第 12 章　品质管理

> 可操作、能实现、定量或定性的考核项目以及支持长远发展的考核体系。

客服品质管理是使客服管理由经验走向科学、由粗放转向精细、以适应客户的需求和时代的要求的学习实践过程。客服中心的品质管理主要体现在客服的绩效管理方面。客服品质管理既包括服务表现、服务数量和服务质量等益于日常工作的指标，也包括客户的满意度、对业务的掌握程度、员工的成长进步和服务成本预算等益于可持续发展的指标。

客服工作中产生留存的数据为客服品质管理提供了员工工作状态、工作数量和工作效果等能够真实再现服务过程的翔实数据，有益于对服务品质做出客观公正的评价，有益于降低“德、能、勤、绩”等传统评价方法中的人为主观因素。

12.1　品质基础

客服绩效考评是对服务过程进行的考评，不是对服务结果进行的检查。客服绩效考评中各考评项目的要求和评价标准是预先设定的，而绩效考评的结果是对已经发生的工作进行的成效评价，由于服务的结果受服务过程中诸多因素的影响，其结果是难以控制和逆转的。因此，客服不能将期望的绩效结果作为考评的检查指标和标准。若将“保证服务质量合格率在90%以上”作为质检组的考评指标要求是错误的，因为质检员不能改变已经发生的问题和工作失误的事实；但可以将：“对工单的质检覆盖率高于90%”作为质检组的考评指标要求。

12.1.1 绩效作用

品质管理在挖掘员工潜能和降低管理成本方面发挥重要作用。客服品质管理通过绩效考评使每一位客服员工明白应该做什么，应该如何去做，应该做成什么样的结果，绩效指标向员工明示客服中心倡导什么，反对什么，目标是什么。

12.1.1.1 基础保证

品质管理是客服日常管理和人力资源管理的重要组成部分。品质管理是对客服目标所进行的任务分解和责任传递的办法。客服绩效考评指标是客服中心为实现目标对各岗位人员工作提出的具体要求。绩效考评作为员工言行选择的导航仪，为客服每个岗位人员提供了应该做什么和做成什么样的具体要求及奖惩办法，这使每位客服员工主动用绩效指标要求规范自己的言行。绩效考评体系的结果为客服中心人才培养计划提供了重要依据，将客服岗位要求与绩效考核结果、薪酬分配方案和岗位职级要求进步关联，可为客服员工实现技能进步和职级进步的清晰轨迹，绩效考评有推动客服员工不断进步的内在动力。

12.1.1.2 挖掘人才

品质管理益于挖掘每一位员工的优秀潜能。客服绩效管理是对每一位员工所做贡献的评价，每位员工的绩效成绩映射出了员工的优秀潜能。由于在服务成效方面遵循经济学者墨菲提出的“100-1=0”的效应，即任何一位客服员工发生的服务错误，客户都会视为是客服中心的服务差。因此，客服中心要实现工作目标，需要每一位客服人员尽心尽职对待每一位客户的诉求，而不是只靠骨干和精英。

12.1.1.3 降低成本

品质管理益于降低管理成本。通过向应聘者解读绩效考评要求，帮助应聘者确认自己是否适合并愿意选择客服职业，从而降低盲目应聘人员的数量和新员工的辞职率，降低招聘工作和人员流失产生的成本；依据绩效评价的结果，针对绩效成绩差的薄弱环节开展专题培训，降低因盲目培训而产生的成本；通过绩效考评结果，发现服务工作中存在的问题，及时采取补救和改进措施，降低客户和组织的损失；协助组织评估各项业务的维系成本和可持续能力。绩效考评项目能够提供计算服务成本支出的关键数据，也是进行薪酬预算的重要依据。

12.1.1.4 益于目标

品质管理益于实现客服目标。绩效考评体系通过逐级分解目标，将各岗位职责转化成绩效考核指标；并通过规范的评审程序和方法，对客服员工的工作态度、工作能力、工作业绩和成长情况进行评估，使客服员工个人清楚自己为实现客服目标所发挥的作用。

12.1.2 管理工具

管理大师卡普兰和诺顿博士提出将平衡计分卡作为绩效管理工具。它将组织愿景转为由四项核心指标组成的绩效评估架构，以此实现组织的绩效评价。四项核心指标分别是：学习成长、内部流程、客户服务和财务管理。以“平衡”财务指标与非财务指标为关注点，主要体现在：领先指标与落后指标之间的平衡；长期指标与短期指标之间的平衡；外部指标与内部指标之间的平衡等方面。

客服中心绩效考核的四个层面

卡普兰和诺顿博士提出的“以战略为中心的组织”的五项关键原则是：通过果断有效的领导方式推动变革；将组织强战略转化为简明的业务术语和可以落实的行动指南；使组织工作与战略发展一致；把组织战略转化成为每个员工的日常工作；使战略成为连续工作的流程。将组织的战略转变为四个维度的策略目标，并为下一步甄选绩效考核指标以及执行方案提供基础条件，使管理者与被考评者都能更加清晰地确认组织目标和使命，并有效贯彻到日常工作及行动计划中。

平衡计分卡通过战略导航，确定关键实现因素，将客服中心绩效目标与员工的工作任务相结合，通过对日常工作的记录、测评、跟踪、指导，再通过持续不断的学习，实现高绩效的客服团队。

客服建立平衡记分卡的参考

平衡四项	战略	目标	绩效指标
财务管理	增产节约	提高服务品牌、降低服务成本	服务每类客户的成本 服务每位客户的成本等
客户服务	为客户提供最佳的服务	快速响应、及时办结	接入率、响应时间、排队等待时间、首次办结率、客户满意度等
内部流程	建立高效运营，产品创新和客户满意的流程	高效运营、建立良好的客户关系、积累服务经验和知识、提高服务技能	兑现承诺指标、接通率、服务准确率、排班效率、工时利用率、平均处理时长、错误返工率等
学习成长	建立一支学习、成长的客服队伍	员工满意度、招聘员工、培养优秀人才、广泛的业务知识、全面的服务技能、实施平衡记分卡	培训成效、培训时间、培训参加人数、培训技能的级别、员工满意度、人才流失率

12.1.3　评价环节

客服绩效考评基本环节的要求，包括全面理解绩效考评体系的内容；设计绩效考评项目及指标，制定全员知晓的、可衡量和可达成的唯一标准；确定绩效考评时间周期；按岗设定绩效考评的层级；确定各项绩效指标权重；执行绩效考评的各项要求；员工本人确认其考评成绩；征集员工意见，处理审诉；总结经验和查找存在的问题；改进完善绩效考评方法；应用绩效考评结果。

01 • 理解绩效考评体系的内容
02 • 设计绩效考评项目及指标
03 • 确定绩效考评的时间周期
04 • 按岗位设定绩效考评的层级
05 • 确定各项绩效指标的权重
06 • 执行绩效考评的各项要求
07 • 员工本人确认其考评成绩
08 • 征集员工意见，处理审诉
09 • 总结经验和查找存在的问题
10 • 改进完善绩效考评方法
11 • 应用绩效考评结果

绩效考评工作的基本环节

12.1.4 理解绩效

客服绩效标准要让全员知晓理解，客服绩效考评范围涵盖所有客服岗位及人员，不存在游离于考评之外的客服成员，也不存在自考自评的人员。请员工参与绩效指标的建立过程，让员工知晓考核标准、考核内容、考核形式、考核环节、考核数据，可提高对考评的信任感。客服每一位员工都应“知晓、理解和接受”考评的项目和指标要求，绩效考评的重点在于考查客服全员应该具备且能够实现的工作要求，即岗位人员成绩达标的合格要求，因此这个“理解和接受”的范围包括所有的客服人员，而非只包括管理人员、优秀骨干和评审人员。

客服全体人员是绩效标准的应用者和维系者，绩效管理是管理者与员工双方为实现目标而达成共识的过程，管理人员和员工双方都可以通过绩效考评标准和结果更准确地寻找差距和改进评价办法。客服绩效标准和考评结果需要一个双向畅通的沟通渠道，建立透明的过程管理制度。让每位被考评人员有条件“观看”自己绩效数据的生成过程，既能提高员工对绩效考评结果的理解度，又能提高员工对绩效考评结果的信任度。

12.2 项目准备

客服中心根据本组织的期望、所面临的服务任务、环境条件和工作特点制定客服的目标，客服绩效考评的项目要能够从各个方面反映客服为实现目标所开展的所有工作和取得的成绩。客服获取准确适宜的指标项目，需要经过项目筛选、考评实践、调整改进的过程，并非一蹴而就或一劳永逸。客服绩效体系中的指标项目的建立要满足完整、协调和各项比例适度等绩效考评特性。

12.2.1 选择条件

为了实现品质管理对服务成效的监管目标，绩效考评的每一个指标项目都应有明确的意义，并具备一定的条件。

12.2.1.1 有意义，有效力

绩效考核项目能够在引导客服员工选择正确言行等方面发挥积极的作用。

绩效考评的指标项目要符合岗位职责的要求。绩效考核项目与客服中心所希望的工作效果紧密关联，需要什么样的工作成果，就应该设有相应的考核项目。所选指标项目应与计划目标一致，能够达到绩效目标或管理目标的要求；各岗位绩效考评内容紧紧围绕岗位职责要求设定，绩效考评指标中不设与客服岗位工作要求无关的指标项目，不考职责以外的内容，不将与工作无关的员工个人生活习性和擅长、爱好等内容作为绩效考评的指标项目，不在考评项目中设置没有明确意义的“其他”项目。

12.2.1.2 可操作，能实现

绩效考核的指标项目要符合可操作、可衡量和可实现的条件。考评尺度应

尽可能数字化，充分利用原始数据和计算模型。现有的系统设备条件和数据库可以支持绩效考评所需的统计分析和研究。如不用“及时服务”作为考核要求，可用“在10秒内响应客户来电”作为考核要求，不将没有数据基础的项目列入考评指标。客服绩效考评从客观上要求岗位职责明确，具有唯一性，避免考评概念和标准混乱不清的情况。

绩效考核的指标项目能够被员工实现。绩效指标项目与客服员工的个人努力情况紧密相关，客服员工是否能够取得达标的成绩，基本取决于员工个人的努力程度，即员工对这个措施或项目的实施结果有绝对的控制力。需要说明的是，绩效指标的要求过严或过松都可能失去员工积极进取的动力。如果所定标准连优秀员工都不能达标，或所有员工都能获得优秀成绩，绩效指标则失去考评的意义，是不合格的指标。

12.2.1.3 唯一性，关联性

绩效考评的项目名称要符合准确和唯一的要求。项目名称要容易被理解，在所有项目的名称中不存在同义词，也不存在容易产生理解偏差的含糊抽象的项目名称。每个项目名称只有一个确定的思想内容，每个项目名称都不可能发生与其他项目名称混淆的情况，每个项目名称所对应的指标要求都在绩效管理方面有明确的作用，不存在与现有其他的项目的作用重复或冲突的情况。

绩效考核的指标项目包括复合指标项目。指标项目不是独立存在的，每个指标项目都与其他指标项目之间存在着相互影响的因素，例如，累计客服员工的“通话时间”和“事后处理时间”可得到客服的“实际使用的服务时间”，利用指标项目之间存在的数据关联和责任关联关系建立复合指标项目，用最少的指标项目实现对客服工作的全面检查，用最简明的指标项目实现管理人员与客服人员的责任关联，这是绩效管理水平的体现，具体可参见《客服数据关联示意图》。另外，由于每位客服员工的工作质量都是客服中心整体工作质量的一部分，客服各岗位的工作质量不仅由工作人员负责，还要由管理人员负责，下级的绩效成绩直接关联上级的绩效成绩。每一个指标项目除了有影响它的相关数据，还一定有与之对应的责任人，负责落实工作的一线人员和管理人员双方共同对工作指标负责，因此，不存在只与员工有关而与管理者无关的指标项目。需要说明的是，客服绩效体系中的基本要求关联并适用于其他部门的员工，例如，“不推诿”是组织中所有成员面对客户问题时应持有的表现。

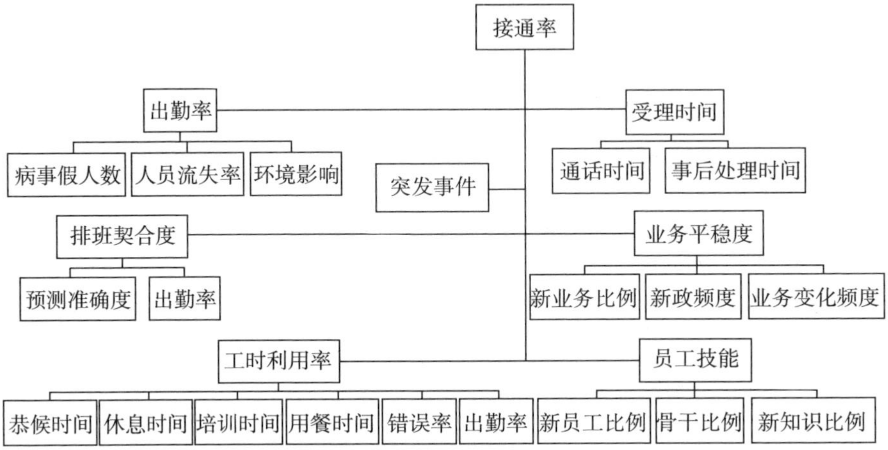

客服数据关联示意图

12.2.2 选项步骤

客服中心在服务中所创造的成绩可以通过关键指标体现出来。关键绩效指标的特点是不需要对所有的工作成绩都进行量化和考评，就基本可以准确评价业绩的水平。那么，哪些项目可以列入关键业绩的指标项目？哪些情况下需要改进关键绩效的指标项目？如何选择绩效考评项目？根据绩效目标的要求选择指标项目的过程参见《客服中心建立绩效管理措施（或绩效考评项目）步骤》，具体说明如下：

第一，列出客服各岗位重点工作的所有名称，作为指标项目的分类项。根据组织要求并结合客服实际情况，通过职位分析和岗位描述来确定对员工的期望和要求，用绩效指标明示客服中心的工作重点，为客服中心完成工作任务提供制度保证。

第二，列出实现工作目标的所有工作项目，作为指标项目的备选项。以服务活动的流程及环节作为基本评价元素，根据服务规程，分解客服中心所有岗位上的个体服务活动，列出所有服务活动的名称，用流程图来确保不遗漏关键流程及环节。

第三，列出现有的能够支持考核工作的资源，作为选择指标项目的条件。在充分利用现有人员和技术等考核资源的基础上，建立基础指标项目和复合指标项目，根据当前的工作任务，设置能够反映客服中心和客服员工工作成绩

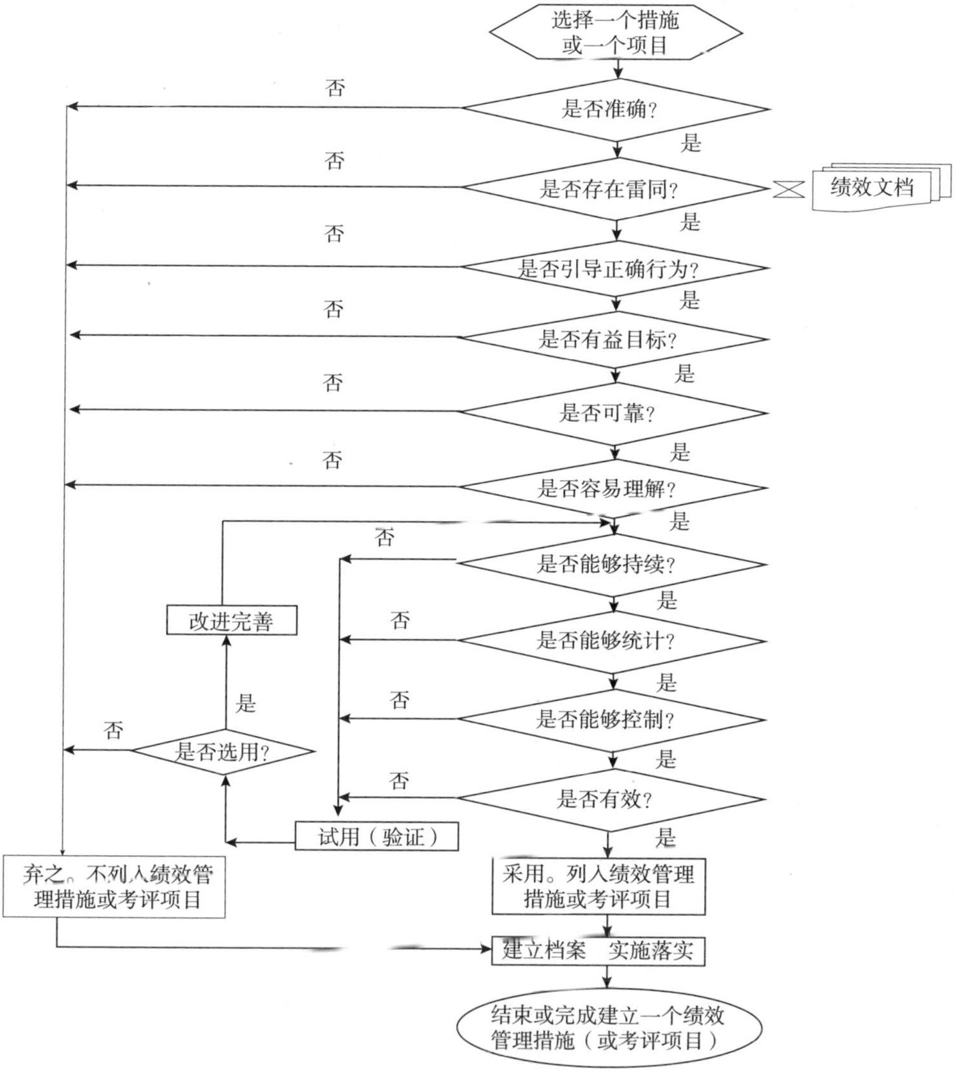

客服中心建立绩效管理措施（或绩效考评项目）步骤

和工作状态的指标项目。

第四，列出设置指标项目的期望目标，作为检查设置指标项目是否合格的要求。在完成了绩效指标项目的设置后，需要通过对关键绩效指标产生的效果进行持续跟踪，检验关键绩效考评指标项目是否发挥了预期的作用，检验关键绩效指标项目的设立是否合格。检查的重点是指标项目是否有益于提高客户的满意度、有益于提高一次性办结率、有益于提高工时利用率、有益于降低每次服务的成本和有益于组织和客服的持续发展。

只有通过了以上检验的措施或项目，才能成为客服绩效考评体系中的内容。同时，收集一些业内的数据经验，建立客服业内常见标准库，以作管理参考所需，客服业内数据库至少要包括常见标准和业内优秀数据两方面内容。客服中心绩效指标的内容并不是一成不变的，绩效指标需要根据服务实践活动和组织要求不断进行优化改进。

12.2.3 评价尺度

客服中心依据员工的行为表现和工作中产生的数据，对员工的工作绩效进行定量或定性的评价，用“强度和频率”和“标号和标度”来表示评价的结果。

12.2.3.1 强度和频率

“强度和频率”用来表示在某指标项目上，客服员工行为表现的规范程度或出现的次数。例如，在客服代表考评项目中，“话务量”合格的指标要求是：平均每小时不低于 8 个，“出勤”合格的指标要求是：每月空岗次数低于 2 次。

12.2.3.2 标号和标度

“标号”用来代表指标项目的各层级，通常用字母（如 A、B、C、D 等）、汉字（如甲、乙、丙、丁等）或数字来表示。标号必须关联具体的内容时才具有意义，例如，客服代表在 1 小时内，产生“甲类”优秀电话 5 个。

“标度”作为定量和定性评价的测量单位，是评价标准的基础组成部分，它可以是测量尺度，包括类别、顺序、等距和比例尺度，也可以是能够计算或判断的结果，定量标度的设计标准要符合分级精准、能够使用的要求。例如，在咨询类服务中，“平均通话时长”的优秀标准是“90 至 180 秒”。常用表格来表示指标项目多于 3 种的分级，并建立客服中心绩效考核成绩汇总表。

评价尺度将指标项目的量和质有机地结合在一起。如，话务指标的及格要求为“每小时受理量不低于 8 件，且服务有效率指标在 95% 以上”。月度主题培训工作合格的要求是“在本月 28 日前完成，培训合格率不低于 100%，质检发现相关问题比例低于 3%”。

绩效指标项目的评价常分为基础类和技能类。基础类指标的要求是“应会做，能做好”的工作，考查的重点是“是否做到”，通常用“是、否”表示评价结果。例如，“是否报工号”“是否用问候语”。技能类指标的要求是“如何完成工作的”，考查的重点是“主动性程度”，如耐心倾听程度、弥补流程缺点的主动表现，通常用“0—10分”表示评价结果，参见《客服绩效评价常用表》和《阳光客服中心员工话务质检成绩单》。

绩效评价中常使用“优秀”“良好”“一般”“较差”“很差”或百分制等评价尺度，百分制因有条件对指标项目进行细分，所获得评价结果相对准确，误差小。为了方便综合记分，对于定性的考评项目也可以将考评结果通过量化模型转化成数值，例如，用0分代表“差”，用10分代表“优秀”。

客服绩效评价常用表

<table>
<tr><th colspan="4">绩效考评表示方法</th></tr>
<tr><th>分类</th><th>方法</th><th>适用标度</th><th>说明</th></tr>
<tr><td rowspan="2">方法</td><td>定量</td><td>数量</td><td>用分数、数值标度，如“日来访量约3万人次”</td></tr>
<tr><td>定性</td><td>字符或评语</td><td>用A、B、C和D分级，如成绩为“A”</td></tr>
<tr><td rowspan="5">尺度</td><td>类别</td><td>类别尺度</td><td>用类别尺度作为标度的标准，如成绩为“A”，与定性数字符号意义相同</td></tr>
<tr><td>等级</td><td>等级尺度</td><td>用等级尺度作为标度，用等级标准测得的结果不能相加。如：一级、二级，“星级”员工</td></tr>
<tr><td>等距</td><td>等距尺度</td><td>用等距尺度作为标度，用等距标准测得的结果可以相加</td></tr>
<tr><td>比值</td><td>百分比</td><td>用比值作为标度，如“畅通率”</td></tr>
<tr><td>隶属度</td><td>隶属系数</td><td>用模糊数学中隶属系数作为标度，解决经典标度无法解决的问题</td></tr>
<tr><td rowspan="4">形态</td><td rowspan="4">静态</td><td>分段式</td><td>将每个评价项目分为若干个等级和权重，每个等级可分为更细的等级</td></tr>
<tr><td>评语式</td><td>用文字描述每个评价项目的不同等级</td></tr>
<tr><td>量表式</td><td>用刻度数量划分等级，配合变化的参考曲线</td></tr>
<tr><td>对比式</td><td>是将各个要素的最好的一端与最差的一端作为两级，中间分为若干个等级</td></tr>
</table>

续表

形态	静态	隶属度	以隶属函数为标度，用相当于某一等级的“多大程度”来评定。常见用“受理量”指标项目
	动态	行为特征	通过观察分析，选择一例关键行为作为评价的标准
		目标管理	以目标管理为基础的评价标准
		情景评价	从相互关系出发，设计问卷调查表，按一定的标准转化为分数
		工作模拟	通过操作表演、文字处理和角色扮演等工作模拟，将测试行为同标准行为进行比较，从中做出评定
属性	绝对	特质与固定	建立行为特质标准，用固定标准衡量评价
	相对	排序	通过动态比较得到的结果，如“本月排名”
	客观	预设基准	评价以基准要求为标准

班组月度服务能力分级标准

班组获得月度服务能力成绩（M）	人均服务质量成绩评价标准（Q）=［∑班组人员（含班组长）的服务质量成绩 ÷ 组员人数］
10	$Q \geqslant 25$
……	……
1	$10 \leqslant Q < 11$
0	$Q < 10$

班组月度服务能力成绩汇总表

项目编号	评价名称	评价数据	分项成绩	本项成绩
……	……	……	……	……
TF00N	班组月服务能力	班组实获月服务能力成绩	M	M-N
		班组服务薄弱值	N	
……	……	……	……	……
JXKP	∑本项成绩	∑本项成绩	∑本项成绩	∑本项成绩

阳光客服中心员工话务质检成绩单

<table>
<tr><td colspan="2">评审员</td><td colspan="2">周辉</td><td>日期</td><td>2017.11.16</td><td>复核员</td><td>刘奎平</td></tr>
<tr><td>姓名</td><td>成立</td><td>工号</td><td>581</td><td>时间</td><td colspan="2">20150823-08：00—15：30</td><td>评审意见</td></tr>
<tr><td rowspan="13">基础类</td><td>子项</td><td colspan="2">表现</td><td colspan="3">成绩</td><td></td></tr>
<tr><td rowspan="3">开始</td><td colspan="2">1. 遵守问候语</td><td colspan="2">是√</td><td>否</td><td></td></tr>
<tr><td colspan="2">2. 报工号</td><td colspan="2">是√</td><td>否</td><td></td></tr>
<tr><td colspan="2">3. 采集基础信息</td><td colspan="2">是√</td><td>否</td><td></td></tr>
<tr><td rowspan="3">数据质量</td><td colspan="2">4. 确认客户需求</td><td colspan="2">是√</td><td>否</td><td></td></tr>
<tr><td colspan="2">5. 提供恰当的信息</td><td colspan="2">是√</td><td>否</td><td></td></tr>
<tr><td colspan="2">6. 准确的电话号码</td><td colspan="2">是√</td><td>否</td><td></td></tr>
<tr><td rowspan="3">专业表现</td><td colspan="2">7. 礼节用语</td><td colspan="2">是√</td><td>否</td><td></td></tr>
<tr><td colspan="2">8. 持线等候用语</td><td colspan="2">是</td><td>否√</td><td>缺少“请等待”等告知用语</td></tr>
<tr><td colspan="2">9. 正常转接</td><td colspan="2">是√</td><td>否</td><td></td></tr>
<tr><td rowspan="3">结束</td><td colspan="2">10. 提供更多的帮助</td><td colspan="2">是√</td><td>否</td><td></td></tr>
<tr><td colspan="2">11. 概括记录</td><td colspan="2">是</td><td>否√</td><td>丢失客户重点需求</td></tr>
<tr><td colspan="2">12. 遵守结束规程</td><td colspan="2">是√</td><td>否</td><td></td></tr>
<tr><td colspan="8">基础类成绩：10/12×100%≈83%</td></tr>
</table>

续表

技能类	响应回应	主动、耐心	0	1	3	5√	
		适时感谢客户	0	1	3√	—	
		客户关系	0	1	3	5√	
	请求帮助	详细说明	0	1	3	5√	
		认真辅导	0	1	3	5√	
		目标承诺	0	1	3	5√	
	倾听指导	确认客户诉求信息	0	1	3	5√	
		获取有用信息	0	1	3	5√	
		多种方法解决客户困难	0√	1	3	5	欠缺政策知识
	知识应用	有效使用系统	0	1	3	5√	
		专业效果	0	1	3	5√	
		捕获重要信息或情报	0√	1	3	5	欠缺综合应用知识库
技能类成绩：50/58×100%≈86%							
总成绩：83%×45%+86%×55%=37.35%+47.30%=84.65%							
说明：1. 基础类成绩分值为：1（是），0（否）。 2. 指标权重：基础类（45%），技能类（55%）。 3. 成绩分类：不达标或不及格（70% 以下），待改进或及格（70%—79%），达标或良好（80%—89%），超标或优秀（90%—100%）。							

12.3　项目测评

客服中心绩效评价的实施工作包括事前预备、中间控制和事后辅导，主要工作包括建立考评小组、建立关键绩效考评项目、分配指标项目的权重、确定项目达标的标准、制定绩效考评的管理制度、完成评价报告和应用考评结果等。

12.3.1　项目配置

客服中心在依据每个团队和每个岗位的工作性质、工作内容和工作要求确立关键绩效指标项目后，需要对各指标项目配置合格标准、级别标准、权重比例、评价时间和执行规定等基本要素，为绩效考核工作提供可操作的依据，使指标项目能在科学规范的绩效体系中发挥作用，使绩效指标所对应的职责要求能够在日常工作中落实到每一位员工身上。

12.3.1.1　确定项目

根据上级组织对客服中心的要求和客服中心的现有条件、可能实现的最佳成绩、同行业正在运用的考核指标和竞争对手的优秀服务指标，确定绩效体系中不可缺少且能够代表客服中心所有工作品质的考核项目，即确定绩效体系中的指标项目。切记关键绩效项目的特点是无须考查所有项目，就能获得准确的结果，因此，关键绩效指标是对客服所有工作表现和成绩进行精减提炼的复合指标。

例：关键绩效项目

阳光客服中心关键绩效项目列表

分类	项目	重点标号△n
服务质量	联络沟通质量	
	首次办结率	△4

续表

分类	项目	重点标号△ n
服务质量	错误和返工	
来访可达性	服务渠道	
	服务水平	△ 3
	应答响应时间	
	队列最长等待时间	
	接通率	
运作效率	预测准确率	△ 1
	排班效力	
	遵守计划工时率（出勤率、工时率）	△ 2
	平均处理时间	
	工时占用指标	
	转移或升级来访	
成本绩效	处理每一次客户来访的成本（咨询）	
	每次联络产生的价值（在线解答量、办理业务量）	
	经济效益	
	实际支出预算	
	维系岗位成本（招聘费、培训费、调岗费和离职成本）	
战略影响	员工满意度	△ 5
	客户满意度、理解度、支持度和忠诚度	△ 6
	感情因素或潜意识	
	战略价值	△ 7
	客服关键指标	

12.3.1.2 制定标准

为每个项目制定评价标准。用定量或定性的方式设定各项工作的绩效评价标准，使每一位客服员工清楚“应该完成哪些服务指标”具体可参见《阳光客服中心绩效评价基本指标执行标准》。

阳光客服中心绩效评价基本指标执行标准

评价指标分类	评价名称	执行标准
服务水平	平均应答响应时间	15—25 秒
	放弃率（呼损率）	60 秒内≤ 5%
	服务水平	20 秒内接起 80%
	平均等待时间	15—25 秒
	平均持线等待时间	15—30 秒
	默认客户能承受的等待时间（耐心度）	25 秒
	线路或渠道畅通指数	95%
在线处理	通话时长	1.5—6 分钟
	平均事后处理时长	30—60 秒
	自助服务率	25%
	转接率	≤ 1%
客服代表	出勤	96%
	培训时间	10%
	工时利用率	≥ 60%
	流失率	≤ 30%
	上岗人数占总人数的比例	≥ 80%
	人员准时到岗率	97%
	员工满意度	≥ 85%
	员工任用稳定度	≥ 75%

续表

评价指标分类	评价名称	执行标准
服务成效	质量评价成绩	≥ 98%
	客户满意度	≥ 95%
	一次性办结率	95%
	重复处理率	0.50%
服务生产率	每月人均处理量（或平均值）	≥ 60%
	每小时人员利用率	≥ 65%
成本投入	受理一次电话诉求的人工成本	≤ 5RMB
	支付通讯网络成本（含维护费用）	内控
工时效率	人员空闲的状态，业内优秀值 8%—9%	≤ 14%
	正在通话的人员比例，业内优秀值 72%—73%	≥ 69%
	事后处理人员的比例，业内优秀值 3%	≤ 5%
	示忙人员的比例，业内优秀值 10%	≤ 12%
	客服代表与管理人员的比例	12 : 1
……	……	……

为准确评价客服员工的表现水平，需要对一些评价项目进行分级分档并预设分值和权重。如，为了评价通话品质，将客户需求与服务成效作为基本元素建立评价关系，根据影响服务品质的因素，将员工的服务表现分解为可以评价的内容，然后对照标准进行量化处理，并按预设权重生成考评成绩，从而获得通话品质的评价结果。参见《阳光客服中心通话品质的评价内容》《服务品质项目权重、标准和成绩表》及其示意图。

阳光客服中心通话品质的评价内容

通话品质	类别	表现 1	表现 2	表现 3	表现 4
同步理解客户需求	倾听	顺利交流	理解正确	没有误会	没有偏题
适时关心客户感受	同理	主动关怀	适度关心	理解有效	真诚有效
语速正常口齿清晰	方法	用普通话	语速正常	语调正常	语音正常
业务熟悉表达简明	业务	清楚业务	表达准确	正确宣传	消除误解

续表

<table>
<tr><th>通话品质</th><th>类别</th><th>表现 1</th><th>表现 2</th><th>表现 3</th><th>表现 4</th></tr>
<tr><td>简明有效快速办结</td><td>方法</td><td>办结诉求</td><td>客户接受</td><td>不留问题</td><td>没有超时</td></tr>
<tr><td>得到客户理解信任</td><td>结果</td><td>客户理解</td><td>客户愉悦</td><td>客户建议</td><td>客户表扬</td></tr>
<tr><td>准确介绍可选方案</td><td>方案</td><td>确正方案</td><td>准确方案</td><td>客户可行</td><td>客户接受</td></tr>
<tr><td>全盘托出所有方案</td><td>普通</td><td>照本宣科</td><td></td><td>—</td><td>—</td></tr>
<tr><td colspan="2" rowspan="4">评价执行标准</td><td>不及格</td><td></td><td></td><td></td></tr>
<tr><td colspan="2">及格</td><td></td><td></td></tr>
<tr><td colspan="3">良</td><td></td></tr>
<tr><td colspan="4">优</td></tr>
</table>

服务品质项目权重、标准和成绩表

评价成效项目	预设服务品质的权重	规定达标分值	实得百分制成绩
响应能力			
同步理解客户需求	30%	95	80
适时关心客户感受	15%	90	95
语速正常口齿清晰	5%	90	85
业务熟悉表达简明	5%	85	75
应答能力			
简明有效快速办结	30%	85	88
得到客户理解信任	10%	85	85
准确介绍可选方案	5%	80	75
全盘托出所有方案	0%	85	80

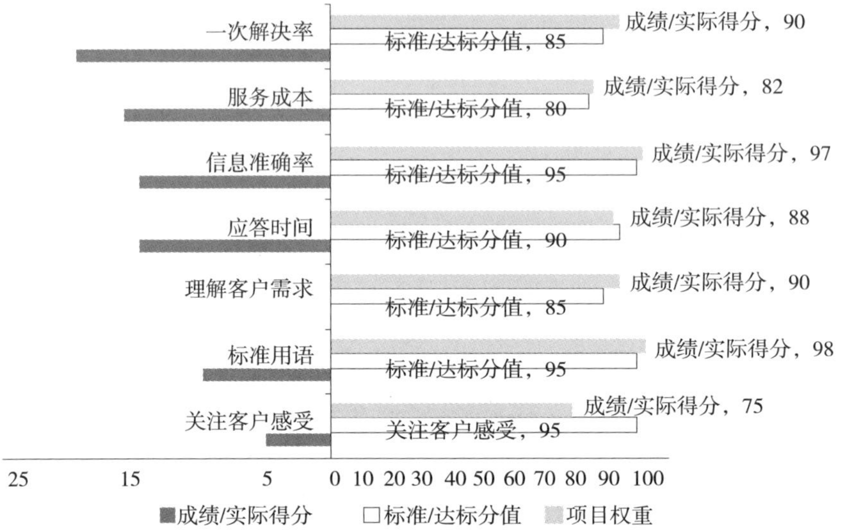

服务品质各项指标的权重、标准和成绩示意图

12.3.1.3 分配权重

客服绩效体系中要求各考评项目的比例适度。客服通过设置绩效体系中指标项目的内容和设置指标项目的分值对考评内容分配权重，保证客服完成基础工作和重点工作，保证各项绩效考核指标发挥作用。

客服可按岗位要求、任务要求和工作重点要求对客服考评内容分配权重。例如，可将考评指标项目分为“重要任务”、“协作工作”和“工作态度”等三个方面。“重要任务”的考评项目是岗位要求必须完成的工作任务，例如，“热情待客”是客服代表的重要指标，“数据精确”是信息员的重要指标。“协作工作”的考评项目是本岗位人员能够支持其他岗位人员的工作内容，“工作态度”的考评项目是能够对工作成绩产生直接影响的精神、情感和礼仪等因素。通常情况下考评项目的权重偏重于岗位的主要工作内容和影响客服工作水平的关键内容。同样的考评项目对于不同的客服岗位其权重有所不同。例如，客服代表岗的“受理量”的权重比信息员岗的“受理量”重。参见《阳光客服中心绩效项目分类及权重》。此外，为便于员工阅读理解和对照参考，各岗位可以采用相似的格式表示指标项目的权重，具体可参见《阳光客服中心团队或个人受理指标的权重》。

阳光客服中心绩效项目分类及权重

标准	分类	权重	说明
内容权重	重要任务	70%	考评员工落实岗位职责的数量和质量
	日常工作	20%	考评员工协作完成任务的表现和效果
	工作态度	10%	考评员工的工作态度、职业表现和礼仪规范
量化权重	定量指标	80%	用数值、排名等数值表示评价结果的指标比例
	定性指标	20%	用优、良、及格和差表示评价结果的指标比例

阳光客服中心团队或个人受理指标的权重

考评项目	权重		量化标准	信源
数量绩效指标	40%	合计100%	40	系统数据
质量绩效指标	45%		45	质检抽查
协作绩效指标	10%		10	组长评价
奖励		加分项	不超过 10 分	专项事迹报告
责罚		扣分项	不封顶	专项事故报告

需要说明的是，绩效总成绩是所有正分和负分之和，由于存在用额外的“加分”或“减分”项的办法管理突发意外事件，使绩效考评分值的设置中存在“特别奖励”和“严重失误”等额外的加分项和减分项，为避免出现额外成绩所占总成绩比例过重的情况，客服中心须对额外加减分的项目通过设置权重的办法进行管控。

12.3.2 考评规定

客服中心的考评规定主要包括管理办法、相关制度和标准、执行办法、起止时间和结果确认。

12.3.2.1 管理办法

制定岗位绩效管理办法，明确工作职责和责任人；明确评价过程和校正评价偏差的办法；指定专人负责研究解决考评过程中出现的问题；明确绩效改进要求和措施。参见《阳光客服中心绩效考评体系框架说明》《阳光客服中心业务班组团队绩效考评基本要求（以评审岗为例）》《阳光客服中心各岗位个人绩效考评基本要求（以受理岗为例）》。

阳光客服中心绩效考评体系框架说明

编号	组成	内容
1	总则	客服绩效考评工作的作用、目的、意义和适用范围。参见《阳光客服人员考核指导手册》
2	职责	描述各岗位职责
3	人员	考评小组成员和责任人、明确评审员的资格要求。参见《阳光客服中心绩效考评组成员》
4	制度	列出各岗位管理制度
5	计划	列出各岗位考评计划的基本内容
6	周期	考评的起止时间及各时间段对应的具体工作
7	标准	列出各岗位职责所对应的指标要求和考评办法
8	流程	实施考评的过程和要求
9	复议	讲明受理申诉的要求和复议的程序
10	应用	应用绩效结果的措施。薪酬、奖励、评优、晋级、换岗、续签或终止劳动合同等
11	改进	解决不达标或普遍问题的方案
12	附则	修改、解释、废除和实施时间等说明

阳光客服中心业务班组团队绩效考评基本要求（以评审岗为例）

<table>
<tr><th>岗位</th><th>被考评班组</th><th>考评要求</th><th>参评人员</th></tr>
<tr><td>客服经理</td><td>客服经理组</td><td>《客服经理组绩效考评基本要求》（略）</td><td rowspan="8">客服经理
信息员
评审员
培训师
行管人员</td></tr>
<tr><td>调度</td><td>调度组</td><td>《客服调度组绩效考评基本要求》（略）</td></tr>
<tr><td>受理</td><td>受理组</td><td>《客服受理组绩效考评基本要求》（略）</td></tr>
<tr><td>回访</td><td>回访组</td><td>《客服回访组绩效考评基本要求》（略）</td></tr>
<tr><td>评审</td><td>评审组</td><td>《客服评审组绩效考评基本要求》
《评审组的绩效评价指标及标准总表》
《评审工作质量完成情况及评价标准》
《评审工作数量完成情况考评标准及分值计算》
《评审组人均话务业务体验量及分值计算》
《评审组专项工作或临时任务评价》
《评审组考评权重分配表》
《评审人员考评指标及权重分布》
《评审组长个人绩效考评指标及权重分布》</td></tr>
<tr><td>培训</td><td>培训组</td><td>《客服培训组绩效考评基本要求》（略）</td></tr>
<tr><td>信息</td><td>信息组</td><td>《客服信息组绩效考评基本要求》（略）</td></tr>
<tr><td>后勤</td><td>后勤组</td><td>《客服后勤组绩效考评基本要求》（略）</td></tr>
<tr><td>……</td><td>……</td><td>……</td><td>……</td></tr>
<tr><td colspan="4">备注：列出所有不同职能的团队，确保不遗漏考评团队。
分解客服整体绩效目标，结合团队职能，分解目标并设计各团队的关键绩效指标。
明确各项指标的考评信息来源和负责考评的岗位人员，杜绝自评现象。</td></tr>
</table>

阳光客服中心各岗位个人绩效考评基本要求（以受理岗为例）

岗位	被考评人	考评基本要求	参评人员
客服经理	经理组长	《客服经理组长绩效考评基本要求》（略）	客服经理 班组长 信息员 评审员 培训师 行管人员
	客服经理	《客服经理绩效考评基本要求》（略）	
调度	调度组长	《客服调度组长绩效考评基本要求》（略）	
	调度员	《客服调度员绩效考评基本要求》（略）	
受理	受理组长	《客服受理组长绩效考评基本要求》（略）	
	受理代表	《客服受理岗位绩效考评基本要求》 《受理组团队绩效指标及权重分布》 《阳光客服中心受理班组工效成绩分档》 《客服代表绩效指标及权重分布表》 《客服代表月度绩效评价指标及标准》 《客服代表休息示忙表现评价标准》 《客服代表事后处理表现评价标准》 《客服代表到岗表现评价标准》 《客服代表绩效指标模型》 《客服员工培训表现评价标准》 《客服员工协同能力表现评价标准》 《阳光客服中心班组时段接通率、人均接起量与评价计分关系表》	
回访	回访组长	《客服回访组长绩效考评基本要求》（略）	
	回访代表	《客服回访代表绩效考评基本要求》（略）	
评审	评审组长	《客服评审组长绩效考评基本要求》（略）	
	评审员	《客服评审员绩效考评基本要求》（略）	
培训	培训组长	《客服培训组长绩效考评基本要求》（略）	
	培训员	《客服培训员绩效考评基本要求》（略）	
信息	信息组长	《客服信息组长绩效考评基本要求》（略）	
	信息员	《客服信息员绩效考评基本要求》（略）	
后勤	后勤组长	《客服后勤组长绩效考评基本要求》（略）	
	后勤员	《客服后勤员绩效考评基本要求》（略）	

续表

岗位	被考评人	考评基本要求	参评人员
……	……	……	……
备注：列出所有岗位，确保不遗漏考评人员。 分解客服团队绩效目标，结合岗位职责，分解目标并设计个人的关键绩效指标。 明确指标的信息获取办法和考评责任人，杜绝自评现象。			

12.3.2.2　制度和标准

考评工作重在以客观数据和制度要求为依据。绩效考评体系具备“谁来执行，所获结果基本相同”的潜能，即不因评审员个人因素对评价结果产生大的影响，避免因个人技能和情感原因导致评价结果出现明显差异。绩效评价的标准是事先确定的唯一标准，不因人而异，也不存在擅作主张的例外原则。“信息采集准确度在95%以上”，这个标准不仅要求入职多年的客服代表做到，新上岗的客服代表同样要做到，因为面对客户没有老员工、新员工之分。

客服绩效考评体系需要在实践中不断改进完善。客服要建立完善绩效考评工作的制度，维护考评标准在发展中的权威性。用制度保证考评标准的存在；用制度保证每一位员工能够及时获得评价指标项目的变化原因和变化内容；用制度保证提供合理的弥补方案，用以关心和照顾那些因承担急难险重任务而当期利益受损的员工；用制度来避免统计分析工作中因前后标准不一而造成的错误结论。例如，第一季度因有新业务上线，存在客服代表对新业务流程不熟和客户咨询问题较多等情况，造成平均通话时间相对增加。因此，若第一季度客服代表受理量指标要求为n，第二季度没有新业务上线，就将受理量指标要求提高为n+m（$m \neq 0$），这种做法是不妥的。由于第一季度和第二季度两个标准不一样，两个季度的考评结果没有可比性，也就是说，即使第一季度的成绩分值比第二季度的低，也不能说明员工第一季度的工作不比第二季度尽力。

12.3.2.3　执行办法

设计实现考评的最简流程和办法，保证每个指标项目都有明确的实施办法和责任人。每项指标应该放在哪个岗位考核，取决于该项指标的执行者是否对这项指标有来自岗位职责的控制能力。如，“客服中心整体接通率指标”虽然与每位客服代表的接通数量有关，但这个指标是一个关于团队综合管理的指标，应列入客服管理人员的考核指标中，而客服代表只承担与其相关的“受理量”指标。

12.3.2.4 起止时间

客服绩效考评是按照规定的流程和计划的时间开展的，绩效考评的流程及周期时间是考评活动的时间表，绩效考评的时间及周期要明确，让客服全员清楚考核周期以及考评活动的计划工作。如，月度考核周期为上月 26 日至本月 25 日；每月 3 日公布上月考核成绩和数据；在考评结果产生后的 4 天之内提出申诉等。新旧方案的启动和终止时间要兼顾考评周期的起始和结束时间。避免因方案调整失去评价标准的唯一性。

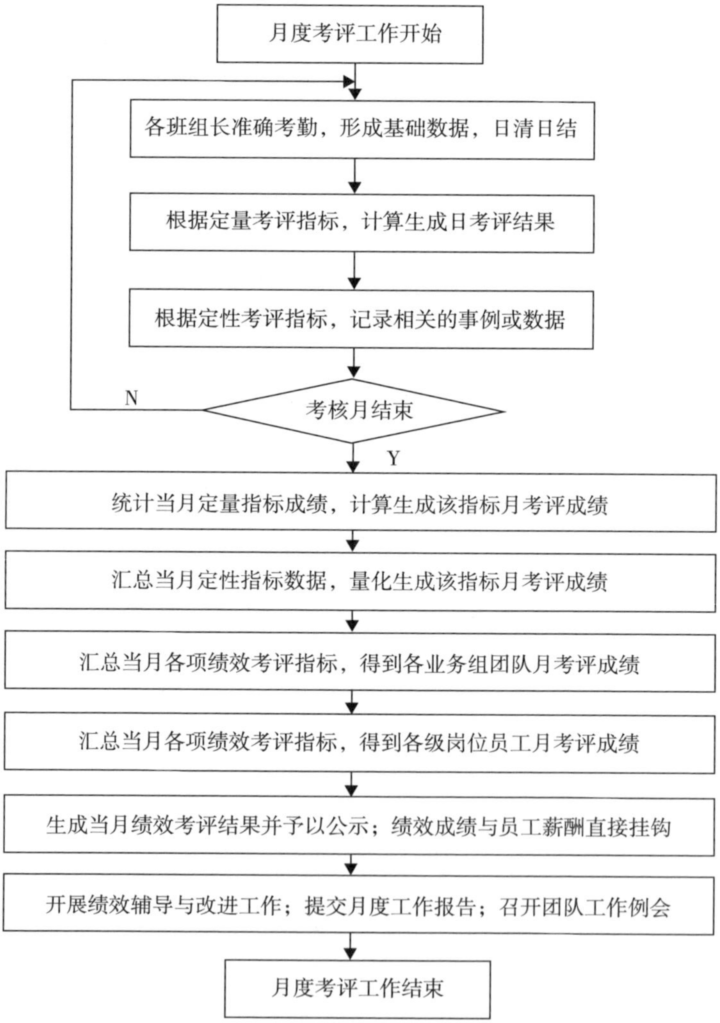

客服月度考评流程

12.3.2.5 结果确认

客服中心负责考评的人员应在每个绩效考评周期结束之后形成绩效考评结果，绩效考评小组在对结果进行检查与审定后，主动将考评结果反馈给被考评者，请被考评者确认其成绩，若被考评者对考评结果存在异议，可以通过申诉程序解决。对于评审工作而言，严格执行考评的各项规定与获得考评双方共识的考评结果一样重要。公开考评结果是品质管理的重要环节，使员工知晓公布考评结果的方式和时间，为员工提供查询考评结果和相关基础数据的渠道，以便员工和团队认识自身工作的优势与不足，明确努力方向。参见图《阳光客服中心第 9 考核月各级成绩所占人员的数量和比例》。

如果客服员工对绩效考评的结果有异议，应在规定的期限内提交《申诉报告》。

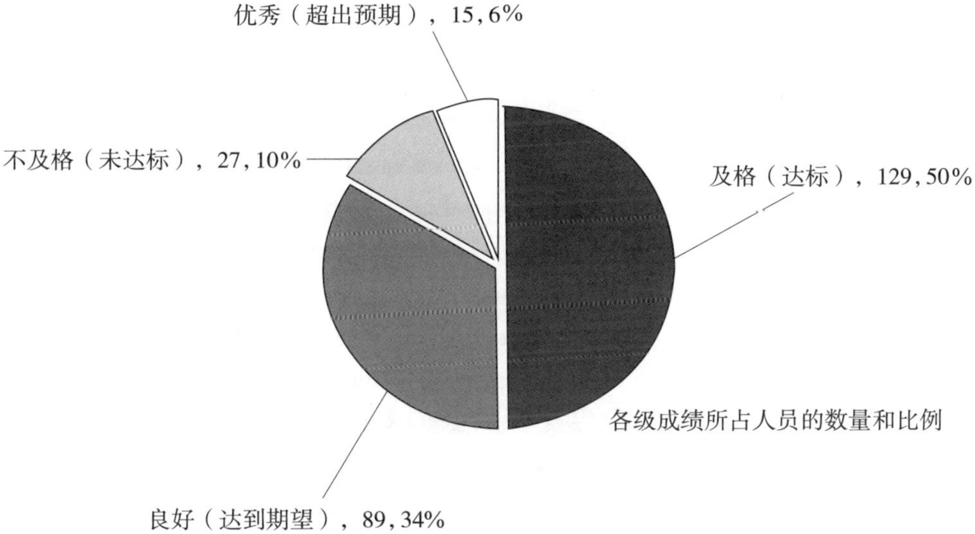

阳光客服中心第 9 考核月各级成绩所占人员的数量和比例

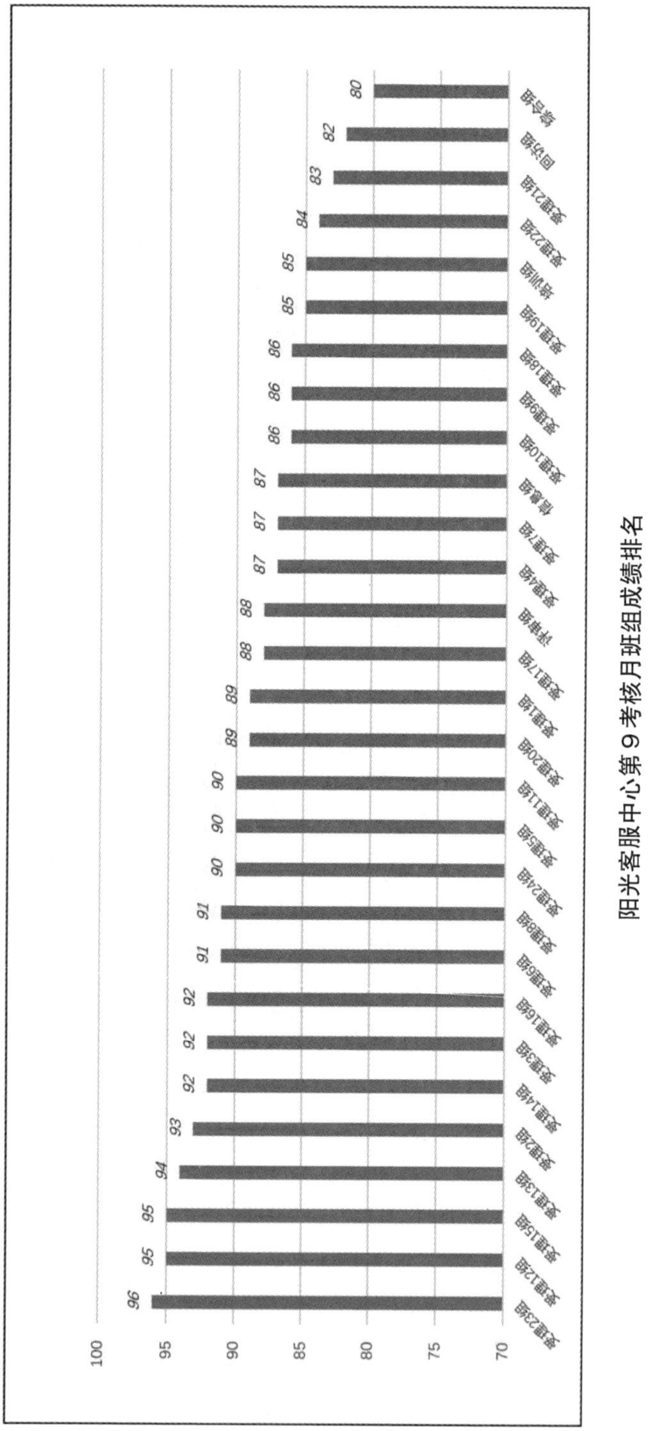
阳光客服中心第9考核月班组成绩排名
100
95
90
85
80
75
70
96
95
95
94
93
92
92
92
91
91
90
90
90
89
89
88
88
87
87
87
86
86
86
85
85
84
83
82
80

例：申诉报告

阳光客服中心申诉报告

<table>
<tr><td colspan="4">申诉信息</td></tr>
<tr><td>申诉人：韩运东</td><td>时间：2017.11.18</td><td>岗位：客服代表</td><td>班组：9</td></tr>
<tr><td>申诉理由</td><td colspan="3">我的月度服务数量不应比新入职的员工的服务数量少这么多，要求复核。</td></tr>
<tr><td>申诉要求</td><td colspan="3">如果申诉成立，补偿损失的奖金。</td></tr>
<tr><td colspan="4">复审信息</td></tr>
<tr><td>复审意见</td><td colspan="3">1. 申诉成立。
2. 因将离职的老员工工号分配给了刚入职的新员工，造成老员工之前的工作数据被误当作新员工的工作数据统计。
3. 建议使用奖励基金，补偿员工的奖金损失。
4. 表扬员工对绩效考评工作的关心。
5. 调整新员工的数据以及关联数据。</td></tr>
<tr><td>复审员</td><td colspan="3">谢江波 2017.11.18</td></tr>
<tr><td>组长意见</td><td colspan="3">基本同意复审意见，请客服系统维护人员用技术手段杜绝类似的情况发生。</td></tr>
<tr><td>评审组长</td><td colspan="3">杨志坚 2017.11.18</td></tr>
</table>

有关《申诉报告》的主要信息包括申诉人姓名、所在班组、申诉事项、申诉理由、申诉要求、复审结果、复审意见、复审员、评审组长意见等信息。绩效考评小组在接到申诉书后，应在规定的期限之内完成复审，就申诉是否成立给出明确的答案，并与申诉人和申诉人的直接领导进行访谈沟通。对于申诉成立的诉求，考评小组应及时修正、致歉，弥补由错误的评审结果给员工造成的损失。考评小组须对每一个责任问题向管理人员、培训师或其他相关部门提出改进建议，避免类似错误再次发生。另外，客户的投诉同样可以参照类似的办法进行处理。

12.4 结果应用

客服中心通过制度建设保证绩效考评结果发挥作用。绩效考评结果的应用主要体现在提高员工绩效成绩、完善绩效考评体系和人力资源管理等方面发挥作用。

12.4.1 绩效辅导

根据客服员工的绩效成绩和实际表现，帮助员工获得自我认知；帮助员工清楚自己的行为表现对客服的贡献和存在的差距；帮助员工及时改正工作中存在的错误或偏差；帮助员工获得完成工作任务所需的技能和知识；帮助员工获得自我学习和自我成长的能力；客服管理人员与员工一起商议制定改进措施，并将这些措施作为下一个考评周期管理人员帮助和关心员工的重点内容；总结考评工作，完善绩效考评体系。具体可参见《客服常见绩效不达标原因和解决办法》。绩效辅导的工作目标围绕着几个方面开展。

第一，分析客服绩效计划的执行结果是否与预期一致。目前绩效计划与实际工作情况之间存在哪些偏差或缺失，客服员工的绩效成绩在哪些项目上表现出色，在哪些项目上存在明显差距。

第二，了解实际工作中遇到哪些困难或问题，确认是否有能力克服这些困难和问题，是否有针对这些困难和问题的具体解决办法和措施。

第三，确认访谈员工的问题是否已经达成了一致的意见，了解员工集中反映的意见和问题有哪些，包括解决员工在实现绩效指标中遇到的实际问题，为客服员工提供完成工作任务所需的基本条件，避免隐形浪费，如及时解决员工反映的“屏幕频繁出现‘现在是否购买 ×× 汉字录入软件’的信息提示框，干扰受理工作，影响绩效成绩”等问题。

客服常见绩效不达标原因和解决办法

原因	原因分析	解决办法
认知	服务意识弱	访谈、引导
技能	缺乏完成目标所需的知识和技能	培训、辅导、考试、转岗或待岗学习
外力	受到无法控制的外力原因	及时帮助，采取措施降低客观影响
内因	考评标准欠佳、考评工作不当	修订完善制度、严肃考评纪律

客服绩效辅导是解决考评问题的有效手段，绩效辅导贯穿于整个绩效管理全过程，是绩效考评管理中的关键环节，客服绩效辅导工作之一是管理人员依据客服目标和员工绩效成绩进行的绩效改进沟通，沟通范围包括工作目标、绩效计划、工作现状、遇到的困难和面临的问题等，认真听取员工的意见，是获得有效改进办法的基础。

根据辅导问题的普遍程度，选用当面访谈、会议、邮件或聊天等交流形式。书面形式适用于以数据分析为主题的交流，书面交流不受地域、时间限制，比较适用于倒班轮休的岗位员工，采用书面交流的方式需要规定回复时间，避免因延误回复员工信息而挫伤员工的积极性。会议形式适用于普遍性较高的问题，会议主题明确，只安排相关人员参加，避免把绩效辅导会议变成批评会或聊天会。

客服访谈对象包括绩效成绩欠佳的员工和成绩优秀的员工，听取优秀员工的意见，是帮助所有员工提高成绩的有效办法之一。访谈工作把尊重员工放在第一位，避免员工抵触访谈工作，避免员工产生误解“被访谈的都是问题员工”。单独访谈形式适用于在某些方面表现突出的员工。单独访谈的内容包括征求意见、具体指导、方向引导和鼓励赞扬。征求意见适用于了解情况、分析问题；具体指导适用于提高员工应知应会的能力；方向引导适用于提高员工综合应用业务知识的能力；鼓励赞扬适用于提高员工面对困难的自信心。

客服绩效辅导的效果可以通过员工的绩效结果和工作状态变化结果来评价。理想的绩效辅导结果是：优秀员工更愿意担当重任，普通员工绩效成绩普遍提高。

12.4.2 项目改进

绩效考评的不断提升需要持续地开展绩效反馈与辅导改进，在每次考评结束后广泛收集员工的意见和建议，切实解决绩效考评中存在的问题。绩效考评的结果有时会出现与预期结果或主观感受不相符的情况，这容易使人产生“考评结果不够真实全面”的误解，影响了绩效考评的作用。有句谚语可以提醒我们应该认真对待品质管理中出现的任何一个小问题，即“没有一滴雨会认为是自己造成了洪灾”。

绩效考评常见的问题主要表现在：

由于对客服岗位职责理解不足、对客服绩效体系设计的认知不足和评审经验不足，造成考评项目缺失、或标准缺失、或考评项目所对应的考评对象不明确，使考评工作缺少判断的基本要素。

绩效评价过程中存在重经验轻标准的现象，在绩效考评项目中，定量项目的比重少于定性项目，使考评过程欠缺使用客观数据和精确的判断尺度。虽然定性的评价项目比定量的评价项目可以简化很多数据统计分析过程，但没有明确指标的考评，常难以控制人为因素对评价结果的影响。尤其是在评审过程中，若不能以数据和标准作为依据时，难免出现“看过去，看未来，保护积极性，不必抓住眼前这一点过失”“下不为例”“领导同意了”等用各种理由决定评价结果的现象，如果对个别人的错误“网开一面”，实际上挫伤了全体员工认真工作的积极性，最终导致客服团队涣散、整体服务能力下降的结果。

标准的界定含糊，或考评指标存在脱离实际的过高要求，或是将不具备实现条件的项目列入考评内容，或是没有体现出员工工作的忙闲和难易程度，造成考评结果不能体现出员工的工作数量和工作质量，使考评工作失去应有的管理作用。

关键绩效项目及指标的改进办法，可依据选择绩效项目和确定关键绩效指标的有关要求进行对照检查，并及时补充业务发展所需新的指标项目。

12.4.3 服务职系

客服开展的绩效考评结果与员工的收入、荣誉和职业发展存在直接的关联关系。客服绩效体系中不存在没有与收入挂钩的绩效考评项目，也不存在没有

阳光客服中心员工 8 岗 12 级服务职系结构表

职级	级别与档位		工资组成			岗位 G8	岗位 G7	岗位 G6	岗位 G5	岗位 G4	岗位 G3	岗位 G2	岗位 G1	人员数量	工资预算
	服务级别	服务档位	基础	岗位	绩效	受理岗	外呼岗	信息岗	培训岗 质检岗	服务标兵岗	组长岗	调度员岗	客服经理岗		
D1	一	A1	AA	gw*n1	jx*m1										
D2	一	A2	AA	gw*n2	jx*m2										
D3	一	A3	AA	gw*n3	jx*m3										
D4	一	A4	AA	gw*n4	jx*m4										
D5	二	B1	BB	gw*n5	jx*m5										
D6	二	B2	BB	gw*n6	jx*m6										
D7	二	B3	BB	gw*n7	jx*m7										
D8	二	B4	BB	gw*n8	jx*m8										
D9	二	B5	BB	gw*n9	jx*m9										
D10	三	C1	CC	gw*n10	jx*m10										
D11	三	C2	CC	gw*n11	jx*m11										
D12	三	C3	CC	gw*n12	jx*m12										

说明：1.工资单位为元(人民币);2.AA、BB、CC 分别代表组织制定的岗位基本工资；3.gw 和 jx 分别代表岗位工资基准和绩效工资基准，n1—n12、m1—m12分别代表对应不同职级的权重系数。

与绩效评价结果挂钩的收入。员工的绩效考核成绩也是客服中心各岗位选择人才和培养人才的重要依据。例如，通过客服服务职系，将员工的工作成绩和经历与客服岗位关联，实现客服对专业岗位人员和管理岗位人员统一的管理，既能体现对客服员工工作成绩和经验的肯定，也能体现为客服员工提供更多岗位选择机会，还能为客服培养懂业务和懂管理的复合人才提供学习实践环境，从而将客服岗位人员需求与客服员工自我发展融为一体。参见《阳光客服中心员工 8 岗 12 级服务职系结构表》。

客服服务职系的建立与应用方法：

第一，建立员工岗位与职级坐标。每位员工都可以在这个坐标中找到自己的唯一位置。坐标格式表示为：岗位名称 + 职级编号，例如 G8D9 代表受理岗位 9 级。

第二，建立客服绩效考评结果与服务职系的关联关系。确定客服各岗位的最高和最低职级，确定客服各岗位之间的职级关系。

第三，制定服务审定标准和建立转岗套入标准，定期审定，常用的审定周期以年为单位。

第四，员工须对自己的岗位职级签字确认。

第五，确定常规晋级和特殊晋级的标准。如，规定常规晋级标准为客服员工入职满 12 个月，年度绩效考评成绩合格，且继续在原岗位上工作的，服务职级晋升 1 档；规定“服务标兵岗位”只从受理岗位和外呼岗位的员工中产生，原则上不超过客服合格人员数量的 20%。

第六，确定降级标准。年度绩效考评不达标者服务职级降低 1 档。

客服根据绩效考评结果奖惩员工是对绩效评价结果的初级应用。客服绩效考评是面向未来的考评，客服考评的出发点是让客服员工始终清楚“干什么，如何干，怎么干”。将绩效结果作为改进完善绩效指标项目的依据；或从绩效结果中发现工作的薄弱环节，使客服主题培训更有针对性；或从绩效结果中发现员工的变化，及时访谈鼓励成绩优秀的员工和帮助成绩欠佳的员工等，不断提高客服中心的服务品质是绩效考评结果应用的重要目标。

第 13 章　队伍建设

每一位员工和每一位客户对组织的贡献都很重要。

客服团队是客服中心实现工作目标和获取最佳实践结果的决定因素，建设一支有能力、负责任和懂感情的客服队伍，是保证客服完成各项工作任务的基本条件。客服团队建设的重点工作是根据客服团队的特点，建立益于客服中心吸引人才、培养人才、爱惜人才、凝聚人心和队伍稳定的机制。

13.1　团队特点

客服中心的团队与其他部门的团队有很多不一样的地方。客服专业人才济济，重于交流能力的招聘要求使客服中心有机会获得不同专业背景的人才，使客服团队有扎实的专业能力承担组织的综合业务，客服各岗位及班组在配备人员时也具备了扎实的专业条件。客服员工有条件在更广泛的范围里交流知识和经验，客服中心也因此而成为培养人才的基地。

13.1.1　团队特点

客服中心团队的特点主要表现在综合工时、工作压力、工作结果和离职率等几个方面。

客服中心执行的是综合工时。那些人们习以为常的法定休息日，对客服员工来讲不一定能休息。客服中心向客户提供的是 7×24 小时的服务，客服员工以昼夜轮班的方法保证着一年 365 天的“我们日夜在聆听”。长期从事客服工作的人员需要经年累月地放弃有规律的作息时间，需要割舍节假日与家人团圆的时光，需要克服因倒班造成的对正常家庭生活的影响。

客服员工感觉工作压力大。不少客户是带着问题和不满来的，难免情绪激动或言语冲撞，客服员工必须承受这些，在任何时候都要保持礼貌和耐心，容忍和理解各种性情的客户。客服实行的是数字化管理，客服系统能够将客服员工的工作态度、工作能力和各种隐形表现全部以数据形式记录下来，我们可以通过调取录音和表单掌握每一位客服员工工作的全过程，不仅可以了解员工“出工与出力”的情况，还能准确区分员工的情绪和心态。如果客服员工在工作中出现错误并造成客户不满意，对岗位的贡献是负向的，因为客服为弥补客户不满所支付的成本从来都不低，甚至远远大于因员工缺勤所支付的成本。统计数据显示，虽然客服并不经常发生重大错误，但常见小错误也是经常引发客户不满意的原因。因此，客服员工在工作中总是小心翼翼的，害怕一不留神会出错。

客服员工离职率较高。客服员工的工作有数量要求，也有质量要求，出错成本高，考核管理严，加之白班、夜班不停轮流，常有疲惫和紧张感，日积月累的不愉快或紧张情绪，在得不到缓解的情况下，很可能会因一点小事就放弃客服工作。有的员工来上班时还高高兴兴的，但工作几小时后突然提出辞职，这种情况印证了客服团队的特点。

客服员工更关心结果。客服员工在服务客户的过程中练就了很强的沟通能力，与客服员工沟通需要有实实在在的解决方案或明确的态度，客服员工最关心结果是什么，因为结果不会假，一切真实的结果都能直接影响客服员工的心情以及决策。

13.1.2　建设意义

客服的团队建设将有益于客服团队的人才利用、向心凝聚、积极进取和持久管理等。

通过对团队精神的培养，使客服员工能够齐心协力地朝着客服的目标努力，使客服中心的每一位成员能够在适合自己的岗位上作出应有的成绩。

通过对客服员工习惯、信仰、动机和兴趣等方面的培训和引导，使客服员工有共同的价值取向，从而产生共同的归属感、认同感、使命感和凝聚力。通过宣传客服的文化理念，建立积极进取的工作气氛，建立实事求是的对待问题并建设性地处理问题的机制；使客服员工能够主动向优秀人员学习，愿意为更高的目标努力；能够将客服员工在团队中获得的尊重，变为客服中心重要的激励资源。

用制度保证客服团队成员之间的良好合作关系；通过制度管理客服团队成员的行为；团队大多数成员的行为决定了团队的精神和氛围，这是一种无形的团队力量，它与制度一样能够约束控制客服团队成员的行为选择，团队力量可将硬性的外在管理变成无形的自主约束，将用制度管理员工的个体行为变成用团队力量来约束员工的潜意识，将管控团队成员的短期行为变成对其价值观和长期目标的约束，从而产生团队成员自觉遵守规章制度的效果。因此，由团队力量产生的约束力有强大而持久的管控作用。

13.1.3 常见误区

建设训练有素的客服团队，需要根据客服团队的特点，把客服员工当作重要客户来研究对待，在了解客服员工、帮助客服员工和服务客服员工方面不断改进工作。客服团队管理常见误区的主要表现有以下几点。

在人才管理方面。将招聘、培养、淘汰或留住人才不同阶段的内容混为一谈；重视工作成绩，忽视客服员工的实际需求；从而导致实际工作效率降低。如关心客服代表接了多少电话，而忽视障目工单产生的不良结果；客服管理缺乏民主轻松的环境和科学有效的结果，难以获得员工的理解和信任。

在业务管理方面。重视已经发生的事件和数据，轻视当前或可能发生的事件和结果；重视工作结果，忽视客服员工在工作中的体验；误把客服中心统一服务标准和数字化管理理解为去个性化的一刀切管理思想；重视管埋人才、科技人才，忽视服务人才；重视设备选型引进工作，轻视选人育人工作。

在解决问题方面。希望用培训、文体活动等短期行为来解决客服员工长期面临的心理压力；习惯用曾经的经验，而忽视当前专业人员的建议；只会频繁地应用简单的激励方式，不能正确应用奖惩措施，存在乐于表扬、畏于批评的现象。

13.2 维护公平

公平公正是客服团队每一位成员的期望，也是客服团队建设的追求。公平公正是爱惜每一位客服人才、用好人才和留住人才的基本保证。公平是指处理事情合情合理的做法，不偏袒哪一方；公正是对待事情公平正直的态度，没有私心。《美国百科全书》将公正定义为“一个社会的全体成员相互间恰当关系的最高概念”，它“不取决于人们关于它究竟是什么的想法，也不取决于人们对自以为公正之事的实践，而是以一切人固有的、内在的权利为其基础的；这种权利源于自然法面前人人皆有的社会平等”。由此，可简单理解为，客服中心建立规章制度需要持有公正的态度，客服落实规章制度需要持有公平的操作。公平和公正是使客服规章制度有效、优秀员工能够发挥榜样的作用、客服员工能够认可客服文化并愿意留在客服中心工作的基础保证。让客服员工能够感受到“公平正义比太阳还要光辉”，维系公平公正是客服团队建设的重要内容。以下以客服绩效管理为例，介绍客服中心维护公平公正的常用办法。

13.2.1 标准保障公平

维护公平需要有公开的可执行的统一标准，包括规章制度。客服管理采用统一的标准，客服团队成员每个人都必须遵守这些标准，对标准的落实关及团队的品质，对没经验的新入职员工、有经验的老员工和优秀员工用的标准没有区别，执行标准时不能存在例外原则，一视同仁，否则就是对团队其他成员的不公平。例如，要求 08：00 开始开班会，如果张三晚了 1 分钟不算迟到，李四晚了 2 分钟也不算迟到，那么王二晚了 5 分钟算不算迟到？如果不能严格执行，那么短短几分钟的班前会效果可能会被几位“不算迟到”的人员完全打破，长此下去可能滋生团队成员无组织无纪律的散漫作风。

要充分考虑重视时间、环境和人文等可能产生不公平的因素。尽管客服有很多管理制度和要求标准，但似乎客服员工对所有的管理评价往往只用“公平”或“不公平”“合理”或“不合理”来评价。当不公平发生时，员工的意见经常会伴随着非常具体的事例，如，客服员工提出“夜班电话少，白班电话多，夜班员工的受理数量自然会低于白班员工，不能因夜班员工受理量少而推断得出夜班员工的接起能力低”，“管理人员对新业务了解不足或情感因素造成对我的错误认识”，“因为班组人员临时调动，使原本除夕不上班的我要来上班，因此我的家庭出行计划受到影响，我连续好几年在除夕之夜上班了，希望能够考虑我的具体情况”等意见。客服管理人员必须引导员工正确解读规章制度，同时也要不断改进完善工作标准。

如果客服的管理标准发生变化，客服须提前向员工公告说明，并对因标准变化给员工造成的临时性困难提供具体的解决方案。

13.2.2 科学校准公平

客服团队管理要充分发挥规律的作用，用科学思想校准公平。如果只用“是否存在责任投诉”“受理量多少”等表面元素作为判断员工服务水平和贡献大小的依据，容易造成员工的不公平感。如，由于不同的时段客户来电量不同，在白天高峰时段工作的客服员工比较容易获得较好的受理量成绩，而在夜间基本无人来电的时间里工作的客服员工，则很难通过努力获取较好的受理量成绩，而夜班工作时间长、体能消耗大，为此，客服员工感到不公平。为了使员工感受公平，客服专家提出使用“公平基数”和预测“上岗人数”两个办法来消除员工的抱怨。

“公平基数”也被称为“均衡基数”，它较好地解决了来电量造成的员工不公平感受，是客服领域关于公平的研究成果。公平基数的算式为：

$$\text{公平基数（均衡基数）}=\frac{\text{某时间段内的人均受理量}}{\text{工时利用率}}$$

客服数据库中翔实的数据为客服管理分析研究和科学解决客服员工的不公平感受提供了条件。《计算公平基数示例表》中的数据，是阳光客服中心在服务水平为80/20、平均处理时间为210秒的情况下，08:00—08:30的工时利用率、人均受理数量和公平基数。

计算公平基数示例表

08:00—08:30 来电量（通）	客服代表最低配备数量（人）	工时利用率（%）	人均受理量（通）	公平基数
49	9	65	5.6	8.615
99	15	78	6.7	8.589
499	65	90	7.7	8.556
999	124	94	8.1	8.617

这种采用预设已知条件，直接代入公式的计算称为正向计算。对于不能获取系统数据的客服中心，或是要对电子邮件、微信等其他服务渠道进行计算，可以采用逆向计算的方法，即计算前先列出所有客观存在的降低工时利用率的因素，然后再计算在这些因素影响下的人均受理量。逆向计算的过程比正向计算的过程关联的数据更丰富，运算思想更容易让员工理解，如果计算前所列出的降低工时利用率的因素越充分，正向计算与逆向计算的结果越接近。正向计算与逆向计算的差值，也许就是管理工作遗漏的“真空”地带，这个真空地带也许正是员工产生不公平感的原因。

公平基数有益于员工所理解的公平，但容易降低员工对工时利用率的关心。把预测客户来访数量与配备客服员工上岗数量作为客服中心的人力管理考评指标，有益于降低“想不到”“变化大”等原因造成临时加班的不均衡情况。客服管理的科学校准功能越强，客服员工感受的不公平越小，客服团队越和谐。

例：限捕金枪鱼的规定科学吗?

据2010-11-23路透社消息 科学家表示，过去40年里，在地中海及东部大西洋地区进行的工业捕捞使金枪鱼的数量减少了85%。“一条长约2米、重约400公斤的金枪鱼，在日本批发市场上可以卖到10万欧元以上。”法国主管生态的副部长香桃·卓安娜对记者说：“如果这种情况发生，金枪鱼就不复存在了，也不会有捕鱼者了。”

为了不损害价值数亿美元的市场，又可以保护海洋中的金枪鱼，负责管理金枪鱼资源的委员会希望能采取有效措施来防止金枪鱼灭种危险。他们针对金枪鱼越来越少、捕捞上来的金枪鱼越来越小的现状，制定了《严格控制捕捉金枪鱼》的规定，其中包括限量捕捉和限重捕捉的指标，如全年总捕捉量应小于限定量（吨），打捞上来的每条金枪鱼应大于限定重量（公斤），如打捞上来的每条金枪鱼不能少于50公斤。

保护金枪鱼的规定公布后，大众一致认为这样的规定不仅不能保护金枪鱼，很可能会加速金枪鱼的消亡。大家的理由是：限定打捞金枪鱼重量的数据欠科学。金枪鱼的生长期需要一定时间，健壮的金枪鱼可达几百公斤，工业化的捕捞使得金枪鱼失去了充足的成长时期，如果仅以现存的金枪鱼体重作为制定打捞标准，那么打捞上来的金枪鱼基本上都是在快速成长期的健壮的青春金枪鱼，这相当于把延续金枪鱼的工作交给了那些发育不良或有病的金枪鱼，如此循环往复，几十年后，人们可能再也看不到真正的成年金枪鱼是什么样的，还难以预测这个规定会导致金枪鱼后代的变异情况。

13.2.3　纪律看护公平

客服团队成员在制度面前人人平等，没有例外，要保证客服中心几百人步调一致，靠的是全体成员遵守纪律，不是靠个别技能超群的成员，客服中心每一位员工贯彻执行制度是对公平公正的守护和贡献。如，人人都应认真遵守上岗时间。若某个时段要求员工在岗的及格时间不低于总工作时间的90%，那么在这个时段每位客服成员在岗时间的及格成绩是60分钟×90%，或团队的平均上岗及格时间为54分钟。如果员工不遵守上岗时间，会以“加班”或“缩短休息”的方式转移到其他员工身上，客户服务响应时间也会表现为延时滞后，我们暂且把由这种延时滞后所产生的呼损、客户排队时间增加、服务由这班转到下班等现象归作客服中心的蝴蝶效应，这种现象一旦发生就可能把其他员工置入了不公平的境地。在交接班签入后，员工若是没有进入工作状态，而是“洗抹布、擦桌椅、洗水杯、排队打水”，下班前几分钟开始“收拾桌面、洗水杯、梳头、去化妆间”，由这些活动产生的缺失工时会对遵守时间的成员造成不公平。即使一名服务成绩优秀的员工，若是不能遵守工作时间，同样会给团队其他成员带来不公平。

客服员工遵守纪律关及他人的工作和生活品质。表面上看，客服代表在自己工位上“单打独战”，服务过程中只有客户和客服代表两个角色，实际上，每位客服代表的状态与其他员工的公平境遇息息相关，团队中每一位成员的偏差都会反射、折射、弹射到其他成员甚至是客户身上，这对其他成员来讲是不公平的。

13.2.4 品质托起公平

客服团队管理的品质和每一位成员对品质的追求是托起公平的力量。客服员工在服务过程中将面对很多不确定的因素，其言行由他自己选择和控制，每一位员工对服务品质的追求是客服服务水平的真正保障，真实地掌握每位员工在工作中的表现，避免出现干好干坏都一样的情况，维护公平是客服团队管理品质的体现。

客服要获取良好的管理品质，需要用最简单的语言传达指令，且每一个指令都能够做到行动明确、边界清楚、结果唯一。所谓的老员工“会钻空子，麻烦多”，新员工“会装傻，委屈多”，都是由客服管理品质不到位而造成的“真空地带”或“人为陷阱”，并由此使员工获得不公平的结果。例如，现有两条上岗管理指令，一条是“月亮班组成员须在20:50后进入服务现场，在21:00前进入恭候客户的状态”，另一条是“月亮班组成员须在21:00前签入客服系统”。这两个指令都满足管理品质对指令提出的“简单、清楚”的要求，但第二条指令存在边界不清，难免出现客服代表过早地进入服务现场而影响在岗人员工作的情况，也难免出现客服员工签入系统后不在工作状态的情况。如果员工因提前进入工作状态受到批评会产生委屈感，工作的积极性也会因此而降低。客服品质管理不能以“扣几次分，就能记住了，就真明白了”的惩罚式方法获得期望的管理效果，因为每一次扣分都可能伴随客户不满意，这对于员工和客户都是不公平的。

13.2.5 感情维系公平

客服团队管理需要制度，也需要温度。团队管理要像阳光一样普照到每一位员工，用真情使每一位员工都感受到客服团队的温暖，用感情维系公平。

客服的真情管理不能遗漏任何班组和成员。在工作中，由于优秀员工自律性较高，优秀员工大都是尽其所能默默地担当更多的工作，他们主动放弃休息，缩短用餐时间，甚至减少喝水量等。但正是因为优秀员工让管理者省心、放心，使管理者对他们关心比较少，即使优秀员工可能获得较好的薪酬，但也会使得优秀员工有被漠视的不公平感，他们也会因此而逐渐地不喜欢这个“越努力越被漠视”的团队和工作环境。定期访谈是关心客服员工的重要方法，不要把访谈作为落后员工的专属，优秀员工同样需要关心访谈，他们的经验值得学习；评优选先，授予荣誉，给予专门的奖励，给予优秀员工更多的学习时间或培训机会或参加度假、疗养，是公平的表现。

客服团队管理要有将制度转化为真情的能力，通过固定的方式保证每一位员工都处在被关心和爱护之中。例如，树立服务标兵并进行现场鼓励，在大屏幕上显示“过去的 1 小时，受理量最好成绩是苏玉英、刘月红和张红”；现场送温暖，将提出合理化建议的员工姓名显示在大屏幕上，或定时在屏幕上弹出信息：“王宁范、成立、黄雪队友：你们已经连续工作了 150 分钟，现在系统强制你们休息 15 分钟。”

13.3 有效沟通

由于客服岗位对员工沟通技能的要求和训练，使客服团队有一个明显的特点，即客服团队中的每一位成员，无一例外地都具备很强的沟通能力。客服团队所形成的共识、目标和决定都是沟通的表现和结果，这要求客服的管理者必须具备比普通员工更强的沟通能力，提高有效沟通的水平是客服团队建设和开展服务的要求。

13.3.1 有效沟通的表现

实现客服团队成员之间的有效沟通是每一个客服团队必不可少的建设目标。这是因为实践证明，一个沟通欠佳的客服团队总是伴随着不能如期完成计划工作、员工精神状态欠佳、不满意客户和不满意员工的数量增多和优秀员工离职数量增多等现象。

客服团队有效沟通主要体现在以下几个方面。

客服团队成员目标一致，有大局意识。客服团队成员懂得选择了客服工作，就意味着接受了客服岗位要求的道理，意味着能够理解客服的临时性加班多于其他部门的原因，意味着能够接受客服中心制定的规章制度和绩效管理指标。为了减少误会，客服应在招聘环节向应聘人员详细介绍客服中心的情况和在客服中心工作的特点。

客服团队成员能够把岗位责任当作使命。客服团队成员懂得自己的责任和任务是组织实现整体目标的一部分，懂得每一位客服人员的工作结果和每一个客户在服务中所获得的感受对组织都非常重要，懂得客服中心的价值所在，懂得重视客服员工和重视服务细节的意义。

客服团队文化能被客服团队成员转化为自觉的行动。客服团队文化能够使客服团队成员表现出积极进取的精神状态和人人为组织目标尽心尽力行动。客服团队成员之间应该相互关心帮助，只有团结友爱、同舟共济、齐心协力，才能完成客服工作，才能获得预期的工作成效和期望薪酬待遇。

客服团队成员清楚每项工作的明确目标。客服团队成员在协作中使各项工作井然有序，各项工作都在按计划实施和推进中，很少发生因临时性工作影响了计划工作的情况。

13.3.2 有效沟通的条件

客服团队若要实现有效沟通，需要具备以下基本条件。

客服中心需要建立有效沟通的制度，确保客服团队的沟通有益于团队建设和服务工作。对沟通的内容进行分类，并规定相应的沟通时间、方式和责任人。如建立《听取员工意见制度》《回复员工问题的时限要求》《客服访谈制度》《客服参会人员要求》《服务专题讨论会制度》等。同时，关心收集并妥善处理来自客服非正式组织的信息和来自员工论坛或相关部门的信息。

客服中心需要提供客服员工愿意接受的沟通方式。使客服团队成员有安全感、没有顾忌地积极参与沟通，并能从沟通中获得信任；提供客服员工能用的微信、邮件、公告板等信息沟通渠道；不鼓励匿名的沟通方式；使用简单易懂的方式沟通，避免一切流于形式、没有实际意义的文山会海和长篇大论式的沟通。

客服中心需要拥有一个信息共享的平台。使客服团队和每一位团队成员共用一个信息平台，在这个信息平台中，团队成员都能获得最新的信息、行动的方向和工作的动力。建立健全信息平台，保证客服团队的每一位成员，包括休假的员工，都可以方便地获取到客服的最新信息。信息平台负责及时传达上级指示、发布权威信息、回答员工关心的问题、消除流言蜚语和发布各种公告通知。

客服中心需要拥有深入人心的文化。客服中心的文化植根于客服团队的每一位成员心中，客服管理人员有责任和能力将组织文化以直观易感知的方式表达、传递给客服团队，客服的基本要求以“老声长谈”的方式持续进行。避免漏掉团队成员应知应会的基本要求，如《服务禁用语》；保持用服务中发生的最新案例宣传客服中心的作用和价值；能够用图文并茂的方式讲解客服团队中每一位客服人员的工作成绩与客服实现工作目标的关系等。

13.4 人才流动

客服团队的特点之一是人才流动较大，保持一定的流动率有利于客服中心调整岗位人员和吸纳新鲜力量，维持组织的健康活力。但过度的人才流失会给客服中心带来多方面的损失。为补充流失的人才，客服中心不得不增加招聘成本和培训新员工的成本；客服中心流失有经验的人才会降低客服团队的服务能力，数据显示当客服团队的新员工比例增大时，客服的平均通话时间增加、现场辅导时间增加、电话转接率增加、客户投诉数量增加和首次办结率降低，客服中心的服务成本明显增加；当客服团队中申请离职的人员增多时，会使更多的团队成员怀疑自己是否应该继续留在客服中心工作，会使团队成员人心涣散和团队士气降低，客服团队的凝聚力受到负面影响。因此，留住优秀人才是保证客服团队服务能力的基础。

客服团队建设要在充分保证客服团队稳定的基础上，将客服人员变动数量控制在不影响服务工作的范围内，对员工提出的换岗和辞职要求给予充分的理解和尊重，建立跟踪研究员工离职缘由的档案，为客服团队的建设不断积累经验。

13.4.1 变动数据

客服团队人员变化的数据大小与客服团队的管理方式、工作压力和工作地点等多类因素相关。客服团队成员选择离开客服中心有两种去向：一种是内部人员流动，客服员工离开当前的岗位去其他岗位或其他部门工作；另一种是外部流动，客服员工终止了与客服中心的劳动合同，彻底离开所在部门和单位。客服人员流动的方式有本人主动申请和组织决定两种。客服员工离职的时期多发生在入职初期的 1—1.5 年之间。

结合实际工作情况，客服专业工作者从客服的人才离去与加入数量、人员流动的程度和人员周转的频度等方面进行了分析研究，获得能够反映客服团队人员流动状态的算式。这些算式可以反映出因各种离职原因和各种招聘原因而产生的客服团队人员数量的变化情况，可以为客服中心成本预算、预测团队人员的变化趋势、预测人员变动成本和预测客服人力资源储备量提供重要依据。有关反映客服团队人员变化程度的常用算式如下：

$$\text{年人员变更率}=\frac{\text{累计变更人数}}{\text{同期在职人员平均数}}\times\frac{12\text{月}}{\text{同期时间}}\times 100\%$$

$$\text{离职率}=\frac{\text{客服代表离职人数}}{\text{同期在职人员平均数}}\times\frac{12\text{月}}{\text{同期时间}}\times 100\%$$

$$\text{人员离岗率（月）}=\frac{\text{员工本人主动辞职的数量}+\text{客服中心辞退员工的数量}}{\dfrac{\text{月初客服团队人数}+\text{月末客服团队人数}}{2}}\times 100\%$$

在分析计算人员流动率时，需要标注所要考查的时间。客服中心的预算工作需要重点考虑每年客服团队人员的变化率，简称年人员变更率，包括辞职人员和岗位发生变化的人员，当只讨论人员的外部流动时，得到的结果是客服团队成员一年的离职率。客服中心要了解年人员变更率并不需要用一整年的数据，只要以每月的数据作基础条件，掌握这个算式中的运算参数，就能够获得年人员变更率。参见《2015 年阳光客服中心团队的人员变更情况》。

2015 年阳光客服中心团队的人员变更情况

客服团队人员变更数据记录		
阳光客服中心 2015 年	本月人员变更数	本月平均在职人数
1 月	2	106
2 月	1	105
3 月	3	104
4 月	1	106
5 月	3	107
6 月	5	108
7 月	3	107
8 月	3	105
累计变更数 / 月平均在职数	21	106
平均在职人数：（月初在册客服代表人数 + 月底在册客服代表人数）÷2		
人员变更率 =（21 ÷ 106）×（12 ÷ 8）×100%=29.7%。		

人员变更原因分类	
原因	举例
外部原因 + 自愿	员工主动提出辞职
外部原因 + 非主动	员工被客服中心劝退
内部原因 + 自愿	员工自愿从现有岗位转岗到客服中心其他岗位
内部原因 + 非主动	员工被领导安排而发生的岗位变化

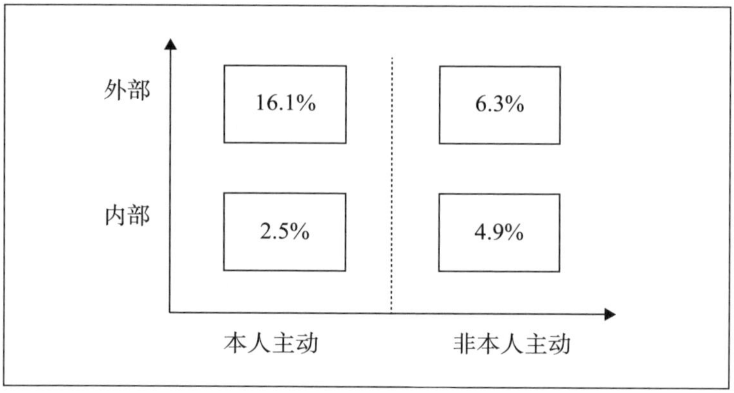

2015年阳光客服团队人员变更率数据

人员离岗率是指在某月，辞职人员数量占人员总数量的比率，辞职人员既包括主动提出辞职的人员，也包括被客服中心辞退的人员。

客服团队成员的变动情况是反映客服团队成员稳定性的关键指标。客服研究专家建议行业人员流动率小于10%为宜，常见的客服团队的人员流动率的控制指标在5%—30%之间。经验表明，如果客服团队的人员流动率超过30%时，客服工作难免因缺人而出现被动的局面。

人力资源管理中的有关算式和互联网上的专业客服栏目，为我们提供了值得借鉴的了解客服团队成员流动状况的更多办法。

$$\text{人力损耗指数LWI}=\frac{\text{某一时期内的离职人数}}{\text{此期间的平均人数}}\times 100\%$$

$$\text{人力稳定指数LSI}=\frac{\text{当前从事客服工作满一年的客服人数}}{\text{一年前客服人员总数}}\times 100\%$$

$$\text{人力流动率TR}=\frac{\text{某一时期内离职人数}+\text{新聘人数}}{\text{此期间平均人数}}\times 100\%$$

$$\text{人力替换率RR}=\frac{\text{某一时期内新进人数}-\text{离职人数}}{\text{此期间平均人数}}\times 100\%$$

13.4.2 离职因素

研究客服团队的人力流动率高于其他部门的原因，分析每位员工岗位的变化需求和人员流动的原因，有益于客服中心改进管理、控制人员流动、调整招聘条件等，是保证客服团队稳定的基础工作。

客服团队成员的离职率高，究其原因，除了有客服员工为离职付出的成本比较低外，客服员工选择离职的原因还与工作环境、管理办法和个人因素等有关。

例：离职原因

阳光客服中心员工选择离职的常见原因

项目	子项	原因
代价	入职	轻松获得工作
	违约	提前终止劳动合同的成本较低
	薪酬	容易找到不低于现在薪酬待遇的工作
环境	心理环境	在组织外部获得更适合自己的职位
		在组织内部获得更适合自己的职位
		同事、朋友的工作发生变化
		对职业前程失望
		对薪酬福利不满
		对现状不满，包括客服硬件和软件条件
		单位离上班地点远
	工作环境	平凡无为，难有更好，难有差异
		服务规程有问题，低效难以支撑服务
		成千上万遍的枯燥重复
		感觉客户要求过多或抱怨电话增多
		频繁的临时加班

续表

项目	子项	原因
评估	硬指标	指标考评，重结果，轻过程，结果排序公开
		绩效指标不合理，实为鼓励员工不休息
	软指标	申请、应聘内部岗位、职位失败
		始终被监视的感觉
		绩效与晋升关联不合理或没有关联
能力	专业	与所学专业不符
	特长	特长得不到发挥
督导	方式	不愿接受或非常反感某种管理方式
		不接受或非常反感某类批评方式
	认知	长期被管理人员误解、错判
		因不知道制度而出现责任事故
尊重	成绩	绩效得不到改进，成绩排名在最后
		没有获得相应的鼓励或荣誉
		其他部门的推诿太多
	爱护	服务工作条件和环境不悦
		希望渺茫或破灭
培训	时间	培训新技能、新知识的时间太少，把班前会当培训
	方法	培训方法或时间不当，如用休息时间培训
	效果	培训重形式，轻效果，无意义、无兴趣
个人	学习	要继续学习
	家庭	要照顾家人

续表

13.4.3　吸引人才

客户日新月异的需求使客服工作处处充满着变化，在紧跟发展变化的服务实践中，客服中心收获了吸引人才和留住人才的管理经验：培养专业的团队管理人员，促进客服团队中的每一位成员通过获得成绩来体现其对服务工作的贡献价值。客服优秀的管理人员在团队管理方面有相同的表现。客服团队管理人员的努力与客服员工的评价是否一致，可以通过《客服团队管理成效调查简表》来进行检验，参见《客服管理人员能够吸引人才的表现》《客服团队管理成效调查简表》《吸引客服人才的关键因素》。

客服管理人员能够吸引人才的表现

管理人员表现	说明或举例
讲清客服职责	能说清楚客服的存在意义，员工的具体任务是什么
应用经典案例	客服中心在职员工的成长案例，胜过招聘广告
真诚实意沟通	提供员工喜欢的沟通条件，能把员工的建议变成有意义的成果
珍惜员工成绩	把员工的进步和成绩变成荣誉或前进的动力
使用简单激励	用简单的鼓励方法带来员工的动力，如口头表扬、闲时安排培训
精准执行计划	做实工作计划，不因预测数据不准而经常出现临时加班
维护公平公正	自省言行是否有益于公平公正，比研究改进激励措施更有效

客服团队管理成效调查简表

项目	管理者评价★	员工评价☆	主要差异☆★	解决办法☆★
拥有吸引人才的环境				
正确评估员工的成绩				
发挥每位员工的特长				
感受尊重员工的督导				
获取重视员工的培训				
建立爱护员工的方案				
理解离职员工的选择				
评价分值：0—9分，☆：员工填写，★：上级管理人员填写				

吸引客服人才的关键因素

组织形象	组织的公众形象和客服中心在公众中的口碑，社会和公众对本客服中心的理解支持程度
薪酬待遇	同行业或平级部门之间的员工待遇差别及规范程度
工作条件	客服中心的工作环境、设备系统环境和团队氛围环境
激励措施	客服中心的激励措施和提供奖励资源的分量
管理能力	客服中心与所服务组织的领导魅力和保证公平的办法
服务平台	方便的服务平台及其带来的快乐感受

13.4.4 留住人才

为了降低客服团队成员主动离职的数量并留住优秀人才，客服团队管理人员应在充分了解员工离职原因的基础上，研究制定留住人才的办法和计划。

13.4.4.1 守好大门

客服中心需要守好进人的大门。客服招聘的关键是要招到合适的并乐于从事客服工作的人员，招聘到与客服岗位“有缘”的优秀人才，保证客服团队稳定和留住人才的基础，一些客服把能够招聘到优秀的人员称为投资见效最快和守护客服精神家园的工程。尽量避免在新聘人员中出现“今天特想来，明天真想走”的现象，降低新员工刚入职时间不长就提出离职的情况。在招聘环节需要认真考查的重点内容是：确认应聘者对所应聘的客服岗位有足够的了解；确认应聘者具备良好的沟通能力和抗压能力；确认应聘者的应聘动机适合客服岗位。

13.4.4.2 多段年龄

客服中心需要合理配备团队成员的年龄结构。研究客服岗位的作用，定位分析客服岗位的责任，弄清客服岗位真正需要什么样的人员，对客服人员进行综合考查，员工曾经的良好职业经历与员工当前的良好表现同等重要，有经验的客服老员工与有活力的年轻员工对客服团队的贡献同等重要。目前国内绝大多数客服中心的客服代表平均年龄在30岁以下，年轻的客服团队有着记忆力好、学习能力强和操作计算机熟练等特点，但年纪偏大的客服人员因具有丰富的社会经历和工作经验，更擅长倾听与理解，更能综合处理问题，对客服团队的归属感和忠诚度较高。一些刚毕业就进入客服工作的员工，他们或许是在没有认真思考的情况下来应聘客服岗位的，或是他们没有想过为什么来参加客服的面试，不清楚选择客服岗位意味着要面临哪些挑战，也不知道自己是否适合这个岗位。不少客服人员从看到客服的招聘信息到面试再到收到录用通知，整个过程只用了短短几天的时间，年轻的客服人员或许是在没有明确职业规划时，就轻松地成了客服员工，因此，他们不具备珍惜工作和坚持从事客服工作的思想基础。国外很多客服团队成员的平均年龄在 40 岁左右，客服团队成员的年龄结构由一定比例的青年和中年人、老年人组成，数据显示，“老中青三结合”的客服团队比年轻的客服团队的人员流动率低，这种做法值得我国的客服行业借鉴和参考。

13.4.4.3 服务顺畅

客服中心需要提供可执行的服务规程。通过完善服务机制，让客服员工愿意在客服中心工作。客服人员的工作压力一部分来自客户，还有相当的部分来自服务规程的缺陷，表现为服务标准不一致、服务流程不通顺、责任边界不清晰等服务管理的盲区，这些问题阻碍着客服员工顺利开展工作。例如，某单位服务管理规定：地面上的设施出现问题由 A 部门负责，空中或电线杆上的设备出现问题由 B 部门负责，但当桥上的设备出现问题时，A、B 两部门都认为“不是我们所负责的范围”。当服务规程存在问题时，会使客服人员处于客户的催促和抱怨中，或是处在“听也难，说也难”的“夹板气”状态，客服员工会感到工作没有意义，久而久之，客服人员难免情绪低落，若是得不到有效的支持和理解，面对抱怨和压力遥遥无期且看不到改善的希望时，很容易使员工萌发放弃客服工作的念头。

13.4.4.4 共同进步

客服中心拥有团结互助、共同进步的团队氛围。客服团队管理要以人为本，尊重、理解员工的感受，让员工感受公平和关爱，保护员工的积极性，不要只批评员工存在的问题而无视服务规程的缺陷。管理人员对员工的交流除了布置工作、指出存在的问题，还应有关心员工发展和发挥员工特长等主动关怀的内容。客服中心需要给员工创造更多的进步空间，要时刻清楚的是客服员工的需求层次在不断提高，当低层次的需求被满足后，会产生更高层次的需求，为客服员工提供更多的进步空间，使员工感受到继续留在客服中心工作的价值和意义，用真实的事例让员工感知每一位踏实工作的员工所获得的学习机会和薪酬待遇一年比一年好。另外，要及时关心团队成员的思想动态，避免出现类似“有能耐的人都走了，我若继续在这里会被认为是没能耐”等错误思想在团队中蔓延，造成团队成员结伴辞职的情况。

提供员工成长所需的学习和实践条件。虽然客服员工离职的原因很多且没有规律，但一支优秀的客服团队一定是人才辈出，并有相当的抗压能力。经验证明，客服中心能够直接招聘到优秀客服员工的机会并不多，绝大多数的优秀人才都是通过客服中心长期培养成长起来的。把员工的成长和发展列入关心员工的管理项目，建立客服人才培养实施计划，提供吸引人才的环境、关心员工的措施、公平成长的条件、明确的目标导向、科学的评价体系和团队成员共同担责的制度，使每一位员工都能获得成长进步的机会，使每一位员工都愿意在这里发展职业规划。客服中心员工的成长进步一般表现为管理和技术两条平行而关联的发展途径，为客服员工提供自我认知的坐标和努力的方向。每个途径都应为客服员工提供进步和变换路径的条件。参见前文《阳光客服中心员工 8 岗 12 级服务职系结构表》。

客服员工成长进步路径示意图

第 14 章　报告报表

用简单、直观的方式表达存在的问题和改进的方向，而非报告工作成绩。

分析数据和制作报告报表是客服工作的自查和总结环节。客服中心有关报告报表的信息是从客服中心的工作数据中提炼出来的，报告报表中的信息为客服中心提供了下一步工作的新起点和新方向，为组织制订工作计划、改进工作方法、实现自我评价提供重要的依据。从报告报表的设计架构、表达方法和发送过程等环节上来看，大多数客服中心在信息选择要求、数据提取过程、思想表现方法和应用工具等方面基本相似，报告报表中的信息都能够在一定程度上反映出服务工作和管理工作的水平，因此为客服中心之间相互学习和借鉴提供了可参考的样板。

14.1　制作基础

客服的报告报表通过基本的信息元素来表达客服中心的工作状况，它用专业的客服指标反映在限定的时间和地点中所发生的客户需求的多少、服务水平的优劣、变化速度的快慢或数据之间的影响关系等。客服中心常用的报告报表分为常规、专题和紧急三类。

例：报告报表分类

阳光客服中心常用数据报告报表分类

分类	报告报表内容
常规	常规报告，用于支持组织的日常运作管理。报告报表的内容和格式由客服中心和相关业务部门共同商定。如，《客服日报》《季度服务典型案例》《呼叫量在各业务上的分布》
专题	专项主题报告，用于汇报专项工作、解决问题、纠正偏差和总结工作。报告报表的内容和格式参见学术研究报告范本。如，《客服新业态报告》
紧急	应急报告，用于紧急突发事件。报告报表的内容和格式须严格遵守应急预案中的要求，这类报告报表的信息有可能会被媒体直接引用传播，相关信息和数据要反复核实，确保万无一失。如，《关于紧急处置“4·01”重大责任事故的情况报告》

14.1.1 报表作用

客服中心报告报表的价值作用和处理重点主要体现在化繁为简、提供监管信息、提供决策依据和提出改进建议等方面。

通过原始数据来全面反映复杂多变的服务情况和环境。客服报告报表能够提供客服服务情况或组织工作在客户端产生的效果，对异常情况及延续的时间等重要信息进行说明，为组织和客服的管理工作提供决策依据。当客户诉求隐含组织工作的内外部信息，重点是提供原始数据。例如，可通过客服接通率了解客户端的服务需求量和客服中心的人员安排是否匹配。又如，2015年10月10日早9点至10点，发生了180个相对紧急的咨询类新诉求，新诉求的内容是“从网上了解到某国正在下雨，他们的建党69周年阅兵时间待定，我从哪里能及时得到准确的阅兵时间？”“今天故宫博物院建院70周年院庆，是否正常开门接待游客？”客服中心通过联系相关部门已经在09:40获得准确答案。

通过观察图文信息和数据变化来监管服务的过程。客服可以用报告报表的形式客观反映服务过程，服务中产生的文字记录和服务录音都可以通过数据再现服务过程，从而实现对服务质量的监控，并能结合历史数据提供数据变化的因果关系和发展趋势；获取人工难以实现的质量监管。如，通过比对“您好”“再见”等关键字和音频是否在正常范围等指标来获得基本合格的服务次数，由服务过程数据形成客户满意度视图。

通过分析服务成效信息来确定当前管理工作的重点。报告报表同时提供客服实时工作数据和可以对比、参照的行业标准、计划指标和警戒值、改进服务和完善流程所需的关键数据或重要信息。从《阳光客服中心在岗班组平均接起量数据》图中可以看到，月光班组的接起量低于其他班组，可以清楚地看到月光 2 组的成绩低于警戒值。这些数据提示当前管理工作的重点是分析解决月光班组的工作时间、服务技能或是系统应用等具体问题。

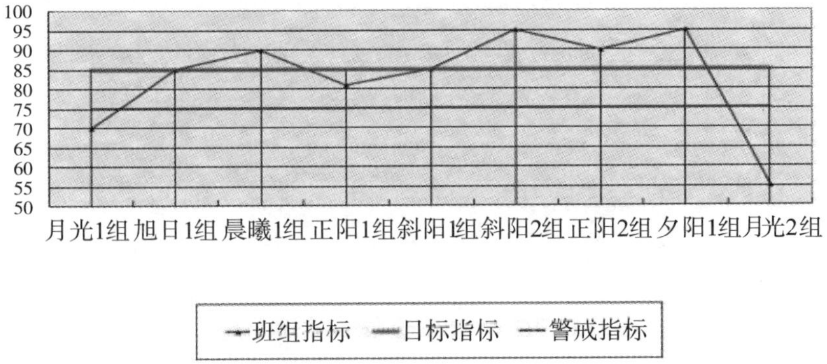

阳光客服中心在岗班组平均接起量数据

通过客户反馈的信息来了解业务情况和需要改进的方面。通过汇总各项业务在社会上产生的诉求情况，可直观了解到业务现状和存在的问题。客服报告报表提供了客服服务数据与组织业务发展的协同关系，将服务流程中“牵一动百”的内在联系通过服务数据表现出来，需要强调的是，那些对指导工作没有实际意义的数据关联不应出现在客服的报告报表中。如，在客户满意度与畅通关系指标中，须明确标注“今日新业务引发的客户访问量和主要诉求内容”，而不是统计“今日客户情绪激动的访问量”。又如，客服中心突然出现员工的“事后处理时间”普遍高于平均值的情况，可以检查是否存在没有提前通知的新业务，或是存在客服知识库信息准备不足的情况。

14.1.2 信息完整

为了使客服中心的报告报表发挥作用，要求报告报表的信息全面完整。客服中心的日常报告报表常用到5个基本信息，分别是：客户服务需求信息，包括呼入量、热点诉求、异常疑难诉求等；服务表现信息，包括响应时间、接起数量等；服务质量信息，包括接通率、平均等待时间等；过程监管信息，包括监听频率、办结率等；工作秩序信息，包括出勤率、人才流失率；意见建议信息，包括客户需要的某项服务及数量，或客户提出的批评和建议信息。

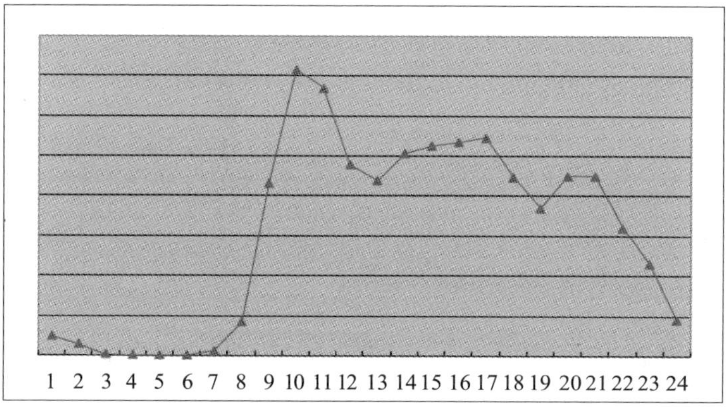

阳光客服中心每日24小时来电规律

由于组织中任何一个部门的人员都可能是客服报告报表的读者，为了保证大家能够正确理解信息的意义，客服报告报表中的每一个信息都应满足5个基本元素，并能够通过这5个基本元素锁定唯一的信息。这5个基本元素分别是时间（如，2001年4月1日）、空间或地点（如，阳光客服中心）、信息名称（如，来电数量）、数据大小（如，2万）和单位名称（如，人次），由这5个基本元素的举例，可获得完整的信息：2001年4月1日，阳光客服中心来电数量为2万人次。

14.1.3 常用算式

客服中心制作报告报表离不开一些基本公式，这些公式也是帮助客服员工和相关部门认识客服数据的基础，是保证客服报告报表能被读懂的前提条件。

因此，客服中心有义务向客服员工和相关部门讲解客服报告报表中常用的公式。

例：常用公式

阳光客服中心报告报表的常用公式和参考数据

名称	公式与标准
接通率	呼入：$接通率=\frac{\text{自助服务的终级（成功）接通量+人工受理量}}{\text{进入呼叫中心的呼叫总量}}\times100\%$ ，≥ 85% 呼出：$接通率=\frac{\text{人工呼出接通量}}{\text{人工呼出总量}}\times100\%$ ，≥ 65%
呼入项目的占有率	$呼入工作效率=\frac{\text{通话时长+在线保持时长+事后处理时长}}{\text{通话时长+在线保持时长+事后处理时长+恭候等待时长}}\times100\%$ $呼出工作效率=\frac{\text{通话时长}}{\text{总签入时长}}\times100\%$ 行业参考值：≥ 90%，常见考核参考值：≥ 80%
呼出项目的工作效率	$呼出工作效率=\frac{\text{总通话时长+总事后处理时长}}{\text{总签入时长}}\times100\%$，行业参考值：≥ 70%，常见考核参考值：≥ 80%
服务水平	$服务水平（在某段时间内）=\frac{\text{响应客户的来访数量}}{\text{客户来访总量}}\times100\%$，行业参考值：80/20，常见考核参考值：95/20
平均处理时间	$平均处理时间=\frac{\text{总通话时长+总持线时长+总事后处理时长}}{\text{总受理数量}}\times100\%$，行业参考值：210—330秒，常见考核参考值：60—180秒
一次性解决问题率	$一次性解决问题率=\frac{\text{一次性解决问题量}}{\text{人工受理量}}\times100\%$，行业参考值：≥ 85%
客服代表占有率	$客服代表占有率=\frac{\text{专职客服代表数量}}{\text{客服人员总数量}}\times100\%$
出勤率	$出勤率-\frac{\text{实际出勤人数}}{\text{排班计划人数}}\times100\%$，行业参考值：≥ 95%

续表

名称	公式与标准
平均单呼成本	$平均单呼成本=\frac{相关总费用}{受理总量}\times100\%$
客户满意度	常见标准：不低于 85%
服务态度投诉率	$服务态度投诉率=\frac{服务态度投诉量（不包括其他投诉）}{呼叫总量}\times100\%$，零容忍
平均振铃次数	行业参考值：2—3 次；常见考核参考值：2 次
平均排队时间	行业参考值：≤ 20 秒；建议参考值：≤ 15 秒
监听合格率	客服代表质量的合格率，非质检人员的合格率。常见考核参考值：99%
日呼出量	150—350 每人每班次
中文录入速度	行业参考值：≥ 60 字 / 分钟；常见考核参考值：≥ 80 字 / 分钟
业务考核成绩	总成绩低于 80 分，对整体服务质量有影响

此外，客服中心对成绩的评价常采用 5 分制、10 分制和 100 分制。这些分值之间的换算参见《常用分值转换表》。

常用分值转换表

5 分制与 100 分制转换 5 → 100		10 分制与 100 分制转换 10 → 100	
5 分制初始值	转为 100 分制	10 分制初始值	转为 100 分制
1	0	1	0
2	25	2	11.1
3	50	3	22.2
4	75	4	33.3
5	100	5	44.4
		6	55.5
		7	66.6
		8	77.7
		9	88.8
		10	100

14.1.4　数据名称

客服中心的报告报表所涉及的数据名称和数据来源需要进行严格的定义，在一篇报告中，一个数据项只能对应一个名称，含糊不清的词语会使客服员工和读者不明其意，这样的报告报表也会失去其应有的行动指南和科学依据的作用，没有存在的意义。在客服中心的报告报表中，有的数据涉及员工个人和业务部门的绩效考核成绩。因此，客服中心有义务为在报告报表中出现的数据名称建立说明档案，以便客服中心的新员工和其他部门的员工查阅了解。以下举例说明对数据名称严格定义的意义。

个人服务量，在明确的时间区间里，取自客服系统某个工号下的有效通话次数，不包括无应答数量。由于客服系统通常不具备分析与工号关联的姓名是否发生了变化的功能，因此在同一个统计周期，只能将一个工号分配给一位员工使用，或是不能出现一个工号有多名员工使用的情况，避免因一个工号下关联多名员工成绩而造成的个人服务量数据错误。

人均话务量，在明确的时间区间里，在明确的人员考查范围中，用客服系统的话务数据除以参加电话受理工作的客服员工数量所获得的数据为人均话务量。所有在考查范围内的人员都应作为参与运算的数据，但不包括因各种原因没有出勤的人员数量。计算数据取自 ACD 系统。

人均基础话务量，在明确的时间区间里，客服中心综合各种因素，确定出当月每人必须完成的最低话务量，如本月基准量为 60%。它是每位客服代表工作及格的标准。它兼顾了客户来电数量不确定和客服员工业务技能不均衡等原因对个人成绩的影响。计算数据取自 ACD 系统中的通话数据。

本期话务满分量，评价客服员工话务量成绩时，满分成绩的标准由多名员工的成绩决定。如，将本期中成绩排名在 30% 的员工的平均值作为本期话务量满分。计算数据取自 ACD 系统中的数据排序结果。

个人话务量成绩（P）=［（个人话务量 – 人均基础话务量）÷ 本期话务满分量］×100%。计算数据取自 ACD 系统中所对应的工号数据。

工时表现量 = 在本岗位出勤工时 + 临时替岗工时 + 因公外出所占工时 + 年休假所占工时 + 婚假所占工时 + 丧假所占工时。所有数据取自客服系统，工时表现量可了解客服员工对其岗位工时的正负贡献量，弥补了客服员工因公出差等原因丢失的工时量。工时表现成绩需要在明确的时间区间里，用取自客服系统的数据来计算。工时表现成绩 = 工时表现量 ÷ 在本岗位出勤工时。计算数据取自客服中心的考勤系统。

出勤率 = 实际出勤人数 ÷ 应出勤人数（包括排班计划人数 + 临时调配人数）。计算数据取自客服中心的考勤系统。

14.2 可视数据

在客服中心的报告报表中，用直观易懂的图表来表达复杂的数据和思想，为读者设计出简单易懂的图表，帮助读者在大脑中合成信息和保留信息，增强对信息的理解，为读者思考问题提供直观的平面信息，保证不同部门和不同专业人员都能够正确读懂客服中心的报告报表，同样是实现客服中心价值的重要体现。

实现客服数据的可视化，用视觉容易感知的方式呈现所要表达的信息和思想，帮助读者准确捕获客服报告报表里的关键信息是客服数据可视化的工作目标。

实现数据可视化的工作重点是根据不同的研究对象选择与之适应的图表、数据和表达方法。为此，客服中心须对数据可视化提出基本要求。

例：阳光客服中心数据可视化的基本要求

阳光客服中心数据可视化的基本要求

序号	名称	要求
1	数据	数据排序，在没有说明的情况下，要求在制图制表前按数据大小排序，或升序、或降序，或按逻辑分类
2	比例	防止失真，要根据具体情况定，过大过小的标尺会影响视觉效果。比例适度，符合各图形的基本要求。柱状图不要过细过密、柱间隔是柱的 1/2，饼图数据不要超过 8 个，有多条折线交叉的图不用虚线，用雷达图排序的数据不超过 10 个

续表

序号	名称	要求
3	标注	标注清晰，严禁出现文字、数据和图形相互覆盖的情况。便于阅读，能够将图表要表达的内容全部呈现给读者。在散点图上增加趋势线。只用实线不用虚线、不用模糊不清的或不真实的虚图。尽量不用实体关系图表达简单操作层面的数据。不能将客户情绪等难以表达或不能定量描述的信息作为图表的内容
4	平面	易懂，首选平面的二维视觉图来表达数据，慎用多维立体图。严禁出现因使用三维或多维图形而造成的视觉混淆。可用多维图形提高图形本身的专业程度，避免因多维图形的专业程度高而造成的读不懂、读不到、读错了等情况
5	选图	图形，选择可以正确表达数据及含义的图形，确保表达方式正确和易懂，确保所要表达的数据没有被扭曲。注意图形自身比例的内涵，如气泡的重点在区域而非直径
6	色少	图表的颜色要简单。慎用多色图，在一段时间内或在一个报表中，同类数据尽量用一种颜色，避免因颜色过多而造成读者注意力下降

14.2.1　选择图形

客服设计的可视图表要能够充分利用图表的特点和比例来准确呈现数据的含义。选择图形的工作是在了解各图形的特点、应遵循的原则和要表达的数据特点等基础上作出的决定。下面以饼图为例说明数据可视化的关键步骤。

第一，确定是否应该选用饼图。饼图的特点是直观而清晰，可以使读者对大数据产生视觉冲击，是寻找、分析大数据的有力工具。选用饼图时要遵循一定的原则，饼图的作用是在一组数据中发现比重突出明显的数据。对相对平均的一组数据，使用饼图对数据分析的指导意义不大。例如，对5名优秀客服代表通话质量的评价数据，使用饼图表示基本看不到差异，对数据分析工作没有指导意义，而对 5 名新员工的通话质量评价数据，用饼图表示可以通过比例差异直观了解到新员工学习实践的不同结果。

第二，确定所选图形是否符合当前所选数据。由于人们的视觉在同一时刻记忆的数量有限，而思考和分析需要借助记忆，心理学实验表明视觉信息超过 8 个，记忆会产生遗漏信息，也容易使人对数据产生疲倦感。经验表明，饼图的最佳数据量是 5 项。因此，控制饼图的数据量，合并比例较小的数据，才能发挥饼图的作用。

第三，确定表现数据序列关系的方法。制作饼图，应将数据从小到大进行排序，把时钟的 12 点位置作为最大数据的起时点，将最大数据块左边界旋转到垂直于底边的位置，顺时针合成完整的饼图。也可根据实际需要，逆时针排放数据。

综上所述，当客服报告报表需要表达一组数据系列及比例关系，并且数据系列符合数据项不超过 8 个、数据值大于 0 时，可以选用饼图。应用饼图时，经常出现的错误有两方面，一是，数据不合格，如，数据项大于 8 个，或存在小于等于 0 的数值。二是，工序不合格，如，不对数据进行排序。参见下图对比说明。

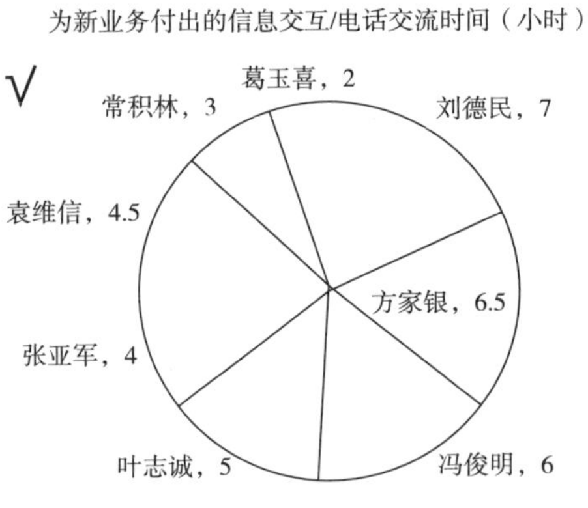

利于视觉捕捉重点信息的饼图

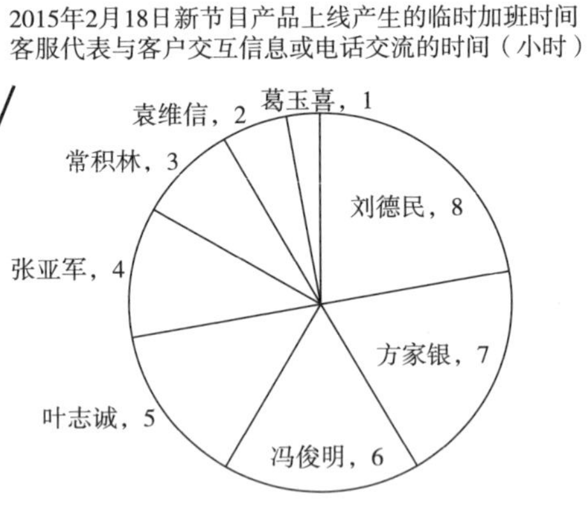

利于视觉捕捉重点信息的饼图

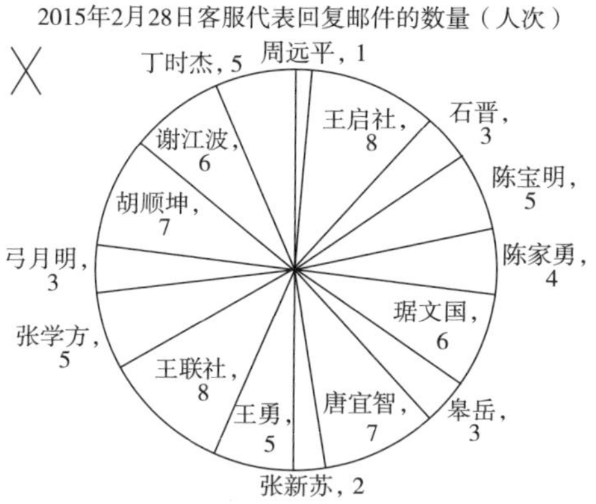

不利于捕捉重点信息的饼图

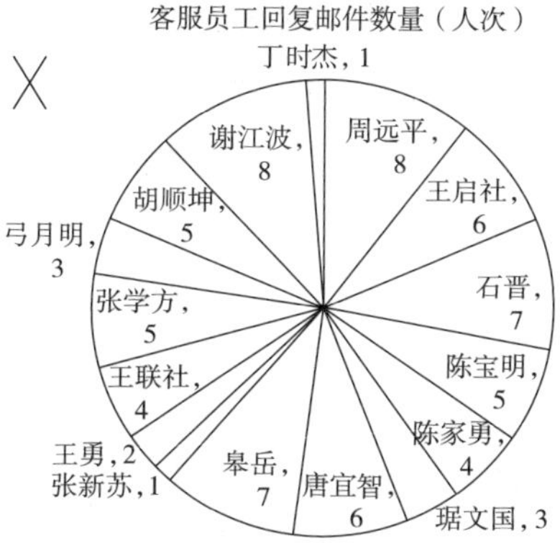

数据项多、数据无序、标题过简、视觉混乱、难以捕捉重点信息的饼图

14.2.2　标注数据

客服中心设计的可视图表要能够准确地应用图表的特点来表达要传递的数据重点。以客服选用折线图为例说明表达客服数据系列变化的要点。当客服需要表达随时间变化的一组数据的变化趋势时，或是需要表达多组数据变化或相互作用和影响的关系时，通常选用折线图来表达。客服报告报表中常用折线图、堆积折线图和百分比堆积折线图如图《客服排班计划的响应能力和客户实际的来访数量（10天）》所示。

14.2.2.1　加辅助线

增加辅助线和参照线。客服根据情况将服务标准、预期指标或警戒线等数据加入图中，帮助阅读者发现重点和异常的情况。

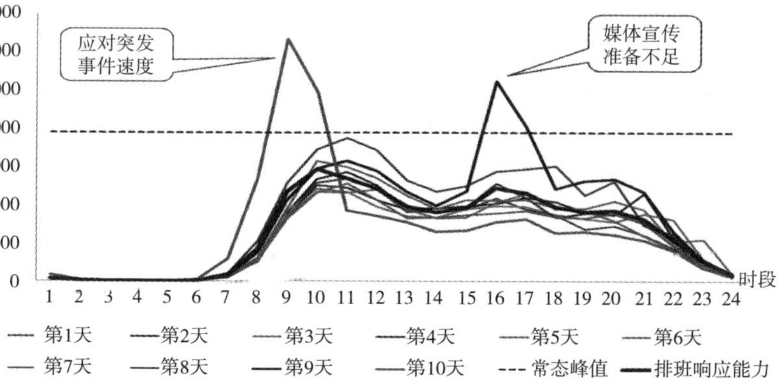

客服排班计划的响应能力和客户实际的来访数量（10天）

14.2.2.2 时间倒序

可采用时间倒序的办法展示数据，将客服中心近期数据放在图表的前面，使客服报表的阅读者能够捕捉新近数据。

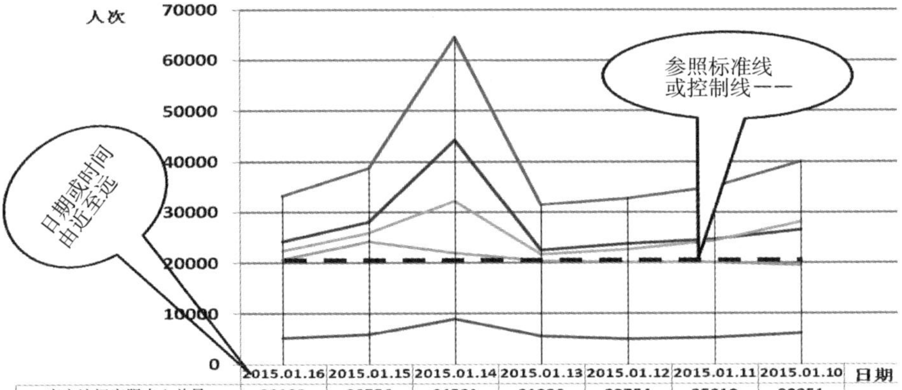

	2015.01.16	2015.01.15	2015.01.14	2015.01.13	2015.01.12	2015.01.11	2015.01.10
客户访问客服中心总量	33182	38756	64581	31396	32754	35010	39951
系统显示不同来电数量	24188	28049	44232	22483	23820	24578	26459
客户选择人工服务数量	22291	25983	32212	21676	22649	24347	28008
客户选择自助服务数量	5208	5896	9040	5575	4993	5289	6088
客服响应的人工服务数量	20625	24173	21894	20413	20123	20086	19581

客户访问和客服响应数据（人次）

14.2.2.3 增加标注

增加标注有益于帮助读者了解波动情况。直观了解在每个时间周期中的数据稳定程度或变化程度。

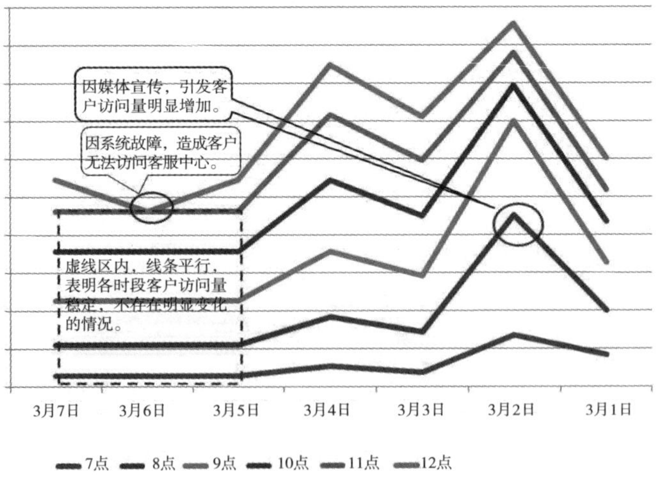

客服时段数据分析

14.2.2.4　慎用虚线

制作直观易懂的曲线图。在用曲线展示多组数据时，慎重选虚线或三维折线，避免产生视觉差错。

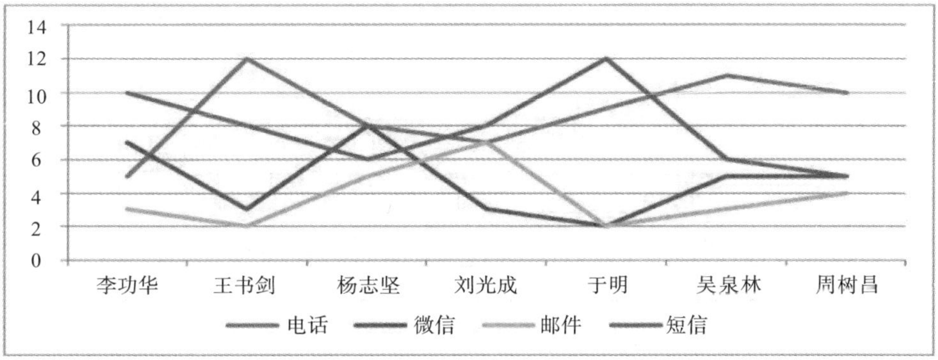

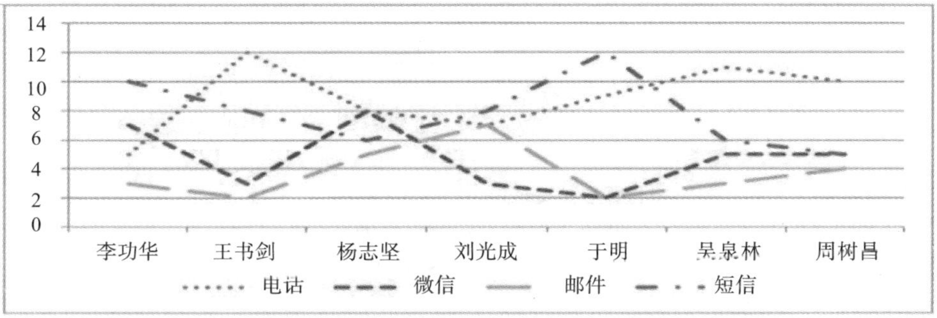

2015年2月1日晨曦小组员工的服务数据

14.2.3　数据对比

客服在设计可视图表时，要保证所展示的图表和数据完整可见，采用数量对比展示数据的差异时，避免数据缺失或被隐藏，尤其是在使用面积图时，须通过添加透明度来保证读者可以看到所有数据，确保任何数据都不被其他数据所覆盖，对于发散的数据可以通过加趋势线来增强对比视觉感。

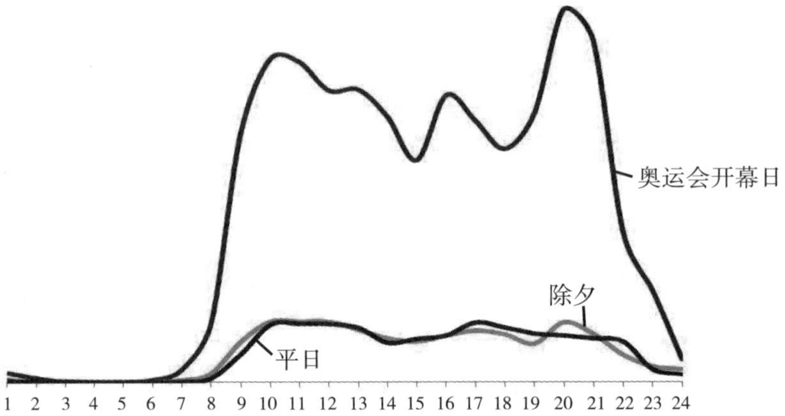

2008 年除夕、奥运会开幕日和平日时段呼入量

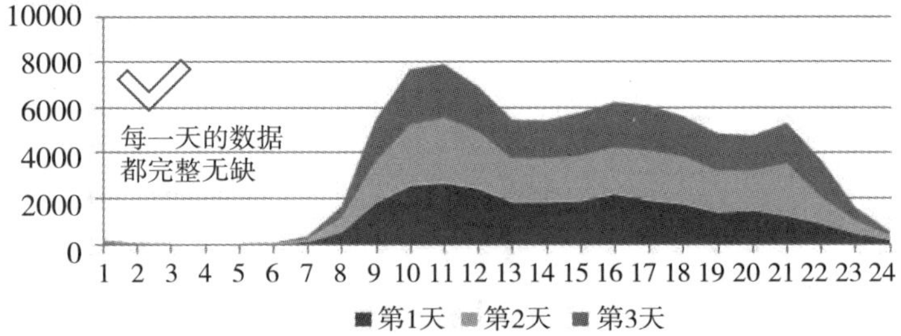

2015.10.06—10.08三天的客户来访量

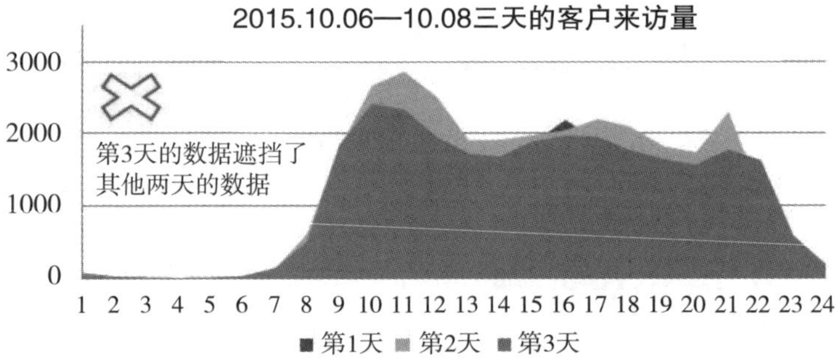

2015.10.03—10.05三天的客户来访量

14.2.4 综合数据

客服设计的可视图表要能够同时表达静态数据和动态数据，能够同时展现关联数据，雷达图可以同时对多组数据进行对比分析、检测，它可在错综复杂的数据中直接锁定偏差点，或是对同一组数据在不同时期的变化进行观察分析。使用雷达图需要的基本条件是：知晓指标的基准数据、指标的最低数据或指标的最佳数据；能够确定雷达坐标的标度；具备足够的数据；能够将数据分析量排序并控制在 10 组以内。

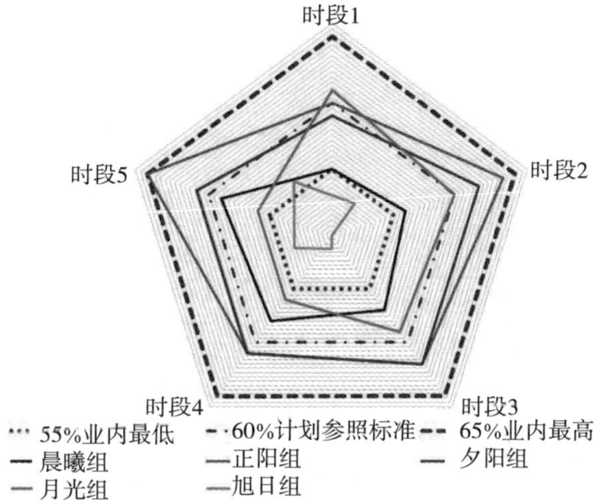

客服班组近 5 个时段的工时利用率

从上图可以看出：正阳组工时利用率最高，每个时段都超过了计划要求，有的甚至达到业内最高标准；夕阳组基本保持在计划参照标准之上；晨曦组位于计划标准与业内最低水平之间；月光组的指标不稳定，忽高忽低，但未突破业内最低值；旭日组明显不达标，其表现大大低于业内最低水平，必定出现了特殊异常情况。

14.3　报表设计

客服中心的人力资源管理系统、质量监管系统、客户关系系统和 ACD 系统基本上都附带制作报告报表的功能，能够根据系统中已有的数据直接生成报告报表；互联网新技术使客服系统有了开放的接口标准，可以调用、采集和处理来自客户群体、业务部门、合作伙伴和相关机构的信息，实时提供客服报告报表所需的数据。

例：客服报告报表的新旧环境对比

客服报告报表的新旧环境对比

新环境	旧环境
能够通过向其他系统输出多种格式的数据	固定的数据格式
报告报表的样式可由使用者自行设定	由系统预先设定
云端大空间存储数据	有限的数据存储
可使用多个系统的数据来合成报告	可使用的系统数据有限
具备扩展图形和关联图形的功能	图形显示有限
接受远程访问者，并发展更多的远程客户端	本地使用，使用人数有限

14.3.1 内容要求

为保证客服中心的报告报表对工作的指导意义，报告报表栏目下的内容要便于阅读，用简明、直观、易懂的文字和图形表达，避免可能产生的误读、误导因素，保证客服报告报表的质量和预期效果。制作有价值的客服报告报表，需要有价值的信息作为基础条件。

客服报告报表的制作需要一定比例的历史数据，避免无中生有的效果。客服报告报表不只是提供当前数据，还要提供利于参考的历史数据和行业标准数据。客服报告报表的阅读应用者不只是客服人员，还有其他部门的业务人员，因此不能省略客服人员明白而其他部门人员不清楚的信息。

客服报告报表所呈现的数据必须要有意义，严禁出现无效信息或纯属虚构和假设的信息。客服中心的报告报表不是要展示客服中心拥有的丰富数据，而是要呈现各种信息和数据之间的内在关联，尤其是可供相关部门参考的重要数据。

客服报告报表要有组织决策所需的关键信息。客服中心的报告报表不是要表现在美观夺目上，而是要保证其内容具有不可或缺的重要性，要为组织发展提供有用的信息。

客服报告报表中的数据和图形要能够表达数据间的逻辑关联，严禁在报告报表中堆积展示没有主题思想的数据或图形。客服中心的报告报表不是提供一组组的排列数据，而是要保证被排列的数据确实存在比较的意义，严禁将不同类别的数据放在一起对比，慎重选择数据和图形，避免出现误导读者的情况。

客服报告报表中涉及的原始数据、数据的来源和数据产生的背景等信息都应向读者开放。读者应有获取这些数据的渠道和权限。客服报告报表不只是提供报告时间、责任人和联系方式等信息，还要提供与报告报表内容相关的更多数据获取方式。

14.3.2 框架设计

客服设计报告报表的框架时，要符合本章节中提到的有关客服报告报表的基本要求，确定客服报告报表的栏目，设置报告报表的模板，保证客服报表所提供的信息具有实用价值，参见《阳光客服中心日报的设计框架》和《阳光客服日报》。

阳光客服中心日报的设计框架

栏目	子栏目	图文内容	阅读重点
服务	服务总量	提供时段客户来访数量，反映服务稳定情况	数量波动程度
	服务分布	提供服务中出现的异常信息，反映服务现状	异常影响范围
	……	根据当前服务任务增设其他服务子栏目	……
聚焦	效率情况	提供服务成果的信息	成效情况
	质量水平	提供存在的问题，或发生错误的信息	细分问题、错误
	……	根据当前管理工作重点增设其他聚焦子栏目	……
聆听	表扬鼓励	提供值得推广的典型案例	经验推广
	意见建议	提供益于提高服务水平的意见和建议	改进思路
	……	根据信息价值增设其他聆听子栏目	……
……	……	根据客服中心的具体情况增设其他栏目	……

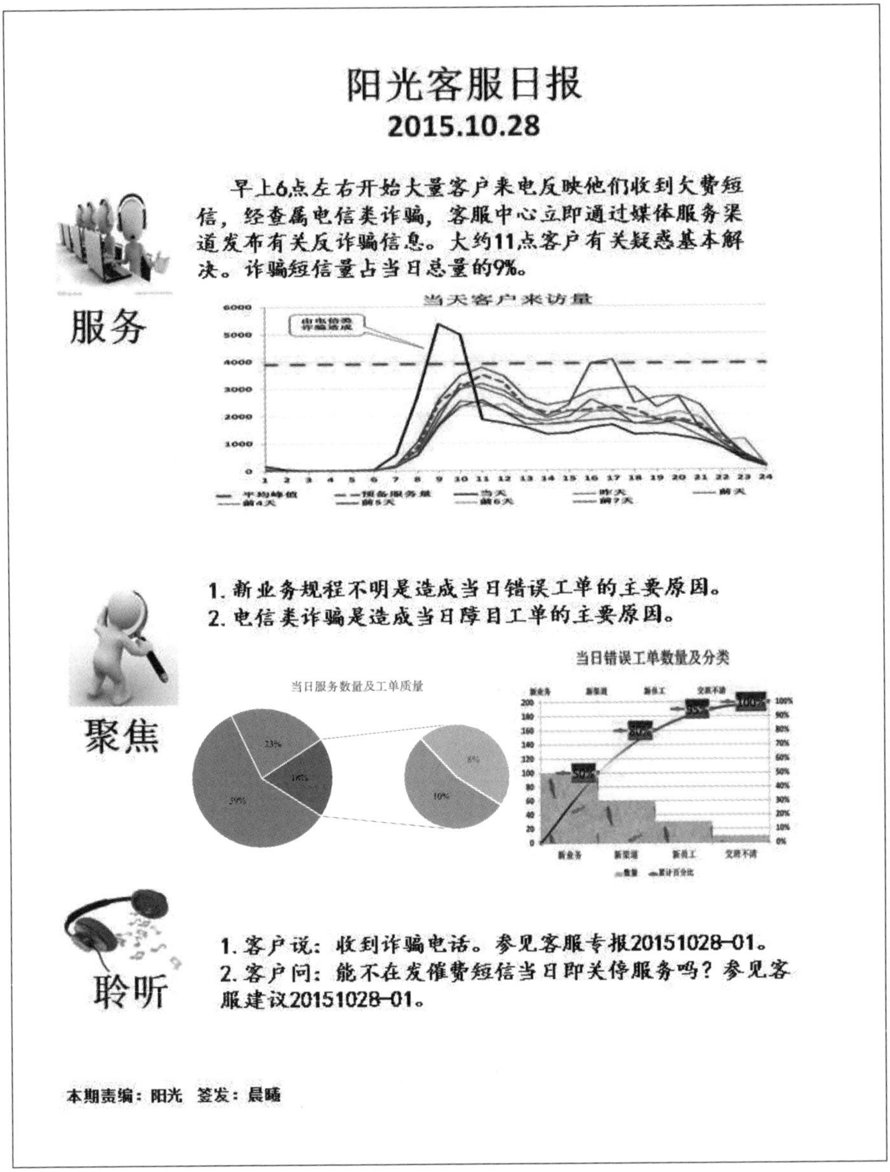

阳光客服日报

除上述格式之外，客服中心还常用表格的形式制作各类数据报表，例如，用办公软件Excel制作报表文件，里面由一个或多个工作表组成，方便数据汇总、统计和套用各种函数公式，让数据看起来更直观、更容易对比、更一目了然，以便及时向组织和各业务部门传递信息，充分发挥客服强大的数据资源优势。

由于表格的模板和格式可以被固化，统计数据的工具和公式可以被预设，某些需要调用系统程序的专项指标可以事先安排执行指令，这就使得报表的制作过程得以标准化和规范化，不同人员都能够进行运算和填报，因此特别适用于制作周期性报表，如客服日报、周报、月报、季报、年报等，按时统计，定时发送。另外，这些数据表格往往具备自我验证功能，会自动提示超范围的数据或不适用的公式；周期性的报表之间还具有关联性，数据的合计、累计和分布趋于一致，如果某个报表生成了错误数据，很可能会在其他报表中显现出来，这种关联性便于工作人员进行追溯和校正，从而进一步优化统计分析工作。

例：阳光客服中心话务日报

阳光客服中心话务日报

日期：2016 年 6 月 16 日		统计时段：00:00:00—23:59:59
IVR 处理情况	系统呼入总量	3318
	平均处理时长（s）	40
	处理率（%）	22
队列处理情况	进入队列总话量	2598
	接通排队等待时长 (s)	26
	呼损排队等待时长 (s)	48
	平均排队等待时长 (s)	37
	队列放弃量	71
	队列放弃率（%）	2.73
客服代表处理情况	等待人工应答电话量	2543
	人工接入话务总量	2527
	人工接通率（%）	97.88
	无应答电话量	16
	无效话务量	33

例：阳光客服中心投诉周报

阳光客服中心投诉周报

2016.06.06—06.12	客户投诉内容分类					投诉总量
站点	政策规定	产品质量	资费标准	效率时限	服务态度	
亚奥	1	1	2	0	0	4
劲松	3	2	0	2	0	7
中关村	2	1	0	0	0	3
回龙观	2	1	0	1	0	4
科技园	4	0	0	1	1	6
合计	12	5	2	4	1	24
比例	50%	21%	8%	17%	4%	100%

例：阳光客服中心“接诉即办”月报

阳光客服中心“接诉即办”月报

2016 年 6 月	“接诉即办”月度统计数据					
部门	当月诉求量	24 小时响应量	48 小时办结量	24 小时响应率	48 小时办结率	商洽处理中
产品部	58	58	56	100%	96.6%	2
网络部	79	78	75	98.7%	94.9%	4
营账部	21	21	21	100%	100%	0
推广部	43	41	43	95.3%	100%	0
稽核部	5	5	4	100%	80%	1
合计 / 平均	206	203	199	98.5%	96.6%	7

14.4　审查标准

在客服中心每天产生的大量客户诉求中，可以随意组合成若干类数据报表或信息报告。客服中心从不缺少数据，但组织常缺少或是始终渴望来自客服中心的有价值的数据或结论。客服报告报表中的信息要能够反映组织当前的工作状态，还要能为组织各部门加工运用。

14.4.1　能送能取

客服中心的报告报表，隐含着能发送和能收取的功能，正是这两个功能使客服中心的信息得以在组织内部速递速达。

能发送，客服中心能够有权限随时向组织内部的各部门发送客服报告报表，业务部门能够有权限随时向客服中心反馈信息。

能发送的功能要求客服中心有向各部门和信息平台发送信息的渠道；要求客服中心能够尽快处理加工有价值的信息；要求客服中心能够将信息加工的结果以报告报表的形式发送给相关部门，或是发送到可以被共享的信息平台上；能发送的功能是客服中心将收集到的各种数据和零散信息加工成有价值的信息并进行信息共享的重要环节。例如，国庆前客服接到上级有关《国庆节期间服务时间的规定》，客服中心将其中的相关细则加工成“国庆期间重点服务保障要求”后加入知识库，成为客服员工和服务网点员工共享的服务信息。

能收取，客服中心能够有权限随时收取来自组织内部和外部的有用信息，业务部门的工作人员能够有权限获取客服中心的报告报表。

能收取的功能要求客服有向各部门申请索要信息的权限；要求客服获取信息的方式简单；保证在客服的信息平台和渠道上，组织成员在任何时间都可以按权限获取工作所需的信息和数据。

客服要制作出有意义的报告报表，需要客服与组织的内外部之间有畅通的信息渠道，并有制度保证客服能够通过这些渠道收集到有效的信息，其中包括客服人员有资格参加其他业务部门的工作会议。客服把从各个部门和单位提供的有益于服务的信息“取”回来，经过分析整理后再以报告报表的形式送到各部门，使客服和各部门能够在更大的范围更全面地获得工作信息。

这一“送”一“取”，是组织内部传达共享信息的活动，也是组织开展信息采集和情报研究的需求。

客服报告报表在这一“送”一“取”中将大量的数据化繁为简，为组织各部门之间的协调联动提供基本信息。乔治亚电力公司的客服中心，设有专门的对外联络工作组，其专职工作是向其他部门报告介绍客服中心的工作和实现目标的方式，了解业务部门的业务动态和听取业务部门的意见和建议。这正是客服中心面对海量的信息源要做的工作。

能发送和能收取的操作要以简单方便为原则，严格管理能够“送”与“取”的岗位、流程和权限，避免客服报告报表在流转过程中出现失真或信息变异的情况。此外，客服全员都需要懂得“送”与“取”操作可能产生的作用和后果，用制度保证每一位成员都是“送”和“取”信息的把关人，都能够帮助其他部门的人员完成“取”的工作，并能够帮助他们解读客服报告报表中的信息。

14.4.2 管控重点

为了保证客服报告报表能够发挥作用，需要重点做好以下工作。

14.4.2.1 提高认识，消除偏见

提高认识。客服每分每秒一刻也不停地生产出各类数据，面对大量的数据源，使客服工作者难免认为客服的数据处理工作只能由计算机系统来完成，从而忽视了目前的客服系统还不可能穷尽客服工作的实际需求，也不具备智能思考的能力。客服系统中的一些功能要求事先进行参数预置和过程判断，这些都需要依赖客服人员的经验来完成。例如，客服系统可以及时发出“目前客户来访量高出预设值，异常”的信息，但客服系统无法准确指出产生异常情况的原

因是业务出现问题，还是发生了紧急事件。

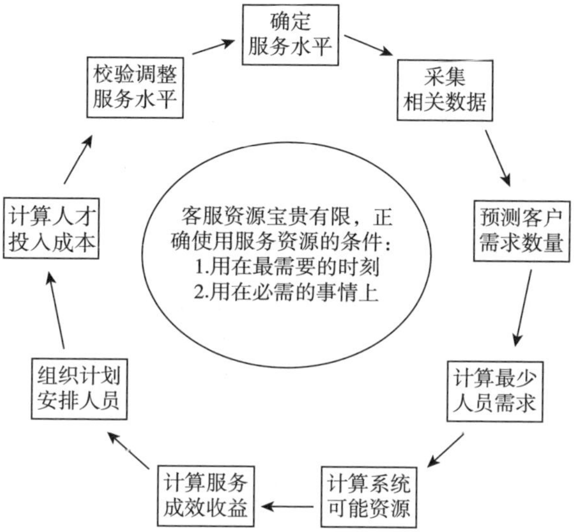

服务水平是客服工作的起点和终点

消除偏见。制作客服报告报表需要整合对服务工作有价值的数据，而非罗列各种没有意义的数据。就客服自身管理而言，其报告报表的重点是客服工作成效指标和客服员工关键绩效指标，而非呈现所有服务数据。客服管理工作要及时消除认识偏差，消除常见误会，避免服务陷入被动局面。如，误认为客服报表信息能够覆盖所有工作需求；误认为历史数据没有应用价值；误认为客服的所有数据或指标都能够且有分析的必要，否则不能称其为科学；误认为客服的日常报告报表不应包含对服务焦点和难点问题的捕捉；误认为客服报告报表反映的是小概率事件或特殊案例，而不具备普遍性等。

客服报告报表信息不能脱离实际，不能将行业优秀指标作为分析研究的基准，不能用简单情况下的结果推断复杂业务的发展趋势，否则，客服报告报表将失去实用意义。

14.4.2.2 设置专岗，保证人力

建立专门负责客服报告报表的岗位，培养专业人才，避免出现重视服务数量、轻视服务研究的情况。面对不断变化的客服数据，难免有人认为“现在客服和其他部门的业务都处在发展的不稳定期，客服数据变化无常，制作的报告

报表没有意义”；“客户选择服务渠道的随意性，使客服报告报表数据不具备确定的数据基础，造成有关数据如同空中画饼，没有实际意义”；“安排客服人员分析数据，不如安排客服人员接电话有意义”；“客服的数据研究工作不应属于客服中心的工作”，等等。因此，把客服报告报表工作当作可以随时被暂停或取消的工作，或是当作任何人都可以通过复制粘贴完成的工作，使客服中心失去捕获有价值信息的机会。

14.4.2.3　信息完整，有价值

客服报告报表的信息虽然有限，但这些信息是在分析所有相关信息的基础上提炼出来的关键信息。为此，客服中心需要重点解决两大困难。

解决采集完整信息的困难。用制度保证组织中的每一个部门和每一位员工都是客服报告报表信息的重要提供者，保证信息的完整、准确、时效，控制采集成本。客服中心对外服务客户，对内服务组织，客服中心的工作与组织业务部门和社会环境密切关联，一切给客户带来新奇或异常感受的业务活动，都可能在客服中心得到反映，客服可以说是组织的脉动监控仪。如果脱离了业务部门的计划信息和工作数据，那么有关客服报告报表的统计分析和预测预算工作也就失去了意义。因此，组织各部门要支持客服采集信息，以便客服能够提供更全面的报告报表。

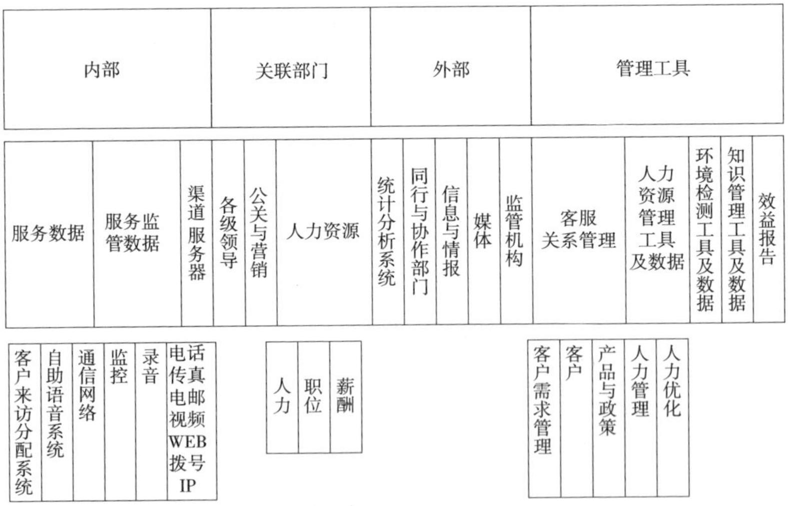

支持客服中心采集完整的信息

解决获取有价值信息的困难。客服数据有组织内部的和组织外部的，大量的数据之间存在无穷的多种关联组合，也可以计算出无穷的多种结果，但客服报告报表需要的是数据之间的关联规律和有价值的信息，这要求客服中心培养有服务经验、懂信息理论和能应用数学工具的客服专业信息人员。客服中心作为组织的重要协调部门，其报告报表应该能够通过数据说明各部门联动时存在的问题，并在分析客户诉求信息和各部门工作计划的基础上提出改进建议。参见表《关于每月初客户投诉量大的原因分析与改进建议》。网络和科技为客服中心提供了更多的数据整合条件，学习、实践、总结、改进是提高客服报告报表质量的必经之路。

关于每月初客户投诉量大的原因分析与改进建议

现状和问题	每月初客户来访量增加，客户不满意的投诉量增加
报告要求	查找原因，提出解决意见
查找原因	根据数据统计分析可知，造成每月初客户来访量高的原因很多，但月初关停服务操作是造成客户来访量增加和客户不满意的主要原因之一。
	一、来访量高的原因
	1. 因关停服务造成客户报修。客户交费系统按预先设置，每月1日0时开始自动终止对欠费客户的信息服务。而一些忘记交费的欠费客户致电客服的原因是报修，欠费客户误认为是网络故障导致了信息服务中断。
	2. 因信息滞后造成误断误催。由于客户选择的交费方式不同，整合客户的银行转账信息、微信交费信息和柜台收费信息，存在信息更新与关停时间的不一致，造成已经交费的客户不能及时开通服务或是再次被催费的情况，为此引发客户来访量增加。
	3. 因部门之间协同工作的步调不一致。收费部门每天都可能向欠费客户发送信息，对每月最后一天接到催费信息的客户而言，第二天就是系统自动关停服务的时间，这些客户将面临在当晚被系统自动关停服务的情况，为此客户来电投诉关停规定不合理，不给客户交费所需的基本时间。
	4. 催费信息发送时间欠妥。由系统发送的短信要经过通信网络公司的系统，大量的催费信息是由网络公司的系统分批审核陆续发出的，客户收到信息的时间不确定，不排除客户在休息时间收到催费信息的情况，打扰了客户的正常生活。
	二、客户不满意的原因
	1. 客户来访量高造成客服电话难打或客户排队等待时间长。

续表

<table>
<tr><td>现状和问题</td><td colspan="3">每月初客户来访量增加，客户不满意的投诉量增加</td></tr>
<tr><td rowspan="3">查找原因</td><td colspan="3">2. 对交费正常的客户进行了错误的关停操作。</td></tr>
<tr><td colspan="3">3. 给不欠费的客户发送了催费信息。</td></tr>
<tr><td colspan="3">4. 不给客户留有交费所需的基本时间。</td></tr>
<tr><td rowspan="7">改进建议</td><td colspan="3">1. 规定适合的催费时间。给客户留下充足的交费时间。负责收费的售后服务部须在每月的 1—20 日内完成本期发送催费信息的工作，其他时间禁止向客户发送催费信息。</td></tr>
<tr><td colspan="3">2. 严格控制信息流出的时间。售后部与网络通信公司协商制定严格管控信息发出时间的办法，严禁在客户休息的时间发送信息。</td></tr>
<tr><td colspan="3">3. 及时更新交费信息。售后部须在客户交费的当天更新客户的交费状态。</td></tr>
<tr><td colspan="3">4. 健全数据库。在数据库增加催费标识符，标识已经收到短信的客户。</td></tr>
<tr><td colspan="3">5. 确保关停操作准确。负责执行关停服务操作的维护部，将系统关停服务的指令增加两个条件：（1）客户收到催费信息；（2）客户收到信息 10 天后系统仍然显示欠费的。</td></tr>
<tr><td colspan="3">6. 完善服务机制。设专人配合关停操作工作，由专人负责立即开通业务，为交费客户和关错的客户恢复信息服务。</td></tr>
<tr><td colspan="3">7. 每月初客服排班多安排 10—15 人。</td></tr>
<tr><td>报告发送部门</td><td colspan="3">售后部、维护部、客服中心和服务管理部</td></tr>
<tr><td>报告发送时间</td><td>2017.12.05</td><td>要求信息反馈时间</td><td>2017.12.16</td></tr>
<tr><td>信息反馈邮箱</td><td>servicegarden@qq.com</td><td>联系人微信</td><td>setvicegarden</td></tr>
</table>

第 15 章　统计分析

每一次统计分析都是为了获取正确的行动方向而提供科学的依据。

客服统计分析工作是要在大量的数据中发现有价值的信息，确定关键数据，达成科学共识，支持组织管理。社会学家威廉姆斯·布鲁斯·卡梅隆先生在1963 年发表其对数理统计分析的认识：并非所有重要的东西都能被计算出来，也不是所有能够被计算出来的数据都重要。因此，客服想要获取有价值的数据，或是避免在无意义的数据上浪费时间，需要了解掌握正确选择和应用数理算式的思想方法。

15.1　常用概念

客服统计分析工作依据数理概念和统计知识开展工作，读懂客服报告报表也需要了解相关数理概念和统计知识。在此只对常用基本概念或名词定义作简单介绍，更多专业知识需要客服人员根据具体岗位阅读学习有关统计分析专业的书籍。

15.1.1 常见名词

数据点和数据系列。数据点是体现在图表中的独立数值，数据系列则是一系列的相关数据点。通常情况下在客服制作图表中的每个数据系列具有唯一的颜色或图案并要求在图表的图例中说明。如果客服报表中分别用“绿色○”“红色☆”代表受理合格指标、呼损警戒指标，那么在客服报告报表的全篇幅中，这两个颜色和符号不可以相互转换交替使用，也不可以代表其他的指标内容，以避免产生视觉和思维混淆。用固定的方式表达常用的数据，有益于读者的阅读习惯。

数值平均数，它是从总体各变量值中，抽象出具有一般水平的量值，有算术平均数、调和平均数、几何平均数等。客服统计分析中用得最多的是算术平均数，它是被观察的数据个数总和除以被观察的个数的结果，算术平均数又分为简单算术平均数和加权算术平均数。以计算时段平均接起量为例，早 8 点客户来电量为 800 通，共有 40 名客服代表受理客户来电 720 通。那么，可视作早 8 点客服代表平均接起量为 720÷40=18 通。

位置平均数，是指按数据的大小顺序或出现频数的多少，它是确定的集中趋势的代表值，主要有众数、中位数等。众数是在总体中出现次数最多的变量值，了解众数有利于针对性解决问题。中位数是将数据按大小顺序排列形成一个数列，居于数列中间位置的那个数据就是中位数，通过中位数可了解统计指标所处的水平。

客服统计分析工作常用的中心值是数值平均数和位置平均数。利用中心值可了解一组数据向某一中心值靠拢的程度，应用中心值时需要严格遵守条件和环境相同的要求，否则计算结果没有意义，或是造成客观事实被数据曲解的情况。将不同的条件和环境归结为一类，是应用中心值的常见错误。如，某客服中心在 00:00—06:00 的接通率为 100%，在 07:00—09:00 的接通率为 40%，如果这样计算 00:00—09:00 的平均接起率，则得到结果为：80%=（100%×6+40%×3）÷9，而这个结果与大多数客户实际体验的 40% 接通率完全不同。

全距，也称极差，是总体数据中最大数和最小数之差，$R=X_{max}-X_{min}$，它反映总体标志值的差异范围。一般用于研究的预备阶段，用它检查数据的分布范围，以便确定对原始数据进行统计分析的算式。

方差，又称为变异数、均方，是每个数据与该组数据平均数之差乘方后的均值，表示一组数据离散程度的统计指标。标准差是方差的算术平方根，反映组内个体间的离散程度。标准差和方差是描述数据离散程度的最常用的差异量。一般样本的标准差用 S 表示。

$$s=\frac{\sum_{i=1}^{n}(s_i-\overline{S})^2}{n}$$

获得方差的计算步骤：先求一组数的平均数 X，再分别用每个数减去 X 之后再平方的总和。比如 1、2、3、4、5 这五个数的平均数是 3 ，所以这五个数的方差就是 $[(1-3)^2+(2-3)^2+(3-3)^2+(4-3)^2+(5-3)^2]\div 5=2$。

方差与标准差是表示一组数据离散程度的最好指标，其值越大，离散程度越大。应用要求必须是同一类数据，即被分析的数据是用同一种测量工具获得的，而且被比较样本的水平比较接近。方差与标准差在观测数据的离散程度上有很多优点，由方差与标准差可以灵敏地反映每个数据发生的变化，计算过程简单，且有可加性。

客服在应用方差和极差时常见的错误是，忽略数据单位和研究背景，极差因单位不同不能作比较，方差大多表现为比率、单位相同，可以进行比较。

变异系数（C.V）$=\frac{标准差}{平均值}\times 100\%$ ，是没有单位的相对数。它的作用是可以比较不同单位数据的差异程度，比较单位相同而平均数相差较大的两组数据的差异程度，或是判断特殊差异情况。在度量单位或平均数不同的情况下，可采用变异系数分析数据的稳定或可靠情况。通常情况 C.V 值在 5%—35%。如果 C.V 大于 35% 时，可怀疑所求得的平均数是否失去了意义；如果 C.V 小于 5% 时，可怀疑平均数与标准差是否计算有误。应用变异系数要求平均值大于 0，它的应用条件必须是两组单位不同的数据。如研究客服受理量数据与客服工时利用率数据的变化情况。可用它研究某项服务指标参差不齐的程度，用来衡量组内数据波动的大小，它们的值越大，表明样本数据的波动就越大。

15.1.2　常用工具

客服中心在进行数据分析、提交报表、跟踪变化、数据预测和数据挖掘等工作时，所使用的方法和理论，简称统计分析工具。

网络和信息技术的发展使得越来越多的统计理论被计算机系统模块化，使普通人应用电子技术和专业统计分析工具的成本越来越低，可以方便地在网上找到免费的专业数据分析软件。因此，客服中心有条件对客服数据进行全程记录，并通过专业的数据分析工具掌握服务过程中的动态数据及发展趋势，在大量的数据中探寻数据之间的因果关系和影响数据变化的关键因素，并能快速制作附有专业统计图表的专题报告，为客服管理服务过程、下达纠偏指令、改变偏离状态、改进服务流程、完善规章制度和建立服务基准提供了科学的分析应用工具。

通常情况下将统计管理水平分为初级、中级和高级三个层面。目前，客服的统计分析活动基本处于对现有数据进行简单运算的初级水平。中级统计管理包含抽样调查方法、抽样检验方法、功能检查方法、实验计划法、方法研究等，主要用于掌握规律。高级统计管理主要用于复杂的流程解析和质量解析，一般是在特定的条件下由专业统计人员使用。

统计分析理论中简单实用的控制图理论基本上就可以支持客服统计工作。控制图理论包括控制图、因果图、直方图、排列图、检查表、层别法和散布图，简称 QC 工具。1924 年，贝尔电话实验室的休哈特博士提出统计质量控制的控制图理论，其理论思想在质量管理中得到广泛应用，其中包括对服务质量的管理。现在的新 QC 工具包括关系图法、A 型图解法、系统图法、矩阵图法、矩阵数据分析法、过程决策程序图法、网络图法。计算机技术帮助我们跨越了使用 QC 工具时不懂理论的障碍，客服统计分析人员只要能够看懂数据，会用图表，会用工具就可以基本胜任工作。

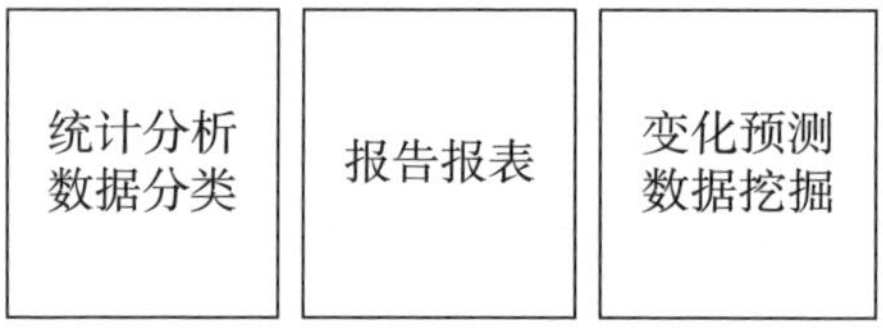

客服常用三类数据应用方法

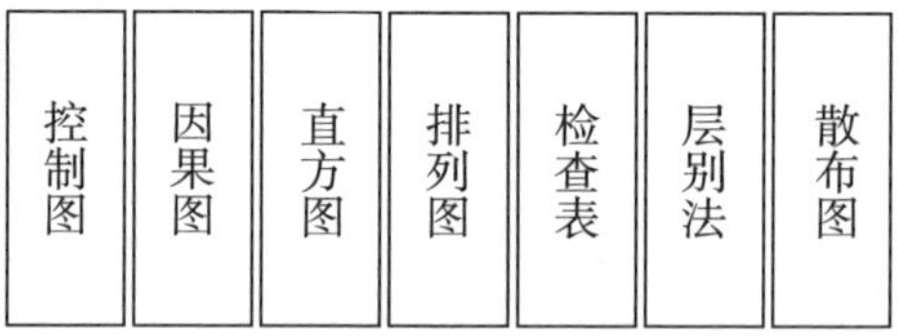

统计管理工具 QC

15.2 统计作用

客服统计分析通常是围绕着某一主题，通过对相关数据进行搜集、整理、计算和分析而获得有价值的信息。客服统计分析工作涉及统计学和数学的专业知识较多，计算机统计软件可以帮助我们很好地解决跨学科的应用困难，使统计分析工作在客服管理的各个方面发挥作用。

15.2.1 了解变化

了解变化，客服可用指标分析法获得某项数据的规模变化大小、水平高低和发展快慢。比较的结果可用百分数、倍数、系数或差值等相对数来表达。指标分析法分静态比较和动态比较，静态比较是同一时间条件下对不同总体指标的比较，也叫横向比较，例如，对比今天上午各受理班组的综合指标；动态比较是同一总体条件不同时期指标数值的比较，也叫纵向比较，如同一班组在上班工作初期、用餐前后和下班前等不同时段的工时效率的比较。指标法通过独立的数据了解总体的情况，可以与客服行业的先进单位比较、与竞争行业的客服中心比较或是与本客服中心历史数据比较。

观察变化，客服可用动态分析法了解判断某项指标在时间坐标上的变化规律。动态分析法用绝对数、相对数和平均数来比较指标的变化速度。客服使用动态分析法的时间刻度要前后一致，通过扩大时间间隔解决现有时间间隔数据不可比的问题，需要一组正常情况下的数据作为参考。例如，要了解客户来访量在 24 小时的变化情况，需要用统一的时间刻度来比较，不能一会儿用“60 分钟”为刻度，一会儿又用“30 分钟”为刻度。

分析关系，客服可用分组指标对比分析法把所研究的总体按照一个或者几个标志划分界定为若干个组，进行观察、分析，获得其内在的联系和规律。分组分析法的关键问题在于正确选择分组标值和划分各组界限。例如，用分组分析法探寻受理班组中新入职员工、老员工、骨干的比例对服务水平和班组绩效的内在关系。

分析原因，客服中心可用指数分析法了解客服中心某项指标总体变化程度与各因素变化的关系，将研究对象分解为各个因素，把研究对象的总体看成各因素共同变动的结果，它可以综合反映客服某项业务的总体数量变动的方向和程度；也可以分析某种业务数据的变动受其他因素变化影响的程度。它通过假定其他因素不变，来观察某一因素的变动对总变动的影响。例如，用指数分析法了解客服出勤率、服务经验、业务成熟和系统稳定等各因素对服务水平指标的影响情况。

掌握平衡，客服中心可用平衡分析法了解业务表现状态及数量变化，平衡分析法是把对立统一的双方按其构成要素进行排列，从各要素的数量变化关系分析其平衡状态，从全局的角度观察各要素的变化和相互存在的平衡关系，从而了解掌握不平衡因素和发展趋势。如通过客户的来访与受理平衡数据表、员工实际出勤人数与计划出勤人数平衡数据表来分析掌握客服畅通的基本保证条件。

15.2.2 分析预测

综合评价，客服中心用综合评价法了解错综复杂的数据背景，解决单一指标难以作出的恰当评价。综合评价法需要以下 4 个步骤。（1）全面系统地建立综合评价指标体系。如，评价客服员工职业素质，既要有业务能力指标，也要有团结协作指标。（2）规范采集数据的标准。如，采集的数据单位统一、能够被应用于所需的数理公式。（3）确定指标的权重。用权重的分法区别对待不同的指标在不同的条件下对总体产生的影响程度。如，在评价服务质量时，为一次解决率设定较高的权重。（4）汇总所有指标数据，按评价指标体系的要求给出综合评价结果。

景气分析，一种统计学分析方法，用于周期性波动及成因研究。客服中心可用景气分析法，参照有代表性的关键指标数据，了解难以预测的不确定数据。例如，用服务水平指标是否达标，来分析了解客户是否满意、客服中心运作情况和服务发展趋势等。

推测未来，客服中心可用预测分析法根据已知的过去和现在数据来推测未来的数据，预测分析法属于定量预测，它以数据分析为主，在预测中结合定性分析，如通过对数据生成的逆向分析得知：客服服务水平优秀的条件是综合成绩高于 90 分的结果。客服常用时间内产生的数列分析推测某项指标的数据随时间变化的规律，或是用回归法分析推测各项指标之间相互影响的因果关系。

定量定性，客服中心必须用现存的历史数据、原始数据和能直接影响主题研究的真实数据进行统计分析，获得定量结果。客服常用的是通过基础数据和图表获得统计分析的结果。

以分析客户的等待时间为例，说明分析步骤。

第一，确定关键数据。能够直接影响客户等待时间的关键数据是通话时间、事后处理时间、平均处理时间和总通话时长。

第二，分析数据流向及状态。将数据流向及状态进行分解细分，弄清数据在每一环节可能出现的状态，参见图《客户访问客服中心数据流及状态》，它显示了客户来访可能遇到的数据流向，包括客户在队列中耐心等待和主动放弃，对可能出现的数据作假设处理，如，假设客户挂断电话后 1 小时内再次来电，并将其作为数据流向的分析，参见图《电话服务渠道忙音数据》。根据客服研究确定的高峰时段客户来电量的保守系数 n，可预测出高峰时段的压力量 = 客户平均来电数 ×n。如阳光客服中心在某时段的客户访问量是 100 人次，假设由分析各种原因获得的保守系数为 1.7，那么可预测出这个时段的客户来电高峰压力量 =100×1.7=170 人次 / 小时。

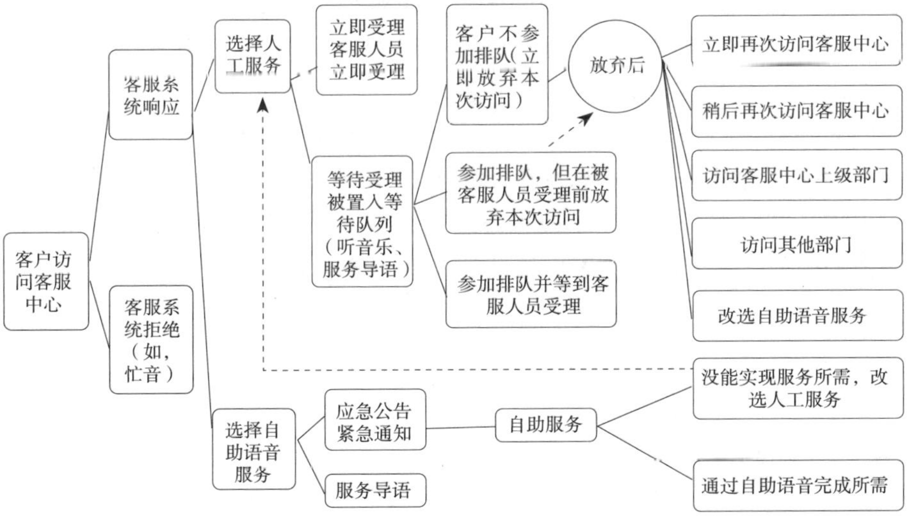

客户访问客服中心数据流及状态

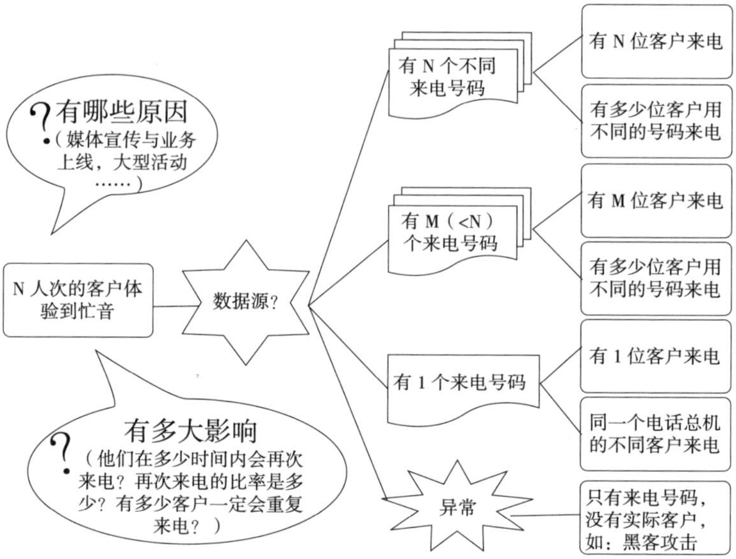

电话服务渠道忙音数据

客服统计分析工作切忌漏掉被终止在客服系统外的客户需求数据。以忙音数据为例，忙音状态及数据是客服统计分析工作经常会忽视的数据之一。忙音是客服电话服务渠道中一种特殊的拒绝客户的状态，它发生在等待队列的人数饱和时，客户拨打客服电话号码后听到的是“嘟嘟”的忙音而不是客服中心的前置语。统计分析忙音数据时，需要对重复来电的号码进行唯一性过滤，但不能忽视：一些大量的相同号码并非来自一位客户，而是来自一个总机，也就是说，一个总机下的多位客户在进行呼叫。遇到类似现象，客服要避免用简单的数据处理办法而丢失或掩盖了真实情况。从对历史数据的统计中了解到，遇到忙音的客户至少一般会再反复拨打 3—5 次后才可能放弃。忙音状态一定会产生客户的不满意结果。正常情况下，忙音的出现概率和发生的频率较低，忙音一般出现在客服人员严重不足或业务出现异常情况的时段里，类似忙音的情况在其他的服务渠道上表现为客服系统的响应速度极为缓慢。

15.3 图表解析

客服常用图表的方式观察了解数据变化的范围和程度，以保证相关人员可以直观地发现和捕捉到统计分析结果中的关键信息。

15.3.1 状态监测

用控制图监测运行状态，检测异常情况。控制图是用图形方法对工作过程的关键质量特性数据进行测定、记录、评估，并监测工作过程是否处在可控状态。控制图中的数据，不是简单的数据累加，而是遵循特定的数据模型。时间序列是控制图的关键元素，没有时间序列的控制图没有意义。控制图只能提供数据产生的方位，不能提供数据产生的原因；控制图也没有预防控制的功能。

用控制图了解客服中心工作的实时情况，了解平均处理时间、错误和返工情况、客户忠诚度等情况；了解客服中心的各项工作是否处于正常状态，若存在偏差，是否在可控或可包容的范围内，等等。具体可参见《客服接通率控制图》。

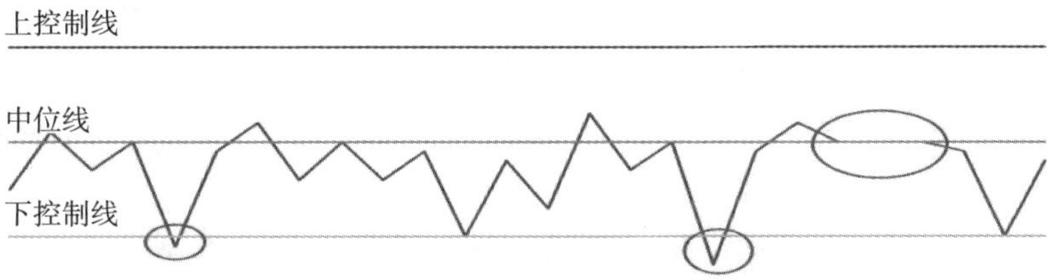

客服接通率控制图

（异常情况：描点超过上下控制线或排列不随机）

控制图不同于简单的曲线图。控制图主要由三条平行于横轴的控制直线，即中位线、上控制线和下控制线，以及按时间顺序抽取的样本统计量数值点组成。通常控制界限设定在 ±3 标准差的位置。中位线是统计数据的平均值，上、下控制线与中位线相距数倍标准差。通过是否越过上、下控制线来判断要监测的工作过程是否存在显著的变化或存在异常情况，控制线的确定需要以对大量的数据分析作基础，也需要专业的数理统计知识对质量特性数据的分析，绘制控制图需要应用概率论的相关理论和知识。

是否存在于控制线外的数据是判断被监测的工作过程的数据是否正常的依据。若控制图中的数据落在上、下控制线之外，或数据虽在控制线之中，但没有变化则表明所监测的工作过程可能出现异常。

客服中心常用控制图实现纠偏和预防。用于监测客服工作质量数据，检测客服服务流程工序是否处于稳定可控状态，正确纠偏；用于发现客服中心服务过程是否出现了异常情况，提前预防。对超出控制范围的数据，进行分析，并确定其属于常见原因、特殊原因或综合原因。

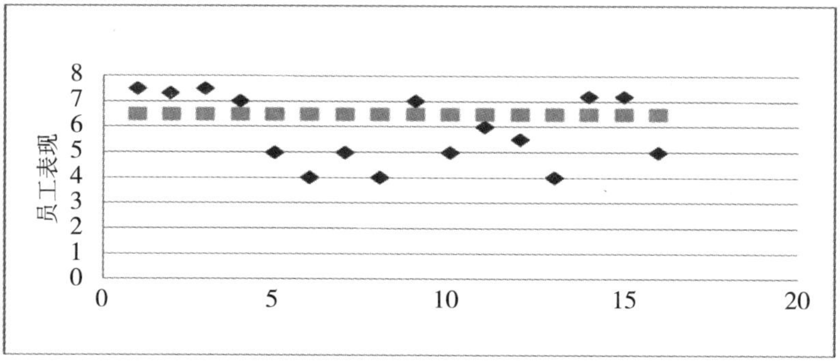

阳光小组员工表现

常见原因是指随着时间的推移，那些可导致固定的、可预知的变化过程的元素或情况，这些元素或情况直接影响所检测的工作过程的结果和每位参与者的工作过程。如新业务可能会导致客户访问量增加，服务水平指标下降。因此，客服若用控制图管理日常工作需要充分了解各指标数据的变化规律。

特殊原因是指由难以预料的情况所产生的结果。如在非典期间，突发的大量公共服务类的咨询，直接导致客服工作量增加，服务水平指标下降。因此，客服公关危机管理需要不断积累处理各种特殊情况的经验。

综合原因是指客服的数据处于相互关联、相互作用的系统中，每一个数据都不是孤立存在的，任何数据指标的变化都可能波及或改变其他相关指标，这种内在的变化很难在第一时间发现。客服的统计分析工作需要对数据进行全面的系统分析，查找真正原因，揭示客服数据变化的规律。

15.3.2 查找原因

用因果图查找问题的原因，为客服实现精准管理提供信息。日本管理大师石川馨先生将结果作为特性，以原因作为因素，在它们之间用箭头联系表示因果关系，系统地表述是哪些原因而导致了这个结果，其形状像鱼骨，因此又称鱼骨图。

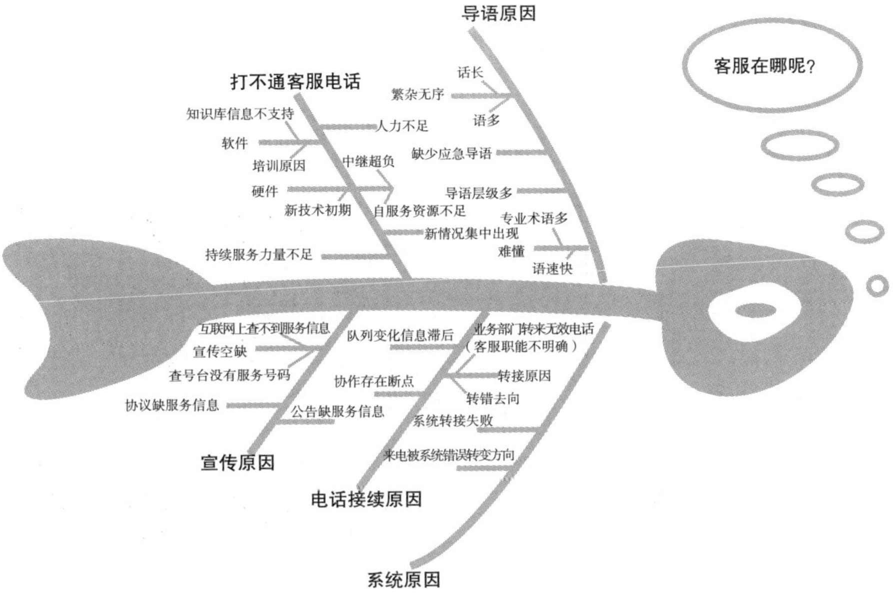
导语原因
客服在哪呢?
打不通客服电话
话长
繁杂无序
知识库信息不支持
人力不足
语多
软件
中继超负
缺少应急导语
培训原因
硬件
导语层级多
新技术初期
自服务资源不足
专业术语多
新情况集中出现
持续服务力量不足
难懂
语速快
互联网上查不到服务信息
队列变化信息滞后
业务部门转来无效电话
（客服职能不明确）
宣传空缺
查号台没有服务号码
协作存在断点
转接原因
协议缺服务信息
转错去向
公告缺服务信息
系统转接失败
来电被系统错误转变方向
宣传原因
电话接续原因
系统原因

因果图（1）

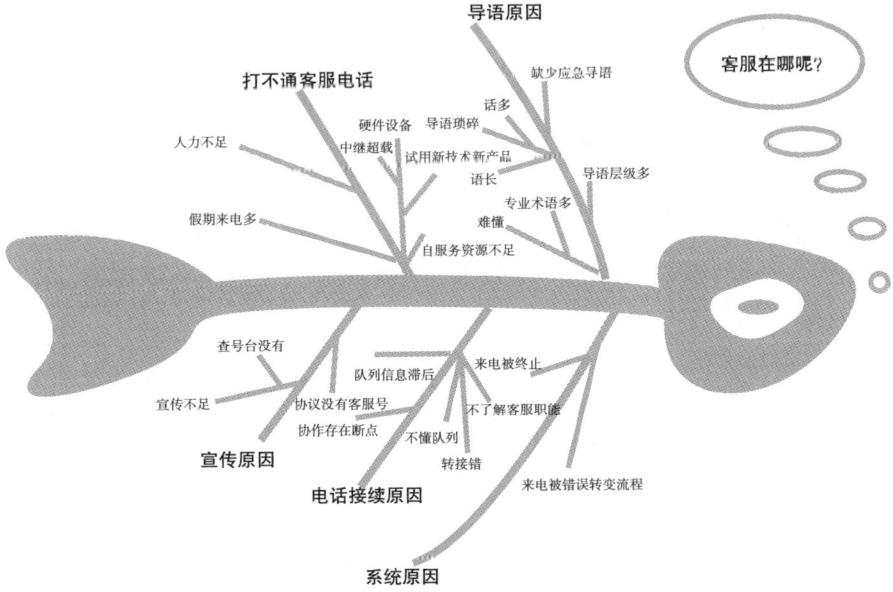
导语原因
客服在哪呢?
打不通客服电话
缺少应急导语
话多
硬件设备
导语琐碎
人力不足
中继超载
试用新技术新产品
语长
导语层级多
专业术语多
难懂
假期来电多
自服务资源不足
查号台没有
队列信息滞后
来电被终止
宣传不足
协议没有客服号
不了解客服职能
协作存在断点
不懂队列
宣传原因
转接错
来电被错误转变流程
电话接续原因
系统原因

因果图（2）

对所有原因按其对问题的作用大小轻重进行排序。标在不同的鱼中骨、大骨、小骨部位。鱼骨图画好后，将骨架上对应的所有原因或元素分配给客服相关岗位责任人，并制定协同联动解决问题的方法和工作进度表。

鱼骨图的制作步骤是：（1）勾画一个鱼头，（2）鱼身的鱼骨框架，（3）鱼大骨与主骨成 60 度夹角，（4）中骨与大骨平行，（5）归类同级问题。将要查找的问题标在鱼骨架头的部位，将问题分类标记在大骨上，将可能产生的原因用中骨标记。每类中骨只能出现在一个主骨里，每类因果用一个主骨，一个问题用一个鱼骨架，即一条鱼只能代表一个问题。也有为活跃视觉中骨与鱼大骨不平行的鱼骨图，只要分类准确就不会影响获得正确的分析结果。图示的《客服在哪呢》是用因果图分析客户的抱怨：客户为什么打不通电话。图表中将“打不通客服电话”“导语原因”“宣传原因”“电话接续原因”“系统原因”定义为一级同层级问题；将“持续服务能力不足”“宣传空缺”“队列变化信息滞后”“难懂”定义为二级同层级问题。

15.3.3 判断频度

用直方图来了解事件发生的频度。直方图是二维统计图表，它的两个坐标分别是统计样本和该样本对应的某个属性的频度。哪些事件占客户访问量较大，哪段时间的呼叫频度高，员工考评绩效在不同分数段的人数各有多少，都可以通过直方图来帮助了解，直方图是分析判断客服工作状态和服务过程是否处在正常状态的常用工具。

正常型是指过程处于稳定的图形，它的形状是中间高、两边低，左右近似对称。异常型直方图种类则比较多，有孤岛型、双峰型、锯齿型、偏态型和平顶型等。

如果直方图旁边有孤立的小岛出现，表明客服工作状态或过程可能存在异常因素。如：客服中心新员工为有经验的员工替班、测量有误等情况会造成孤岛型分布。

如果直方图中出现了双峰，有可能是所观测的数值来自两个总体、两个分布的数据混合在一起造成的。如服务指标来自客服中心新员工组和专家组，此时应当加以分层应用。

如果直方图出现凹凸不平的锯齿形状，大多数原因是作图时数据分组太多，检测设备误差大或观测数据不准确等造成的，需要对数据重新收集和整理。

如果直方图像高山的陡壁向一边倾斜时，通常表现在服务指标出现异常情况，为了保证服务质量，需要进行全面检查，排除影响正常服务的因素，包括安排不达标员工待岗培训。

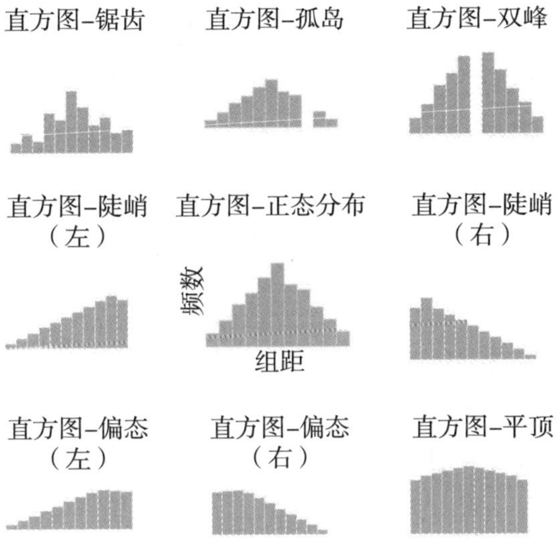

事件发生频度直方图

如果直方图在图的顶峰有时偏左侧、有时偏右侧，可能是由于下限受到限制，或是上限受到限制所致。偏左的主要原因是用标准值控制下限时疵点数接近于 0；偏右的主要原因是用标准值控制上限时，精度接近 100%，合格率也接近 100%。此外，工作习惯也会造成偏右型或偏左型。

如果直方图没有突出的顶峰，呈平顶型时，一般有三种可能的原因：A. 与双峰型类似，多个总体、多重分布混在一起。 B. 由于服务过程中某种缓慢的倾向在起作用，如客服员工疲劳。 C. 质量指标在某个区间中均匀变化。

客服在应用直方图时的常见错误有：一是概念不清，误将柱状图当作直方图，即将关于属性的频度和关于数值的大小相混淆；二是数量不足，使用直方图的数量要在 100 个以上为佳，当数据量低于 50 个时，完全可以通过心算解决，没有使用直方图的意义；三是不知分组数量过多或过少会造成直方图无效的结果，一般情况下，分组的数量在 5—12 组之间为宜。

计算机系统提供了制作直方图的功能，使用系统制图功能时需要提供相关的参数，了解制作直方图的步骤有助于正确理解和应用直方图。制作直方图的步骤为：第一，汇总所有数据（数据量超过 100 个）。第二，分组数并编组号。第三，计算组数和组距。分组的个数称为组数，每一个组的两个端点的差，称为组距。第四，计算组距的宽度。用最大值和最小值之差去除组数，求出组距的宽度。第五，计算各组的界限位。各组的界限位可以从第一组开始依次计算，第一组的下界为最小值减去最小测定单位的一半，第一组的上界为其下界值加上组距。第二组的下界限位为第一组的上界限值，第二组的下界限值加上组距，就是第二组的上界限位，依此类推。第六，统计各组数据出现频数，作频数分布表。第七，作直方图是以组距为底长，以频数为高，作各组的矩形图。以下是根据阳光客服中心员工的月度成绩，成绩采用百分制，以 10 分或 5 分为组距，用微软 office excel 工具制作员工成绩的直方图，以便直观了解员工成绩的分布情况和三个月中的变化情况。

客服员工成绩表

姓名	8 月成绩	9 月成绩	10 月成绩	姓名	8 月成绩	9 月成绩	10 月成绩
冯俊明	95	100	100	张红	79	50	75
方家银	90	99	100	侯林怀	78	80	75
叶志诚	90	98	100	张建华	76	79	75
陈宝明	85	97	100	曹欣国	75	78	75
陈家勇	85	96	100	柴卫建	75	77	75
丁时杰	85	95	100	成荣国	75	76	75
皋岳	85	94	100	丁继成	75	75	75
弓月明	85	93	100	冯义平	75	74	75
胡顺坤	85	92	100	高松光	75	73	75
琚文国	85	91	100	宫运生	75	72	75
李功华	85	90	95	韩运东	75	71	70
李孝玉	85	89	95	罗勇	75	70	70
唐宜智	85	88	95	马明河	75	69	70

续表

姓名	8月成绩	9月成绩	10月成绩	姓名	8月成绩	9月成绩	10月成绩
王联社	85	87	95	权咸明	75	68	70
王勇	85	86	95	田广军	75	67	70
谢江波	85	85	95	王爱军	75	66	70
袁维信	85	84	95	王洪德	75	65	70
张新苏	85	83	95	王彦昌	75	64	70
张学方	85	82	95	吴能学	75	63	70
张亚军	85	81	95	武建华	75	62	70
石晋	84	80	90	徐伟	75	61	65
丛锐敏	83	79	90	张国春	75	60	65
王启社	83	78	90	周开富	75	85	65
熊进	83	77	90	江洪涛	72	82	65
安德夫	82	76	90	张春友	72	79	65
成立	82	75	90	邹萍	71	76	65
程书良	82	74	90	宋国华	70	73	65
崔相威	82	73	90	张金燕	70	70	65
宫尚平	82	72	90	陈义锋	65	67	65
黄雪	82	71	90	韩之柱	65	64	65
孔辉	82	70	85	林秀军	65	61	60
李小明	82	69	85	刘光成	65	87	60
刘江	82	68	85	罗士平	65	84	60
刘玮	82	67	85	孙守标	65	81	60
刘月红	82	66	85	王书剑	65	78	60

续表

姓名	8 月成绩	9 月成绩	10 月成绩	姓名	8 月成绩	9 月成绩	10 月成绩
陆建峰	82	65	85	吴泉林	65	75	60
罗启宣	82	64	85	杨志坚	65	72	60
苏玉英	82	63	85	于明	65	69	60
王宁范	82	62	85	张洪祥	65	66	60
徐春风	82	61	85	张亚明	65	63	60
于平	82	60	80	张跃明	65	60	58
张舒	82	59	80	赵先峰	65	81	58
周远平	82	58	80	周树昌	65	82	58
葛玉喜	81	57	80	王义平	63	83	58
李桂香	81	56	80	范燕明	61	84	58
刘俊臣	81	55	80	苏立琪	60	85	58
鲁绪才	81	54	80	刘德民	55	86	58
常积林	80	53	80	史兰英	50	87	58
雷晓耀	79	52	80	熊新育	45	88	58
孙彩铃	79	51	80	周春花	45	89	58

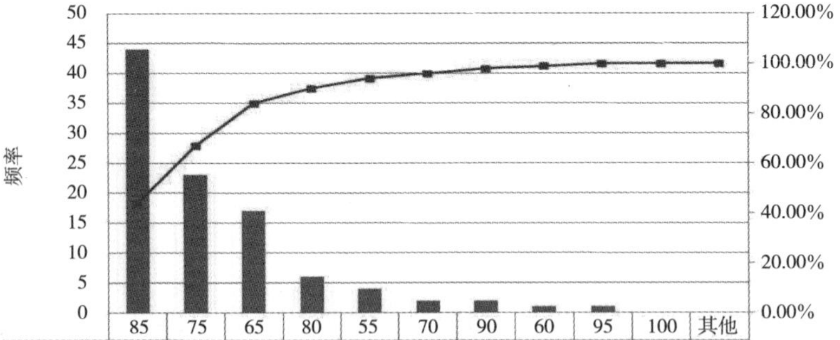

	85	75	65	80	55	70	90	60	95	100	其他
频率	44	23	17	6	4	2	2	1	1	0	0
累积%	44.0	67.0	84.0	90.0	94.0	96.0	98.0	99.0	100.0	100.0	100.0

成绩分段（接收区域）

2015年8月阳光客服中心员工成绩直方图+帕累托图

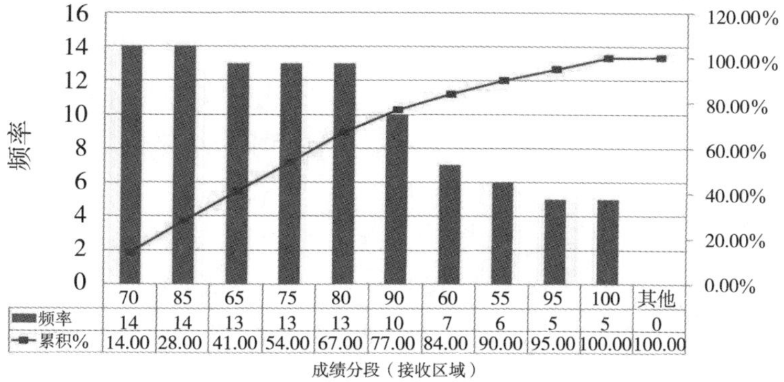

2015年9月阳光客服中心员工直方图+帕累托图

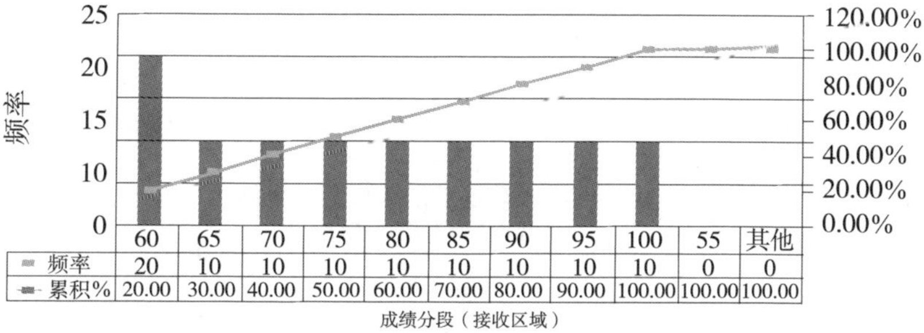

2015年10月阳光客服中心员工成绩直方图+帕累托图

15.3.4 判断强度

用散布图可以了解两个没有确定函数关系的变量之间存在的相互依存关系和相互影响的强度，使用散布图时需要清楚如何获取决定线性关系的判定系数。

客服常用散布图来了解绩效指标中没有函数关系的相互影响的强度，如了解客服中心受理人员的出勤率与接通率的关系。在研究客户和员工满意度时，需要将服务过程中不同阶段各种数据的相互影响进行研究，包括各时段员工的劳动强度、员工的薪酬待遇、客户的体验、服务保障条件和服务响应成本等数据。

散布图将两个变量（X，Y）的几种关系直观呈现出来，有益于我们查找问题的主要矛盾。散布图所呈现的两个变量的关系为：（1）强正相关，Y 随 X 增大而显著增大。（2）弱正相关，Y 随 X 增大而缓慢增大。（3）强负相关，

Y 随 X 增大而显著减少。（4）弱负相关，Y 随 X 增大而缓慢减少。（5）曲线相关，Y 的变化受 X 的变化区域影响，在某界定值的范围内 X 增大，Y 随之增大或减小，在此界限之后 X 增大，Y 又随之减小或增大。（6）无相关系，Y 不受 X 的变化而变化，出现无相关系需要进一步分析确认。

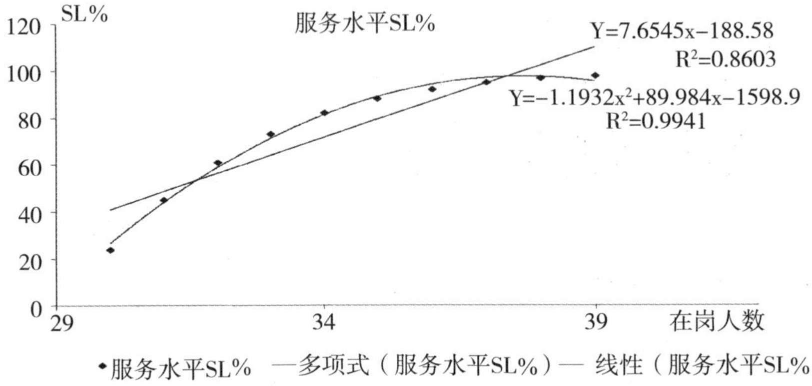

随机抽取 20 名员工的平均处理时间
（2015.08.26. 08:00—08:30）

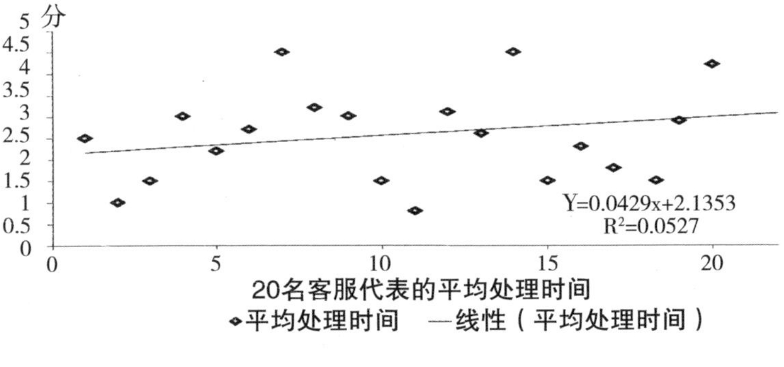

15.3.5　了解轻重

用排列图分析寻找影响服务质量的因素和程度。排列图用双直角坐标图，左边纵坐标表示频数，如件数、成绩；右边纵坐标表示频率。分析曲线表示累积频率，横坐标表示影响质量的各项因素，按影响程度的大小，即出现频数多少，从左向右由大到小排列。排列图帮助我们观察分析影响服务质量的主要因素。

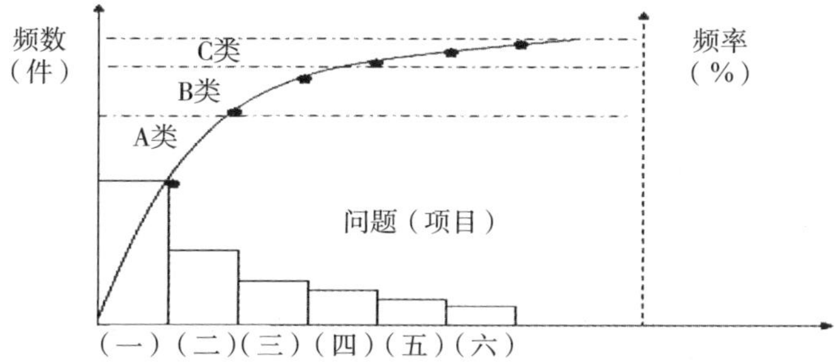

影响服务质量的因素和程度排列图

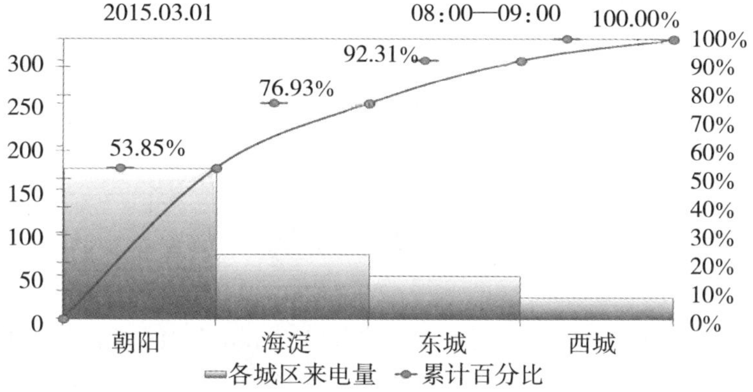

咨询小升初电话量及城区分布

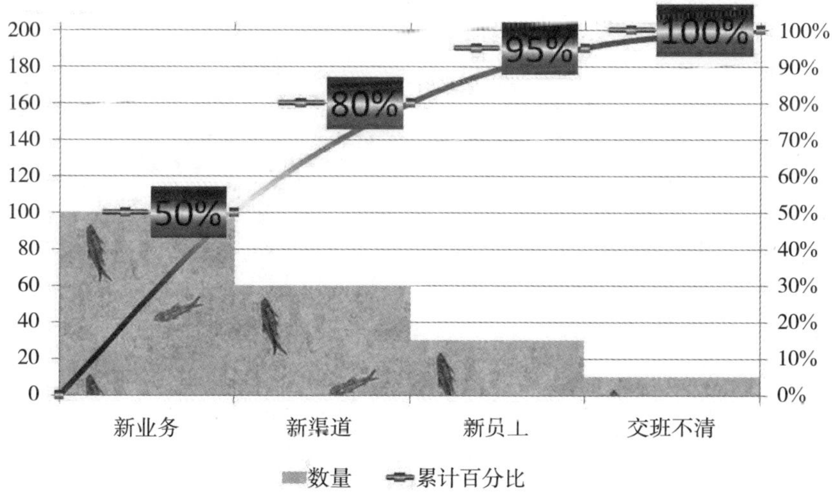

本周错误派单数量及分类

排列图的结果有益于指导客服中心根据轻重缓急安排工作。主要体现在以下几个方面：

锁定工作目标。了解客户诉求分布，锁定改进工作的重点。如，如果报障诉求较多，需要管理部门和技术部门研究如何将“故障报修”改成“主动检修和事前预防”。

锁定关键错误。通过错误类型及出现的频率，锁定急需解决的关键问题。如，今天派单或咨询的错误主要与“不知道媒体活动发布的新信息”有关。

锁定客户属性。通过客户诉求及属性，了解客户背景资料和客户偏好。如，北京朝阳区望京一带的客户，对韩语文化活动表现出较高的积极性。

锁定回访的客户及内容。通过客户诉求信息，有针对性地回访客户。

15.3.6 检查落实

用检查表来了解客服中心计划工作的进程与落实情况，常用于确认检验作业过程的状态，以防止作业被疏忽和遗漏。检查表用简单的记号标记工作过程的状态，用统计汇总获得检查结果。检查表须有明确的目的，但不要求有固定的格式。检查表要事先设计定义相关项目和与之对应的检查记录符号，使用时只需选择对应的符号。常见的检查记录符号有√、×、☆、○、+、△、是、非、A、B、C 等，或其他简单明确的文字。参见《2015 年第 8 期培训工作检查表》。

2015 年第 8 期培训工作检查表

日期	2015.08.02		2015.08.02	2015.08.07
姓名	报到	注册	领取资料	成绩
赵先峰	√	√	√	√
孙守标	√	√	√	√
韩之柱	√	√	×	√
张跃明	√	√	√	√
陈义锋	√	×	×	☆
罗士平	√	×	×	√
林秀军	√	√	√	√

续表

日期	2015.08.02		2015.08.02	2015.08.07
张洪祥	—	—	—	—
填表人	成立		日期	2015.08.02
备注：优秀☆ 通过√ 缺席 × 待查—				

15.4 样本选择

准确选取样本是客服低成本高质量开展统计分析工作的关键。客服管理中用得最多的是随机抽样，它能够实现对分析对象的无偏性和独立性要求，被抽样总体中的每一个单位个体都有相同机会，被选出的样本也不影响其他样本的出现机会，它还能用概率理论检测推论样本的可靠程度。随机抽样可以实现“人人平等、事事一样、不留死角”的客服数据处理需求。客服在质检过程中，通过采用随机抽取录音的办法，实现对每位员工服务过程的了解和评价。参见《统计结构简表》。

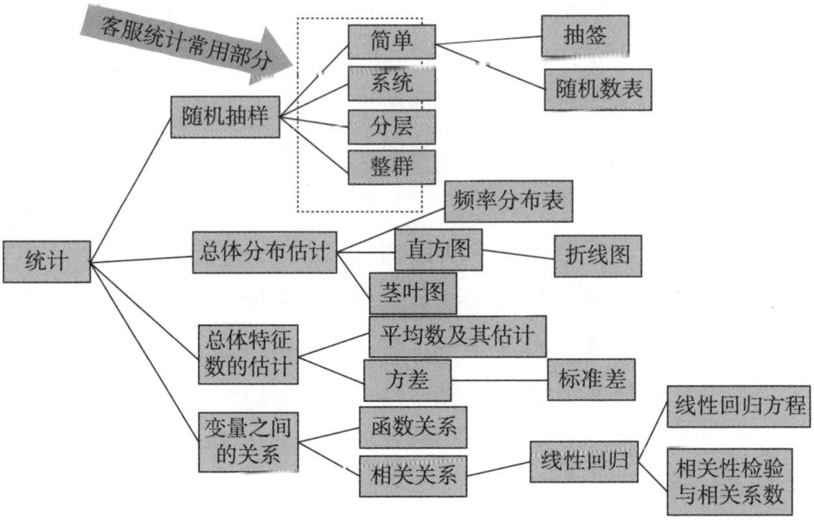

统计结构简表

15.4.1 简单选取

用简单抽样法是期望每个参与抽样的元素都能获得相等的概率。简单抽样是从总体的所有 N 个单位元素中，任意抽取其中的 n 个单位元素作为样本，保证每个参加抽取的单位元素都有相同的抽取概率，样本的每个单位元素之间不存在关联和排斥关系，适用于调查对象情况不明、难以分类，或总体单位之间特性差异程度小的情况。简单随机样本是从总体中逐个抽取的，不是同时取出的。计算机信息技术有效地解决了简单抽样编号工作量大的问题。

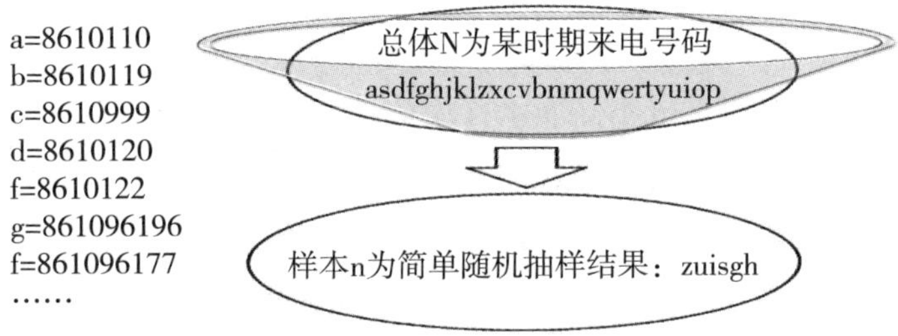

简单随机抽样示意图

简单随机抽样分为重复抽样和不重复抽样，客服常用的是不重复抽样，样本中的单位元素只能抽中一次，抽中的单位元素不再被放回总体继续参加抽样。如，客服中心访谈员工的抽样和分析客户访问线路的抽样都需要不重复抽样，以避免同一位员工被多次访谈，或重复分析同一位客户的访问路线。

简单的随机抽样，可使研究对象处于平等的地位，但并不能保证所研究的内容能获得平等。如，客服中心为了解谢江波和高松光两位员工的服务水平，从客服话务量中随机抽取了两位员工数量相同的话务量，但随机抽取的样本并不能完全体现出两位员工在工作中所面临的客户、业务等具体差异。这如同北京的小汽车摇号方案，其抽签过程绝对公平，实际效果有欠公平，因为这随机结果不能解决“一家 5 个人参加摇号，在一年内都中签，而另一家 5 个人参加摇号，5 年中没有一个人中签”的情况。简单随机抽样不能保证复杂总体样本的代表性，也不能利用总体的已知信息，因此，客服中心需要采用多种统计办法来完善简单抽样的不足。

客服中心简单抽样中常会用到随机数表概念，它是将 0 至 9 的 10 个数字随机排列成表，以备查用。其特点是，可以横着、竖着或隔行读数，以此保证随机原则的实现。主要步骤包括：（1）确定总体范围，并编排单位号码。（2）确定样本容量：抽选样本单位，即从随机数表中的任一个数码开始，按一定的顺序或间隔读数，选取编号范围内的数码，超出范围的数码不选，重复的数码不再选，直至达到预定的样本容量为止。（3）排列中选数码，并列出相应名称，如单位名称。表《客服代表服务质量抽查 - 简单随机法》是为了检查新员工服务质量，决定从 70 名客服代表中抽取 10 名新员工进行检查，工号大于 60 的为新员工，利用随机样本抽取步骤：第一步，先为 70 名客服编号，本例采用客服代表的工号。第二步，确定从中任选一个数作为开始，例如从第 2 行第 2 列 64 开始。第三步，由于新员工是均匀分布在各班组的，为简化说明，省去间隔数按向右顺序逐一对比工号抽取数据。第三，计算机将从选定的数 64 开始自动抽取样本数据：第一个取出 64 工号，与 60 工号比较，64>60，符合取样条件，取出 64 工号作为样本数据；第二个取出 34 工号，34 工号与 60 工号进行比较，34<60，不符合取样条件；依此类推，继续向右读取比较工号数据，26<60，不符合取样条件，86>60，符合抽样条件，取出 86 工号作为样本数据，……最终得到本次抽样结果的工号分别是：64、86、78、74、76、95、81、87、92、67。虽然工号 94 和 82 的两名员工符合抽样条件，但不在本次抽样结果内。这是因为当系统取出 67 工号数据时，就完成了要求的取 10 名新员工的抽样数据，系统自动终止了取样工作。

客服代表服务质量抽查 – 简单随机法

组名 / 工号	1 列	2 列	3 列	4 列	5 列	6 列	7 列	8 列	9 列	10 列
晨曦	22	52	Δ67	94	39	49	54	43	54	82
旭日	91	Δ64	34	26	Δ86	43	17	20	35	39
正阳	23	Δ78	49	37	12	04	29	31	Δ74	16
斜阳	47	21	Δ76	50	33	16	Δ95	06	12	17
夕阳	01	33	37	Δ81	59	16	13	55	67	19
月光	18	10	50	58	52	79	07	Δ87	38	44
子夜	25	Δ92	53	17	57	24	06	42	38	55

15.4.2 系统选取

用系统随机抽样是为了简化所研究的庞大总体样本。系统随机抽样将总体分成均衡的几个部分，然后按照预先定出的规则，从每一部分中抽取一个个体，得到所需要的样本。常用的总体单位排列有：按有关标志排队、按无关标志排队以及介于按有关标志排队和按无关标志排队之间的按自然状态排列等方法，按照操作方法又分为直线等距、对称等距和循环等距三种。

在定量抽样调查中，系统抽样常常代替简单的随机抽样。具体步骤是先将总体从 1—N 相继编号，并计算抽样距离 K=N/n，N 为总体单位数量，n 为样本容量的数据或称样本单位数。然后在 1—K 中抽一随机数 k_1，作为样本的第一个单位，接着取 k_1 + K，$k_1$2K，……，k_1+nK，直至抽够 n 个单位为止。假设客服中心有 7 个班组，每组 10 人，那么，N=70，K=10, 即从每 10 人中取 1 名组成样本。

客服代表服务质量抽查 – 系统抽样法

组名 / 工号	1 列	2 列	3 列	4 列	5 列	6 列	7 列	8 列	9 列	10 列
晨曦	○ 22	52	67	94	○ 39	49	54	43	○ 54	82
旭日	91	64	○ 34	26	86	43	○ 17	20	35	39
正阳	○ 23	78	49	37	○ 12	04	29	31	○ 74	16
斜阳	47	21	○ 76	50	33	16	○ 95	06	12	17
夕阳	○ 01	33	37	81	○ 59	16	13	55	○ 67	19
月光	18	10	○ 50	58	52	79	○ 07	87	38	44
子夜	○ 25	92	53	17	○ 57	24	06	42	○ 38	55

系统随机抽样方式的效果与总体单位的排列顺序有关，不同的排列可能造成一些重要的指标被“忽视”或“遗漏”。因此，同样的总体，因排列不同可能存在差异较大的样本结果，或是出现隐形的不合格样本。此外，应用系统随机抽样还需注意其周期性偏差，因为它会降低样本的代表性。例如，客服代表人员名单通常按班排列，10 人一班，班长排第 1 名，若抽样距离也取 10，那么，

可能出现样本结果全部由组员或全部是班长组成的情况，没有组员的样本和没有班组长的样本都不具备客服员工总体的代表样本。因此，本次抽样开始前，需要对每个班组长工号排在班组第一个位置的情况进行打乱处理或是对抽样距离进行调整。

15.4.3 分层选取

用分层抽样法分析那些总体结构清楚，总体元素由存在差异且互不交叉的几部分组成的数据，以此提高对总体认识的精确度。分层抽样是先将总体的单位按某种特征分为若干次级总体子层，然后再从每一个子层内进行随机抽样组成样本，每个个体被抽到的概率都相等。

假设阳光客服中心现有员工 500 名，为研究客服代表的受理能力和专业技能的关系，现需要从中抽取 100 员工作为客服中心的研究样本，选取分析样本的步骤如下：

第一，客服员工的日受理量能力存在差异且互不交叉，可以选用分层抽样方法进行抽样。

第二，根据阳光客服中心的绩效管理制度，客服员工受理能力标准设有 3 档，具体指标分别为：1 档为大于 200 通 / 天；2 档为 120—199 通 / 天；3 档为小于 120 通 / 天。

第三，根据阳光客服中心的绩效考核结果，目前客服代表在各档的人员数量分别为：1 档有 125 人，2 档有 280 人，3 档有 95 人。

第四，根据样本容量与总体的个数比为 1∶5，那么抽取数量的比例系数为 100/500=0.2。

第五，按比例选取样本人员：1 档 125 人 ×0.2=25 人，2 档 280 人 ×0.2= 56 人，3 档 95 人 ×0.2= 19 人。

15.4.4 分群选取

用整群抽样法分析有一定认识经验的多变量的总体数据。整群抽样先将总体数据中各单位元素归并成若干个互不交叉、互不重复的群，做到每个群有较好的代表性，群内各单位元素的差异要大，而群间差异要小，再以群为单位抽取样本。

应用整群抽样和分层抽样的区别在于：分层抽样要求各层之间的差异大，层内个体或单元差异小，而整群抽样要求群与群之间的差异比较小，群内个体或单元差异大；分层抽样的样本是从每个层内抽取若干单元或个体构成，而整群抽样则是要么整群抽取，要么整群不被抽取。例如将客服人员以经理、班长、组员等职位进行分类抽样属于分层抽样，将客服受理人员以班组为单位进行抽样属于整群抽样。

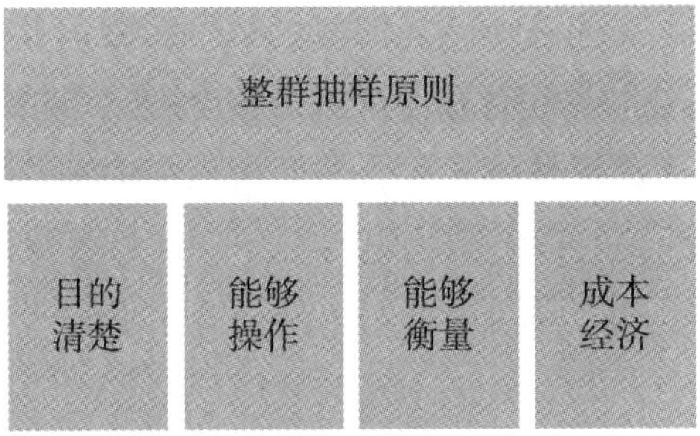

整群抽样原则

整群抽样常被应用于客服制订服务方案和团队建设计划工作的分析中，整群抽样可以结合经验数据、行业标准来分析判断客服中心整体人员的工作水平。用整群分析可判断相同的客服业务在不同客户群中产生的评价，或是研究多个变量的变化与服务效果的关系，分析某类服务变量对服务整体的影响等。如，在一定范围内开展实验，观察客户在选择或适应不同服务渠道的反映和操作情况。

第 16 章　数据挖掘

刨出难以直观看到的关键数据，揭示数据之间的内在关联规律。

客服的目标决定了客服的生存价值，客服的工作方向决定了客服是否能够实现生存价值，客服的工作方法决定了客服保障实现目标的水平。客服数据挖掘工作是要刨出那些能够支持客服目标的关键数据和数据之间隐含的规律，为组织实现目标作出有成效的数据贡献。

数据挖掘一词原于英语“Data mining”，又作资料探勘、数据采矿。数据挖掘如同开山采矿，不能在采矿开始前确定能够采到什么样的矿。因此，通常意义上的信息检索与查找不属于数据挖掘工作。数据挖掘也不是“赌石”游戏，数据挖掘是在找那些存在的且不能被直接认识到的关联数据，是对客观事物的再认识，是对客观事物之间的内在关联规律的揭示。数据挖掘也被人工智能领域认为是“数据库知识发现（KDD）”的一个步骤，即把数据挖掘作为发现知识、认识规律和解决问题的一部分过程。

2015 年 9 月 5 日，经李克强总理签批，国务院印发《促进大数据发展行动纲要》（以下简称《纲要》），系统部署大数据发展工作。《纲要》提出，要加强顶层设计和统筹协调，大力推动政府信息系统和公共数据互联开放共享，加快政府信息平台整合，消除信息孤岛，推进数据资源向社会开放，增强政府公信力，引导社会发展，服务公众企业；以企业为主体，营造宽松公平环境，加大大数据关键技术研发、产业发展和人才培养力度，着力推进数据汇集和发掘，深化大数据在各行业创新应用，促进大数据产业健康发展；完善法规制度和标准体系，科学规范利用大数据，切实保障数据安全。《纲要》明确，推动大数据发展和应用，在未来 5 至 10 年打造精准治理、多方协作的社会治理新模式，建立运行平稳、安全高效的经济运行新机制，构建以人为本、惠及全民的民生服务新体系，开启大众创业、万众创新的创新驱动新格局，培育高端智能、新兴繁荣的产业发展新生态。

《纲要》为客服数据挖掘工作指明了方向，让每一个客服中心都有机会为“惠及全民的民生服务新体系”和对高端的“顶层设计”与末端的“精准治理”作出贡献。

16.1　挖掘方法

数据挖掘的作用是以大量的数据为基础，分析寻找数据之间关联规则的过程。数据挖掘的过程包括清理与集成、选择与变换、数据挖掘、评估与决定和发现知识、认识规律。数据挖掘结果将作为知识被人们共享。数据挖掘成为组织决策的重要支持过程。参见《数据挖掘示意图》。

数据挖掘的过程需要大数据和云计算技术的支持。大数据是高增长和多样化的信息资产，它是需要新处理模式才能获取得到的决策力、洞察力和流程优化能力。大数据的特点是有 4 个“V”，即大量（Volume）、高速（Velocity）、多样（Variety）和价值（Value）。《大数据时代》一书的作者指出，大数据将不再用抽样调查等传统的捷径办法解析数据，而是采用所有数据都参加分析处理数据的过程方法。大数据是必须依托云计算的分布式处理和云存储才能实现的数据分析过程。

客服数据与数据之间不是孤立的，它们之间存在着一定的关联。每一个客服数据都可能是其他数据运动的结果。客服员工的出勤率变化或员工技能的高低都可能导致接通率变化，每个数据因素的变化也伴随着不同的条件。因此，客服中心建立保证服务所需的数据库，收集各种条件下产生的所有数据，是客服开展数据挖掘的基础而有利的条件。

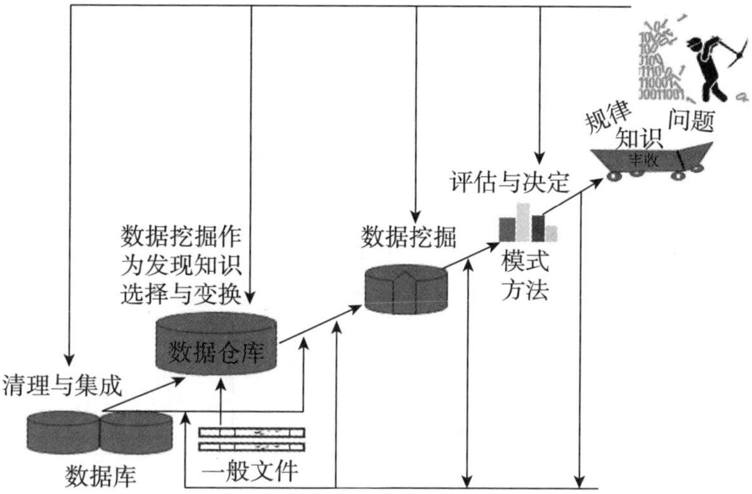

数据挖掘示意图

客服中心的数据挖掘在客服实践与管理方面的应用主要体现在：从大数据中寻找数据间的因果关系，制订属于客服顶层设计的工作计划；通过对服务过程中关键数据的分析监管，实现对服务过程的精准治理；通过认知客服数据关联和规律，制订客服提高服务成效和降低服务成本的服务方案。

2015 年的国办 86 号文中指出，目前我国在大数据发展和应用方面已具备一定基础，拥有市场优势和发展潜力，但也存在政府数据开放共享不足、产业基础薄弱、缺乏顶层设计和统筹规划、法律法规建设滞后、创新应用领域不广等问题，亟待解决。客服的数据管理顺应新时代要求，有能力有条件加快大数据部署和深化大数据应用，从而能够在稳增长、促改革、调结构、惠民生和推动城市治理能力现代化方面有所贡献。

数据挖掘工作将使客服中心的服务工作开启精准治理、多方协作的社会服务新模式。

16.1.1 挖掘工具

数据挖掘需要借助计算机系统从不同的角度对数据进行探究。大数据挖掘的常用方法主要包括分类、回归分析、聚类、关联规则、统计学习、链接挖掘和打包推进等。

数据挖掘算法是为了寻找适合现存数据状态的模式和趋势而创建的一组数据挖掘的探究法和计算法。客服在数据挖掘算法的应用过程中，需要了解现有数据挖掘的经典算法及作用。在 2006 年 12 月的数据挖掘国际会议 The IEEE International Conference on Data Mining（ICDM）上，到会专家对所有参加评选的 18 种数据挖掘算法进行了充分的评价，并从中评选出数据挖掘领域的十大经典算法，也称数据挖掘工具，分别是：C4.5、K-Means、SVM、Apriori、EM、PageRank、AdaBoost、kNN、NaiveBayes 和 CART。目前，很多数据库自带数据挖掘算法的功能，客服人员只需要了解每个算法的作用和所需的研究数据，基本可以实现简单的数据挖掘目标。

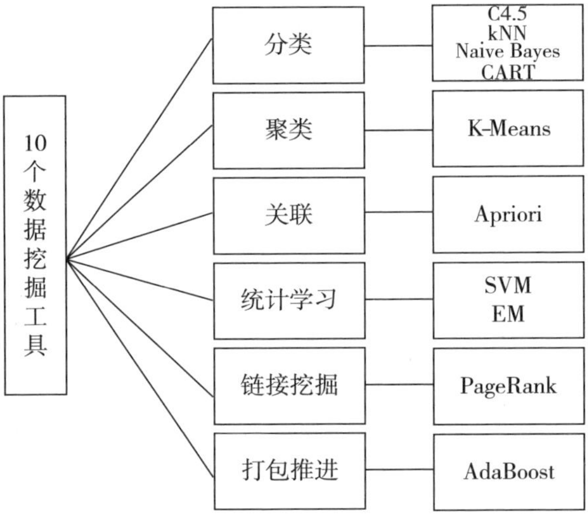

数据挖掘算法示意图

客服可用分类法进行数据分类和数据变化趋势预测方面的挖掘。分类法是通过分类模型，从大数据中发现有共同特点的数据，并按照分类模式将其划分为不同于其他数据的类，把大数据库的数据映射到某个特定的分类中，由此获得数据挖掘结果。

阳光客服中心利用分类法挖掘数据，对所有设备故障的数据进行分类，获得“每逢雷雨季节，因室外设备故障造成的客户来电量明显增多”的分类结果。从分类结果可知：A 和 B 两个产品的故障率占比较高，其中 A 产品占总故障率的 45%，B 产品占总故障率的 25%，所有故障设备都是超期服役的设备，大多出现故障的设备都是在 M 公司所负责的安装和维护区域内。而在 N 公司所负责的安装和维护区域内，在雷雨季节设备发生故障的比率相比平时没有明显的增加。由此可知，在雷雨季节，设备发生故障率高是相关部门疏于管理的表象。雷雨季节不是产生设备故障和呼叫量高的原因，故障频出的主要原因是超期服役隐患大、安装方法欠妥和维护工作不主动等。

大数据分类的算法及作用分别有："C4.5"是机器学习算法中的一种分类决策树算法，由此获得易于理解、准确较高的分类；"kNN"是一个在理论上确定样本类别比较成熟的方法；"NaiveBayes"是一个关于条件发生转换后的概率算法；"CART"是生成可以理解的规则和显示关键重要信息的方法，它将"递归地划分自变量空间"和"用验证数据进行剪枝"包括在其中。

回归分析常应用于分析客服服务成效方面的数据，通过数据函数映射关系发现数据属性值，实现对客服数据序列变化的预测。

客服中心应用聚类法解析大数据，可判断事件或问题的属性。支持聚类的算法称"K-Means"，把 n 个数据对象根据属性进行 k 个分割。如，判断客户来访量相对集中的原因是否在预测范围内，需要将所有已知的原因可能产生的数量进行对比求和，若结果不能支持实际数据，则需要判断是否还存在其他未知的原因。

数据关联是数据库中存在的一类重要的可被发现的知识。若两个或多个数据变量之间存在某种关联的规律，就称其为数据的关联规则。关联规则是隐藏在大量数据项中的数据关联规则或数据关系网，关联规则是可以根据一个数据项的出现来推导出其他数据项的出现概率。从大量的数据中发现数据的关联规则是数据挖掘的有趣过程。

关联可分为简单关联、时序关联、因果关联。1993 年开始，Agrawal 先生将数据关联规则的思想应用在研究顾客购买交易的数据库中，并取得了巨大的经济效益，之后更多的研究人员应用关联规则的思想进行数据挖掘的研究，其中包括对原有的算法进行优化，引入随机采样和并行的思想等，以提高数据挖掘中关联算法的效率。

关联规则挖掘过程主要包含两个阶段：第一阶段必须先从资料集合中找出所有的高频数据的项目组，第二阶段再由这些高频数据项目组中产生关联规则。奥运会开幕式当天，在客户诉求中有 25% 的客户来电询问电视直播开始的具体时间，通过对这 25% 的客户诉求进行统计分析并了解到：在这 25% 的客户诉求中，有 80% 的客户除了问电视直播开始的具体时间，还询问了具体的赛事时间，有 70% 的客户诉求中问到男子 100 米跨栏决赛的具体时间。为此，客服中心专门设立了服务奥运信息小组，主动发现并提供客户关心的信息。同理，咨询道路交通临时管制时间的客户，可能还会问到地铁是否停运。由此可知，关联规则在客服中心主动的有准备的服务客户方面发挥着重要作用。

“Apriori”是应用广泛的挖掘布尔关联关系的频繁项集算法，其核心是基于两阶段频集思想的递推算法。客服中心应用关联关系法了解服务数据的内在联系，降低障目工单产生的无效工作量。

因为不能提前知晓数据库中各种数据的关联关系，或是难以用函数来表达，使数据挖掘的关联结果存在是否可信的疑问。

“SVM”在数据样本不确定的情况下，需要找到一个指标来衡量方案的好与差。“EM”是在概率模型中寻找参数最大似然估计的算法，其中概率模型依赖于无法观测的隐藏变量，它也被称为最大期望算法。

“PageRank”是 Web 数据挖掘的常用算法，2001 年 9 月这个算法被授予美国专利，专利人是 Google 创始人之一拉里 · 佩奇（Larry Page），PageRank 中的 Page 不是网页的意思，而是指以佩奇命名的等级算法。此外还有 HITS 和 LOGSOM 算法通过 Web 数据挖掘研究数据之间的关联与映射现象，以数据关联为依据为研究对象确定品质。当前，Web 数据挖掘面临共同的问题是用户的分类标准问题、使用网站内容时效问题、用户在页面的动态跟踪问题，包括难以准确采集的客户链接进入、停留时间和退出链接等数据。

“AdaBoost”通过迭代算法获得决策分类器，是一种重要而有效的集成学习技术。

除此之外，神经网络作为一种先进的人工智能技术，被用来处理数据挖掘中遇到的数据模糊不清或不完整的情况。

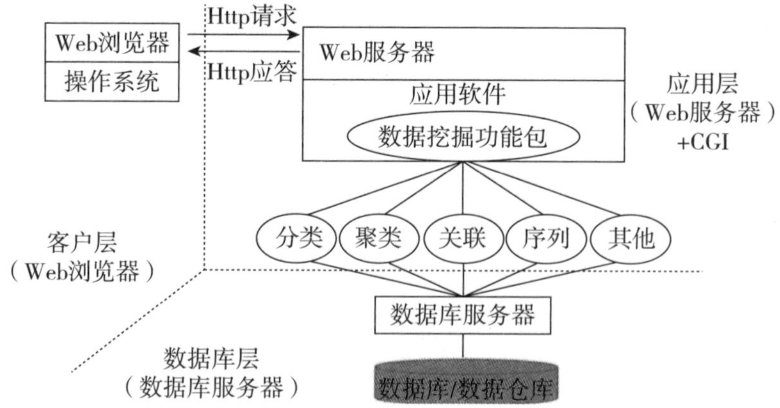

目前，对数据挖掘存在认识误区，甚至把数据统计结果当作数据挖掘结果。培养数据挖掘人员是客服在大数据时代的重要工作之一。客服拥有记录组织运转的大量客观数据，客服的数据挖掘应在判断服务质量、提高服务品质和为组织提供有价值的信息方面发挥作用，这个作用是时代赋予客服中心的，非客服莫属。

16.1.2 挖掘步骤

数据挖掘好比采矿，不论是采煤，还是采石，它们有着相似的作业程序和标准。数据挖掘工作的分解步骤及顺序大致相同，主要包括以下几个方面。

第一，数据准备。理解每一个数据，清楚每一个数据的来源，采集校验相关数据。在数据挖掘过程，每一个数据只能有一个名称和一个数据源。对每一个存在的数据进行严格定义，杜绝一个名称对应多个不同类的数据。汇集相关知识与技术，依据标准对数据进行去伪存真处理，包括剔除存在疑问或相互矛盾的数据。如，阳光客服中心客户访问量包括电话、邮件和微信等服务渠道，指定以 ACD 的数据作为客户电话访问量的唯一数据源，明确由客户在服务水平指标内挂断的电话列入大数据范围；在数据挖掘过程中，重点参考客服行业的标准和组织主业的行规。

第二，数据挖掘。根据工作目标，假设条件因素，建立分析模型，选择挖掘工具，进入数据挖掘作业。数据挖掘的计算和分析过程主要由专业的数据挖掘系统和人工智能系统来完成。研究来自分析模型的结果，探究各种数据能够相遇的情况和规律。如通过汇集客户来电量、服务响应时间、客户满意度、新员工人数、新业务上线时间、排班方案等数据元素和产生数据的条件，分析各种数据彼此相遇的条件和概率。

第三，结果应用。通过加入更多的数据元素和条件对数据挖掘结果进行测试和验证，确保数据挖掘结果的客观存在。对得到验证的数据挖掘结果，需要用简洁的文字进行描述数据之间的关联、运动中的规律和研究环境，提供数据挖掘结果的共享条件。

综上所述，客服数据挖掘的步骤是探寻未知的数据关系的过程，它需要充足的真实数据和明确的管理目标作基础。

16.2　解析数据

虽然数据挖掘的计算和分析过程主要由专业的数据挖掘系统和人工智能系统来完成，但是客服管理人员应该具备基本的数据解析能力，以便能够结合实际情况进行数据再加工和再应用。

16.2.1　取舍依据

在数据挖掘中，对数据的关心体现在获取未知的客观存在和通过客观存在的数据进行准确的判断。在几乎相同的数据中，如何知晓哪一个数据更接近目标的要求？如何提高对数据的认识水平和依据什么能够作出对数据的准确取舍？方差是解析相似数据的常用办法。

例：推荐服务标兵

阳光客服要从两名客服代表韩运东和王爱军中推荐出一名服务标兵。韩运东的接起能力是平均每班 100 人次，在其所受理的客户诉求中，客户二次来电率为 6%；王爱军的接起能力是平均每班 95 人次，在其所受理的客户诉求中，客户二次来电率为 1%。

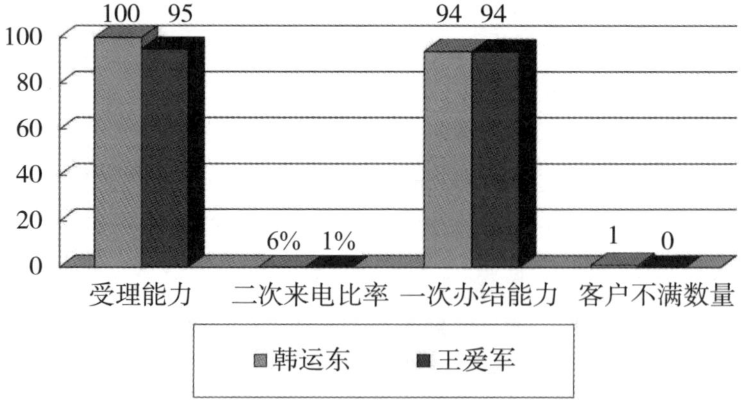

用相对指标评价客服代表综合服务能力

两位客服代表在每班次的一次办结数据分别为：韩运东每班次的一次办结能力为100–100×6%=94人次；王爱军每班次的一次办结能力为95–100×1%=94人次。

但是，由于韩运东受理客户的二次来电率是王爱军的6倍（6%∶1%），由此产生了客户不满意，而王爱军的一次办结率高，没有客户不满意。综合服务成效指标和客户感受因素，推选王爱军作为本次的优秀服务标兵更符合让客户满意的服务要求。

例：推荐先进工作者

假设，客服员工罗勇的服务质量平均成绩是190分，标准差为10.5分，员工李小明的服务质量平均成绩是196分，标准差为8.5分，那么，这两位客服代表哪一位服务质量更接近客服要求？推荐哪一位当先进工作者？

根据变异系数理论，可知：

客服代表罗勇的服务质量的变异系数（C.V）=10.5/190×100% = 5.53%

客服代表李小明的服务质量的变异系数（C.V）=8.5/196×100% = 4.34%

由此可见，客服代表罗勇的服务质量变异程度大于李小明，所以客服代表李小明的服务品质比罗勇更稳定、更接近客服工作的要求，因此推荐其为先进工作者。

例：哪个班组的工时利用水平更稳定？

根据表《阳光客服中心晨曦班组与月光班组员工的工时利用率》可知，晨曦班组和月光班组的人员数据相同，平均利用率数据相同，以班组为单位的工时利用平均水平相同；但是，月光班组的中位数比晨曦班组的大，说明月光班组成员工时利用率的数据水平比晨曦班组高；另外，根据方差数据定义可知方差越大波动越大，反之越小。因此，在两个班组平均工时利用率相同的情况下，月光班组所有成员的工时利用数据比晨曦班组的表现更稳定且水平更高。

阳光客服中心晨曦班组与月光班组员工的工时利用率

班组	参加人数	平均利用率	中位数	方差
晨曦	12	60	62	82
月光	12	60	65	51

例：哪个班组成绩更接近目标要求？

在《评价两个班组服务水平趋势图》中，假设服务水平的合格指标是85/20，在太阳班组1和太阳班组2的总成绩相同时，通过标准方差分析可知太阳班组1比太阳班组2成绩更平稳，服务水平连续达标；而太阳班组2存在某个日期服务水平指标数据低于85的不合格的情况。

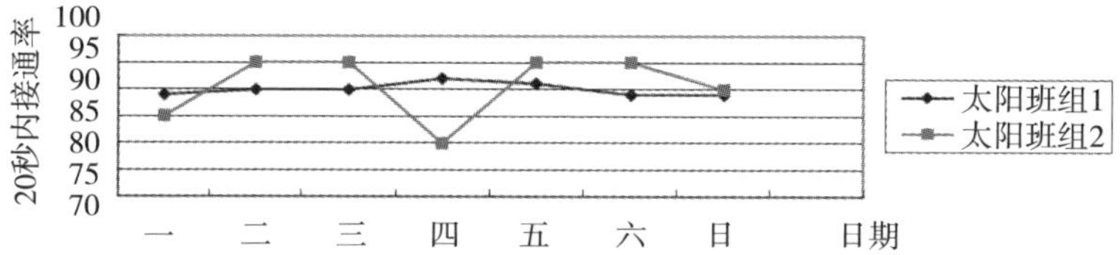

评价两个班组服务水平趋势图

16.2.2 边界范围

通过切比雪夫不等式来解析数据，了解工作的偏差及范围，或了解某项数据的活动区间。切比雪夫不等式的理论是指在任何数据集中，与平均数超过M倍标准差的数据，所占总体比例在$\frac{1}{M^2}$之内。也就是说，与平均数相差2个标准差的值，其数目不多于$\frac{1}{2^2}=\frac{1}{4}$；与平均数相差3个标准差的值，数目不多于$\frac{1}{3^2}=\frac{1}{9}$；与平均数相差4个标准差的值，数目不多于$\frac{1}{4^2}=\frac{1}{16}$；那么，与平均数相差M个标准差的值，数目不多于$\frac{1}{M^2}$。

例：离平均成绩差3个标准差值的人员有多少？

假设，2015年9月客服3个班组共计36名员工，平均绩效成绩是 90 分，标准差是 10 分。那么，根据切比雪夫不等式理论，可知少于 60 分，即与平均数相差 3 个标准差的员工数量不会超过 4 名（$=36\times\frac{1}{9}$）。

16.2.3 增减速度

为争取主动应对变化的时间，提前规划服务资源，对发展变化做到胸有成竹，客服管理需要了解数据变化量与时间的关系，了解客服中心的数据在某一时期内的变化速度，预测数据变化所需的时间。

☞ 例：根据递减量，预计达到目标所需要的时间是多少？

随着网络通信技术变化，手机短信服务渠道上的来访客户量在逐月递减，每月基本上都比上一个月降低 2%，那么大约经过多少个月，该渠道上的客户来访量可能会降低到原来的 80%？

第一，假设经过 n 个月短信渠道上的客户来访量降低到原来的 80%。

第二，根据数理知识列入算式：$(1-0.02)^n=0.8$

第三，进行运算：$n=\log(0.98, 0.8)=\ln(0.8)/\ln(0.98)=11.0452301173$。

通过预测计算可知，按目前的情况持续发展，大约需要 11 个月的时间，手机短信服务渠道的受理量可能是原来的 80%。客服可根据此数据跟踪变化情况并逐步减少短信渠道的服务人员数量。

☞ 例：根据变化的总量和时间的控制要求，变化率应该是多少？

目前，阳光客服中心每月的受理量约为 100 万人次，随着业务的发展变化，客服每月的受理量增长率为 1.2%。

请问：

1. 10 个月以后，客服中心的月总受理量大约是多少人次？（人次数精确到 0.1 万）。

2. 从现在开始，大概需要多少时间，客服的月受理量达到 120 万

人次时？（精确到月）

3. 如果需要降低增长速度，将受理量从 100 万人次增长到 120 万人次的时间控制在 20 个月以上，那么每月增长率应该控制在什么范围内?

根据数据分析要求，建立受理量数据逐月变化的函数：

第 1 个月后，客服中心的月度总受理量为：$y=100+100\times1.2\%=100\times（1+1.2\%）$。

第 2 个月后，客服中心的月度总受理量为：$y=100\times（1+1.2\%）+100\times（1+1.2\%）\times1.2\%=100\times（1+1.2\%）^2$。

第 3 个月后，客服中心的月度总受理量为：$y=100\times（1+1.2\%）^2+100\times（1+1.2\%）^2\times1.2\%=100\times（1+1.2\%）^3$；依此类推，第 n 个月后，客服中心的月度总受理量的函数关系为：$y=100\times（1+1.2\%）^n$；那么，以上三个问题的答案分别为：

第 1 个问题：第 10 个月后，设客服中心的月度总受理量为 y 人次。那么，$y=100\times（1+1.2\%）^{10}=100\times1.01210=112.7$ 万人次。

第 2 个问题：设 n 为增长量，它与时间的函数关系为：

$y=100\times（1+1.2\%）^n=120$，

$n=\log_{1.012}\frac{120}{100}=\log_{1.012}{}^{1.20}\approx15$（个月）。

经过 15 个月后，客服中心的受理量将达到 120 万人次。

第 3 个问题：设 m 为平均增长率，它与时间的函数关系为：$100\times（1+m）^{20}\leqslant120$，由此获得：$（1+m）^{20}\leqslant1.20$，而 1.20 的 20 次方根为 1.009，即（$1+m$）$\leqslant1.009$，$m\leqslant0.9\%$。受理量的每月增长率应该控制在 0.9% 范围内。

例：在来访量和受理能力增加的情况下，中继线需要增加多少?

本月，各项业务在电话渠道上的人工受理量各为 360 通，由于业务发展和岗位培训等原因，电话来访量和人工受理能力都在不断地提高。根据统计分析可知，在未来的半年中，电话来访量将以每月 1.2% 的速度递增，人工受理能力以每月 4% 的速度增加，那么经过 x 月后，电话中继线 y 与 x 的函数关系为：

假设客服中心有 M 项业务，那么客服中心本月总受理量为 360×M。

经过 1 个月后，客服的总受理量 360×M×（1+4%），而业务数量增至 M×（1+1.2%）；

客服人工受理量占用电话线路的数量为：$y=\frac{360\times M\times(1+4\%)}{M\times(1+1.2\%)}$；

经过 2 个月后，客服人工受理量占用电话线路的数量为：

$y=\frac{360\times M\times(1+4\%)^2}{M\times(1+1.2\%)^2}$；

经过 x 个月后，客服人工受理量所需占电话线路的数量为：

$y=\frac{360\times M\times(1+4\%)^x}{M\times(1+1.2\%)^x}=360\times\frac{(1+4\%)^x}{(1+1.2\%)^x}$

例：服务的成本增长是多少?

假设客服本年基本支出 a 万元，每年增长率为 r。如果基本支出是 1000 万元，每年增加控制在 2.25%，那么，5 年后客服中心的支出是多少?

假设 y 为年支出总成本 = 基本支出 + 年增长量，x 为预测的时间年数。那么：

1 年后的总支出成本：$y_1=a+a\times r=a(1+r)$；

2 年后的总支出成本：$y_2=a\times(1+r)^2$，

x 年后的总支出成本，$y=a\times(1+r)^x$。

当 a = 1000 万元，r = 2.25%，x = 5 时，

$y=1000\times(1+2.25\%)^5=1000\times1.0225^5=1117.68$（万元）。

16.2.4 规划进度

互联网和新技术为客服中心分流电话服务渠道的受理量提供了多种方式，为方便客户和降低服务成本，客服中心正逐步将一些业务移到手机 APP 客户端。因为有关分流的工作涉及削减受理岗位人员，需要将推进工作的节奏与电话服务渠道移出的目标数量相结合，确保在不降低服务水平的情况下按计划移

出目标数据。

例：根据现有条件完成移出目标，大约需要多少时间？

客服中心电话受理能力为a，计划利用新技术将电话服务量移出分解到其他服务渠道上，假设每月移出的百分比相等，移到一半时用了T月。此外，为了保证传统电话服务量，电话服务渠道至少要保留原受理能力的1/4。目前的电话受理能力为原来的$\frac{\sqrt{2}}{2}$，那么到现在为止，电话服务分散移出工作已经做了多久？还要做多久？

设每月降低的百分比为：x（0<x<1），那么，$a\times(1-x)^T=\frac{1}{2}a$，两边同取常用对数得，$T\lg(1-x)=\lg\frac{1}{2}$，

设经过M月电话渠道的服务能力为原来的$\frac{\sqrt{2}}{2}$，则

$a\cdot(1-x)^M=\frac{\sqrt{2}}{2}a\Rightarrow M\lg(1-x)=\lg\frac{\sqrt{2}}{2}$，

$\therefore\frac{T}{M}=\log_{\frac{\sqrt{2}}{2}}\frac{1}{2}=2$，$\therefore M=\frac{T}{2}$，即到目前为止已经做了$\frac{T}{2}$月。

设从现在开始，此项工作还 要再做N月，在N月后剩的电话服务能力为：$\frac{\sqrt{2}}{2}a(1-x)^N$，按移出计划得到：$\frac{\sqrt{2}}{2}a(1-x)^N\geqslant\frac{1}{4}a$，

由：$(1-x)^T=\frac{1}{2}$、$1-x=(\frac{1}{2})^{\frac{1}{T}}$和$\frac{\sqrt{2}}{2}\cdot(\frac{1}{2})^{\frac{N}{T}}\geqslant\frac{1}{4}$，

得：$(\frac{1}{2})^{\frac{N}{T}}\geqslant(\frac{1}{2})^{\frac{3}{2}}$，$\frac{N}{T}\leqslant\frac{3}{2}$，$N\leqslant\frac{3}{2}T$，

即电话渠道的服务量移出最多还要做$\frac{3}{2}T$月，就能实现保留原受理能力1/4的目标。

16.3 信息表达

简单的数据表达不足以发挥客服数据应有的作用，客服需要完成从认识数据到认知数据的过程，即要正确说明每类数据的属性及含义，并能够通过数据正确传递要表达的思想，是将分散的数据转化为可用信息的过程。

16.3.1　信息与数据

开展数据挖掘工作以数据和信息为基础，那么“信息与数据有什么区别”？数据包括了信息，数据是已经发生的事件的定性、定量表述，它包括数字、文字、符号、图形、图像等。信息是数据被加工、处理的结果，信息是对数据某类内在含义的分析结果。因此，信息因受人或信息处理过程的影响，可能存在同样的数据通过不同的思想或处理方法得到不同的信息。通过数据被挖掘获得的信息，比原始数据有更大的价值作用。

获得真实的解析数据需要以客观真实的数据为基础条件。但由于对数据的解析会受到人的主观因素的影响，不同工作人员对数据的理解存在差异、对问题分析的重点存在差异，采用相同的方法处理同一组数据时，得到的信息结论很可能不同。因此，追求实事求是和精益求精的工作作风是对客服数据分析岗位人员的基本要求。了解数据与信息、数字符号与思想表达的关系，参见以下实例。

☞ 例：区分数据与信息

今日晨曦组受理客户N人次，需要统计客户满意量M的情况。

这里的N是数据，M是信息。

☞ 例：区分数据与信息

今日晨曦组的客服代表黎明受理客户诉求20人次，其中19人次客户体验良好，1人次客户体验出现不愉快。

这里的“20”是数据，“19”和“1”为信息。

☞ 例：相同的数据，不同的信息结果

客户满意度调查数据中隐含着不同的信息内容，需要数据管理人员对数据挖掘。同样的数据，在不同的思想或主观期望下，可能得到不同的信息结果。这里有1000份客户满意度调查数据，不同人员从中获得了不同信息结果。参见下图。

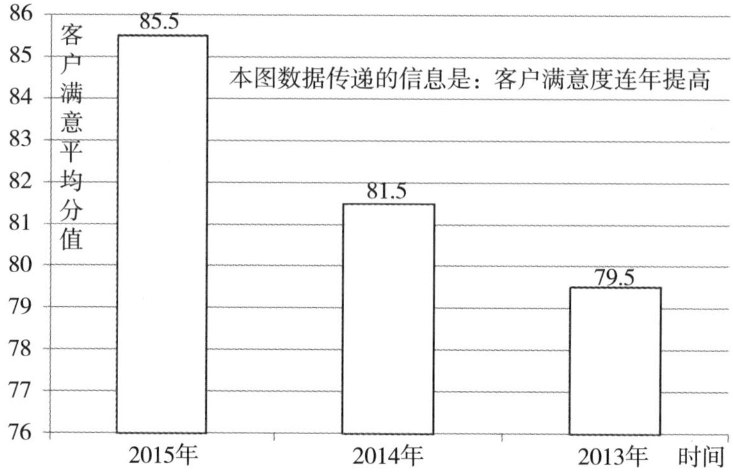

客户满意度调查数据

信息结果 1：客户满意度逐年上升。（简单解释数据）

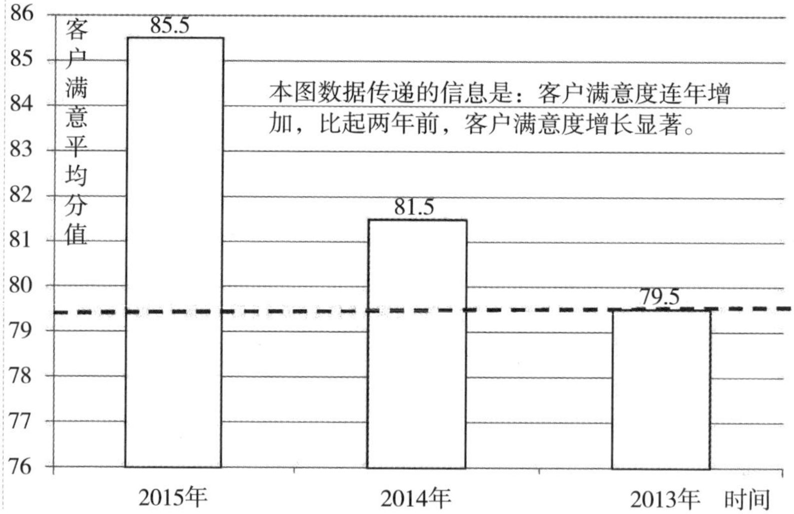

客户满意度调查数据

信息结果 2：客户满意度增长显著。（强调说明数据）

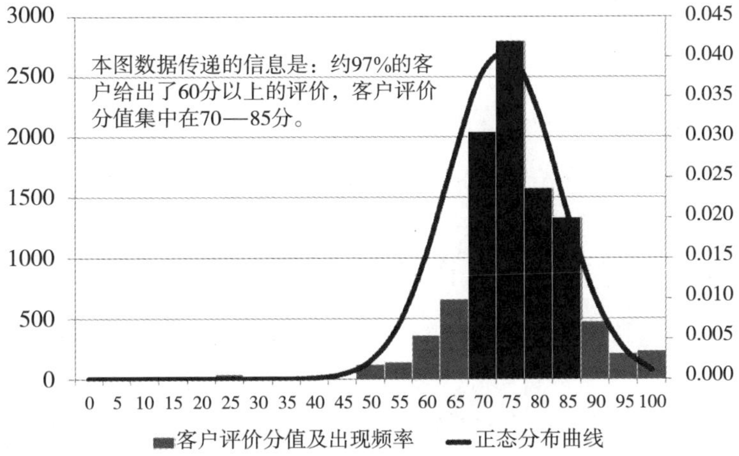

客户满意度调查数据

信息结果3：绝大多数客户表示满意。（分析数据，表达重点信息）

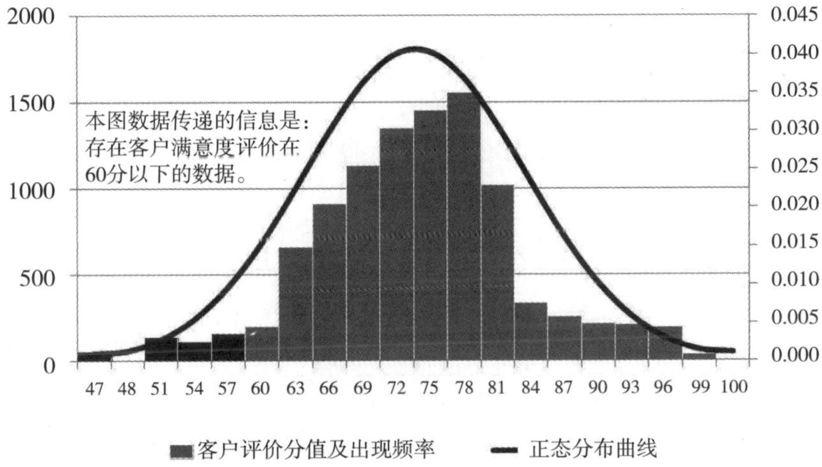

客户满意度调查数据

信息结果4：存在客户满意度评价在60分以下的情况。（分析数据，表达问题信息）

例：分析接通率不合格的责任归属

阳光客服中心的服务水平指标 SL 为：80/20，接通率为：95%。

信息人员预测出每日上午 10:00—10:30 的来电量约为 1100 人次。

排班人员根据服务水平指标 80/20 的要求，在上午 10:00—10:30 的时间里，安排的客服代表数量可实现最低接起客户来电 1200 人次。

2012 年 2 月 1 日上午 10:00—10:30 期间，客户实际来电量是 1800 人次，实际接起量是 1260 人次，接通率约为 70%（1260/1800），没有达到预期的服务指标。那么，谁应该对这个不合格的接通率负主要责任？

第一，与接通率直接关联的工作人员有：客服代表、信息人员、排班人员和现场管理人员。为简化分析，暂不考虑 20 秒内接起的限制，将所有接通的电话都视作 20 秒内接起的。

第二，分析客服代表的能力表现，客服代表的能力表现与要求可用数据表达为：1260/1200=105%，超额完成工作任务。因此，客服代表不应承担此时段接通率不合格的责任。

第三，分析排班人员的排班情况，排班人员按预测来电量安排上岗人员数量，并根据工作经验增加了 100 人次的预备量。因此，排班人员不应承担此时段接通率不合格的责任。

第四，分析信息人员的预测准确度，预测的来电量偏离实际的来电量太大，信息人员承担分析预测数据的责任，须分析预测数据偏差过大的原因。

第五，分析现场管理人员的监管情况，当客户排队量明显增加和客户排队时间明显增大时，现场管理没有及时采取二线增援一线或启用临时工作队等预设措施。因此，客服管理人员应当承担此时段接通率不合格的主要责任。

16.3.2 实体关系图

客服中心为了分析大数据的脉络，可用实体关系表达数据的结构。实体关系图也称 E-R 图，它以实体、关系、属性三个基本概念来概括表达数据的基本结构，是数据库中描述静态数据结构的一种概念模式。实体关系图可以简单明了地表达客服中心与客户和客户与客户之间的互动信息的关联情况，从而实现对客户信息的关联管理，关联管理是客服应用大数据的重要内容之一。

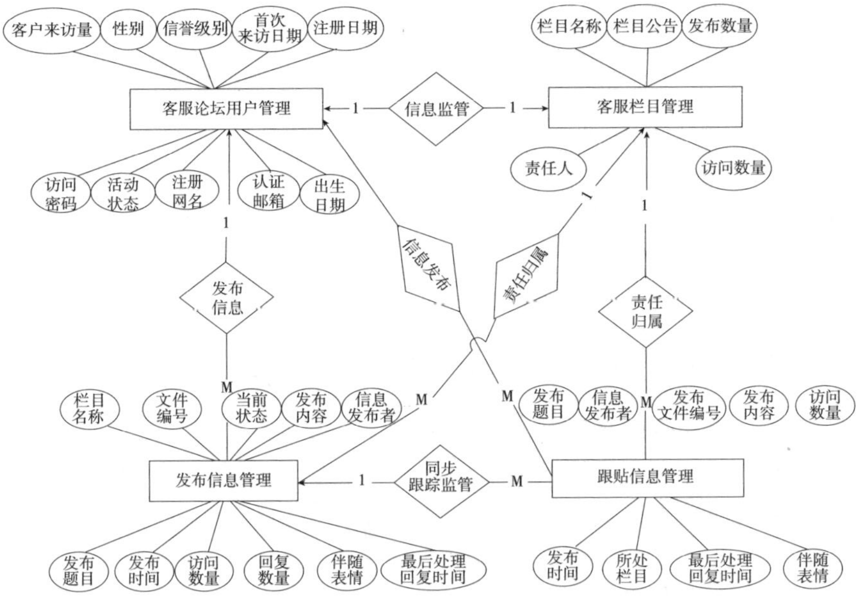

实体关系图

16.3.3 应用案例

例：客服中心大数据节选

（阳光客服中心正在应答客户来电，内容节选如下。）

客服：阳光客服中心。您好，544号话务员为您提供服务，请问您需要什么帮助？

顾客：我想买一套儿童暑期电视节目包。

客服：好的。您的来电号码与一个会员号存在优惠的捆绑关系，您记得自己的会员号吗？

顾客：是BJ-12345。

客服：您是为张舒小朋友购买节目包吗？

顾客：是的。

客服：根据这学期他的成绩和老师的评语、他的身体健康情况、他的视力和身高情况及作息情况，我们为他综合汇编了《张舒2015暑期电视专辑》，其中为他推荐了几套不同的暑期学习生活安排，节目包总计100小时，报价99元，最终报价需根据您的添加需求算出。节目包中50小时的节目是与张舒小朋友下学期课业有关的故事，其余的50小时按您的需求汇总。

顾客：50小时，足够了，买20小时自然地理，科幻5小时，侦探10小时，休闲娱乐15小时。

客服：好的，我们已经按照您的要求完成打包，请问您还有什么要求吗？

顾客：这些节目会与我之前购买的节目重复吗？

客服：陈先生，我们的系统不会让您重复购买的。

顾客：请将节目包加入每播放40分钟强制暂停10分钟的控制符。

客服：好的，请稍等。我们已经按您的要求完成打包，请问您还有什么要求吗？

顾客：我什么时候能看到？

客服：我们已经向您推送发出节目包，所有节目目前处于“待收看”状态，您付款成功后即可收看。

顾客：谢谢。我用手机付费。

客服：昨天您夫人在王府井购买裙子时，得到我们50元的电子优惠券，您本次只需支付49元。我已经将支付单发到您手机上了。

顾客：等等，我支付不成功，网络可能有问题。

客服：陈先生，我看到您正反复输入招行的卡号，安全系统提示，此卡目前处于注销状态，您昨天去派出所报案和去银行挂失的就是这个卡号。

顾客：对对对，谢谢。可我马上要登机了。

客服：陈先生，等您落地后，请随时联系我们。

顾客：不用，我刚把支付单转给我太太了。

客服：好的，她可以直接扫码付费，我们也有她的联系方式，祝您旅途愉快。

16.4　精确可信

客服中心的工作应该保持在什么样的数据水平上？客服数据的发展趋势是什么？数据挖掘的结果是否可信？回答这些问题需要了解有关可信度、回归分析和精确度等概念。

16.4.1　置信度

置信度也称可靠度或置信水平，通俗地说，它是指人们是否应该相信测得的结果。严格的定义是指“特定个体对待特定命题真实性相信的程度”，是对个人信念合理性的量度。它是一个关于在特定范围内，事件可能出现的概率程度，这个指标用以保证抽样指标和总体指标的误差不超过一定范围，概率度越大，置信度越大。通常情况下，较高的置信水平与较宽的置信区间有关，当样本范围达到一定界限之后对于提高置信度贡献可以忽略，工作中常以有 95% 的把握作为参照。

例如，假设客户满意度用百分制表示，若客户满意度平均值为 60 分，那么 60 分在样本 45—65 分范围出现的可能性比在 35—75 分的范围小，也就是置信度低，而出现在全部抽样范围内的是在 0—100 分之间，它的置信度则是 100%。

实际工作中容易混淆置信度与显著水平。置信度的概念是在区间估计中，而显著性水平是估计总体参数落在每一区间内可能犯错误的概率，是在进行假设检验时事先确定一个可允许的作为判断界限的小概率标准。

置信度是一个接近于 100% 或接近 1 的完美数据，如 0.9/90%、0.95/95%、0.99/99% 等，显著性水平是一个比较接近于 0 的问题数据，如 0.01/1%、0.05/5%、0.1/10% 等。两者的关系是：置信水平 =1-显著性水平。计算机系统中有关分析工具，使我们能够省去烦琐的人工计算，很容易得到相关的计算结果。

置信度经常应用在数据挖掘的关联分析中，置信度揭示了事件 A 出现时，事件 B 是否一定会出现，如果出现其概率是多少。

当置信度为 100% 时，表明事件 A 出现时，事件 B 一定出现。如果 A 和 B 是客户诉求的两个问题，那么客服代表需要提前准备好 A、B 两个诉求的答案；如果 A 是客户诉求，B 是客户诉求的伴随条件，那么，当条件 B 存在时，客服需要针对 A 做好服务准备，如世界杯足球赛期间（B 条件），客户夜间来电量（A 事件）明显比平时多，需要客服中心投入更多的人力。

与置信度概念关联的另一个概念是支持度。客服受理了 1000 个客户诉求，其中 200 个客户反映夜间扰民问题（诉求集 A），那么夜间扰民（诉求集 A）的支持度为：P（A）=20%（200/1000）。

实际应用中，对某项关联规则是否成立的判断，通过同时建立支持度和置信度实现。如，当 A 事件与 B 事件的关联设置参数为支持度 =30%，置信度 = 60% 时，支持度 30% 表示在所有的事件中同时出现 A 事件和 B 事件的概率，置信度 60% 表示在所有事件中，当 A 事件发生时 B 事件出现的概率。

例：啤酒与尿布是朋友

沃尔玛超市通过对客户购买记录的数据挖掘，将两个看上去没有关联的数据的内在关系表现出来：在购买尿布的付账单中，啤酒同步出现的频率较高，也就是说，跟尿布一起购买的最多的商品是啤酒。为此，他们调整了货架，将尿布与啤酒放在一起，包括捆绑啤酒与尿布的促销活动，结果使尿布和啤酒的销量都明显增加。挖掘“尿布与啤酒”数据的关联规则如下：

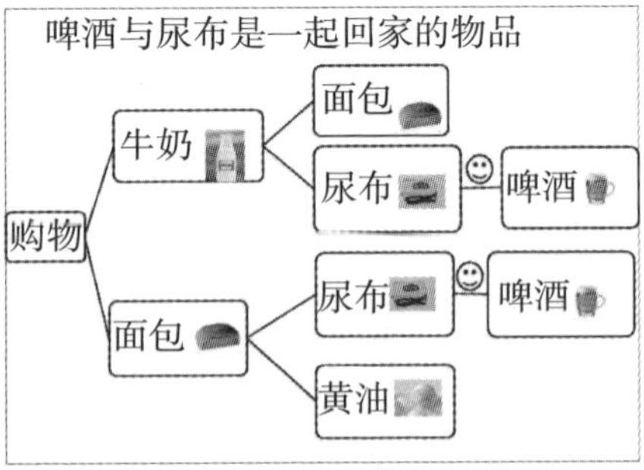

确定参与本次数据挖掘的数据项：尿布与啤酒。

确定本次数据挖掘的两个条件：对最小支持度与最小置信度进行设置，在此，假设最小支持度 5%，且最小置信度 70%。用算式表达为支持度（尿布、啤酒）≥ 5%，置信度（尿布、啤酒）≥ 70%。

当支持度（尿布、啤酒）≥ 5%，表明在所有的客户购账单中，至少有 5% 的客户的购买账单中有尿布和啤酒。

当置信度（尿布、啤酒）≥ 70%，表明在所有购买尿布的账单中，至少有 70% 的账单中含有啤酒。

综上所述，挖掘客户购买账单的历史数据，了解到客户的购买行为，并得到尿布与啤酒的价值关系。因此，在促销方案中将这两件商品建立关联，或是向购买尿布的客户主动推荐啤酒。

16.4.2　回归分析

回归计算法也称趋势预测法，趋势预测法有多项、指数、对数等多种方法，在这里只介绍最简单的直线预测法的使用方法，客服从事数理分析的人员可以从统计学或数学专业书籍中学习更多的趋势预测方法。

采用回归计算法可以帮助客服中心了解客户所接受服务的体验，有益于帮助客服中心管理者理性调配服务资源，以便研究提升客户满意度，使模糊的分散的服务数据变成清晰明了的预测信息。

趋势预测的基础是在客服数据的自变量（X）和因变量（Y）中研究建立关联关系，表示为：$Y= B_1X+ B_0+e$。看上去是一个典型的二元一次方程式的公式。

Y 代表客服中心在调查中获得的数据，如客户对服务体验的评价或对服务体验的感觉。

X 代表客服中心在实际服务工作中获得的数据，这些数据来自客服服务平台的各个系统，如来自 ACD 的平均排队时间、实际排队时间、平均交互时间和实际交互时间等。

B_1 代表自变量 X 值的变化对因变量 Y 值产生的关联影响。如果 B_1 很小或是等于 0，基本可以推断所研究的 X、Y 关系不存在直接关系，但不排除间接关系。

B_0 代表一种常态情况，它是一个客服中心预定的服务标准或一个服务基础数据。

e 代表 X 与 Y 之间关联关系的误差，由于我们关心的重点是在散点的趋势关系上，误差对讨论的结果影响不大，所以在客服中心使用此方法时经常忽略其存在，将其设为 0 而省去。因此，我们的预测公式简化为：$Y= B_1X+ B_0$。

需要说明的是，在客服中心可能一个自变量（X）对应着 N 个因变量（Y），即一种客观情况，对应着多个不同结果。两个客户同样在队列里等候了 30 秒，但这两位客户在客服中心的调查表“排队等候时间”一项上所反映出的服务体验，可能一位客户评价结果是满意，而另一位客户评价的结果是不满意。由于客服中心很多数据不存在直接关联关系，这种情况下需要用更大量的数据研究寻找关联规律，直接使用计算机统计系统中的公式或工具，可能会导致较大的结果偏差。因此，这个看上去是典型的二元一次方程式，它所预测的是自变量（X）与因变量（Y）间存在的一种“趋势”关系，而不完全是数学里二元一次方程的“等于”关系。具体操作方法和步骤是：

第一步：输入数据。以每次客户交互为单位，将调查获得的数据和客服系统的数据成双成对地建立关系，如客户与客服代表通话的时间为 3 分钟的有两通，其中一位客户对交互时间的满意度为（3，1.2），另一位客户对交互时间的满意度为（3，4）。

第二步：建立散点图。利用计算机绘图工具，根据实际情况在此环节设置 5 分制或百分制，在系统中生成图形。

第三步：建立趋势曲线。利用计算机建模工具，根据研究主题设置数据点，建立二元一次方程式。

第四步：分析数据。根据趋势曲线和方程式数学模型分析研究趋势情况。

例 1：根据公式 Y（客户对排队时间的满意度）= B_1X（实际排队时间）+ B_0，用百分制数据代入算式。（客户对排队等待时间的满意度的平均值）Y=66，（实际产生的平均排队时间）X=20 秒，B_1=-1.2，B_0=90。负数是代表 X 和 Y 存在负向关系。则 66=（-1.2）×（20）+ 90。算式表明：当排队时间减少 1 秒、2 秒、3 秒时，客户对排队等待时间的满意度成绩分别提高 1.2 分、1.2 分 ×2=2.4 分、1.2 分 ×3=3.6 分，总成绩分别为 66+1.2=67.2 分、66+2.4=68.4 分、66+3.6=69.6 分。此组数据中客户满意度的成绩和客户实际等待时间以 1∶1.2 的比例变化。

例 2：根据公式 Y（客户对服务交互时间的满意度）= B_1X（实际交互时间）+ B_0，用百分制数据代入算式。（客户对通话时间的满意度的平均值）Y=60，（实际产生的平均通话时间）X=210 秒，B_1=0.32，B_0=−7.2。X 和 Y 存在正向关系。则 60=（0.32）×（210）−7.2。算式表明：当客服代表与客户的谈话时间每增加 1 秒，客户对交互时间的满意度成绩提高 0.32 分值。此组数据中客户满意度的成绩和客户实际通话时间以 1∶0.32 的比例变化，从趋势上看，客服代表适当延长通话时间，将有可能提升客户满意度。

第五步：改进方案。提高服务水平和客户满意度会产生相应的服务成本，例如，要想降低客户等候时间，若是采用扩容，不仅仅会产生软硬件费用，还将产生人员增加成本；若是采用加班，不仅仅是加班费成本，还将产生员工因疲劳而逃离的代价。寻求最合适的服务成本与服务水平之间的平衡点，是客服管理人员永恒的挑战和责任。

例如，《服务中的自变量和因变量关系数据》与《服务中间接关系数据示意图》显示，我们可以利用计算模型得到不同数据之间的相互关系；而更重要的是，我们要从这些关系中发现隐藏在数据中的关联规则以及最佳交集点。

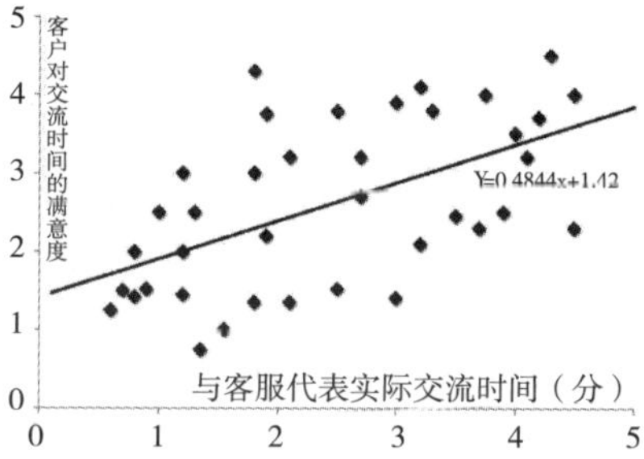

服务中的自变量和因变量关系数据

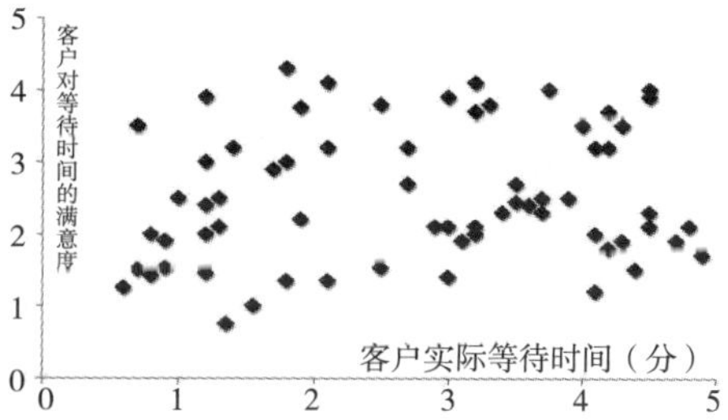

服务中间接关系数据示意图

16.4.3 六西格玛

1986 年，摩托罗拉公司的工程师提出以数据为基础把“零缺陷”作为目标的质量管理方法，摩托罗拉用 10 年时间实现六西格玛水平。

西格玛是一个统计单位，表示与平均值的标准偏差，即与目标数据的分散程度。六西格玛专注于为客户研究完美的产品和为客户提供完美的服务，它通过监测数据和衡量事件等方法来改善质量流程管理，保证客户在产品和服务上获得优质的体验，主要应用在提高客户满意度、提高工作效率和降低产品缺陷等三方面。借助六西格玛，我们可以了解一个流程的完善程度。西格玛的数值越高，失误率就越低。西格玛数据与客户服务效果如下：

1 西格玛＝ 690000 次失误 / 百万次操作，服务存在 2/3 的错误，组织基础失去生存价值。

2 西格玛＝ 308000 次失误 / 百万次操作，服务存在 1/3 的错误，客户受挫体验严重。

3 西格玛＝ 66800 次失误 / 百万次操作，服务错误不少，客户缺乏信任。

4 西格玛＝ 6210 次失误 / 百万次操作，获得客服理解。

5 西格玛＝ 230 次失误 / 百万次操作，获得客户满意。

6 西格玛＝ 3.4 次失误 / 百万次操作，获得客户支持。

7 西格玛＝ 0 次失误 / 百万次操作，获得客户赞扬。

需要指出的是，即使达到了六西格玛标准，将错误次数控制在每百万次服务只出现 3.4 次错误的可接受范围内，而这 3.4 次错误同样会给客户带来难以接受的体验，服务客户的错误次数再少，对某一位客户而言也是百分百的错误体验。

第 17 章　互联网 + 客服

互联网为人类的前进铺筑坦途，服务工作者和客户正携手走进充满希望的未来。

纵观世界文明史，人类先后经历了农业革命、工业革命、信息革命。每一次产业技术革命，都给人类生产生活带来巨大而深刻的影响。现在，以互联网为代表的信息技术日新月异，引领了社会生产新变革，创造了人类生活新空间，拓展了国家治理新领域，极大提高了人类认识世界、改造世界的能力。世界因互联网而更多彩，生活因互联网而更丰富。[①]

1776 年 3 月，英国波罗姆菲尔德煤矿蒸汽机的火光照亮了全球，那追赶隆隆作响蒸汽机的足迹，记录了欧洲列强们各自辉煌的历史，成就了那个时代的工业强国，大英帝国凭借瓦特能量在全球称霸约两百年。

1969 年 10 月 29 日 22 点 30 分，人类开始了互联网的第一次传输实验，位于洛杉矶的伦纳德 · 克兰罗克先生通过网络向位于斯坦福的比尔 · 杜瓦先生发送信息。虽然试验在发送了“L”和“O”两个字母之后系统就崩塌了，但“LO”成为互联网向世界发出的第一条信息，而 LO 的意思是：“呦，你瞧！”这个“LO”不仅属于分布式数据交换的通信成果，它还属于地球上的每一个人、每一个领域、每一个空间，是它孕育了今天的大数据和云计算。这静悄悄的比特能量正把人类带进互联网时代，以新的方式点燃人类的新希望，这些在指尖上跳动的春夏秋冬，将记录人类全新的奋斗足迹，成就互联网时代的强国梦。

---

① 习近平在第二届世界互联网大会开幕式上的讲话（全文）[EB/OL].（2015-12-16）. http://www.xinhuanet.com/politics/2015-12/16/c_1117481089.htm.

今天，中国有7.51亿网民、506万家网站[①]，网络深度融入经济社会发展、融入人民生活。我们的手机上有购买火车票的服务窗口，有多家医院的挂号窗口，有银行和保险公司的服务窗口，有生产线上采集客户需求的窗口。人们可以通过点击手机屏幕和互联网设备实现自己的需求，互联网正在改变着我们曾经的生活和工作的方式，每一位客服工作者都能从这些变化中感受到互联网的创新力量，客服工作者和客户正携手走在互联网铺筑的希望之路上。

2015年7月4日，经李克强总理签批，国务院印发《关于积极推进“互联网+”行动的指导意见》。“互联网+”是“互联网+各个传统行业”，但不是简单相加，而是利用信息通信技术以及互联网平台，让互联网与传统行业进行深度融合，创造新的发展生态。它代表一种新的社会形态，即充分发挥互联网在社会资源配置中的优化和集成作用，将互联网的创新成果深度融合于经济、社会各领域之中，提升全社会的创新力和生产力，形成更广泛的以互联网为基础设施和实现工具的经济发展新形态。

“互联网+”具有跨界融合、创新驱动、重塑结构、尊重人性、开放生态和连接一切的六大特征，能够将网络技术与服务进程管理相融合，能够将客户的需求准确地映像成具体的服务工作要求，为公共服务提供了全新的服务模式，为建设服务型政府提供了改进工作的新方法。

17.1 +新客服

“互联网+”是跨界的开放式变革，基于跨界的重塑融合基础来自坚实可靠的群体智能。“互联网+”将服务工作送入新时代，使客户服务的方法和客户满意的因素发生了前所未有的变化，在发展变化中孕育了“新”客服。

1995年，AT&T研究院的Dave Ladd、Chris Ramming、Ken Rehor和Curt Tuckey等4人开始思考通过互联网改进电话服务，他们希望能够用开发Web

① CNNIC发布第40次《中国互联网络发展状况统计报告》[EB/OL].(2017-08-04). http://www.cac.gov.cn/2017-08/04/c_1121427672.htm.

的思想研制解析语言标识的语音浏览器，使千家万户的电话能够具有互联网的内容和服务方式。为此，AT&T 启动了名为“Phone Web Project”的研究课题。而他们 4 人分别作为 3 家公司的技术骨干合作研究此课题。Chris 在 AT&T，Ken 去了朗讯，Dave 和 Curt 去了摩托罗拉。如今，他们的研究成果 Voice XML 已经被广泛运用到服务领域，现在客服系统的很多服务功能都是基于这个研究成果，客户可以通过电话“听清楚”客服中心发来的语音，客服中心的系统也能更准确地应答客户的诉求，如客户可以利用声控系统预定处方药品或预约出租车。由此，客服中心的服务模式发生了后续一系列革命性的变化。

17.1.1 新的渠道

互联网在加速进化传统产业的过程中送走了客服电话服务的最佳时期，也给传统的客户服务注入了新活力。覆盖全球的移动网络携带着包罗万象的手机应用软件（简称 APP）进入我们的生活中，这种全新的服务渠道拥有以往服务渠道所不具备的“可升级、可移动和不打烊”的功能。

在客服中心的 APP 应用软件和网络服务平台上，服务不再受困于地域和距离，客服拥有了大规模采集信息的简单办法，客户能够与客服中心交流互动，能够及时知晓服务进程，如果愿意客户之间也有条件进行互动，能够提供听觉、视觉多感官协同工作的条件，在服务领域表现出强大的服务能力，客户通过 APP 获得了前所未有的良好体验。

新服务渠道的引用，提高了客服中心与客户之间互送信息的效率。从《北京交警 APP 上线》报道中的数据，我们可以感受到 APP 在公共客户服务中的作用。2016 年 5 月 26 日上午 9 时，“北京交警”APP 正式上线试运行。进京证在线办理业务正式开通，无须再到窗口排队。“北京交警”APP 还可实现事故 e 处理、交通违法查询、交通违法缴费、交通违法举报等交管业务办理及信息服务。据悉，截至 26 日 16 时，共有 32 万用户下载“北京交警”APP，成功注册 25.6 万人，成功办理进京证 1.78 万个，群众举报交通违法 270 件。

当世界上每一位持有智能手机的客户都知道APP的作用时，作为客服工作者是否知道客户在APP上的应用感受情况呢？2015年6月26日，通信世界网报道了一项关于“客户服务互动体验的调研访谈情况”。这是一项关于APP客户端应用的调查研究报告，调研的主题是“移动通信领域未来的客户端发展趋势”，围绕着三个问题展开，即客户对目前提供的移动服务方式、网络接入和视频信息是否满意？客户对客服和组织提供的人工服务或自助服务的感受是什么？客户对现有APP有哪些意见，期望能够增加哪些功能？调研的具体内容包括智能手机客户与组织的互动方式、VoLTE和WiFi语音服务的使用、可穿戴设备的应用、互联网和客户体验管理等与未来通信紧密相关的服务产品和服务方式。来自巴西（1000名）、日本（1000名）、英国（1000名）和美国（2500名）的共5500名有智能手机使用经验的各界客户代表参与了此次调研访谈活动。调研工作由阿尔卡特朗讯与市场调研公司Penn Schoen Berland共同完成。调研所获结论是：客户在APP客户端上的体验良好，客户乐于选择APP实现服务需求，客服中心值得拥有APP的服务渠道。有关调研具体数据如下。

电话服务不再是客户最喜欢的选择方式。调查数据显示，有25%以上的日本、英国和美国客户表示“客服电话渠道”不再是他们联系客服的首选办法，他们宁愿放弃需求也不愿意打电话给客服中心；50%的巴西客户表示他们为避免联系客服中心，有不得不放弃或忽视需求的经历。

客户认为目前的APP基本满足需求。调查中得知，APP深受客户的青睐。客户愿意选择在APP上实现自助服务的比例是：日本客户基本上都非常愿意选择APP，有50%以上的英国客户和42%以上的美国客户愿意选择APP，有53%—59%的巴西客户表示愿意根据具体情况使用APP。

客户期待完善APP的服务信息。调查结果显示，客户最希望APP具备的功能有：能够提供基本信息、能够通过简单操作获取信息、能够实现客户需求或排除问题、能够提供操作记录、能够提供关键重要信息和能够提供安全预警等信息服务。

17.1.2　新的环境

互联网能够轻松地将分散在世界各地的客户力量聚集起来，能够使客户用多种信息格式表达诉求，也能够轻松地将客服中心的办公地设在郊外或更远的地方，客服中心将有条件获得前所未有的新的工作环境。

互联网将使客服中心拥有多个工作场所，客服中心的办公区将遍布全球各地，客服代表紧缺或夜班人员不足的情况将会越来越少。互联网和信息技术可将客服中心的办公区延伸到地球上有网络的任何地方，只要有互联网的地方都能够快速被变成客服中心的办公场所。家庭、酒店、沙滩和行进的途中等地方都可以随时成为客服中心办公场所的组成部分。客服中心可以随时增加或减少工作人员数量，也可以利用时差来缓解夜班人员难招的压力。美国双蓝协会（BCBS of S.C.）在成功应用互联网技术改进客服工作、集聚服务力量方面获得了突出的成绩，值得客服同行学习借鉴。

互联网将使客服中心的服务进程呈现透明化，互联网把成千上万分散在地球各地的互不相识的客户集合到了一起，客服中心所服务的客户不再是过去那种客户与客户之间基本没有联系的客户群，而是一群可以通过网络与地球上的陌生人相互交流的客户，是成千上万个消息灵通、信息丰富、具有专业评判水平的专家客户群。这使得客服代表的口语交流水平和文字交流能力时时处在专家客户群的监管下，曾经在电话服务中属于后台工作的管理指标，如客户基本感受不到的“事后处理时间”和“示忙时间”等指标，如今变成了客户在线等待和客户切身体验，互联网 + 服务的进程对客服工作者提出了更高、更快、更好的要求。

互联网为客服中心提供了可视服务的条件，开启了可视服务的新时代。可视服务也称视频服务窗口、可视柜台和可视前台，简称 VTM。它通过网络视频实现客服人员与客户之间的面对面的交流和业务办理，通过身份识别器、摄像头、读卡器等功能来模拟和替代真实的服务柜台，辅助客户完成用户注册、客户信息变更和客户需求业务的办理。可视柜台完全模拟客户在真实柜台前的习惯，将客服中心的信息服务与柜台业务服务融合为一体，是互联网 + 客服的重要成果之一。

可视柜台在试用阶段就得到了客户的欢迎，基本解决了客服中心服务导语逻辑关联低或专业术语多给客户带来的困扰。VTM 被客户评价为“把柜台送到家的服务”和“掌上客服中心”，能够使客户足不出户或远在他乡仍然可以获取服务或办理业务。可视服务将在建设智慧城市和低碳办公方面发挥积极的作用。

互联网使客服中心的工作人员不得不学习新语言。互联网被大众普及应用的过程，也是大众智慧被集合应用的过程，网络语言是大众在互联网上播种的网络文化新苗。网络语言由文字、拼音、字母、标点、符号和图标组合而成，网络语言有待认识和规范。目前，虽然在《新华字典》里找不到网络语言，人们对网络语言还处于了解和认识阶段，但网络语言的发展速度和应用范围已经引起国家语言文字改革委员会重视。新版的《汉语新词词典》开始准备收入网络词汇，而2010年11月10日《人民日报》头版头条的标题《江苏给力“文化强省”》中用到了网络词汇“给力”，这让我们看到，作为一门新兴的语言，网络语言已经进入我们的生活，这棵幼小的语言新苗因能简单、快捷和生动地表达思想传递表情而被网民广泛应用，这也是客服人员在网上与客户交流时不可避免地要遇到的新语言，客服中心的业务培训需要增加网络语言的内容，避免出现因不懂简单的网络语言和表情而造成的服务囧境或阅读困难。

客服中心常见的网络术语

简称	原文	含义
DAU	daily ative user	日活跃用户数量
MAU	monthly active users	月活跃用户量
ARPU	Average Revenue Per User	平均每位用户提供的平均价值或收入
MOU	minutes of usage	平均每户每月通话时间
OTT	Over The Top	通过互联网向用户提供各种应用服务，如互联网电视业务、苹果应用商店等

续表

简称	原文	含义
CPC	Cost Per Click	意为每次点击付费广告，网络中最常见的一种广告形式
CPM	Cost Per Mille/ Cost Per Thousand/Cost Per Impressions	广告投放过程中，听到或者看到某广告的每一人平均分担到多少广告成本
CPA	Cost Per Action	每次行动成本
CPR	Cost Per Response	每次回应成本
PFP	Pay-For-Performance	按业绩付费
IP	Intellectual Property	知识产权
ACG	Animation、Comic、Gam	动画、漫画、游戏的总称
KOL	Key Opinion Leader	关键意见领袖，如微博红人之类
SEO	Search Engine Optimization	搜索引擎优化
RISC	Reduced Instruction Set Compute	精简指令系统（集）计算机，特点是所有指令的格式都是一致的，所有指令的指令周期也是相同的，并且采用流水线技术
VR	Virtual Reality	虚拟现实
VE	Virtual Environment	虚拟环境
VRP	Virtual Reality Platform	虚拟现实仿真平台
SOHO	Small Office Home Office	居家办公，大多指自由职业者
UGC	User Generated Content	用户生成内容
UED	User Experience Design	用户体验设计
LBS	Location Based Service	基于位置的服务
SNS	Social Networking Services	社会性网络服务，如博客
TMT	Technology，Media，Telecom	数字新媒体
SPAM	spam	互联网上到处散布垃圾广告消息的现象
pv	page view	页面浏览量
uv	unique visitor	访问某个站点或点击某条新闻的不同 IP 地址的人数，在同一天内再次访问该网站则不计数

17.1.3 新的认证

客服中心的部分业务在提供服务之前需要对客户的身份进行认证，判断客户是否是组织应该服务的目标客户。目前的互联网客户认证系统还不能做到在客户来访的第一时间直接确认来访者的真实身份，也不能在第一时间排除这个来访者的行为是否与非法或黑客行为有关，因此需要利用客户的注册信息或 CGI 工具等办法与客户进行实时互动，来辨识来访者是否是组织的目标客户。

在互联网服务平台上辨识目标客户的过程并不像用固定电话确认客户身份那么简单。在电话服务渠道中，客服中心对客户身份进行认证时，只需要客户用注册的固定电话号码致电客服中心并提供客户编号即可。由于互联网的开放性，要求客服中心在互联网的服务平台上认证和辨识客户身份的工作具备较高的技术含量和管理水平。对于客户而言，客户希望能够在网络平台上用最简单、最安全的办法顺利完成信息交互过程，而不是应用高新技术。让客户感受最简单、最安全的认证方式，是互联网 + 客服的工作对客服中心提出的新要求。客服中心在互联网上对客户的身份进行认证和辨识，其简单和安全的过程主要体现在操作简、过程少和信息清等方面。

操作简，是要求客服在设计认证系统时，不应把客户当作网络应用专家和天才。因此，认证操作过程不能只是通过技术人员的检测和验收，而是要经得起客服代表和大众百姓的检验。认证系统应能够把复杂的安全设计思想变成客户的简单操作。有关认证的信息提示要简单易懂，不会产生歧义，也不应受客户个体因素的影响。客户的认证过程应能够不受老少、文化、专业、地域、民族、习惯等因素的影响。不应把所有的客户都当作熟知认证过程的专家，也不要把信息的交互过程变成对客户进行的知识和智力测试。

客服中心的服务界面应具备常见问题的容错能力。对待客户的输入错误和系统问题，不能只用“自动退出”“系统繁忙请稍后再试”等简单的办法来解决；避免客户在认证环节发生利益受损的情况，包括客户耗费大量的时间和精力。向客户提供易于理解的导航信息或服务界面，避免向客户提供似是而非的问题，向客户提供的信息选项内容要明确，杜绝相似的、模糊的和跳跃闪动的信息。2015 年 12 月初，中国铁路客户服务中心 12306 网站的购票验证码难倒了许多旅客。该网站要求旅客在购票时做多项选择题，在每组 8 张图片中选出所有美男子、非智能眼镜、博斯普鲁斯海峡等，这让分秒必争的春运网上抢票者瞬间“抓瞎”。据 12 月 9 日央视新闻报道，新版 12306 的验证码一次性输入正确率仅为 8%。这一次验证码发挥了打击黄牛的作用，但它也成了大众网上购票过程中的拦路虎。

过程少，是为了提高客户操作的准确率，让客户输入的信息数量和输入环节应尽量地少，要求服务平台所提供的信息提示能够让客户清楚自己正在进行的操作进程是否正确和准确。要确保向客户发送的信息或指令都是经过实践检验的，杜绝出现误导客户操作的信息提示，避免由错误提示引发大量的客户操作。2015 年 12 月 26 日凌晨零点起，大量客户为预约猴年纪念币登录北京地区工商银行网站，系统因不能及时处理大量客户输入的验证码而自动向客户发出了“验证码错误”的误导信息，导致客户反复输入或反复申请验证码，这使得重新输入验证码的客户数量在短时间内急骤增加，造成系统忙上加忙而服务效率越来越低，有的客户持续了 1 个多小时都没通过验证这个环节。由此可知，客服的认证过程还要能够优化操作进程，加大承载能力，能够为客户留出足够的操作时间，能够处理在服务进程中出现的“繁忙”“掉线”“重试”“退出”等情况，能够让客户感到安全可靠，尤其是索取客户信息的过程要不失礼貌，使客户不仅愿意配合而且没有反感。

信息清，是要为客户提供的认证码的备选信息要简明清楚，避免让客户感到为难。认证码的备选信息应该符合以下几个基本要求：

备选信息必须有明显的特征差异，杜绝向客户提供相近、相似的信息。不能“橘子”与“橙子”，“公交卡”与“信用卡”，“鱿鱼”与“章鱼”，“纸盒”与“纸箱”等相近的信息图片放在一组供客户选择。

备选信息基本与个性差异和地域文化没有关系。北方的菠萝在南方叫凤梨，南方称抄手的就是北方的馄饨，有的客户可能不知道奇异果、绿甘蓝等。

备选信息必须是适用于各个年龄段，杜绝有明显年代特点的验证码。不向客户提供当代的青年人可能没见过的“煤油灯”和“缝纫机”等信息。

备选信息必须与专业知识无关，杜绝向客户提供只有专业人士才认识的验证码。不应使用“干冰”“光机”作为可选信息项。

备选信息必须清晰可见，杜绝选择过小的信息。不应用“蚂蚁”和“蝌蚪”的图片作为可选择信息项。

认证系统及验证码的设计并非一蹴而就，需要在实践中不断改进完善，参见《铁老大再出新招拦黄牛》的报道。

例：铁老大再出新招拦黄牛

昨天，有细心的市民发现，登录12306网站注册时，页面提示需进行手机双向验证。《现代快报》记者了解到，这一新举措为新用户注册增加了一道步骤，但可以有效防止用户身份信息被抢注。自从铁路部门实行互联网售票以来，黄牛也将囤票、倒票等行为，从车站窗口转移到互联网上。由此，12306网站与网络黄牛在互联网上展开较量，至今已过招三大回合。

第一回合：黄牛出招　抢票软件同时抢多个方向车票

2011年，铁路部门开通网络购票渠道，市民通过12306网站，凭身份证信息便可购买火车票。一批新型网络黄牛涌现，他们利用抢票软件等高科技手段，在互联网上倒票、囤票。

记者曾体验过一种抢票软件，能够秒杀12306网站。因为，在该抢票软件上，所有的购票信息都显示在一个页面上，包括车次、席别、乘车日期、乘客信息等。这样，可以达到“一键抢票”的效果。而且，该抢票软件还能同时开抢不同方向的多张火车票。

12306网站反击：变换验证码，拦截抢票软件

虽然抢票软件速度比12306网站快，但是，所有的抢票软件都需要经由12306网站的账户登录。12306网站会不断变换验证码，来拦截抢票软件。

起初，12306网站采用的是数字验证码，后来被抢票软件破解。后来12306启用彩色动态验证码。至今，12306网站多次变换验证码，也没能彻底拦截抢票软件。

第二回合：12306网站出击　缩减常用联系人

网络黄牛要帮客户抢票、囤票，需要先将对方添加为常用联系人。

起初，铁路部门对 12306 账户的常用联系人数量没有限制。2014 年 2 月，铁路部门发出公告，要对 12306 账户本人及其常用联系人进行身份信息核验。同时规定，每个账户名下的常用联系人（乘车人）累计不超过 100 人。

今年，铁路部门对 12306 账户常用联系人数量进行了 3 次调整。

目前，12306 网站注册用户名下常用联系人（乘车人）累计上限调整为 15 人。

黄牛应战：注册多个账户来抢票

对此，黄牛则利用用户注册平台，来“繁衍”出更多的 12306 账户。

据知情人士透露，黄牛会通过专门的用户注册网站，自动生成有效的身份证号，有的甚至通过一些网站和黑客买卖身份证信息。然后利用该有效的身份证信息，在 12306 网站进行注册。在注册的时候，需要进行手机短信验证，而购买很多个手机号这样的做法也不现实，于是，爱码、淘码等手机短信验证码平台成了黄牛的“帮凶”。

第三回合：12306 网站放招　注册需手机双向验证

昨天，12306 网站又出大招。即新用户注册，需要进行手机双向验证。

《现代快报》记者体验发现，在 12306 网站注册新用户时，页面会提示进行手机双向验证。即用户需使用注册时留的手机号，向 12306 发送短信“999”。然后，12306 会回复一个 6 位数字的短信到该手机上。新用户需在 10 分钟之内，输入这 6 位数字的验证码，从而登录 12306 网站。

黄牛回应：这个暂时还没法破解

昨天，12306 网站这一举措出台，使得大部分用户注册平台失效。这是因为，网络黄牛利用用户注册平台生成的手机号，相当于一次性的，只能接收验证码，不能向 12306 发送短信“999”。而生成的手机号码，网络黄牛也是不知道的。记者了解到，截至昨晚 6 点，对于

12306 网站的这一新招，抢票软件、用户注册平台等暂时还没能破解。

提醒用户：身份证信息被抢注，怎么办？

遇到身份证信息被抢注，该怎么找回呢？对此，铁路 12306 客服工作人员表示，市民可致电 12306，报出自己的身份证号，由客服人员查看该身份证号账户的状态，是“未核验”，还是“未处理”等情况。若是“未核验”，市民可携带身份证原件，前往车站窗口，找值班站长处理。一般情况下，值班站长会先操作该用户通过验证，然后注销。之后，市民就可以自行登录 12306 网站，进行正常注册。根据被抢注的状况不同，车站值班站长会进行相应处理。

（摘自《现代快报》，刘伟娟）

17.2　+新挑战

互联网携着数据通信网络、云计算和 APP 等方式走进平常百姓的生活。据中国互联网络信息中心（CNNIC）第 43 次《中国互联网络发展状况统计报告》的数据显示，截至 2018 年 12 月，中国网民规模达到 8.29 亿，我国手机网民规模达 8.17 亿，网民中使用手机上网的比例约为 98.6%，手机在上网设备中占据主导地位。网络购物用户规模达 6.10 亿，其中手机用户达 5.92 亿。网络视频用户规模达 6.12 亿，其中手机用户达 5.90 亿。移动互联网应用服务不断丰富，与人们的工作、生活、消费、娱乐需求紧密贴合，手机成为生活中的重要工具。这些巨大变化使客服工作进入一个全新的、基本没有经验可循的挑战时期。当我们聚焦互联网给客服中心带来的变化时，我们必须了解、认识和思考客服工作正在经历的挑战和机遇。

17.2.1　新的管理

互联网使客服中心要面对的信息表现形式和信息属性发生变化，使客服中心的信息管理面临着多种形式并存和逻辑关联复杂的挑战。

17.2.1.1　客户表现

互联网时代同化了客户和公众的概念，公众即为客户。人们很容易与世界范围的陌生人聊天，或是在网上得到陌生人的同情和帮助，会主动向客服中心介绍他们知晓的其他客服中心的便民措施，或是主动给客服中心留言和提建议。客户的范围被互联网自动地扩大到公众范围，不论客户是否有资格享有某项服务，或是不论客户是否参与了服务过程，客户都将有条件对服务过程公开发表自己的观点，至少也能点赞。

互联网使客服和客户成为媒体人。客服和客户都具备媒体报道的能力和提供新闻线索的能力。多媒体的客户联络方式使客服和客户成为大众媒体信息的提供者和传播者，网络上的每一个客户端都是一个没有执照的媒体①，每一次的隔空说话都有观众在听在看。客服中心在网络上发布的信息与在媒体上发布的信息具有同等的法律效力，客服中心将有条件在服务方面发挥引导的作用，也将面临公关危机带来的挑战。

客服服务平台都将成为向客户播报信息的渠道。客服在电话、网络聊天、网络视频和社交平台产生的服务信息都可能成为媒体的新闻线索，或是可能被网络传播。客户诉求的背景不再只是一个客户，而可能存在一个与之有共同需求的群体，或是有众多的支持者和观望者，或正在追踪报道的媒体人。一位客户的诉求信息可能会在网络上被无数人或多个机构使用。国产电影《心理罪之城市之光》，以公安人员办案为背景，生动地展现了互联网给公共秩序管理工作带来的新课题。

互联网使速度成为客户突出关心的新指标。客户维权的过程大多与服务品质相关，与客户所体验的服务过程相关。我们不难看到，客户在超市因没有时间排队而放弃已经选好的商品，在致电客服时因没有时间排队而挂断电话。互联网和新技术的应用，有效解决了客户因排队造成的放弃，并使人们办任何事情都多了一个新的期望指标，即对速度的期望指标，网速快不快、道路堵不堵、多长时间能有结果等对速度的关心几乎成为人们最关心的内容，人们表现出从未有过的急迫感，尤其是维权时会传递这种紧迫感。客服中心把握好“开门、待客”的时间可以缓解由“急迫感”产生的不满，要比以往更加重视高峰时段的服务，犹如餐厅不容错过用餐时间一样重要。服务过程中所表现出的速度，

① ［美］尼葛洛庞帝．数字化生存［M］．胡泳，范海燕，译．海口：海南出版社，1997：205.

浓缩体现了客服中心对组织价值的贡献大小和对客户利益的关爱程度。

客户已经成为客服工作质量的把关人。由于客户很容易在互联网上获得同行业的服务渠道和服务标准，也很容易对比各种服务的差异，开放的互联网使每一位客户都拥有了公开评论客服工作的条件，把客服中心的服务置于公众的舆论监督之下。如，“进入阳光客服自助服务平台后，如果找不到对应的服务流程，只能退出，因为没有选择人工服务的出口”，“某单位的 APP 如同网络僵尸，首页已经半年多没有更新，客户也无法提交建议信息”。因此，管理和利用公众服务资源将成为客服工作的新内容。

客户和客服中心都渴望得到更安全的信息保护。每一个组织都有获取更多客户信息的内在需求，而互联网提供了帮助客服完善客户资料的条件，包括采集客户的个人爱好和收入等隐私信息，但信息的传输过程和存储信息的数据库都可能被截获并作为商品出售，使客服中心和客户蒙受损失。开放的互联网使客户担心个人隐私处在 24 小时的日夜监视中，也使客服中心担心在与社会资源整合的过程中泄露客户的隐私信息和组织的核心机密。客服中心和客户都渴望建立健全互联网信息安全保障机制和数据调用规则。

17.2.1.2 客服管理

互联网使客服中心不再有久远而陈旧的公众信息。客服信息是今天的公众信息，也是未来的公众信息。客服中心曾经获得的成绩和表扬、错误和批评面临着被快速转载、永久存储和随时传播的状态，所有正面和负面的信息会在互联网上日积月累只增不减，即使经过多年，这些信息也很方便被人们轻松地搜寻出来，过去的所有重大事件都很难随着时间的推移而被遗忘。从此，客服中心的前行将佩戴曾经的光环，也要准备背负曾经的错误阴影。

客服中心与业务部门的协同办公能力成为直接影响客户满意度的重要因素。在 APP 或网络平台上，客户与客服之间的即时信息互动，在一定程度上加速了客户对服务时限和结果的心理预期，可能使客户产生错觉，误认为客服中心是能够立即解决问题的部门，甚至误认为客服中心是解决客户问题的唯一工作场所，这对组织内部的协同联动性提出了更高要求。

互联网使客服中心的人员管理幅度加大。互联网带来的移动办公和在家办公等服务方式，使得客服中心能够实现远程监管，这在一定程度上降低了客服中心面对面管理的工作量，但原来只需要管理眼前十几名组员的班组长，将来可能要管理分散在各个地点的更多的员工。

互联网为客服提供更多的服务渠道和层级。客户在原来“呼”的基础上，增加了“访”，而客户访问的页面或 APP 所包含的服务业务种类比一次电话的内容要多得多，使客服中心所支持的业务范围和面对的管理内容更为广泛。

互联网使客服中心有了一位编外的督察员。在互联网末端上的每个人都可能随时需要客服中心服务，使得客服中心所服务的客户数量不再只是注册客户。组织集聚知识和智慧的能量也不再只限于本组织的员工，而是扩大到了互联网的客户端，各种即时通信工具使得跨组织、跨职能的协作在虚拟的结构中得以高效实现。互联网使每个组织也有了一位编外的督察员，来自网络世界，能够对组织产生巨大的导向作用，有时能够把组织置于强大的信息旋涡中，使组织面临严峻考验。新时代的客服中心需要常备不懈地在互联网上为组织做好“取经”和“送宝”的工作，确保在瞬息万变的信息旋涡中正确把握发展方向和生存之道。

17.2.1.3 技术应用

互联网使客服中心的简单诉求的信息不再简单。互联网多媒体服务平台要求客服中心能够处理客户从多个服务渠道传来的关联信息。客服中心旧的工单模式不再能够描述客户的完整诉求。简单的客户诉求有可能涉及多个服务渠道并由此产生音频、图文和视频等多种存储格式的信息。如“黄寺大街主路上有遗撒的垃圾，具体地址和相关影像资料已经发到你们的微信公众号上了”，这个简单的客户诉求包含了客户的语音信息和影像信息，还将包含客服工作人员的处理信息，客服中心的工单不再只有文字信息，而是由图文并茂的信息组成的工单。

互联网使客服中心的信息管理方式变得不同。多媒体服务平台、信息渠道和信息格式增多，客服管理服务进程和查找工单的复合条件变得复杂，统计分析信息的工作量增大，包括对相同的诉求重复出现在不同的服务渠道上的过滤。客服接续服务和跟踪服务进程的信息环境发生变化，“在线办结单”和“已经派单”不再能准确表达服务的进程。

互联网使客服中心能够应用云计算技术实现资源共享。如今，云计算技术成为客服中心的热点应用。云计算技术是基于互联网的计算方式，能够使共享的硬件、软件和信息等资源，按某种需求提供给其他的计算机和设备的客户端。目前有关云计算技术还没有确定的定义，中国云计算专家咨询委员会秘书长刘鹏教授认为：“云计算是通过网络提供可伸缩的廉价的分布式计算能力。”

云计算示意图

从技术上看，大数据是云计算技术的应用基础，大数据的特点是对来自个体的海量数据进行挖掘，它依托云计算的分布式处理、分布式数据库、云存储和虚拟化技术，获得有价值的产品和服务，或深刻的洞见。

云计算服务能够应用在医药医疗领域、制造领域、教育科研领域、电子政务领域等各重要行业领域，可以通过浏览器等软件或者其他 Web 服务进行访问和计算，而将软件和数据存储在数据中心的安全服务器上。

17.2.2 新的思考

互联网上流动的吸引人的海量数据和百姓手机上的 APP 使客服中心积蓄了几十年的电话服务经验和多年的电话服务优势正在发生变化。客服中心正面临曾经的经验失效和现有的优势正在逐步消失的新挑战。

电话服务的优势不再明显。客户通过网络和 APP 联系客服中心无须支付额外的通信费用，且体验的是没有打烊时间和无须等待的服务，相比之下 800 免费服务和电话服务价格低廉不再是值得称赞的优点。

服务经验和技能被老化。客户在网络服务平台和 APP 上遇到的问题不断翻新，成为客服中心聚焦关注服务的重点内容和新的研究课题，曾经在客服中心延续了多年的重点课题正在与我们挥手道别，一天天离我们远去，其中包括那些客服业界公认的最有价值的客户来电自动分配和优化客服队列排队的课题，那些全世界的客服中心用几十年的实践经验积累起来的经典案例，不再是学习交流的保留话题。

曾经的幕后工作走到前台。客服中心的智能服务系统把互联网、云计算和大数据等新技术集为一体，使客服中心只需管控物理网关和后台处理，就能够满足业务所需的各种功能的配置，而无须变动系统的结构，也不会因系统升级和扩容而影响到客户端的服务体验。智能服务系统为客户提供了不受时间和地域限制的服务，通信和互联网能够覆盖到哪里，服务就可以提供到哪里，被称为“看不见的服务窗口”。美国一家餐饮公司为了降低服务成本，将客服中心设在印度，当美国客户在家里拨打本地的订餐电话或用手机 APP 时，只会感受到快捷的送餐服务，并不知道他的订单远在印度生成。新的技术和新的通信方式层出不穷，各种手机终端应用使碎片时间有了价值，也成为客户处理信息的重要方式。在十字路口等待红绿灯时，或是在机场排队办理行李托运时，或是在公交车上时，客户可以在手机上完成挂号、购物或付费等事项。

客服中心的业务与其他部门的工作更加融合。客服中心的服务不再是单一的服务，而成为支持组织主业的不可或缺环节。客户在使用组织推荐的 APP 时，遇到的问题都会联系客服中心，客服中心需要承担的业务范围比以往更为广泛，需要了解的业务知识更为专业，需要具备的处理权限更为强大。

客服中心比以往更重视客户的体验，也将成为改进 APP 的重要参与者。客服中心引入互联网和 APP 应用，不是让客户和客服人员来体验先进的技术，而是让客户体验更方便的服务过程和更有效的服务结果。由实践经验得知，引入先进的技术和设备并不是解决服务流程问题的有效办法，再先进的技术也不能解决因服务流程问题造成的客户不满意或客户利益损失。同理，如果只重视技术水平的先进程度，而忽视客户在新技术中的体验，即使投入了大量的人力物力，也很难获得满意的效果。对客服中心来讲，引入互联网和 APP 应用是时代的特征要求，而把精力和经费放到建设高效的服务流程方面则是永恒的目标要求，且比引进先进的技术更具实际意义，也更为明智。

例：一位市民讲述使用 APP 和自助服务的经历

调查员：对不起，打扰一下，我们想占用您一点时间，了解一下医院服务系统的情况，是否可以？

患者：当然，我反正也是在这排队等交费。

调查员：谢谢您的配合，请问您是在哪儿挂号的?

患者：在手机的“京医通”上。

调查员：方便吗?

患者：挂号真方便，取号不顺利。

调查员：插入医保卡就能自动出挂号单。

患者：是的，我是这么想的，也是这么做的。但在屏幕出现提示“您的挂号单已经打印，请取挂号单，请取回医保卡”时，我等了半天，也没见到机器送出挂号单。

调查员：您又试了一次?

患者：是的。这次屏幕提示“没有您预约的挂号单，请取回医保卡”。

调查员：取号机的附近有工作人员吗?

患者：有。工作人员让我给屏幕下方的客服中心打电话。好不容易打通客服的电话，客服人员在与我核对了医保卡的信息后给出了解决方案：您可以到位于二层的6号服务窗口取号。我要就诊的科室在10层，我从10层排队等电梯到了2层，6号服务窗口有八九个人在排队，他们有的是来取号的，也有的是来办理退号的，等了大约20分钟轮到我，服务窗口里的工作人员在核对了我的医保卡的信息后，开始对着系统手工抄写挂号信息，我问为什么不能直接打印？工作人员说，系统显示已经打印了，就不能再次打印。最终，我拿到了一张手写的挂号单，上面有手写的日期（2017.12.20），科室（心内）、医生名称（常积林）、就诊时间（上午，第3号）、患者姓名和病历档案号（张纪荣，18392）等信息。

调查员：非常抱歉，这种情况的概率非常低。

患者：是的。满眼望去全是患者，重新取号的人数确实是可以忽略不计的。但对我们这几个人来讲，我们经历的是100%的不痛快，更何况我们都是身体欠佳的患者。

调查员：让您久等了，非常抱歉。新生事物确实需要一个适应的过程。

患者：谁来适应谁？适应什么？取号机没纸了或是出故障了，现场的工作人员解决不了，必须给客服打电话，这是患者必须适应的新常态吗？

调查员：大冷的天，您不用早起排队就能挂号，值得赞吧？

患者：在手机上能挂到专家号，确实应该给赞，但挂号和取号是一件事，不应该分成两件事，应该凭我手机收到的“挂号成功”的信息直接看医生。

调查员：您说的有一定道理。不过，您不用在这里排队交费，这些挂号机都能收药费。

患者：是的，我用过啦。

调查员：您真够先进的。这是目前最先进的服务柜员机。

患者：我先进没用，这机器先进也没用。“真干活”的机器也没用，“干真活”的机器才有用。花钱置办的先进机器，把原来的窗口交费分成交费和取发票两件事，把挂号分成预约和取号两件事，等于把简单的事搞复杂了。先进技术的优势没有完全发挥出来吧？

调查员：您能说得再具体一点吗？

患者：您看机器旁边的广告语：交费用时不到 1 分钟！但是，我在这里交费，却拿不到发票。在这里交费意味着我至少要排两次队，第一次是在这台机器面前排队交费，其间如果赶上机器没纸、吞卡或故障，我可能要花更多的时间排队，如果面对机器死机或是我输错了金额时找不到负责人，或是再让我打客服电话，或是让我再换一个地方排队，这些经历都很浪费时间。第二次是拿着交费凭据到人工收费窗口排队取发票。我还是在人工收费窗口一起办理更省时间、更踏实。

调查员：谢谢您提的宝贵意见。

综上所述，互联网带给客服中心巨大的变化，迫使客服工作者思考、回答已经面临的诸多新课题：

如何使客服工作者能够以开放的心态面向客服中心的新未来？

客服中心是否会在很短的时间内被计算机“全部外包”或“全部搬家”？

客服中心能够用哪些新办法来继续为组织担负满足公众期望的责任？

客服中心必须立即建立哪些新的服务方式？

客服中心必须立即改进哪些服务流程？

客服中心的岗位设置需要做哪些调整？

客服中心的队伍建设需要增加哪些专业的人才？

聚焦客服的新变化，认识互联网的力量，是客服中心认识新挑战、应对新课题的前提。学习、学习、再学习，实践、实践、再实践，是客服工作者解决发展变化问题的唯一途径。

例：客服中心发展变化参照信息

客服中心发展变化参照信息

对照项	过去	现在	未来
客服名称	服务热线、呼叫中心	客服中心、客户联络中心	客户服务（关怀）互动中心
服务目的	辅助业务发展	维系良好客户关系	实现外联内控
服务功能	受理客户诉求	解决诉求、应用数据、服务决策	服务、监测、研究
服务渠道	电话、传真、书信	电话、传真、书信、电邮、APP、网络即时工具	多媒体、互联网
服务层面	被动服务客户	以解决诉求为重点、主动服务	以客户需求和组织发展为中心、参与决策功能
成本效益	成本效益计算难	可计算直接效益	可发挥战略价值
服务时间	时间受限。在工作日的工作时间09:00—17:00	地域受限。在一定地域范围内提供7×24小时不间断服务	时间和地点都不受限的服务
客户体验	服务方式简单、没有标准、不规范	服务标准、统一规范、提供个性化服务、可追溯服务过程，但受知识库限制	前台客户体验来自全球专业人士的服务力量、客户能分担服务工作、后台组织记录、分析、协同、决策服务过程

17.2.3 新的引领

互联网时代，客户有条件决定客服中心应用技术的最低水平和最新方式。背离了客户的选择如同放弃了客户，“选客户所选，用客户所用”是客服中心前往未来的唯一通行证。

手机成为百姓的随身用品，手机客户端的主人可以随心所欲地安装、试用各种 APP，这支庞大的客户群体在应用新技术的广度和体验新技术的经验方面都有领先于客服中心的绝对优势，客户正在引领客服中心的技术应用方向，一切低于客户期望的技术应用，即使投入再大，也会因客户不满意而致被淘汰。

互联网为客户提供了获取丰富信息的环境，每一位客户都可以在互联网上轻松了解目前最流行的服务以及相关评论，对服务的期望值越来越高，对服务水平的认知程度远远高于以往。面对层出不穷的新业态新模式，客户的表现比以往任何时候都更加理性和智慧，尤其体现在对低效的服务方式不满意或难以接受自作主张的服务标准。客户正在引领客服中心的服务方式，并决定着新方式的时间和进度。因此，客服中心升级改造的目标要能够满足客户对技术应用的需求以及满意程度。参见《两位游客在不同客服中心的体验》案例。

例：两位游客在不同客服中心的体验

柯渡、转龙分别代表两个旅游业的客服中心，它们经营的业务基本相同。常积林、韩运东分别是两位计划出行的游客。柯渡公司的客服中心只能采用电话方式受理客户诉求，而转龙公司的客服中心能够采用电话方式和 APP 方式同时受理客户诉求。当客户常积林还在收听电话服务导语：“机票请按 1，酒店请按 2，度假请按 3，意见建议请按 4……”时；客户韩运东已经通过 APP 预订完成了所有行程需求，并收到转龙公司客服系统发来的天气预报、航班提醒、行程指南、接机人联系电话和酒店位置等信息。客户常积林因柯渡公司客服中心的效率低而失去订到满意航班或理想酒店的机会。

现在，已经很少有客户批评客服中心的技术应用问题，因为，大多数客户直接选择放弃那些服务质量低劣和服务观念落伍的客服中心。

17.2.4 新的阶段

随着互联网 + 的推进，客服中心将可能经历不同阶段的更迭，主要显现在网络互联与信息共享方面。

互联网联通世界的阶段。互联网联通了世界上的客服中心和客户，让世界从此不再有信息孤岛。客服中心可以受理客户在世界各地发来的诉求和信息，客服代表也可以在世界各地开展服务、分担工作。客服中心的服务平台还可能得到来自全世界的专业学者的义务帮助，客户可以将问题放入讨论区，等待专业人员的解答。客服平台成为一个“一方有困难，八方来支援”的公共互助平台。与此同时，客服中心也必须要面对全球客户和专家的期盼和考验。

数据传播和数字媒体共享的阶段。互联网使地球上的大小事件都可能被数字化，而一切数据都可能被登录互联网的人们传播或使用。人们可以通过数字技术获取或传播各种信息，主要包括文字、图片、音乐、电话、短信、视频、音频、电视、电影等。客服需要面对来自互联网数字时代的信息共享的挑战，与客户一起共享信息与文化的进步成果。客服中心的业务有可能融化在互联网 + 的信息共享中。

云计算和托管服务的阶段。客服中心可以把自己的网络设备和计算需求委托给那些拥有完善系统、良好网络和丰富经验的服务承包商，降低风险成本和投入成本，而且还能享受安全、高效的技术支持及资源共享。

17.3 + 新整合

在互联网时代，客服中心还能得以生存的理由是什么？哪些服务资源可以放到云端？哪些服务工作可以被托管？客服中心不能够被替代或难以替代的服务有哪些？面对这些不能回避的关及生存的问题，我们需要再度审视客服中心的服务资源，这不是传统意义上的对服务信息和服务流程的静态资源的整合，而是面向未来、面向新技术的关乎成本控制和服务成效的动态资源的整合。

17.3.1　将客户满意作资源

海量的信息资源在纵横交错的互联网上流动交融，客服中心需要保持清醒的认识：把最能代表服务水平的客户体验作为资源，将让客户满意和提高服务资源利用率作为资源整合的终点，使资源整合的结果能够使客户轻松获取服务路径、实现服务需求和获得良好体验。

让客户体验方便简捷是服务资源。客服中心应把简单可行的服务路由列入服务资源的整合目标。云端技术的应用和服务资源的整合结果会产生一些新观念，但要尊重客户和客服人员的操作习惯，使客户端自然过渡到客服中心的新服务环境中，为客户设计最佳联系途径，避免客户“看不懂，不会用”，避免让客户体验“客服迷宫”和“客服陷阱”。

客户曾经的良好体验是服务资源。客服中心向客户提供的自助服务界面和流程是以曾经的服务经验作基础的，以模拟友好的人工服务。这需要在研发过程中提炼无数个服务过程和客户界面，并且每一个环节的验收都应该经由客服代表和管理人员的审验通过。客服骨干参与客户自助服务软件的研发工作，能为软件的设计注入丰富的客户服务经验和客户的良好体验元素，可以有效降低客户使用过程中的不理解和不满意量。

客户的个性需求是服务资源。客服中心应将了解不同的客户群和客户需求作为列入资源整合的关键要素。一切工作从客户需求出发，帮助客户顺利联络并实现其需求，为客户建立服务档案；为客户提供曾经的历史数据，包括让客户了解自己的优先级别和专属权限。

跟踪分析客户的足迹是服务资源。客服中心有能力追溯客户在自助服务过程中走过的路线，了解客户成功自助服务的数量比率，了解客户在自助服务途中“走失”或“放弃”的原因，从而可以切实解决客户自助服务不成功的问题。漠视任何一种不成功的原因，都可能造成客户和客服中心的双向损失，很可能会消耗大量的服务资源。

客户关系管理是服务资源。客服中心应将客户关系管理的新思路和新举措列入资源整合。充分利用有益于树立良好形象的社交工具，将微信、微博、IP

电话等工具作为云端信息源，更全面、更深入地了解客户的观点和偏好。例如，客户的访问轨迹，客户正在关心什么，客户经常赞扬表扬哪些组织，客户的情绪是否激动，客户称赞的竞争伙伴正在做什么，客户是否表示理解和支持等。

17.3.2 将系统性能作为资源

当客服系统的性能能够最大限度地降低服务成本和最大限度地提高客户满意度时，系统性能成为客服中心的资源和资源整合的关键点。资源整合的结果要保证客服系统性能发挥几方面的作用：在服务方面，能够满足客户对联系渠道和服务方案的要求。在管理方面，能够为简化管理提供科学的数据，能够通过技术手段和客观数据界定责任范围、把问题说清楚。在成效方面，能够算出客服每项工作的投入与收益情况，包括能够计算系统性能提高后带来的效益。在发展方面，能够引入先进的技术和先进的管理理念，能够给客服带来新机遇，带来工作水平和工作环境的改进。能够向员工提供学习新技术和新知识的机会，为创新储备人才。

系统性能是服务资源的重要部分。充分利用互联网的优势，将提高客服系统性能列入资源整合的工作范围。应用互联网的 IP 结构和通信设备的标准配件和传输协议，让客服系统的集成和维护工作变得更简单，在升级扩容、增减功能、变化规模、容灾备份、资源共享、捕捉客户新需求和客服搬迁等方面都能够获得“投入小，收益大”的结果，使得客服中心的服务成本随服务规模的扩大而呈现降低的态势。

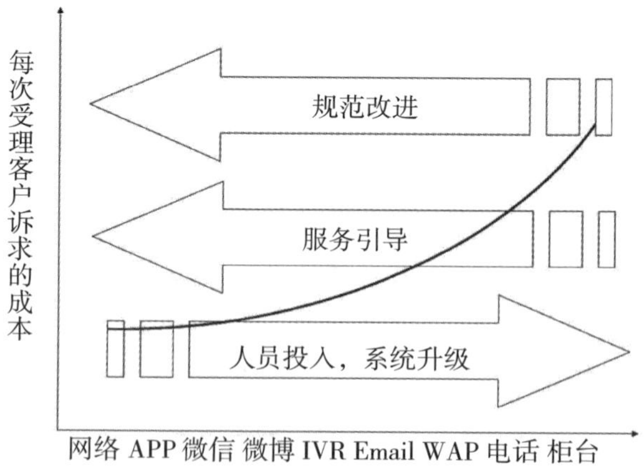

服务措施、服务渠道与服务成本关系示意图

客服与客户之间的点对点和端到端的服务更便捷。客服中心知识管理系统把服务过程中获取的经验转化成客户端的简单操作和服务指南，转化成可由系统设备胜任的自动作业，通过人机交互技术把服务工作尽可能地往自助服务端转移，使更多的客户能够通过自助服务实现需求。在这个不断改进和转移的过程中，客户将远离曾经的电话队列和复杂的交互环节，客服一线人员的人力需求也将随之而降低。

引入新技术是服务资源。客服中心要将新技术应用作为提高服务水平和降低服务成本的重要服务资源。iCONTACT 公司将社交平台作为客户访问客服中心的主渠道，为 7000 多位公司客户提供服务，并能根据实际的工作状态和客户需求灵活调配服务资源，使客服二线员工、业务部门的员工和客服正在休假的员工，不论身处何地，都能随时支持客服中心解决服务中的问题，成为利用互联网社交平台成功服务客户的最早实践者，获得了客户的持续称赞。

在系统设计方面，坚持剔除虚华。客服中心的应用技术追求目标始终是让客户更满意，让服务成本更低。客服平台要剔除那些华而不实的新设备、新技术和新应用，剔除那些逻辑关联不清和操作复杂的环节，剔除容易使客户为难的技术和设备，包括那些脱离了客户实际需求和操作能力的先进技术和设备。客服中心在每一次技术升级或更新前，都要清楚回答两个问题：这项工作将投入多少人力和财力？它将能够在改进客服工作和提高客户满意度方面发挥多大的作用？

客服平台的设计需要保持对客户的信任理解和尊重关怀，不能因技术的升级而降低了人性需求。互联网的快速发展变化并不能带动人性的快速变化，人性的变化相比技术的发展显得非常缓慢，“江山易改，本性难移”的俗语提醒客服中心要坚持以人为本的出发点，技术和设备的更新要兼顾人性特点，不要随便丢弃那些已经让客户满意的设计，也不要随便增加让客户感到累赘多余甚至是粗暴无礼的技术环节。

客服中心应把智能路由的标准列入资源整合的工作内容。通过智能路由分析检测客户的需求信息，自动为客户分配与之相适应的服务渠道和工作人员。Booking 网站的客服中心可以通过设置时间范围来调用分配客服代表的级别。如果一位客户在设置的时间范围内连续多次拨打了 Booking 的客服电话，但问题一直没有得到解决，那么客服中心将会为客户不断变换客服代表，并通过安排级别较高的客服代表来服务这位客户，客户能明显体验到 Booking 系统安排的客服代表一次比一次更有经验，一次比一次操作信息的权限高，以此充分发挥客服代表和客服专家各自的价值作用，科学配用人力资源。

在质量监控方面，客服中心要使客服的质量监控系统成为保证服务质量、完善服务环节的依据。记录服务全过程产生的声音、文字和影像等信息，与服务过程同步提供客户相关信息，时时校正服务中产生的偏差，减少错误量和返工量，分析服务信息并形成对改进客服工作有益的质量检测报告，严格控制由差错造成的资源浪费。

在人机转换方面，客服系统要能够在人工服务与自助服务之间相互切换，避免客服代表和客户因验证环节而中断互动服务，或是在交互过程中失去关联信息，利用系统之间的转换能力缩短客服代表与客户之间的互动交流时间，发挥多媒体技术优势，提供准确高效的服务。如，当客户来电咨询："目前长安街临时交通管制，还有从北京西站到达亚运村的公交线路吗？"客服代表回答："有的，有 6 条线路，我已将相关路线信息发送到您的来电手机上了。"

17.3.3 将科学管理作为资源

客服要将科学的管理工作作为资源，把时间管理、知识管理、人力资源管理等作为服务资源整合的起点。

员工的碎片时间是服务资源。互联网使以往的碎片时间成为宝贵的时间资源，我们一直紧缺的、有排他性的时间资源在人们手指的弹动中有了新的时间空间。当人们在电梯里通过手机订票、转账、购物时，当人们在度假的途中浏览网页、接收邮件时，当人们在飞奔的列车上或穿云的飞机里看电影、玩游戏时，当人们在任何场所坐着、站着、走着和躺着以各种姿势操作 APP 时，意味着人们的碎片时间产生了价值。互联网以比特为能量把人类的碎片时间变成了能够处理重要事情的时间，客服中心也幸运地从中获得新的时间空间。人生和工作的有效时间相对增加了，这将大大缓解长期以来影响人们工作、学习和生活的时间冲突问题，使客服中心的排班、培训和作息等方案有了保障，为客服中心解决时间不够用的困难提供了新的时间资源。

客服中心能够为客服代表提供在任何地方工作的平台，且不会让客户感到丝毫的差异。这种方式可以让更多行动不便或需要照顾家庭的人员加入客服队伍。

客服中心的“工时利用率”和“加班时间”不再是评价客服员工工作效率的重要指标，而“下班接单量”“假期接单”“报告热点异常情况的有效次数量”“最佳回复方式”等将被列入考评客服代表工作效率的指标。

客服中心将新增碎片时间利用率的管理。客服代表与客户是客服平台上权限不同的客户端，他们都可以在碎片化的时间里接收和处理信息，甚至在服务论坛上分担客服的解答工作。

员工的学习成长是服务资源。互联网使客服中心知识财富不断增多，知识管理需要开辟供客服员工学习新知识的园地，将学习掌握新知识的能力作为资源整合的基础。客服中心的知识管理不再只是采集、分享传递信息和更新网站信息的工作，它将作为重要的服务资源发挥作用。主要包括：

能够学习其他客服中心卓有成效的新经验。

能够在网上汇集专家，请专家破解服务难题。

能够将网上专业人员的意见转换成知识库的信息，为客服员工提供专业的帮助。

能够帮助业务部门发现问题，并提供与业务相适应的解决问题的服务渠道。

能够为客服员工提供处理网上不实言论的办法。

能够处理交互过程中客户端的个性需求。

能够为客服代表提供知晓客户自助服务的实现路径和界面，使客服代表能够在服务流程的任意点切入并指导客户继续操作，降低让客户从头再来的体验。

互联网使客服中心在优化人力、集合经验和智慧中获得能量。客服中心的人力是客服最精贵的资源，各项工作水平都与人力资源的利用相关。客服管理在人力资源方面的整合目标是推进客服管理工作，使客服管理从监管服务信息流向和评价服务数据状态向管理服务成本和效益方向迈进。

客服中心需要把客服人员的需求预测工具、排班工具、报表工具、项目服务方案、交互活动程序作为员工的学习实践资源，以便让客服员工全面了解和认知客服中心协同工作的意义和作用。

客服中心需要把客服人员对客户需求的了解和对服务工作的改进建议作为资源，请客服员工参与服务关键环节的管理；把服务质检结果作为客服中心培训和决策的资源，以此提高培训和决策的质量。

客服中心需要把学习掌握新知识和新技术的能力作为资源，保证向各岗位提供的人力符合岗位要求。

17.4 +新建构

互联网正在开拓新的巨大发展空间，为人类走向未来提供崭新的途径。互联网以数据和手机为媒介把人们的办公区、家庭住所、海滩森林、酒店茶馆、娱乐商场等场所的活动信息集合在手掌中，把客服中心和客户带进充满希望的田野。

17.4.1 新的坦途

当一线城市房价持续迅猛攀升时，当上下班时间的交通拥堵成为常态时，你是否想过这些代表工业时代的生存状态，可能会随着蒸汽机那隆隆作响声音的远去而远去?

隆隆作响的蒸汽机带来了工业革命，把人类带出了万年的田野和山泽，人们为了生活和工作自愿地被聚集在某个固定的地方，仅仅在两百年的时间中，工业革命使世界人口增长了6倍，而居住在世界城市的人口增长了近60倍。工业革命把人们聚集在一起，人们习惯在固定的时间和地点上班、学习、娱乐、消费和休息，这种固定而稳定的生活方式已经成为工业时代人们的生存特点，这个生存特点使人类用钢筋水泥铸造了世界城市的恢宏聚合。

互联网的出现，使人类在手指的轻轻点击中，瓦解着几代人用上百年的时间在工业聚合的基础上筑建起的生存根基，瓦解着人们持续了近两百年的生活习惯。互联网使人们有条件选择自己喜欢的居住地，不必去选择聚合而固定的生存方式。有人开始选择去自己想去的地方生活，一些人开始陆续地离开聚集式的都市生活区。人们工作地点的范围变得更广阔，那些随心所欲选择工作地点的人们，正在以实际行动展示和传播着互联网时代赋予的可选择的生存方式。人类在工业时代表现出来的聚合式迁徙状态正在被互联网时代表现出来的离散式迁徙状态所弱化，这是人类在孕育新生活、为明天铺筑坦途的过程。

互联网正在慢慢地分散着人类的聚合群体，这使得人们的居住地变得宽广分散。同时，网络技术可以使分散在地球各地的客户有条件随时随地向客服中心发起诉求，客服中心也有条件和义务随时随地响应客户的诉求。

我们曾经为之奔忙的活动和工作正在被互联网以悄然改变的方式替代，我们不必去邮局和商店一样能够满足邮递和购物需求。

服务无时不在的状况将使客服积累多年的服务模式失去应用价值，那些曾经的认知和经典案例，已经不能完全支持今天我们对客户的理解，那些关于“距离”“隐私”“时间”的概念，被互联网融化并赋予了新的内容，那些曾经反映服务繁忙的数据因 APP 的出现而被隐形。

互联网正在以前所未有的冲击方式实现着客户和客服工作者的愿望，客服中心也将因此而获得蜕变，这蜕变要求我们重新审视曾经的认知和经验，要求我们重新建构新型的客服。

17.4.1.1　更新认识

在对服务的认识方面，互联网正在更新我们曾经的认识标准，新的认识也让我们必须重新开始认识这个既熟悉又陌生的客服中心。我们曾经用以评价客服中心规模大小的标准正在被更新，客服中心能够获得客户满意的最低成本投入量和客服中心能够同时服务客户的最大数量，成为互联网时代评价客服中心规模的新标准。服务一个项目，服务一个群体的最低成本投入是多少？保证获取一定的客户满意度，最少的投入成本是多少？每一个最低成本的投入至少应该获得的满意客户的最大数量是多少？在每一分钟里，客服中心可能同时受理多少位客户？成本、成效和同时服务的数据成为评价客服中心规模的重要指标。而客服拥有员工数量的多少以及拥有席位数量的多少，不再是评价客服中心规模的关键标准。

互联网能够使客服中心在有网络的地方快速建立即刻可投入使用的客服工作站，不论在世界上任何地方，包括家、酒店、会议室和行进的途中，只要能够联通互联网，能够有熟悉客服工作的员工，能够解决工作所需的环境要求[①]，就等于具备了建立客服中心工作站的基本条件。互联网使客服中心有条

① KLASSER T.Working from home isn’t all it’s cracked up to be（在家办公的烦恼）[EB/OL].（2012-04-24）.http://language.chinadaily.com.cn/2012-04/24/content_15128769.htm.

件选择在房产便宜和薪酬较低的地方建立工作站。iCONTACT 公司的服务成果足以证明客服中心的很多工作都可以由工作站来完成，并可以随时增减调整任何服务项目。

17.4.1.2 瓦解壁垒

互联网正在改变着我们曾经的生存方式，也瓦解着客户服务行业的壁垒，客服中心进入全新的业态。在互联网上，客服中心和客户可以共享网络云端的专业服务资源，包括通用的图文信息数据、通信线路、系统设备、硬件软件；包括组织的非核心数据分析和客户关系管理等；还包括客服中心的人力资源和管理资源。

客服中心存在云端的服务资源可以轻而易举地被托管或替代，这种新业态将使客服中心的工作内容和服务工作的场所发生革命性的变化。如今，可以轻松地建立和复制一个大规模的客服中心；一个全新的客服中心从建立到开通服务只需要短短的几个小时；搬迁客服中心的工作变得简单轻松且不必在搬迁过程中停止服务；新建并开通一个全新服务模式的虚拟客服中心需要投入的费用大大降低。

客户在不断升级的手机 APP 中不断地感受良好的服务效果，不断地在实践中更新对服务的认识，不断地从新服务方式中体验服务的变化，这些变化带动了客户对服务品质的要求，使客户对服务的要求也在不断地更新和升级。关注或试用各种 APP 成为客户的习惯，客户每更换或增加一次 APP 都可能意味着客户成了组织竞争对手的新客户，而客户每卸载一次 APP 都可能意味客户对一个组织失望或背驰。

客服优秀代表的技能、客服中心的能力和客服中心的软硬设施将可以直接成为服务其他组织的服务资源。客服代表的培训将面向多媒体服务技能的需求，而相似的客户互动界面和相似的客服规范，为客服代表掌握其他客服中心的服务流程和服务技能提供了条件。每一位客服人员都有条件成为客服领域的通用人才，都有条件打开几个相同或完全不同的服务界面，同时为多个组织开展服务工作。界面和功能相似的 APP 使客服代表越来越容易轻松掌握其他客服中心的服务能力，也使每一个客服中心都有条件轻松替代其他客服中心，互联网正在瓦解和打破客户服务的行业壁垒。

资源共享和壁垒被打破，使所有的客服中心都轻松具备了独立自主的经营服务产品的条件，服务资源成为随时可以购买到的产品，客服中心的收益不再仅是外包座席业务，还包括提供专业服务、专业培训、专业招聘和专家辅导等业务。客服经验可以被反复应用于多个组织，大大降低了服务成本，如同送餐公司可以通过时间差为多个单位提供服务一样，一队人马，多处服务。新一代的多媒体客服机构将应运而生。

17.4.1.3　压力增大

客服中心需要面对来自世界范围的竞争压力。在互联网上，人们能够很容易搜集到世界范围内客户分享的大量体验，世界范围的客户也很容易相互交流经验，客户之间的交流不受行业和群体差异的影响。客户服务进入与世界先进水平接轨的航道，客户将以世界范围的最佳服务作为评价客服中心工作水平的标杆和依据，这要求客服中心之间加强交流，及时吸纳和增加其他客服中心的新方法和新经验，避免听到互联网时代的客户典型抱怨语："其他客服中心都能做到的事，你们为什么不能？"

17.4.1.4　新的时空

互联网为人类提供了新的工作时空，还创建了新的工作场所。互联网把客服工作的场所延伸到客服中心需要的任何地方。在家办公成为不用去单位上班的代名词，其内容包括一切不在客服中心办公场所开展的服务工作，包括在家受理客户需求，也包括在移动设备上开展的服务工作。

目前，美国有超过 1/3 的上班族成员不需要再去办公室上班，员工在家办公的数据正以每年 10% 的速度递增，几乎所有的客服中心都有选择在家办公的员工，有的客户联络中心在家办公的员工数量超过在单位办公的员工数量。

美国《远程研究网络》和"美国政府数字统计信息"提供了有关客服员工在家办公的调研情况。

第一，提高了工作效率，降低了工作成本。调查数据显示，有 2/3 的单位提高了工作效率，员工平均生产率提高了 27%。客服员工在家办公减少了设备和系统的投入和维护升级费用。平均每一位在家办公的员工，可为客服节约水、电、餐饮和场地等方面费用约 3000 美元 / 年。客服员工在家办公，为客服中心聘用短工提供了丰富的人力资源，使客服中心可以按工作时间、受理数据和服务质量支付薪酬。

第二，提高了员工的满足感，益于人才管理。客服员工普遍认为在家办公的条件比在单位好，工作时间更长，同时感觉被组织信任和有利于身心健康。数据显示，大约 80% 的应聘人员表示喜欢在家办公；大约有 2/3 的客服员工选择客服的原因是：可以省掉上下班的交通时间，可以在家同时担任两份工作或是有更长的时间和精力投入自己想做的事，包括能有更长的挣钱时间。1/3 的应聘人员认为在家办公的薪酬不低。据统计，每位在家办公的客服人员年均收入提高约 8517 美元。有 85% 的客服人员表示能在家办公是他们不想离开这份工作的重要原因。在家办公使客服中心在不投入人员和设备成本的情况下，就能提高客服代表收入，提高客服工作效率。

第三，提高了出勤率，减少环境对出勤率的影响。客服招聘在家办公的客服人员相对容易，客服员工在家办公基本不必受距离、交通和天气等环境的影响，这使得执行客服的排班计划有了更好的保障，客服中心的空岗指标比以前减少约 63%。此外，客服人员在家办公，对降低碳排放、减少交通事故和降低能源进口需求都有着让人难以置信的良好成果。

美国家庭联络中心 CEO 的报告显示，实践证明，客服在制度完善、信息安全、技术监管与支持到位的情况下，客服员工在家办公的成绩不低于在单位的工作成绩。

由上可知，在家办公已经成为先进国家率先研究的客服实践活动，在家办公会成为客服职业的一大特点。或许在不远的将来，客服人员在家办公的比例最高；也许有一天，在世界的任何一个有人类活动的地方，你都能听到客服人员服务的声音，看到客服人员工作的身影。

17.4.2 新的联动

互联网为客服中心收集四面八方的客户意见提供了有利的条件，组织能够从更宽泛的层面了解客户不满意的原因。分析客户不满意的大数据，使每一个组织及成员都能得到相同的共识：客户服务不仅仅是客服中心的事，它属于组织的各个部门、各个岗位和每一位成员。客户不满意的原因涉及多个部门的问题，只通过客服中心一个部门的努力是难以解决的，甚至根本是无法解决的。组织中各业务部门需要在以下几个方面达成服务联动性的一致认识：

将问题控制在源头。组织各部门及人员若能尽力控制问题的源头，将那些可能发生的或不该发生的客户诉求遏制在萌芽阶段，将问题控制隔离在公众感知的层面外，提前预防和控制所能产生的作用远比客服中心不断扩充人员、升级扩容系统、升级改进受理渠道更有价值。

提高处置客户诉求的效率。组织的各部门需要提高办理客户诉求的效率，组织各部门应具备协同工作的机制，具备部门之间联动工作的能力，具备各部门共同实现一次性办结客户诉求的能力。这些机制和能力远比客服中心所有成员一起追求平均处理时间更有价值。建立联动的窗口，客服平台设立联络各业务部的服务窗口，联动服务窗口能够使客户和客服中心与之互动，也能够成为客服中心的工作站点，客服中心能够有权随时开通或关闭这些站点。它能为组织各部门人员支持客服中心提供条件，其他业务部门可以通过它向客服中心提供临时性的人力需求，或是辅导客服中心应对新业务中的问题，能够使客服中心和客户获得服务所需的专业支持；它能方便业务部门获取客户的意见。

确保精准的服务。组织其他部门的工作人员需要提高服务的准确率，组织中每一位处理客户诉求的工作人员都应具备正确处理客户诉求的能力，每一位成员都应该懂得服务中的错误会大大提高服务成本。精准正确的服务结果远比客服中心硬拼服务水平指标或应答响应时间更有价值。

17.4.3　新的要求

为了保证客户的每个诉求都能被受理、跟踪、督查、质检和反馈，客户的服务申请必须在统一的服务规程下完成记录和操作。

客服系统应该能够对各个服务渠道进行合并管理，能够过滤来自同一渠道和不同渠道的重复信息。

为了保证信息处理结果的唯一正确性，无论客户的服务申请来自哪个渠道，其信息最终都必须由客服信息系统来处理，且只能是一个系统，而不是好几个不同的客服系统，即要求一个客服中心一个客服系统。

在客服系统升级过程中，原则之一是要将数据移植到新系统中。客服中心建立多媒体系统应充分发挥互联网的优势，充分利用现有的网络、设备、系统和人员的条件，避免另起炉灶、新建场所等投入。

互联网使客服中心能够提供的服务渠道增多，不同的服务渠道有不同的特点。不同的服务渠道所对应的客户群体也各有特点，不同的客户群体因受个人喜好、生活条件和具体情况的影响，会有各自偏好的服务渠道。但客服的服务标准不能因客户所选择的服务渠道不同而有所差异。无论客户的服务申请来自哪个信息渠道，无论员工在什么地方响应客户的服务申请，都必须执行相同的服务流程、使用相同的答复口径、接受相同的服务质检、实行相同的考核标准，从制度上杜绝因服务渠道差异而产生的服务标准和服务质量的差异，即要求一个客服中心一套服务标准。

研究分析各种服务渠道的特点和适配的信息属性，根据服务目标做好分流客户的规划，引导客户选择适合的方式获取服务是互联网时代给予客服中心的新课题。如，把“宣传公告类信息”放在传播功能强的微博、微信公众号和网页浏览页面，快速满足客户知晓权；把“个性化服务信息”置于隐私性较好的手机短信、个人微信、电邮和信函中；把“客服与客户、客户与客户之间的经验交流”放在可以公开对话的服务平台上；用电话方式来处理紧急和突发的事件。

让互联网和新技术发挥作用的关键因素是客服员工的表现以及客服中心的管理水平。无论客服中心发展了多少个分部，联通了多少个工作站，有多少员工在家办公，客服中心的管理只能有一个标准、一套班子，这是保持客服团队步调一致的关键因素，即要求一个客服中心一个管理团队。

互联网技术将客户联络中心的工作由单一的语音服务发展到多媒体网络服务，由员工在单位一地上班变成员工可在有互联网的任何地方工作，这使客户联络中心的团队管理、岗位技能储备和信息安全管理等方面都面临更复杂的管理环境。因此，客户联络中心需要建立适应新业态的制度和工作模式，在使用互联网初期，客服管理的重点工作主要包括：

建立统一规范的绩效考核标准，用制度严格管理服务过程，确保服务过程不因办公地点不同而产生不同的服务结果。

组建人才齐全的班组，将不同技能的客服代表组合在一起，使每一个时段、每一个班组都能够通过成员的协作，来最大限度地面对客户端水平高的现状，确保客户联络中心团队的服务水平和全员协同工作的能力，不因员工分散在各地工作而削减客服团队的工作合力。

建立信息安全防范措施，确保信息安全和数据安全，不因互联网无边无界的联通而使客服信息流向处于失控状态，让客户放心。

17.4.4 客服基石

互联网 + 为客户服务工作提供了全新的方法和环境，使客户服务的空间、时间和模式发生了前所未有的巨大变化。但是，所有的变化始终没有离开提高客户满意度和降低服务成本的主题，多快好省是客服工作永恒不变的旋律，全心全意为人民服务的宗旨是指引我们一路前引的灯塔。

17.4.4.1 客服生存的价值不会改变

互联网和新技术使服务工作发生了前所未有的新变化，但不会对客服中心的存在理由和价值作用产生丝毫的改变，让客户满意仍然是客服中心的核心价值观。客户对服务给予的“更快、更好、更省”的期望不会因互联网的出现而降低，而新技术并不能成为让客户满意的充分必要条件，我们周围不乏存在用先进技术也解决不了的服务问题，比如再先进的售票机也不能解决春运期间旅客一票难求的问题。唯有坚持为人民服务的思想，想方设法为群众解决问题，这才是让客户满意的关键因素，也是弥补和修复服务问题的关键条件，更是客服中心在发展变化中得以生存并能体现价值的盾牌利器。

17.4.4.2 优秀客服的品质没有改变

2012 年，在世界客服研讨会议上，客服专家与客服工作人员以大量优秀客服中心作为研究对象，讨论并总结了优秀客服中心所具备的共同特点。这是客户服务工作在广泛应用互联网和新技术的背景下所获得的研讨结果，为我们今天评价优秀的客服中心提供了标准和实例。这个结果让我们坚信，无论技术如何发展，多快好省地全心全意为人民服务是优秀客服的基本品质。研讨结果的主要内容如下：

客服目标与客户需求相融。客服中心始终紧紧地围绕着客户不断增长的需求而持续开展客户服务活动。客服中心的目标与客户的需求融为一体，客服中心与客户彼此都知晓预期的结果，也都期待能够实现预期的结果。客户在整个服务过程中能够强烈地体验到精心准备的人性化服务环节，获得超出预期的服务效果。客服中心能够通过关键的服务指标、重要的控制节点和专业的精准预算来获得客户满意的结果。

客服中心重视荣誉与公众形象。客服中心是一个团结有效的组织，全体客服人员都清楚客服中心的作用与未来，都明白良好的工作成绩必将产生良好的经济效益和社会效益。

客服中心不仅把接通率、办结率作为工作目标，更要把信誉和公众形象作为工作目标。避免产生服务的客户数量越多、获得的公众形象越差的情况。把客户价值、客服中心愿景、客户满意度和服务成效作为客服工作的核心目标。

客服中心的使命和文化是服务。良好的服务水平是客服中心的使命和文化的重要内容。客服中心始终把提高服务水平放在首要位置，所有的发展计划和创收计划都不能以降低服务水平为代价。

☞例：一位企业家实施改革的故事

1922 年，总部设在圣安东尼奥的美国军人保险公司成立，尽管他们拥有当时看来是非常优厚的理赔能力和理赔产品，但因他们服务能力比较薄弱，导致在成立后的几十年里业绩平平。1968 年，罗伯特先生对公司进行了改革。具体实施方案主要有：

确定服务是公司文化的绝对核心，公司开展的所有工作和决策基础都必须以提高客户满意度为前提，提高服务工作的优先权。把完成服务任务、实现关联效果、提高客户满意度和一次性办结率作为关键指标，并提供服务所需要的资源和权限。

强化服务理念及岗位要求，加强培训，重视新员工的入职教育。使客服员工清楚每个人的服务质量都将对组织的社会效益和经济效益产生影响。

抓住班前会的时机，使每一个班前会都能够成为强化服务理念、保证服务水平的新起点。

建立竞争机制，把公司分为五个竞争的团队。

罗伯特先生的改革使公司经济效益与社会效益持续提升，使公司规模不断扩大，被客户评价为最好的公司，被员工评价为最适宜工作的公司。公司现在德国法兰克福、英国伦敦等地设有分公司。公司现有员工 2 万多名，最大的一个分公司大约有 5000 名员工，每一位员工都深知自己的任务，并懂得尽力完成工作任务的重要性。客服员工之间有着较强的协同办公能力。

客服中心需要把员工满意当作重要的事。客服中心的管理人员非常明白，员工是保证服务质量的最重要因素，满意的员工才能提供满意的服务。先进的技术和畅通的流程让客户体验满意，但技术不能替代所有的服务工作，客服员工是解决服务问题的关键人员，也是让技术和流程发挥作用的关键人员。客服员工是服务的主力军，也是服务实践经验的推广者。客服中心公正评价员工的绩效是让员工满意的重要因素，除此之外，还有更多的让员工满意的具体措施。

重视新员工入职。客服中心领导致欢迎词；介绍客服中心的荣誉与职责；用欢迎条幅、宣传展板、报到纪念照、有入职当日邮戳的明信片等形式表示欢迎；向新员工介绍优秀员工享有的待遇和机会。美国国富银行在培训新聘客服员工的计划中，安排第一天的培训主题是：曾经的荣誉、客服员工获得的成绩、客服员工的职业成长轨迹、难忘的入职第一天和“自豪，我的选择”。

重视客服人才。客服中心须真正拥有以人为本的管理理念：使客服人员具备与上下级沟通的条件；使每位客服人员都掌握先进服务策略；使客服员工能够参与改进服务的工作；保证客服员工对组织的贡献能够在管理内容中兑现。建立客服中心发现人才、培养人才和留住人才的机制。促进客服员工主动思考“服务流程是否老化”“哪些新理念可以引入服务模式中”“客户需求有哪些变化”等关及发展的问题。

重视客服作息管理。为客服员工提供明亮、有绿植、方便交流的休息室，为哺乳期女员工提供专门的空间。工作区的设置能体现对员工的尊重和关爱。当员工愿意去休息室享受其中的文化，并愿意向别人介绍自己的休息室时，他也必定会带着友善与关切为客户提供服务。

17.4.4.3 学习创新的要求没有改变

客服中心需要面对新业务和新知识的挑战不会被互联网所替代。互联网时代，知识大爆炸，信息的快速增长让人们更加强烈地感到在短暂的人生中可以学到的知识太有限了，很多知识都没机会触及，客服中心的岗位更是如此。这要求客服人员随时都能清楚地回答：当前客户最需要的是什么？因此需要不断学习新业务知识和学习新服务技能，尤其是需要及时掌握客户所青睐的新技术，及时学习其他组织的新经验，结合自身的服务规律，不断完善工作的方式方法，使服务工作在前所未有的高速发展中收获前所未有的创新成果。

例：亚马逊开实体书店

传闻已久的亚马逊首家实体书店11月3日在美国西雅图市正式对外营业，书店名字就叫亚马逊书店（Amazon Books）。

这些年，电商巨头亚马逊在全世界将实体书店逼入死角，但它自己却一直心怀开一家书店的美好理想。亚马逊开实体书店的传闻这些年一直有，还在上月，就有消息称，亚马逊计划在美国西雅图University Village购物中心开设实体书店。University Village是西雅图一家知名购物中心，苹果以及微软都在此设有实体店。

据《西雅图时报》报道，亚马逊书店占地5500平方英尺，还有2000平方英尺的储藏空间，书店中木质书架可以摆放5000—6000本受亚马逊顾客喜爱的畅销书。与其他实体书店不同的是，亚马逊书店将鼓励读者在浏览书目后在网上购买。据《华尔街日报》报道，“亚马逊说，客户可按照网上同样的价格在实体店购书。”（摘自《济南日报》，徐明徽）

国内客服行业需要加快学习和实践的速度，缩小与国外发达国家的距离，尤其是表现在功能定位不清和管理水平不高方面。

作为组织中的一个部门，不论是成本中心，还是利润中心，都不可能独立于组织的战略发展而独立发展、自我定位。有的组织对客服中心的功能定位不清，误认为“客服中心”是“利润中心”的成长期，或用“是否建立了赢利模式”来评价客服中心的作用和成熟度，把客服中心由“成本中心”向“利润中心”的转化设为发展目标，难免出现不切实际过度投入，而且与组织整体的战略要求不相符。

国内客服中心运营管理水平相对滞后，在学习国外的理论和经验时，不顾环境背景地借用他人的模式，引入他人的标准，经常出现“生吃活剥”的表现，使技术应用与管理思想频陷冲突和尴尬的局面。客服有经验的中高级人才短缺，管理人员专业知识和实践经验不足，在落实首问负责制、客户关系管理、服务经验管理、职业发展规划等方面需要提高；对公共服务信息的时效性、信息资源共享度等方面的认识水平有待提高，对百姓关心的天气预报和交通路况等生活信息缺少有效整合；客服中心的总体服务工作还处于被动服务的状态；客服团队的建设，轻文化指标重业务指标，忽视文化对精品的重要作用，客服中心的绩效体系中欠缺文化建设的指标。我国客服中心的客户关系管理数据库处于建设阶段，对服务水平的评价还主要停留在计时、计件等硬指标上，而忽视客户的体验是否良好，忽视与客服的互动过程是否顺利等软指标。

所有这些都说明，时代要求客服中心不断学习、不断创新，这个要求从未改变。

17.4.4.4 客服员工的作用不会被取代

客服中心提供的自助服务是不能完全脱离客服员工而开展的，自助服务和人工服务是客服台前幕后的两种形式。目前人工智能技术在客服领域还处于实验阶段，技术在服务中所能发挥的作用还处于简单模仿的阶段，尚不完全具备让客户满意的能力，更不能百分百地满足客户的各种需求。客服人工服务还将继续发挥不可替代的重要作用。人工服务犹如定心丹，是客户相信组织存在的重要理由。数据统计，当客户出现问题时，不能在第一时间联系到客服人员是客户流失的重要原因之一。有位客户说："我在银行的自助柜员机上用银行卡买电，我按错了金额键，多交了很多钱，自助柜员机没有退款的功能，我没有办法通过自助服务解决问题，但在第一时间我得到了银行服务员的帮助，我非常满意。"另有一位客户说："我即使选择了自助服务，但我也希望能够随时联系到客服人员。这就好比你去加油站给汽车加油，尽管你选择了自助加油的方式，但你也希望能在这里看到客服人员。因为只要有客服人员在，客户就能相信这里是一个有用的合法的加油站，而不是一个废弃的或有骗局陷阱的加油站。"

我们必须承认，越来越多的客户需求和越来越多的业务可以在客户端自助实现；越来越多的客户会主动选择自助服务；客户在整个自理过程中十分顺利，无须客服人工帮助；客服电话服务渠道的工作人员需求量在逐渐减少。但是，客服代表的作用不会被替代。当客户在自助服务不成功时，在客服系统不完善或出现故障时，在客户投诉或客户需要接续之前的复杂诉求时，都需要客服代表的帮助，客服代表在直接服务客户中产生的作用还难以被技术所取代。客户也非常清楚，先进的技术使人们减少了大量的排队等待时间，但它还不能替代客服人员处理客户的抱怨和意见，它还不能完全担当“交流互动”和“解决问题”等方面的工作。

也许，客服中心已经提供了足够丰富的服务项目，但客户更希望亲自听到客服人员对那些难以理解的规定和套餐的解释；客户更希望向客服代表直接表达他们想要的搭配和个性需求。因为，再详细的规定和再丰富的套餐，如果只是让客户通过自助服务选择，没有与客服代表交流的机会，难免使客户产生被迫选择、没有选择、商业陷阱和服务被拒的不良体验。

互联网和 APP 不是万能的时尚服务工具。虽然它们可以分担客服工作，将组织的信息快速送入公众视线，但最新的统计数据显示，几乎每个客服中心的人工电话数量都没有因为互联网和 APP 的应用而陡然下降，甚至出现客服人工服务的数量与客户自助服务成功的数量同步增长的局面。究其原因主要有:

客服中心是客户联系的首选方式。APP 承载组织各部门的业务，但在使用 APP 出现问题时，客户只会联系客服中心。

客户仍然认为电话是让人放心的服务形式。尽管 APP 提供了互动的交流界面，但当客户产生疑问或困惑时，仍然把人工服务作为最信任、最温暖的服务方式。

了解客户的需求是组织发展的基本需求，而组织的生存发展仍然需要与客户通过言语交流、思想交流和情感交流来得以保障。

客户服务中离不开人与人交流的服务经验，在人工服务中获得的让客户满意的经验和办法，包括聆听、安慰、理解、认可、致歉、感谢、帮助、承诺等人性关怀表现，依然发挥着重要作用。

互联网和 APP 在迅速响应客户需求、降低服务成本和提高电话接通率等方面有着突出贡献，但是，目前这些贡献还只能算是表层的初级进步。因为，客服的目标是要通过服务让客户和组织都获得成效，这个成效包括组织获得的成本效益和进步能力，其中包括客户对服务过程的有益理解和良好体验，包括组织从中获得更多的发展空间。在人工智能还不能替代这些工作之前，客服人员的智慧和情怀在推动服务应用向深层进步的方面始终发挥着不可替代的基石作用。

附件　实务参考

附件 1：基准信息

客服中心之间在服务规程、数据存储和信息分析方面具备相互学习和参考借鉴的价值。在剑桥技术人员和 Axiom 公司的赞助下，普渡大学的客服专家们对约 300 类呼叫中心的运营管理、服务成本和服务人员的数据进行了分类研究，获得了系列基准信息。主要内容如下：

一、基础费用分布

客服中心基准信息分类

行业编号	行业名称	说明
01	全部	所有客服中心、呼叫中心和客户联络中心的统称
02	公共	电力、燃气、供水
03	交通	航空、铁路、公路
04	卫生	医院、保健
05	制造	产品供应商
06	金融	银行、证券
07	保险	保险、协议
08	电信	IP 电话、通信
09	信息	硬件、软件
10	其他	以上分类之外的客服中心、呼叫中心和客户联络中心

呼叫中心基础费用分布（按人员排序）

行业编号	行业名称	人员 %	电话网络 %	软件硬件 %
02	公共	84.5	6.4	3.7
04	卫生	74.9	12.5	5.8
03	交通	68.9	12.9	5.5
07	保险	67.7	12.3	4.9
05	制造	67.6	10.8	9.3
01	全部	66.0	13.9	7.8
10	其他	63.9	14.6	7.8
08	电信	61.8	10.3	10.2
06	金融	60.3	18.0	8.4
09	信息	60.1	23.0	10.4

二、渠道承载数量

客服渠道应答承载数量分布（按人工渠道排序）

行业编号	行业名称	人工 %	自动 %	电邮 %	书信 %	传真 %	其他 %
09	信息	92.1	1.0	2.9	1.0	3.5	1.4
02	公共	87.8	10.8	0.0	1.3	0.2	0.0
04	卫生	87.3	5.2	0.6	3.2	3.8	0.0
03	交通	87.1	9.9	0.6	0.5	2.9	0.1
08	电信	86.8	9.3	0.4	1.6	3.1	0.3
10	其他	86.1	4.0	1.7	3.5	3.3	0.2
05	制造	83.1	1.3	1.9	1.4	14.5	0.15
01	全部	82.7	9.8	1.2	2.1	4.4	0.2
07	保险	81.5	13.6	0.1	2.6	2.1	0.06
06	金融	59.6	37.3	0.7	1.3	1.2	0.03
* 随着互联网即时通信的普及应用，自助服务渠道受理量明显上升。							

三、客服付费分布

客服付费分布（按免费服务排序）

行业编号	行业名称	免费服务 %	客户付费 %	本地话费 %
07	保险	96.4	0.4	3.3
05	制造	86.9	8.0	4.9
03	交通	86.5	3.0	10.5
10	其他	81.9	7.7	10.2
01	全部	77.0	5.5	16.9
09	信息	74.1	7.2	13.2
08	电信	69.7	5.9	24.4
04	卫生	67.4	0.5	32.1
06	金融	59.1	4.7	36.2
02	公共	48.4	0.0	51.5

四、行业服务单价

普通服务单价和理想分值（按支付员工薪酬排序）

行业编号	行业名称	每次 $	60 秒 $	浮动 %	员工 $/ 年	理想分值 %
06	金融	2.72	1.19	22.1	158856	66.7
09	信息	6.77	1.05	33.5	89837	70.4
05	制造	17.24	2.03	19.1	83621	53.5
04	卫生	5.45	1.14	15.3	83200	71.4
08	电信	4.89	1.69	47.9	82696	37.0
01	全部	6.03	1.6	18.7	80793	69.8
03	交通	5.91	0.89	10.6	75072	49.3
02	公共	2.82	0.92	7.4	68679	85.2
07	保险	5.66	1.28	11.3	59719	74.3
10	其他	4.06	2.17	5.1	53021	81.4

五、服务类型单价

呼叫类型最低单价和理想分值（按支付员工薪酬排序）

类型编号	类型名称	每次 $	60 秒 $	员工 $/ 年	理想分值 %
C01	市场研究	2.72	0.48	91948	75.4
C02	技术支持	5.99	1.42	82971	64.4
C03	产品支持	4.59	1.12	78987	65.1
C04	紧急事件	4.07	4.76	76406	66.1
C05	客户满意度调查	4.93	2.59	75175	76.0
C06	电话销售	3.37	1.46	74793	69.3
C07	客户服务	4.37	1.68	67919	67.9
C08	客户事务	4.14	2.25	67343	68.3
C09	公共关系	2.97	0.95	66503	70.5
C10	投诉反映	4.04	1.65	66438	68.6
C11	普通咨询	4.25	2.07	65749	73.2
C12	客户购物	3.34	1.03	65061	70.8

六、技术应用单价

技术应用单价和理想分值

技术编号	技术名称	每次 $	60 秒 $	员工 $/ 年	理想分值 %
01	电信网络	6.81	1.88	88134	67.1
02	呼叫报告	6.53	1.22	67358	68.3
03	主机托管	4.24	1.84	89720	64.5
04	客服座席	5.48	1.89	98590	63.3
05	自动应答	4.04	1.25	85521	63.7
	被叫号码	3.93	1.00	60354	68.5
06	数据库	5.92	1.31	105413	69.5
07	预测评估	3.77	0.82	62306	64.2
08	互联网络	9.60	2.43	118033	63.0
09	跟踪软件	11.09	1.61	106491	63.4

七、服务时间数据

服务时间数据（按平均应答时间排序）

行业编号	行业名称	平均应答时间（秒）	平均通话时间（分）	放弃率 %	排队时间（秒）
01	全部	37.1	3.9	6.0	52.0
02	公共	29.7	3.4	5.3	31.2
03	交通	39.2	3.6	6.1	67.0
04	卫生	30.5	3.6	5.9	36.3
05	制造	28.8	3.3	5.5	56.3
06	金融	39.7	3.3	7.4	50.5
07	保险	22.6	4.0	3.5	28.1
08	电信	37.2	4.9	11.7	37.4
09	信息	46.3	6.7	5.8	132.6
10	其他	43.6	3.7	5.3	41.8

八、客服成效数据

客服成效数据（按首次办结率排序）

行业编号	行业名称	首次办结率 %	员工上岗时间（小时）	事后处理时间（分）	员工辞职率 %
02	公共	88.3	4.9	1.7	11.0
04	卫生	82.0	5.7	1.1	10.8
07	保险	81.8	6.2	1.3	20.2
06	金融	80.9	6.1	2.8	20.3
10	其他	76.4	5.8	3.4	23.2
01	全部	75.7	5.9	3.1	18.3
09	信息	74.1	5.2	3.3	14.8
08	电信	74.1	5.8	1.4	22.5
05	制造	67.7	6.3	6.6	7.9
03	交通	62.3	6.4	3.1	24.7

附件2：常见缩写

当我们学习、阅读有关客服中心资料时，经常遇到一些英文缩写，英文缩写应用范围广泛，相同的缩写在不同的行业代表不同的意义。例如，客服行业中“ATM”多作“异步传输模式”理解，而在银行业则为“自动取款机”。即使在客服领域也可能出现相同的英文缩写代码可能表达不同的含义。例如，“AHT”可作“average handling time 平均处理时间”或“Average Holding time on trunks 平均持线时间”两种理解。

客服业内人士熟知的缩写，其中有不少在词典中找不到适合客服行业的解释，难免使初入客服岗位的人员在学习中产生误解或困难。例如，在《英汉字典》中查找“ACS”，得到的结果是：中央银行会计核算数据集中系统、施乐集团联盟计算机服务有限公司、美国化学学会、美国陶瓷学会、自动配置服务器等十多种解释，但没有最适合客服行业之意的“自动呼叫排序机”。还有些英文词在客服行业中有特定的含义，如在字典中“Account”基本不作“客户”用，但在客服文献中 “account executive”有客户经理之意。以下《客服工作常见英文缩写英汉对照表》供大家参考应用。

客服工作常见英文缩写英汉对照表

缩写	含义
ACD	自动呼叫分配机
ACS	自动呼叫排序机
ACW	话后处理时长
ADA	美国残疾人法案
CSR	客户服务代表
AHT	平均处理时间
AHT	平均持线时间
ANI	自动号码识别

续表

缩写	含义
API	应用编程接口
APP	智能手机的应用程序
ARS	自动路由选择
ARU	音频响应单元
ASA	平均应答速度
ASCAP	美国作曲家、作家和出版商
ASCII	美国信息交换标准代码
ASP	动态服务器页面
ASP	应用服务提供商
ASR	自动语音识别
ATA	平均时间放弃
ATB	所有负载忙（占线）
ATM	异步传送模式
ATT	平均通话时长
AS	座席状态
AWT	平均工作时间
BIC	流的
BOC	贝尔运营公司
BRI	基本速率接口
BRM	业务关系管理
CBT	基于计算机的培训
CCR	被客户控制的路由
CCS	百次呼叫秒数
CDR	呼叫详细记录
CD-ROM	光盘只读存储器
CED	访客进入数字

续表

缩写	含义
CGI	公共网关接口
CIM	客户互动员
CIO	信息主管
CIR	客户交互记录系统
CIS	客户信息系统
SIS	客户信息软件
CLEC	有竞争力的本地交换载波
CLI	主叫线路识别
CMS	呼叫管理系统
CO	交换机 / 中心办公室
COM	组件对象模型
CORBA	公共对象请求代理体系结构
CPE	客户承诺设备
CRM	客户关系管理
CSI	呼叫者满意指数
CSR	客户服务代表
CTD	由日积月累的问题而导致失衡
CTI	计算机电话集成技术
DN	呼叫者的号码
FCC	联邦通信委员会
FTE	工时计量单位
FCR	首次解决率
GOS	服务等级
GUI	图形用户界面
HR	人力资源
HTML	超文本标记语言

续表

缩写	含义
HTTP	超文本传输协议
HVAC	供暖、通风和空调
ICR	智能字符识别
ICMI	美国国际客户管理学院
IEEE	电气和电子工程师学会
IETF	互联网工程工作组
II	信息指示
IM	即时通信
IP	网络之间的互联协议
IRR	内部收益率
IS	信息系统
ISDN	综合服务数字网络
ISO	国际标准化组织
ISP	互联网服务提供商
IT	信息技术
ITU	国际电信联盟
IVR	交互式语音响应
IWR	交互式网络响应
IXC	交换系统运营商
JTAPI	Java 电话应用编程接口
KB	知识库
KDD	知识发现
KPI	关键绩效指标
LAN	局域网
LCD	液晶显示器
LEC	本地交换运营商

续表

缩写	含义
LED	发光二极管
LWOP	无薪假
MAC	迁移、添加和更改
MACRS	修正的加速成本回收制度
MBWA	走动巡视管理
MGCP	媒体网关控制协议
MIS	管理信息系统
MTBF	故障间隔平均时间
NANP	北美编号计划 / 方案
NCC	网络控制中心
NFAS	非设备直联信令
NIC	网络接口卡
NPA	编号计划 / 方案区域
NPV	净现值
NSP	网络服务提供商
OCR	光学字符识别
ODBC	开放数据库连接
OJT	在职培训
OLAP	在线分析处理
OLE	对象的链接和嵌入
OLTP	在线事务处理
OMG	对象管理组
ORB	对象请求代理
PABX	专用自动交换机
PBX	专用交换机
PC	个人电脑

续表

缩写	含义
PCP	呼叫后的处理
PDA	个人数字助理
PI	盈利能力指数
POP3	邮局协议版本 3
PRI	基本利率接口
PSC	公共服务委员会
PSN	公共交换网络
PSTN	公共交换电话网络
PUC	公用事业委员会
PVIF	现值利益因素
QOS	服务质量
RAD	录音设备
RAN	记录公告
RBOC	地区贝尔运营公司
RFI	对信息的要求
RFP	请求建议
RFQ	引用要求
RISC	精简指令集计算
ROA	资产回报率
ROI	投资回报率
ROS	销售收益率
RSF	在册职员因素
RSVP	资源预留协议
SBR	基于技能的路由
SFA	销售力量自动化
SGML	通用标准标记语言

续表

缩写	含义
SMP	标准管理程序
SOP	标准操作程序
SIP	会话发起协议
SLA	服务水平协议
SMDI	简化消息台界面
SMDR	站点信息详细记录
SMTP	简单邮件传输协议
SNMP	简单网络管理协议
SOHO	小型办公室 / 家庭办公室
SQL	结构化查询语言
SS7	7 号信令系统
SL	服务水平
SLA	服务水平协议
TAPI	电话应用程序接口
TBT	基于技术的培训
TCP/IP	传输控制协议 / 互联网协议
TSAPI	电话服务应用程序编程接口
TSF	电话服务的因素 / 代理人
TSR	电话销售或服务代表
TTS	由文本到语音
UCD	统一呼叫分配
URL	统一资源定位器
UUI	点对点的用户信息
VDT	视频显示终端
VOIP/VoIP	互联网语音协议
VPN	虚拟专用网络

续表

缩写	含义
VRU	语音应答单元
VTM	可视柜台
VXML	语音可扩展标记语言
WAN	广域网
WAP	无线应用协议
WATS	广域电信服务
WFMS	人力资源管理系统
WWW	万维网
XML	可扩展标记语言
ERP	企业资源计划管理
1A2	电话系统的一次按键
2500 set	按键式电话机的一次按键
500 Set	拨号式电话机的一次按键
802.11b	无线服务的一套标准

附件 3：阳光客服中心绩效管理档案摘编

客服人员考核指导手册

一、总则	
考核目的	1. 通过绩效考核促进上下级沟通和各部门间的相互协作 2. 通过客观评价员工的工作绩效，帮助员工提高工作水平，从而有效提升组织服务绩效

续表

考核原则	1. 以提高员工绩效和工作积极性为原则 2. 多角度考核 3. 公平、公正、公开
考核应用	1. 薪酬分配 2. 职务晋升 3. 岗位调动 4. 员工培训 5. 考核组织管理
二、考核方法	
考核范围	全体客服人员
考核周期	考核分为月度考核和年度考核。月度考核于月度结束后 5 日内完成，年度考核于次年 1 月 30 日前完成
考核关系	考核关系分为直接上级考核、直接下级考核、同级人员考核
业务绩效	1. 岗位：对本职岗位的贡献 2. 合作：与其他部门或人员的合作能力 3. 主动：学习创新等方面的成果
工作态度	工作在积极性、协作性、责任心和纪律性方面的表现
三、月薪算法	
薪酬算式：工资 = 基本工资（a_1，a_2，a_3）+ 绩效收入（n）+ 奖金收入（m） 基本工资：在基本工资总量（a）的预算范围内，将客服岗位基本工资设为 a_1，a_2 和 a_3 三个级别。 绩效收入：在绩效经费总量（n）的预算范围内，计算成绩及所对应的成绩价值：n/ 客服员工总分值。将排名在 15% 以前的员工的平均成绩作为每期的满分成绩，并以此为参考，计算出所有员工的成绩。 奖金分配：在奖金经费总量（m）的预算范围内，将综合考评成绩分 3 个等级。（m_1）100—90 分，（m_2）89—80 分，（0）低于 79 分。 执行依据：参见阳光客服各岗位绩效评价标准。	

绩效考评小组成员

考评小组	工作职责
组长（承担者：主管客服中心领导）	绩效管理相关政策、制度、流程的审批 对绩效管理工作提出意见或建议 审核绩效管理过程中的重大问题

续表

执行组长（承担者：客服中心正职领导）	对本部门的绩效管理工作进行组织与管理 负责审核各项绩效计划和考评标准 负责考评结果的审批 负责监管考评申诉的处理 对绩效考评过程进行监督与检查 对绩效管理工作提出意见或建议 处理和汇报绩效管理过程中的重大问题
执行副组长（承担者：主管质检、培训和受理的工作的客服中心领导）	协助考评组长对客服中心绩效考评工作进行管理 负责制订绩效工作计划和考评标准，并进行绩效辅导 负责员工的绩效评价 负责员工的绩效面谈，并帮助制订改进计划 负责实施考评结果和考评申诉 对绩效管理工作提出意见或建议 复审和汇报绩效管理过程中的问题
组员（承担者：客服经理、班组长、培训师、质检师、专家和客服代表等）	负责具体落实客服中心绩效考评工作 负责收集、整理考评信息，落实考评计划，进行考评评价和考评辅导，实施考评结果，整理考评档案 落实和汇报绩效管理过程中的问题 对绩效管理工作提出意见或建议 完成领导交办的其他工作

受理－个人贡献

受理人员月度绩效评价指标及权重分布				
考评项目		权重	绩效评价标准	信息提供者
话务量成绩		50%	依据《受理量（话务量）指标及标准》	信息组
服务质量表现		30%	依据《服务质量评价内容和标准》	评审组
工效指标	休息示忙表现	2%	依据《休息示忙表现评价标准》	信息组
	事后处理表现	2%	依据《事后处理表现评价标准》	
	到岗率	3%	依据《员工表现评价分档》	
岗位培训		5%	依据《培训表现分档》	培训组

续表

协作成绩	4%	依据《员工表现评价分档》	本组长
行为规范	3%	依据《员工表现评价分档》	行管员
好人好事	1%	根据有、无，计 1 分或 0 分	本组长
客户满意	加分	依据《绩效指标模型》	客服经理
空岗情况	扣分	依据《绩效指标模型》	行管员
过失情况	扣分	依据《绩效指标模型》	本组长
说明： 在一个考核周期中，如果岗位人员存在变动，需要对相关细节作出明确规定。 第一，不纳入当期考评的员工：培训期内的、上岗时间少于半个月的、外借的、各种长假期导致需要进入学习适应期的、在整个考评周期没有到岗的和离职或调动的。 第二，不足一个月的绩效计算办法：按上岗小时数折算。成绩归在其所在的班组。 第三，未尽事宜及时研究处理。			

受理－受理数量

受理量（话务量）指标及标准		
话务项目名称	评价依据	说明
报表台话务量	通过报表台导出员工呼入工号的有效通话次数	不含无应答数
人均话务量	所有同岗位员工报表台话务量的平均值	
人均基础量	当月人均报表台话务量的 N%	在考核周期前调整 N
综合评价量	综合评价工时 = 本岗位出勤工时 + 代理组长工时 + 因公外出工时 + 年休假工时 + 婚假工时 + 丧假工时	员工当月因公外出、代理其他工作、年休假、婚假或丧假等阶段的绩效表现，按其当月在本岗位上岗时期的平均绩效表现处理
综合评价量	报表台话务量 ×（综合评价工时 / 本岗位出勤工时）	
绩效话务量	综合评价量减去人均基础量的数值	如果为负数，则定义为 0

续表

话务量成绩	取排名前 n% 的绩效话务量计算平均值，定义为“满分量”；员工的绩效话务量大于或等于该满分量的，话务量绩效成绩为 50 分；低于满分量的，与满分量相比较，按比例生成相应的绩效成绩	建议 n 的选择量不低于 20%
说明：明确同岗位人员适用标准。不同岗位的人员对话务量的绩效指标不同。建立大多数人通过努力可以达到的指标。明确相关定义和计算方法。		

受理 – 绩效算式

客服代表绩效指标模型绩效算式	
项目名称	模型
综合评价工时	综合评价工时 = 本岗位出勤工时 + 代理组长工时 + 因公外出工时 + 年休假工时 + 婚假工时 + 丧假工时
休息示忙（个人 r，班组 R）	r =（休息时长 + 示忙时长）/ 工作时长， 班组休息示忙比例（R）= $\frac{\sum 组员休息时长+\sum 组员示忙时长}{\sum 组员工作时长}$
事后处理（个人 x，班组 X）	x= 事后处理比例，x= 事后处理时长 / 通话时长 班组事后处理比例（X）= $\frac{\sum 组员事后处理时长}{\sum 组员通话时长}$
时段班组人均接起量	时段班组人均接起量 = $\frac{\sum 本时段中本班组成员所受理的客户来电量（不含呼出数据和无应答数据）}{\sum 本时段中本班组的上岗人数（不含因公外出或临时代理其他岗位的人员）}$
到岗率	到岗率 Z =（当月被替班工时 – 替班工时）/ 排班计划工时
客户满意	$T=n$ 加分条件 + $\sum_{1}^{n} a$ 加分步长，仅适用于考评期内话务量成绩大于 n、无违规记录或严重过失的员工
空岗情况	空岗 $K=\sum_{n=1}^{n} k_n$，$K_1=-2$ 分（每次迟到 / 早退）、$K_2=-5$ 分（每次白班病 / 事假）、$K_3=-10$ 分（每次夜班病 / 事假）、$K_4=-20$ 分（每旷职）

续表

过失情况	过失 $G=\sum_{n=1}^{n}G_n$ ，G_1=-20 分，累计每次违反制度规程、产生责任事故和造成不良后果
…	…

受理班组工效成绩分档			
考评项目	档次	指标定义	评分标准
班组休息示忙比例（R）	一档	R ≤ 15%	5 分
	二档	15%< R ≤ 18%	3 分
	三档	18%< R ≤ 20%	1 分
	四档	R >20%	0 分
班组事后处理比例（X）	一档	X ≤ 15%	5 分
	二档	15%< X ≤ 20	3 分
	三档	20%< X ≤ 25	1 分
	四档	X >25%	0 分

受理 – 班组接起能力

班组时段接通率、人均接起量与评价计分标准关系表		
档次	某时段接通情况	该时段班组接通成绩
一档	m=100% 或 T ≥ 17 次 / 人	80
二档	m>98% 或 T ≥ 16 次 / 人	70
三档	m>95% 或 T ≥ 15 次 / 人	60
四档	m>90% 或 T ≥ 14 次 / 人	50
五档	m>85% 或 T ≥ 13 次 / 人	40
六档	m>80% 或 T ≥ 12 次 / 人	30
七档	m>70% 或 T ≥ 11 次 / 人	20
八档	m>60% 或 T ≥ 10 次 / 人	10
九档	m<60% 或 T<10 次 / 人	0

受理 – 工效贡献

休息示忙表现评价标准		
档次	休息示忙表现（X）	分值
一档	X ≤ n%	2 分
二档	n%< X ≤（n–a）%	1 分
三档	（n–a）%< X ≤ m%	0 分
四档	m%< X ≤ 2n%	–10 分
五档	2n%< X	–20 分
说明	X =（休息时长 + 示忙时长）/ 工作时长，根据具体情况确定：n，a，m 数值。n 表示保证休息示忙的上线值，a 表示可以接受的休息示忙波动范围，或基数，m 表示休息示忙的下线值。如 n=15，a=3，m=20	
事后处理表现评价标准		
档次	事后处理表现（Y）	分值
一档	Y ≤ n%	2 分
二档	n%< Y ≤（n–a）%	1 分
三档	（n–a）%< Y ≤ m%	0 分
四档	（m–a）%< Y ≤ 2n%	–10 分
五档	2n%< Y	–20 分
说明	Y = 事后处理比例 = 事后处理时长 / 通话时长 根据具体情况确定：n，a，m 数值。n 表示事后处理的上线值，a 表示可以接受的事后处理波动常量，m 表示事后处理时下线值。如 n=15，a=5，m=20	
个人到岗表现评价标准		
档次	到岗率（Z）	分值
一档	Y ≤ n%，根据具体情况设定	3 分
二档	n%< Y ≤ 2n%	2 分
三档	2n%< Y ≤ 3n%	1 分
四档	3n%< Y ≤ 4n%	0 分
五档	4n%< Y ≤ 5n%	–5 分
六档	5n%< Y ≤ 6n%	–10 分

续表

七档	6n%< Y	–20 分
说明	Z =（当月被替班工时 – 替班工时）/ 排班计划工时 根据具体情况确定：n。n 表示到岗表现的上线值。如 n=3	

受理 – 行为表现

协同能力表现评价标准		
档次	表现	分值
一档	效果良好	4 分
二档	付出能力	3 分
三档	团队接受	2 分
四档	表示愿望	1 分
五档	不合作	–1 分
行为规范表现评价标准		
档次	表现	分值
一档	全部指标符合规定	3 分
二档	存在一项指标欠佳	2 分
三档	存在二项指标欠佳	1 分
四档	存在三项指标欠佳	0 分
客服员工培训表现评价标准		
档次	表现	分值
一档	效果	4 分
二档	成绩	3 分
三档	纪律	2 分
四档	出勤	1 分

受理 – 班组长贡献

受理组团队绩效指标及权重分布			
考评项目	权重	信息提供者	考评者
班组月接通成绩	70%	信息组	考评小组
班组服务能力	20%	评审组	

续表

班组工效指标	班组休息比例成绩	5%	信息组	
	班组事后处理比例成绩	5%	信息组	
合计		100%		

受理班组长绩效评价指标和成绩分布

考核项目	权重	子项目	优秀	良好	合格	不及格	信息源
带队	70%	取班组成绩的 70%	70	65	60	0	信息组
管理	12%	班前会质量	2	—	1	0	经理组
		现场管理水平	4	2	1	0	
		辅导员工效果	2	—	1	0	
		执行能力结果	2	—	1	0	
		发现解决问题能力	2	—	1	0	
		绩效评价水平	—	—	1	0	
		严重违纪二级或一级	—	—	—	–5、–6	
业务	7%	处置重要事件表现	2	1		0	
		应对异常诉求表现	2	1		0	
		专业报告水平	1	—	—	0	
		接 M 个客户来电	2	1	—	0	
协助培训	5%	培训师评定	5	3	2	0	培训组
行为规范	3%	依不合格次数减分	3	2	1	0	行管组
团队建设	2%	80% 以上员工参加的活动	2	1	—	0	经理组
建议	1%	依建议是否采纳	1	—	—	0	
卓越服务		+【累计次数】				S	
空岗		–【累计次数】	—	—	—	K	信息组
过失		–【累计次数】	—	—	—	G	经理组

续表

说明：数据来自报表台和客服制定的算式：

$$时段班组人均接起量=\frac{\sum 本时段中本班组成员所受理的客户来电量（不含呼出数据和无应答数据）}{\sum 本时段中本班组的上岗人数（不含因公外出或临时代理其他岗位的人员）}$$

第一，明确时段选择标准，不足 1 小时的按比例生成分数，或按平均成绩等计分。

第二，明确处理特殊数据的评价办法。处理无来电时段的评价办法，通常某时段的来电数据为 0 时，不考评接通率，作无成绩处理，同时段的其他休息时长等指标仍然保留。

第三，明确处理特殊工作状态的评价办法。处理好近期目标与长远发展的关系。处理集体外出活动时有出勤数据，没有上岗数据时，不考评接通率，作无成绩处理，并将同期的用餐培训等指标与用餐时间建立与接通率关系，安排培训人员在客服代表用餐时间接听电话等。

第四，建立接通成绩评价的基础数据。如班组日接通成绩为班组当班各个时段接通成绩的平均成绩，月接通成绩为考评月里所有日接通成绩的平均成绩。“日考评”指标通常以“现场团队”为对象，而“月考评”指标以“固定团队”为对象。如果出现某位员工换班，其当日接起量计算在当班的班组里，而工效指标仍计算在其所属班组里。

第五，明确班组接通率、接起量与成绩分值关系。如，班组时段接通成绩，是对某时段的整体通话率和班组人均接起量的评价。表达为：成绩 =f（m，T）。即，明确当接通率为 m 时，或人均接起量为 T 时所对应的成绩。参见《班组时段接通率、人均接起量与评价计分标准关系表》。

第六，空岗情况 $K=\sum_{n=1}^{n}k_n$，K_1=–2 分（每次迟到 / 早退）、K_2=–5 分（每次白班病 / 事假）、K_3=–10 分（每次夜班病 / 事假）、K_4=–20 分（每次旷职）。过失情况 $G=\sum_{n=1}^{n}G_n$，G_1=–20 分，每次违反制度规程、产生责任事故和造成不良后果。$S=\sum_{n=1}^{n}S_n$，S=5 分。

评审 – 个人贡献指标

评审团队考评权重分配表		
评审数量指标	40%	评审信息责任者
评审质量指标	40%	客服经理
完成受理指标	10%	信息组成员
班组月服务能力	10%	客服经理
合计	100%	

续表

<table>
<tr><th colspan="6">审评审组个人绩效评价指标及标准总表</th></tr>
<tr><th>分类</th><th>权重</th><th>档位层级</th><th colspan="2">计分标准</th><th>信息提供者</th></tr>
<tr><td>评审质量</td><td>40%</td><td>N_{zl}=1，2，3...n</td><td colspan="2">依据《评审工作数量完成情况考评标准及分值计算》</td><td>信息组成员</td></tr>
<tr><td>评审数量</td><td>30%</td><td>N_{sl}=1，2，3...n</td><td colspan="2">依据《评审工作数量完成情况考评标准及分值计算》</td><td>评审组长</td></tr>
<tr><td>服务体验</td><td>10%</td><td>N_{ty}=1，2，3...n</td><td colspan="2">依据《评审组月度人均业务体验话务量及分值计算》</td><td>信息组成员</td></tr>
<tr><td rowspan="5">班组工作</td><td rowspan="5">20%</td><td rowspan="5">N_{bz}=1，2，3...n</td><td colspan="2">依据《评审组专项工作评价》</td><td></td></tr>
<tr><td>工效指标</td><td>6%</td><td>评审组长</td></tr>
<tr><td>岗位培训</td><td>8%</td><td>培训师</td></tr>
<tr><td>协同能力</td><td>3%</td><td>评审组长</td></tr>
<tr><td>行为规范</td><td>3%</td><td>行管人员</td></tr>
<tr><td>卓越服务</td><td></td><td>加分项</td><td colspan="2">累计加分</td><td>客服经理</td></tr>
<tr><td>空岗次数</td><td>减分项</td><td>扣分项</td><td colspan="2">累计减分</td><td>信息组成员</td></tr>
<tr><td>过失次数</td><td>减分项</td><td>扣分项</td><td colspan="2">累计减分</td><td>客服经理</td></tr>
<tr><td>绩效总计</td><td>100%</td><td></td><td colspan="2"></td><td></td></tr>
</table>

评审 – 工效贡献

评审工作质量完成情况及评价标准（40 分）		
档次	评价标准	计分范围
一档	完成任务，质量合格，结果高于基准要求，没有责任投诉，改进评审方法	35—40 分
二档	完成任务，质量合格，结果高于基准要求，没有责任投诉	28—34 分
三档	完成任务，质量合格，结果高于基准要求	20—27 分
四档	完成任务，质量合格	1—19 分

续表

五档	没有完成任务或存在失误、错误	0 分

评审工作数量完成情况考评标准及分值计算（30 分）				
	三档标准，档级步长为 10		七档标准，档级步长为 5	
档次	计分标准		计分标准	
一档	30 分	m ≥ 45	30 分	m ≥ 50
二档	15 分	m ≥ 35	25 分	m ≥ 45
三档	0 分	m ≤ 25	20 分	m ≥ 40
四档			15 分	m ≥ 35
五档			10 分	m ≥ 30
六档			5 分	m ≥ 25
七档			0 分	m ≤ 25

说明：

1. 任务基准为：人均每日 25 通电话。
2. 评审数量权重为百分制的 30%。
3. $f(x,S)=\frac{x（当日话务评审数量总和）}{S［当时评审组出勤组员数量总和（含替班加班人员，不含组长）］}=m$
4. 月度考评成绩为每日指标成绩的平均值。
5. 根据具体工作要求或班次工时长短变化，及时调整档位步长和 m 所对应的计分标准。

评审 – 服务体验

评审组人均受理业务体验量及分值计算（10 分）		
档次	评审组月度人均受理业务体验量及分值计算（10 分）	计分标准
一档	m ≥ 200	10 分
二档	m ≥ 180	8 分
三档	m ≥ 160	6 分
四档	m ≥ 140	4 分
五档	及格 m ≥ 120	2 分
六档	m ≤ 100	0 分

续表

	$m=T(\text{规定的体验基准值})+\sum_{1}^{n} s(\text{步长均值})$	
评审组专项工作任务评价（20 分）		
档次	评价标准	计分范围
一档	完成任务，质量合格，结果高于基准要求，协助团队，有创新	16—20 分
二档	完成任务，质量合格，结果高于基准要求，协助团队	11—15 分
三档	完成任务，质量合格，结果高于基准要求	6—10 分
四档	完成任务，质量合格	1—5 分
五档	没完成任务或存在错误、失误	0 分

评审 – 评审组长贡献

评审组长绩效考评指标及权重分布			
考评项目	权重	考评信息提供者	绩效考评者
带队能力（计算模型：本组团队绩效成绩 ×70%）	70%	信息组	绩效考评小组
业务能力	15%	客服经理组	
岗位培训	10%	培训组	
团队建设	3%	客服经理组	
行为规范	2%	客服经理组	
合理化建议	按次累计加分	客服经理组	
空岗指标	按次累计扣分	行政管理人员	
过失指标	按次累计扣分	客服经理组	

参考文献

［1］GATES B. The Road Ahead［M］. 北京：北京大学出版社，1996.

［2］［美］尼葛洛庞帝 . 数字化生存［M］. 胡泳，范海燕，译 . 海口：海南出版社，1997.

［3］高雄市政府 1999 话务中心 . 倾听高雄故事［M］. 高雄：高雄市政府，1998.

［4］［美］乔恩·安东 . 呼叫中心数字化管理［M］. 李农，嵇继浩，译 . 北京：经济管理出版社，2001.

［5］［美］罗纳德·S. 史威福特 . 客户关系管理——加速利润和优势提升［M］. 杨东龙，等译 . 杨顺生，审校 . 北京：中国经济出版社，2002.

［6］ 薛澜，张强，钟开斌 . 危机管理［M］. 北京：清华大学出版社，2003.

［7］胡百精 . 危机传播管理［M］. 北京：中国传媒大学出版社，2005.

［8］姚佳威，徐国允 . 便民服务电话等待时间过长考验用户耐心［EB/OL］.（2007-07-05）. http://news.sina.com.cn/c/2007-07-05/154713383580.shtml.

［9］中国就业培训技术指导中心 . 呼叫服务员（基本知识）［M］. 北京：中国劳动社会保障出版社，2007.

［10］中国就业培训技术指导中心 . 呼叫服务员（国家职业资格四级）［M］. 北京：中国劳动社会保障出版社，2007.

［11］中国就业培训技术指导中心 . 助理呼叫服务师（国家职业资格三级）［M］. 北京：中国劳动社会保障出版社，2008.

［12］ 中国就业培训技术指导中心 . 呼叫服务师（国家职业资格二级）［M］. 北京：中国劳动社会保障出版社，2009.

［13］中国就业培训技术指导中心 . 高级呼叫服务师（国家职业资格一级）

［M］. 北京：中国劳动社会保障出版社，2010.

［14］GB/T 19000—2008/ISO 9000：2005. 质量管理体系基础和术语［S］. 北京：中国标准出版社，2008.

［15］GB/T 19001—2008/ISO 9001：2008. 质量管理体系要求［S］. 北京：中国标准出版社，2008.

［16］北京市突发公共事件应急委员会办公室、中国人民大学公共管理学院联合课题组 . 突发事件典型案例汇编［M］. 北京：中国人民大学出版社，2009.

［17］COTTRELL D.Monday Morning Leadership［M］. CornerStoneLeadership Institute，2009.

［18］上海市长热线电话 . 上海热线调研［M］. 上海，2010.

［19］秦正 . “突发事件信息管理”［EB/OL］.（2011-07-18）. http://theory.people.com.cn/GB/15182216.html.

［20］CLEVELAND B.Call Center Management Dictionary［M］. ICMI press，2012.

［21］CLEVELAND B.Call Center Management［M］. ICMA press，2012：72，144，231，275，306，354-355.

［22］HURST C G.The Voice of Your Company［M］. ICMI press，2012.

［23］HURST C G.A Career for the 21st Century［M］. ICMI press，2012.

［24］HURST C G.Your Pivotal Role：Frontline Leadership in the Call Center［M］. ICMI press，2012.

［25］祝明 . 从“马航事件”看突发事件信息管理的发展方向［J］. 行政管理改革，2014（7）.

［26］郎茂祥 . 预测理论与方法［M］. 北京：清华大学出版社，2011.

［27］北京市信访条例［EB/OL］.（2016-03-14）.https://www.gjxfj.gov.cn/gjxfj/xxgk/fgwj/xftl/webinfo/2016/03/1460416222471299.htm.

致 谢

每个人心里都有一亩田，本书是我们生命中一段关于服务田园的难忘记录。期间我们得到太多人的陪伴和帮助。我们心中有一串长长的难以穷尽的致谢名单和感动故事，千言万语汇聚成此时的心语：

在这美丽的服务田园里，我们的心情由欣喜与敬畏相交织，我们享受于服务田园的学习、实践和采撷的快乐。服务田园宽广无垠，客服实践内容丰富，经典案例引人深思，时代课题促人奋进。服务田园处处可见理论与实践相结合的果实。在这硕果累累和充满希望的田园风景里，我们感动于客户播撒的希望和聆听人辛勤耕作的身影。这程旅行让我们深受教育，也让我们感受收获的喜悦，感受知识与智慧的能量，感受团结与协作的力量，感受做一名客服工作者的自豪。

感谢客户播撒的希望。没有客户的信任和理解，哪有这充满希望的服务田园？没有人们对美好生活的向往，哪有这满园的累累硕果？

感谢聆听人辛勤的劳作。没有“我们日夜在聆听”的承诺，哪有这么多娓娓道来的感人故事？没有经年累月的日夜坚守，哪有这道美丽的城市风景线？哪有这永不懈怠、毫无倦意的精神状态和勇往无前的奋进场面？

由衷地向播撒希望的客户致敬。向日夜坚守的聆听人致敬。一呼百应顺民心，让我们在服务田园里爱有所归，情有所系，让我们感知与人民想在一起，和人民干在一起，与人民同呼吸、共命运、心连心的莫大幸福，领悟“为人民服务”的本真含义。

在本书付梓之际，感谢中国广播电影电视社会组织联合会会长张海涛先生、北京歌华有线电视网络股份有限公司首任董事长高峰倩先生拨冗为本书作序，无论是歌华有线 96196 的成长，还是本书的问世，都离不开他们的关心指导；感谢北京市委市政府信访办公室党组成员、副主任、北京市非紧急救助服务中心主任王传颂先生，北京市非紧急救助服务中心副主任张波先生，中广联合会有线电视委员会原会长陈晓宁先生在百忙之中审阅全书，提出许多真知灼见；感谢中国国际广播出版社传媒编辑部主任祝晔女士为本书出版所做的大量协调工作以及责任编辑杜春梅女士提出的专业严谨的意见。同时，感谢北京市非紧急救助服务中心及其 12345 的同仁，感谢歌华有线公司各个部门、各位领导给予的支持，感谢各位同仁、亲朋好友给予的理解和巨大帮助。所有的关怀与温暖，让我们的思绪与情怀拥有难忘的驿站。

最后，感谢所有读者。感谢您与我们一起踏入这充满希望与活力的田园，聚焦平凡而精彩的客服实践，感谢您与我们一道完成了一次特殊的旅行。

作者于北京

2021 年春

图书在版编目（CIP）数据

公共客户服务理论与实务 / 熊英，江庆红编著. —北京：中国国际广播出版社，2021.3（2022.8重印）

ISBN 978-7-5078-4429-0

Ⅰ. ① 公…　Ⅱ. ① 熊… ② 江…　Ⅲ. ① 公共服务－研究－中国
Ⅳ. ① D669.3

中国版本图书馆CIP数据核字（2019）第038210号

公共客户服务理论与实务

编　　著	熊　英　江庆红
责任编辑	杜春梅
校　　对	张　娜
版式设计	邢秀娟　郭立丹
封面设计	黄　旭
出版发行	中国国际广播出版社有限公司［010-89508207（传真）］
社　　址	北京市丰台区榴乡路88号石榴中心2号楼1701 邮编：100079
印　　刷	天津市新科印刷有限公司
开　　本	710×1000　1/16
字　　数	400千字
印　　张	34
版　　次	2021 年 3 月　北京第一版
印　　次	2022 年 8 月　第二次印刷
定　　价	98.00 元